BEITRÄGE
ZUR NEUEREN
LITERATURGESCHICHTE

Band 308

CAROLINE KARTENBECK

Erfindungen des Lebens

Autofiktionales Erzählen bei Hanns-Josef Ortheil

Universitätsverlag
WINTER
Heidelberg

Bibliografische Information der Deutschen Nationalbibliothek
Die Deutsche Nationalbibliothek verzeichnet diese Publikation in der Deutschen Nationalbibliografie; detaillierte bibliografische Daten sind im Internet über *http://dnb.d-nb.de* abrufbar.

ISBN 978-3-8253-6118-1

Imprimé en Allemagne · Printed in Germany
Druck: Memminger MedienCentrum, 87700 Memmingen

Gedruckt auf umweltfreundlichem, chlorfrei gebleichtem und alterungsbeständigem Papier

Den Verlag erreichen Sie im Internet unter:
www.winter-verlag.de

Diese Arbeit wurde unter dem Namen Caroline Schulz und dem Titel *Ästhetische Land- und Lebensvermessungen im Werk Hanns-Josef Ortheils. Eine poetologische Untersuchung* als Dissertation an der Ruprecht-Karls-Universität Heidelberg eingereicht und verteidigt (Tag der Disputation: 30. März 2011).

Mein Dank gilt allen, die – mit Rat und Tat, Liebe und Geduld, Unterstützung und Ablenkung – zu ihrer Entstehung beigetragen haben.

Inhalt

Einleitung: Der Weg in die poetische Heimat

Seinem 1979 erschienenen Erstlingswerk *Fermer* stellt Hanns-Josef Ortheil programmatisch ein Zitat des Dichters Joseph von Eichendorff voran:

> Ob ich nun auf einem so verzweifelten Spaziergang den Weg ins Freie und in die alte poetische Heimat gefunden habe, ob sich nicht vielmehr Aktenstaub statt Blütenstaub angesetzt hat ... überlasse ich Ihrem bewährten Urteil. (F[1] 5)

Dieses Zitat stammt aus einem Brief an Friedrich de la Motte Fouqué, dem Eichendorff im Dezember 1817 seine Erzählung *Das Marmorbild* in der Hoffnung zusandte, dass sie „der Aufnahme in ihr schönes Frauentaschenbuch gewürdigt sein darf"[2]. Das Märchen sei nicht zuletzt Reaktion auf die Gegenwart mit ihren „tausend verdrießlichen und eigentlich für alle Welt unersprießlichen Geschäften" und mithin der Versuch, „mich in die Vergangenheit und in einen fremden Himmelsstrich zu flüchten"[3].

Der Weg ins Freie wird hier also zu einem Weg in die Literatur, die den Unerfreulichkeiten des Alltags entgegensteht und eine alternative Lebenswelt eröffnet. Dieser Gedanke einer „poetischen Heimat" im Text stellt ein „Grundmotiv literarischen Schreibens"[4] dar, das vor allem in der Literatur der Romantik seinen Ausdruck findet[5]. So nimmt Monika Schmitz-Emans in ihrem Aufsatz *Überleben im Text*? nicht zuletzt auf den Autor Jean Paul Bezug, für den die Literatur sogar zu einem den Tod überdauernden Ort wird: Nicht der Friedhof, sondern das Lesezimmer erweist sich bei ihm als angemessener Platz der Trauer um

[1] zu den in dieser Arbeit verwendeten Abkürzungen vgl. Literaturverzeichnis

[2] Eichendorff, Joseph von: *An Fouqué. Brief vom 2.2.1817*. In: Kosch, Wilhelm (Hrsg.): *HKA* 12. Regensburg o. J.: 21

[3] ebd.

[4] Schmitz-Emans, Monika: *Überleben im Text? Zu einem Grundmotiv literarischen Schreibens und einigen Formen seiner Reflexion im poetischen Medium.* In: *Colloquia Germanica* 26 (1993), Heft 2: 135–161, hier: 135

[5] vgl. dazu Schwarz, Sandra: *Kunstheimat. Zur Begründung einer neuen Mythologie in der klassisch-romantischen Zeit.* Paderborn 2007

den Verstorbenen, hat dieser doch auf jedem Blatt „einen wahren Theil seines Daseins und Geistes gelassen“[6].

Laut Schmitz-Emans steht diese Vorstellung eines Überdauerns in der Schrift in einer langen Tradition: Bereits Ovid deutet in seinen *Metamorphosen* darauf hin, dass es einzig das Werk ist, das der Zeit Widerstand zu leisten vermag.[7] Damit zielt er nicht nur auf Nachruhm und Fortbestand seines Namens, sondern verweist, so Schmitz-Emans, zugleich auf einen „Zusammenhang zwischen dem Schreibimpuls und einem höchst atavistischen Bedürfnis des Menschen: den Tod zu besiegen.“[8] Entsprechend postuliert auch Rousseau in seinen *Bekenntnissen* eine „Transformation seiner individuellen Person, ihrer ganzen Komplexität und Wirklichkeit, in den Text“[9]. Dieser wird zum „Double des Autor-Ichs, [...] welches anders als das sterbliche Original der Nachwelt begegnen wird“[10], und erweist sich damit tatsächlich als eine ästhetische Heimstatt, die über den physischen Tod des Schreibenden hinaus Bestand hat.

Zur verbindenden Grundidee der hier zitierten Positionen wird also „die des Textes als einer ‚Übersetzung‘ des Ichs“[11]: „Die körperlich-sterbliche Gestalt ist [...] nur *eine* Erscheinungsform dieses Ichs, das Buch [...] eine andere – im Hinblick auf ihre Aussagekraft gleichrangig, im Hinblick auf ihre Dauerhaftigkeit sogar überlegen.“[12] Dass auch Ortheil in seinem Erstlingswerk mit einem solchen „Überleben im Text“ spielt, zeigt nicht nur das Eingangszitat. Auch der Titel des Romans rekurriert auf ein Werk, in dem sich Leben und Schrift miteinander verbinden, ja letztlich ineinander aufgehen. Es ist Ludwig Tiecks Erzählung *Fermer, der Geniale*, dessen Hauptfigur tatsächlich eine durch und durch poetische Existenz führt: Ganz seinen Lektüren

[6] Jean Paul, zitiert nach Schmitz-Emans 1993: 137

[7] vgl. Ovid *Metamorphosen XV*: „[...] unsterblich / Schwingt der edlere Teil meines Wesens sich über die hohen Sterne empor, und unzerstörbar dauert mein Name; / Und wo die Römer bezwungene Länder beherrschen, die Völker / Werden mich lesen: ich bleibe, wenn irgend die Ahnung der Sänger / Wahrheit besitzt, im Ruhme für ewige Zeiten lebendig.“ (zitiert nach Schmitz-Emans 1993: 135)

[8] Schmitz-Emans 1993: 136

[9] ebd.

[10] ebd.

[11] ebd.: 138

[12] ebd.

unterworfen[13], wird Fermers Leben und Lieben zur Parodie, zu einem „gutgesetzten Ritterroman[ ]“[14] – „er sah sich schon gedruckt, rezensi[e]rt, in Kupfer gestochen“[15].

Mit der Erzählung verweist Tieck also nicht zuletzt auf die entscheidende Differenz von Fiktion und Realität, die von seiner Romanfigur jedoch gänzlich unbemerkt bleibt. Auch Schmitz-Emans deutet auf diesen Unterschied von schreibendem und geschriebenem Ich hin und damit auf die zentrale Problematik eines „Überlebens im Text“:

> Prämisse eines solchen Vertrauens ins Überleben des Schreibenden ist der Glaube an eine bruchlose Übersetzbarkeit der lebendigen Person in die Schrift – sozusagen ohne Reibungsverlust und ohne medial bedingte Reduktion. Impliziert ist ein keineswegs selbstverständliches Vertrauen in die Sprache, in deren Vermögen, das Eigentliche auszusagen (und sei es durch Gleichnisse). Ein Vertrauen in die Wahrheit von Zeichen also – immer vorausgesetzt, das Ich ist wahrhaftig.[16]

Tatsächlich ist ein solches Vertrauen nicht selbstverständlich – Zweifel an der Wahrheit und Authentizität des Geschriebenen wurden laut Schmitz-Emans schon früh geltend gemacht, etwa in Platons *Phaidros*, in dem die Buchstaben letztlich zu toten Zeichen degradiert werden[17]. Der lebendige Geist könne daher in der Schrift niemals ein

[13] vgl. dazu Zelle, Carsten: *Empirische Psychologie und ästhetischer Überschuss in Tiecks frühen „Straußenfedern“-Erzählungen („Der Psycholog“ u. a.).* In: *Jahrbuch der Jean Paul Gesellschaft* 44. Tübingen 2009: 161–176, hier: 171f: „Fermer, der Geniale lebt eine Papierbiographie, insofern er sich sein Leben von der Literatur souffliieren läßt: ‚– nicht im *Clavigo*; nein in der *Stella* ist meine ganze Lage geschildert, gemalt zum sprechen!‘ [...] Sein Autor jagt ihn durch die Clichés der Literatur, so daß Fermer endlich nach Eifersucht, Duellforderung, Verführung dieser, Schwangerschaft jener, Kindsmorddrohungen und Heirat endlich als ‚Schriftsteller‘ zur Ruhe kommt [...].“

[14] Tieck, Ludwig: *Fermer, der Geniale. Erzählung* (1796). In: *Schriften.* Band 15. Erzählungen. Berlin 1829: 181–204, hier: 195

[15] ebd.

[16] Schmitz-Emans 1993: 138f

[17] vgl. Platon: *Phaidros.* In: Ernst Heitsch (Hrsg.): *Platon, Phaidos: Übersetzung und Kommentar.* Göttingen 1997: 61: „Denn das ist wohl das Bedenkliche beim Schreiben und erinnert wahrhaftig an die Malerei: Auch die Werke jener Kunst stehen vor uns, als lebten sie; doch fragst du sie etwas, so verharren sie in würdevollem Schweigen. Ebenso auch die Worte eines Aufsatzes. Du möchtest glauben, sie sprechen und haben Vernunft; aber wenn du nach etwas fragst, was

adäquates Abbild finden, „[d]as Ich des individuellen Autors lebt im Schriftzeugnis gerade *nicht* fort, sondern verwandelt sich in einen toten Körper oder verrät sich an die Zeichen.“[18]

Indem Tiecks Erzählung ihren Protagonisten zum bloßen Zitat macht, spielt sie mit diesem Paradox einer rein literarischen Existenz. Was hier aber ironisch erzählt wird, wird in Ortheils *Fermer* zu einem durchaus ernstzunehmenden Projekt: Der „verzweifelte Spaziergang“, von dem in Eichendorffs Zitat die Rede ist, erweist sich in Fermers Fall als eine Desertion, die den jungen Protagonisten heimatlos und einsam durch Deutschland treibt. Zum ständigen Begleiter dieser Flucht wird die Sehnsucht, „im Satz als Gestalt zu erscheinen“ (F 238), ein Wunsch, der schließlich im ästhetisch ausgedeuteten Mythos Italien ein mögliches Ziel findet (vgl. dazu Kapitel 2.4).

Entsprechend bezeichnet der Klappentext des Romans – bezugnehmend auf das Eichendorff-Zitat – Fermers finale Grenzüberschreitung tatsächlich als einen „Weg ins Freie“[19] und damit in die Literatur. Dass dieses Zitat aber auch auf die dem Roman zugrunde liegende Poetik hinweist, deutet Ortheil in einem Gespräch an, in dem er den autobiographischen Kern seines Romans offenlegt: Er habe sich „sehr eng an die Hauptfigur angelehnt“, die „sehr viel von meinen eigenen Erfahrungen mit sich trug“[20]. Er erklärt daher nicht nur Fermer zu seiner „identifikativste[n] Figur überhaupt“, der Roman selbst wird zum Reflex des eigenen Lebens erhoben: „Beim ersten Satz des Romans [...] war das Gefühl plötzlich da, jetzt nicht mehr nur etwas sprachlich zu treffen, sondern auch etwas ganz Zentrales von mir selbst; ich hatte mich in die Schrift übersetzt.“[21]

Ortheil nimmt hier also ganz explizit auf die Möglichkeit einer „Übersetzung“ der eigenen Person in die Schrift Bezug und spielt so auch auf poetologischer Ebene mit Fermers Wunsch, „im Satz als

sie behaupten, um es zu verstehen, so zeigen sie immer nur ein und dasselbe an. Und wenn es erst einmal niedergeschrieben wurde, treibt sich jedes Wort überall wahllos herum [...].“

[18] Schmitz-Emans 1993: 140

[19] vgl. Ortheil, *Fermer* 1991

[20] Steinecke, Hartmut: *Die Suche nach dem „Blauen Weg“. Ein Werkstattgespräch mit Hanns-Josef Ortheil.* In: Manfred Durzak und Hartmut Steinecke (Hrsg.): *Hanns-Josef Ortheil – Im Innern seiner Texte.* München 1995: 205–234, hier: 213

[21] Steinecke 1995: 211

Gestalt zu erscheinen". Wie Helmut Schmitz in der bisher einzigen monographischen Untersuchung zum Werk Ortheils nachweist, umkreist das Frühwerk des Autors tatsächlich immer wieder die Bedeutung der Schrift als möglichen Ort der Beheimatung.[22] Darüber hinaus speisen sich auch die vier an *Fermer* anschließenden Romane aus der Biographie des Autors: „Die traumatischen Erfahrungen seiner Familie im Krieg"[23] sind laut Schmitz bestimmend für das Schreiben des Autors, das „die verborgene Gegenwart einer unzureichend verarbeiteten und verdrängten Vergangenheit"[24] zum zentralen Thema erhebe. Das Eichendorff-Zitat wird für ihn daher auch zum Leitgedanken der zwischen 1983 und 1992 erschienenen Romane, folgerichtig gibt er seiner Analyse dieser Texte den Titel *Der Landvermesser auf der Suche nach der poetischen Heimat.*

Für das Ende dieses von der Forschung auch als „Nachkriegszyklus" bezeichneten Frühwerks diagnostiziert Schmitz jedoch ein Angekommensein und deutet so auf einen möglichen Wendepunkt im Schreiben Ortheils hin.[25] Dass aber letztlich das gesamte Werk des Autors, an das sich seit 1992 zehn weitere Romane sowie eine Vielzahl literarischer, poetologischer und theoretischer Texte angeschlossen haben[26], einen „Weg in die poetische Heimat" beschreibt, wird diese Arbeit zeigen. Damit verfolgt sie einen anderen Ansatz als die 2009 erschienene Aufsatzsammlung *Kunst der Erinnerung, Poetik der Liebe*, die Ortheil gerade denjenigen deutschsprachigen Erzählern zuordnet, „die sich nicht auf ein Sujet, einen Trend oder eine Schreibweise festlegen lassen"[27]: „Seit 1979, dem Jahr seines Romandebüts *Fermer*, hat er zahlreiche Romane, Erzählungen und Essays publiziert, in denen er sich als Autor immer wieder neu erfunden hat."[28]

Entgegen dieser Auffassung geht die Arbeit von einem übergreifenden Zusammenhang innerhalb des ortheilschen Werks aus. Sie

[22] vgl. Schmitz, Helmut: *Der Landvermesser auf der Suche nach der poetischen Heimat*. Stuttgart 1997

[23] Schmitz 1997: 17

[24] ebd.

[25] vgl. ebd.: 271ff

[26] vgl. Literaturverzeichnis

[27] Catani, Stephanie, Friedhelm Marx und Julia Schöll: *Gedächtnis – Kunst – Liebe. Hanns-Josef Ortheils Erzählwerk.* In: Dies. (Hrsg.): *Kunst der Erinnerung, Poetik der Liebe.* Göttingen 2009a: 7–13, hier: 7

[28] Catani/Marx/Schöll 2009a: 7

hat es sich daher zur Aufgabe gemacht, nicht nur einige „leitmotivische Schwerpunkte und markante Zäsuren“[29] hervorzuheben, sondern eine hinter dem ganzen Schreiben stehende Poetik aufzudecken und so ein Forschungsdesiderat zu schließen. Bereits die erste ausführlichere Publikation zu Ortheils Oeuvre aus dem Jahr 1995 weist in diesem Zusammenhang auf ein Defizit hin,[30] was dort aber auf das damalige Alter des Autors zurückgeführt wird. Doch auch heute noch mangelt es an wissenschaftlichen Untersuchungen zum ortheilschen Gesamtwerk.[31] Dies fällt umso mehr ins Gewicht, als dass seinem Schreiben eine große öffentliche Aufmerksamkeit zuteil wird, die sich in einer Vielzahl von Auszeichnungen[32], einer starken Präsenz im Feuilleton und schließlich auch in den hohen Verkaufszahlen seiner Bücher ausdrückt.

[29] Catani/Marx/Schöll 2009a: 7

[30] vgl. dazu Durzak, Manfred und Hartmut Steinecke: *Vorwort.* In: Dies. (Hrsg.): *Hanns-Josef Ortheil – Im Innern seiner Texte.* München 1995a: 7–11, hier: 10: „Insgesamt liegen bisher weit über hundert ausführlichere Kritiken über Ortheils Werk vor. Ansätze zu einer eingehenderen Beschäftigung, Versuche, einzelne Werke genauer zu betrachten und in Kontexte zu stellen, sind hingegen noch selten.“

[31] Neben der bereits erwähnten Untersuchung von Helmut Schmitz (vgl. Schmitz 1997), die sich dem gesamten Werk Ortheils widmet (das sich zum Zeitpunkt der Veröffentlichung jedoch auf fünf Romane und einige theoretische Texte beschränkt), sind die Aufsatzsammlungen von Manfred Durzak und Hartmut Steinecke (Durzak, Manfred und Hartmut Steinecke (Hrsg.): *Hanns-Josef Ortheil – Im Innern seiner Texte. Studien zu seinem Werk.* München 1995) und Stephanie Catani, Friedhelm Marx und Julia Schöll (Catani, Stephanie, Friedhelm Marx und Julia Schöll (Hrsg.): *Kunst der Erinnerung, Poetik der Liebe. Das erzählerische Werk Hanns-Josef Ortheils.* Göttingen 2009) die bisher einzigen umfassenden Forschungsarbeiten zu diesem Werk. Auch sie haben es sich zur Aufgabe gemacht, einen eingehenden Blick auf das ortheilsche Gesamtwerk zu werfen, jedoch nicht in Form einer geschlossenen Abhandlung, sondern mithilfe einer Vielzahl einzelner Aufsätze.

[32] Dazu zählen u. a. der Aspekte-Literaturpreis des ZDF (1979), der Förderpreis des Landes Nordrhein-Westfalen (1982), der Sonderpreis der Lektoren beim Ingeborg Bachmann-Wettbewerb in Klagenfurt (1982), der Stuttgarter Literaturpreis (1989), der Brandenburgischer Literaturpreis (2000), der Thomas Mann-Preis der Hansestadt Lübeck (2002), der Georg K.-Glaser Preis des Landes Rheinland-Pfalz und des SWR (2004), der Koblenzer Literaturpreis (2006), der Nicolas Born-Preis des Landes Niedersachsen (2007) und der Elisabeth Langgässer-Literaturpreis der Stadt Alzey (2009). Außerdem war Ortheil „Writer in residence“ an der Washington University in St. Louis, USA

Indem diese Arbeit von einem statischen Moment ausgeht, das sie zum Hintergrund von Ortheils Schreiben macht, ermöglicht sie einen umfassenden Blick auf sein gesamtes Werk. Sie knüpft dabei nicht zuletzt an eine Erkenntnis an, die Schmitz-Emans in ihrem Aufsatz *Überleben im Text?* formuliert. Denn obwohl die Schrift als Medium der Selbstdarstellung zunehmend in die Kritik gerät, hat die Vorstellung eines Weiterlebens im Text ganz offensichtlich immer noch Bestand: „Allen Zweifeln zum Trotz lebt die Literatur bis zur Gegenwart von der Ich-Behauptung, mit welchen Fragezeichen und Einklammerungen diese auch immer versehen sein mag."[33] Ortheils Werk kann stellvertretend für eine solche Ich-Behauptung gelesen werden, umkreist doch letztlich jeder seiner Texte die eigene Biographie und macht sie zur mehr oder weniger versteckten Tiefenschicht seines Schreibens.

Ob Liebesroman, historischer Roman oder autobiographischer Roman: Jede Fiktion wird zum Baustein eines Selbstbildes, an dem der Autor seit seinem Erstlingswerk beständig weiterschreibt. Einen deutlichen Hinweis darauf gibt das Spiel mit dem Namen, das das ganze Romanwerk durchzieht: Dieses handelt zwar nicht von Hanns-Josef, sehr wohl aber von den Brüdern Johannes und Josef (*Schwerenöter*), von Giovanni Beri und dem Dichter Johann Wolfgang von Goethe (*Faustinas Küsse*), von Mozarts Don Giovanni (*Die Nacht des Don Juan*) ebenso wie von den Protagonisten Giovanni (*Die große Liebe*) und Johannes (*Das Verlangen nach Liebe, Liebesnähe*) und schließlich auch von dem Autor Johannes Catt und seinem Kindheits-Ich Johannes(*Die Erfindung des Lebens*).

Gleiches gilt für die theoretischen Texte Ortheils: Wie in Kapitel 1 am Beispiel des poetologischen Essays *Das Element des Elephanten* ausgeführt, erweisen sich diese ebenfalls als Teile einer großen Autofiktion, bei der das Ich zwar immer wieder, doch nie ganz zum Ausdruck kommt. Den Möglichkeiten und Funktionsweisen eines solchen Schreibens widmet sich diese Arbeit: Nach einer ersten Annäherung an die Poetik des Autors und die Theorie der Autofiktion (vgl. Kapitel 1) steht das Romanwerk[34] im Mittelpunkt (vgl. Kapitel 2

(1988), Stipendiat der Villa Massimo in Rom (1991 und 1993) und Stadtschreiber der Stadt Mainz (2000).

[33] Schmitz-Emans 1993: 141

[34] Vor allem die Liebesromane *Die große Liebe* und *Das Verlangen nach Liebe* (vgl. Kapitel 2), die historischen Romane *Faustinas Küsse* (vgl. Kapitel 3) und

und 3), auf dessen Grundlage eine ganz besondere Art der literarischen Selbstbeschreibung offengelegt wird. Der Roman *Die Erfindung des Lebens*, der im vierten Kapitel ins Zentrum rückt, erweist sich in dieser Hinsicht nicht nur inhaltlich als ergiebig. Sein Titel deutet zugleich auch auf die für Ortheil gültige Form des autofiktionalen Schreibens hin: die Autofiktion als Selbsterfindung, als ein ständiger „Flirt mit der Autobiographie“[35], ohne dass sich diese im Text letztlich tatsächlich verwirklicht (vgl. Kapitel 4 und 5).

Auf diese Weise vermittelt die Arbeit nicht nur ein Bild des ortheilschen Gesamtwerks, sondern knüpft darüber hinaus an ein „Grundmotiv literarischen Schreibens“[36] an und macht es für die Literatur der Gegenwart gangbar: Das für Ortheil charakteristische Schreiben weist auf eine „Poetik der Umschreibung“[37] hin, die von Schmitz-Emans als Kennzeichen eines gegenwärtigen „Überlebens im Text“ gedeutet wird. Denn die Erkenntnis der eigenen Nicht-Darstellbarkeit lasse das Be-Schreiben zur Unmöglichkeit werden und rücke an dessen Stelle Techniken des Umsichherumschreibens.[38] Wie diese Arbeit zeigen wird, findet eine solche Praxis der Umschreibung in der Poetik der Autofiktion und im Werk des Schriftstellers Hanns-Josef Ortheil einen möglichen, zugleich aber auch ganz eigenen Ausdruck.

Die Nacht des Don Juan (vgl. Kapitel 4.4) sowie der autobiographische Roman *Die Erfindung des Lebens* (vgl. Kapitel 4.1 und 4.2) werden zum Gegenstand der Analyse.

[35] Lejeune, Philippe: *Der autobiographische Pakt.* Frankfurt am Main 1994: 199

[36] Schmitz-Emans 1993: 135

[37] ebd.: 155

[38] vgl. Schmitz-Emans 1993: 142ff sowie Schlussteil dieser Arbeit

1 *Das Element des Elephanten* – ein autobiographischer Essay?

Als Annäherung an Hanns-Josef Ortheils Werk eignet sich besonders sein 1994 erschienener Essay *Das Element des Elephanten*, legt Ortheil in dieser poetologischen Schrift doch Quellen, Ursachen und Funktionsweisen seines Schreibens offen. Diese Eigeninterpretation soll im Weiteren jedoch nicht im Zentrum stehen, sie wird vielmehr selbst zum Gegenstand der Analyse. Damit eröffnet sich ein erster Einblick in die Poetik des Autors, auf deren Spuren sich diese Arbeit begeben wird.

Dass sich zwischen Eigen- und Fremdinterpretation wahre Abgründe auftun können, zeigt der 2005 erschienene Sammelband *Die Kunst der Benennung*. In mehreren Aufsätzen nimmt eine Autorengruppe hier Ortheils Text zum Ausgangspunkt und zur Grundlage einer erziehungswissenschaftlichen Autobiographieforschung und untersucht ihn am Leitfaden der Themen „Bildung und Identität“, „Trauma und Literatur“ sowie „Subjekt, Leib und Sprache“.[1] Eine besondere Brisanz erhalten diese Untersuchungen vor dem Hintergrund eines den Aufsatzband ergänzenden Nachworts Ortheils, in dem dieser die Lesart der Autorengruppe als „ein einziges großes Missverständnis“[2] bezeichnet.

Ein solches Nachwort im Rahmen einer wissenschaftlichen Untersuchung überrascht, basiert diese doch eigentlich auf einer kritischen Distanz zum Gegenstand der Analyse. Tatsächlich betont der Herausgeber Hans-Rüdiger Müller in seinem Vorwort die notwendige Diskrepanz, die sich stets zwischen den verschiedenen Sprachen und Absichten von Wissenschaft und Poesie verberge. Gerade sie sei „Quelle der Produktivität wissenschaftlicher Erkenntnis und wissenschaftlicher Phantasie“ und könne durchaus dazu führen, dass „aus der

[1] vgl. Müller, Hans-Rüdiger (Hrsg.): *Die Kunst der Benennung. Autobiographische Bildungsforschung am Beispiel von Hanns-Josef Ortheils Essay „Das Element des Elephanten“. Mit einem Nachwort des Autors.* Göttingen 2005

[2] Ortheil, Hanns-Josef: *Nachwort.* In: Hans-Rüdiger Müller (Hrsg.): *Die Kunst der Benennung.* Göttingen 2005: 197–204, hier: 201

Sicht des Autors der Eigensinn des Textes und die ihm zugrunde liegenden Motivationen übergangen werden"[3]. Eine Lektüre „gegen den Strich" trage jedoch mehr zu wissenschaftlichen Erkenntnissen bei als eine „auf schnellen Konsens abhebende Diskussion", enthält doch „jeder Text, erst recht jeder poetische Text, [...] mehr, als der Verfasser selbst realisiert"[4].

Dennoch ist es ganz offensichtlich gerade diese Lektüre gegen den Strich, die den Herausgeber dazu bewegt, neben den Autoren auch den Verfasser des Textes zu Wort kommen zu lassen.[5] So stehen sich in dem Sammelband letztlich Fremd- und Eigeninterpretation und damit zwei ganz unterschiedliche Lesarten des Essays gegenüber. Zu einer Annäherung dieser beiden Standpunkte kann es im Rahmen der Aufsatzsammlung nicht kommen, eine solche scheint in Anbetracht der teilweise geradezu emotional aufgeladenen Positionierungen[6] aber auch jenseits der Buchseiten kaum möglich. Eine Auflösung dieses Konflikts – oder die Parteinahme für eine der beiden Seiten – wird auch in dieser Arbeit nicht angestrebt. Im Weiteren soll vielmehr gezeigt werden, dass sich gerade in dem auf die Autorengruppe ganz offenbar so befremdlich wirkenden Changieren zwischen Autobiographie und Poetik der eigentliche Grundgedanke und Mechanismus des Essays ausdrückt.

1.1 Autobiographie vs. Poetik

Bereits der Name der Aufsatzsammlung deutet auf eine doppelte Perspektivierung hin: Der Titel – *Die Kunst der Benennung. Autobiographische Bildungsforschung am Beispiel von Hanns-Josef*

[3] Müller, Hans-Rüdiger: *Vorwort*. In: Ders. (Hrsg.): *Die Kunst der Benennung*. Göttingen 2005a: 7–12, hier: 10

[4] Müller 2005a: 10

[5] vgl. ebd.: 12

[6] Hier sei vor allem auf den Aufsatz von Michael Parmentier hingewiesen, der Ortheils Essay als „Ego-Reklame" (Parmentier, Michael: *Selbstrechtfertigung statt Selbsterforschung. Anmerkungen zu dem „autobiographischen Großessay" von Hanns-Josef Ortheil*. In: Hans-Rüdiger Müller (Hrsg.): *Die Kunst der Benennung*. Göttingen 2005: 29–45, hier: 34) und „Selbstanpreisung" (ebd.: 35) verurteilt, sowie auf die entsprechende Entgegnung Ortheils im Nachwort, in dem er Parmentiers Herangehensweise als „skurrile Pointe" bezeichnet, die letztlich keiner weiteren Kommentierung wert sei (vgl. Ortheil 2005: 201f).

Ortheils Essay „Das Element des Elephanten" – wird von dem Hinweis *Mit einem Nachwort des Autors* ergänzt. Folgt man den in diesem Nachwort dargelegten Argumenten, drückt sich schon im Titel die Problematik der Aufsätze aus, die die Sammlung aus der Perspektive Ortheils zu einem „einzige[n] große[n] Missverständnis"[7] werden lässt:

> Dieses Missverstehen gründet in der Grundvoraussetzung der ganzen Bemühung und ist daher bereits in ihrem Ansatz enthalten. Die meisten Beiträge lesen „Das Element des Elephanten" nämlich ausdrücklich und geradezu ausschließlich als genau das, was dieser Text nicht ist: als Autobiographie.[8]

Als Beispiel einer solchen Lesart kann der erste Aufsatz der Sammlung herangezogen werden, *Der Lernweg eines Schriftstellers* von Theodor Schulze. Denn schon in den ersten Sätzen dieses Aufsatzes legt Schulze seinen Zugang zu dem Essay offen:

> Gegenstand dieses Bandes ist ein autobiographischer Text [...]. Ich nähere mich diesem Text aus der Perspektive der erziehungswissenschaftlichen Biographieforschung. Biographieforschung beschäftigt sich mit Biographien, mit den Lebensläufen und Lebenserfahrungen einzelner Menschen im Zusammenhang mit der Welt, in der sie leben [...].[9]

Schulze bezeichnet den Essay also nicht nur als einen autobiographischen Text, sondern behandelt ihn auch auf eine entsprechende Weise. Im Zentrum seiner Untersuchung steht die Biographie als „Lebenslauf" und „Lebenserfahrung", als Entwicklung eines Menschen in einem bestimmten Kontext: „Eine Biographie ist von außen und aus einer gewissen Entfernung betrachtet die Bewegung eines einzelnen Menschen im geographischen, sozialen, kulturellen und historischen Raum."[10]

[7] Ortheil 2005: 201
[8] ebd.
[9] Schulze, Theodor: *Der Lernweg eines Schriftstellers. Annäherungen an Hanns-Josef Ortheil: Das Element des Elephanten.* In: Hans-Rüdiger Müller (Hrsg.): *Die Kunst der Benennung*. Göttingen 2005: 15–27, hier: 15
[10] Schulze 2005: 15

Eine wichtige Rolle spielt in diesem Zusammenhang die Zeit: Das Leben wird als ein Prozess, als „Lernweg“ verstanden, der Text dahingehend untersucht, wie eine solche „biographische Bewegung zustande kommt und wie sie verläuft“[11]. Damit wird der Essay für Schulze zu einer „wesentliche[n] Quelle, die mir den Zugang zu einer individuellen Lebensgeschichte verschafft“[12]. Auch die Arbeit des Autors betrachtet Schulze vor diesem Hintergrund: Das biographische Subjekt erkennt seine Erfahrungen und Entscheidungen „erst im Rückblick“, „[e]s kann seine eigene biographische Bewegung nur aus der Erinnerung rekonstruieren, deuten und beurteilen“[13]. Das Schreiben wird damit zu einer Erinnerungsarbeit, zu einer Rekonstruktion des vergangenen Lebens aus der Jetzt-Perspektive heraus. Auch wenn ein solches Erinnern immer nur subjektiv ist und der eigenen Deutung unterliegt, kann der Leser dabei zumindest erwarten, „dass der Erzähler sich in dem, was er erzählt, tatsächlich auf seine Erinnerungen bezieht“[14].

Mit diesen Überlegungen folgt Schulze der in der Autobiographieforschung klassischen Theorie des „autobiographischen Pakts“, auf die er auch ganz explizit hinweist[15]. In seinem Werk *Le pacte autobiographique* spricht Philippe Lejeune von einer Art Vertrag, der bei der Lektüre eines Textes zwischen Autor und Leser geschlossen werde. Dieser beruht auf einem allgemeinen textuellen Kriterium, der Namensidentität zwischen Autor, Erzähler und Protagonist: „Der autobiographische Pakt ist die Behauptung der Identität im Text, die letztlich auf den Namen des Autors auf dem Umschlag verweist.“[16] Eine solche Namensidentität ist für Lejeune entscheidende Voraussetzung dafür, dass ein Text als autobiographischer gelesen wird, beruht doch schon die Grundbedeutung des Wortes Autobiographie – „das ja nichts anderes meint als: Biographie, vom Betroffenen selbst verfaßt, aber wie eine einfache Biographie“[17] – auf einer entsprechenden Vorstellung. Neben dieser notwendigen Bedingung führt Lejeune noch weitere mög-

[11] Schulze 2005: 15
[12] ebd.: 16
[13] ebd.
[14] ebd.: 17
[15] vgl. ebd.
[16] Lejeune, Philippe: *Der autobiographische Pakt*. Frankfurt am Main 1994: 27
[17] Lejeune 1994: 17

liche Kriterien an, die er schließlich in einer übergreifenden Definition der Autobiographie zusammenfasst: „Rückblickende Prosaerzählung einer tatsächlichen Person über ihre eigene Existenz, wenn sie den Nachdruck auf ihr persönliches Leben und insbesondere auf die Geschichte ihrer Persönlichkeit legt.“[18]

Auch wenn sich Schulze nur hinsichtlich des autobiographischen Pakts auf Lejeune bezieht, folgt seine Vorstellung autobiographischer Texte ganz offensichtlich eben dieser Definition: Rückblick, Rekonstruktion und Persönlichkeits- bzw. Bildungsprozess sind für ihn die entscheidenden Aspekte, auf die hin er den Essay untersucht. Entsprechend gliedert er seine Analyse – und damit auch Ortheils Text – in eine Reihe von Stichworte[19], die seiner Meinung nach „im Zusammenhang mit einer künstlerischen Entwicklung [...] eine wichtige Rolle spielen“[20]. Auf diese Weise entsteht, so Schulze am Ende seines Aufsatzes, „meine Geschichte zum Lernweg des Schriftstellers Hanns-Josef Ortheil“[21].

Dass der Autor möglicherweise die Absicht hatte, in seinem Essay „noch andere Geschichten vorzustellen“[22] wird von Schulze dabei keineswegs verschwiegen. Im Gegenteil: Bereits zu Beginn des Aufsatzes weist er auf mehrere Merkmale des Essays hin, die einer autobiographischen Lesart eigentlich entgegenstehen. Anstatt auf den von ihm angesprochenen autobiographischen Pakt einzugehen[23], stellt er dabei die Referenzierbarkeit von Erinnerungen in den Mittelpunkt seiner Überlegungen: „Normalerweise halten sich die Menschen, wenn sie ihre Lebensgeschichte oder Einzelheiten daraus erzählen oder beschreiben, an ihre Erinnerungen [...]“[24]. Gerade das aber treffe auf Ortheils Text nicht zu:

[18] Lejeune 1994: 14 (im Original kursiv)

[19] vgl. Schulze 2005: 19ff („Potential“, „Ressourcen“ und „Widerstände“, „Initiation“, „Institutionen“ und „Reviere“, „Konfirmation“ und „Berufung“, „Position im literarischen Feld“ und „Zeitbewusstsein“)

[20] ebd.: 19

[21] ebd.: 26

[22] ebd.

[23] Hier hätte Schulze durchaus Argumente für eine autobiographische Lesart finden können – denn zumindest der Untertitel des Essays *Wie mein Schreiben begann* lässt sich nach Lejeune als deutlicher Hinweis auf einen angestrebten autobiographischen Pakt lesen (vgl. dazu Lejeune 1994: 27f).

[24] Schulze 2005: 17

> Das ist kein autobiographischer Text im üblichen Sinne – weder in der Art und Weise der Darstellung, noch in der Breite des Dargestellten. Er entspricht weder einem biographischen Interview noch einer normalen Lebensbeschreibung noch einer literarischen Rekonstruktion lebensgeschichtlicher Erinnerungen.[25]

Die Irritation darüber, dass Schulze an diese Erkenntnis dennoch die Suche nach einer „biographischen Bewegung“[26] und damit eine klassisch autobiographische Lesart anschließt, zeigt sich nicht zuletzt in dem Nachwort. Wie Schulze weist Ortheil darauf hin, dass in seinem Essay ganz offensichtlich „alle Komponenten, die das Genre ausmachen und strukturieren, fehlen“[27]. Für ihn führen Schulzes wie auch die Überlegungen der meisten Autoren des Sammelbandes daher „notwendigerweise immer wieder ins Leere“[28]:

> Ausgehend von ihrem Ansatz, „Das Element des Elephanten“ unbedingt als „Autobiographie“ zu lesen, konstatieren die genannten Beiträger, dass die klassischen Momente der Gattung in meinem Text nicht auffindbar sind. Ihr offensichtliches Fehlen wird dann zum Ausgangspunkt von Interpretationen, die dieses Fehlen in teilweise auch begrifflich sehr aufwendiger Weise deuten und auslegen.[29]

So kommt er schließlich zu dem Schluss, die „offensichtlichen Fehlinterpretationen“ rührten schlicht von der Tatsache her, „dass mein Buch nicht als Poetik, sondern (mit allen Konsequenzen) als ‚Autobiographie‘ gelesen wird“[30].

Ortheil stellt der Autobiographie also die Poetik entgegen: Wie er in seinem Nachwort ausführt, ist der Text *Das Element des Elephanten* aus einer an der Universität Paderborn gehaltenen Poetik-Vorlesung hervorgegangen. Dementsprechend liege ein wesentlicher Schwerpunkt darauf, „[w]ie mein Schreiben begann“ – so auch der Untertitel des Essays:

[25] Schulze 2005: 17
[26] ebd.: 18
[27] Ortheil 2005: 201
[28] ebd.
[29] ebd.
[30] ebd.

> Tiefergehend ging es [...] darum, mir selbst und anderen deutlich zu machen, welchen Antriebskräften ich mein Schreiben verdankte und worin ich dieses Schreiben letztlich verankert sah. Von dieser Frage nach den Ursprüngen und Quellen des Schreibens aus erhoffte ich mir auch Antworten auf Fragen nach den Formen dieses Schreibens, wie etwa auf die Fragen, warum ich ausschließlich Romane geschrieben hatte und warum diese Romane vor allem von Ich-Erzählern erzählt und konturiert wurden.[31]

Doch bereits in der Bemerkung über die Ich-Erzählform seiner Romane findet sich ein Hinweis darauf, dass es Ortheil ebenfalls nicht gelingt, seinen Text ausschließlich als Poetik zu lesen: das autobiographische Moment, das die Autorengruppe zum Ausgangspunkt ihrer Überlegungen machen, versteckt sich auch in seinen Ausführungen.

Tatsächlich spricht Ortheil ganz explizit davon, dass eine rein poetologische Annäherung an das eigene Schreiben, das Sprechen „über Motiv-Parallelen, über Erzählstrategien oder über bestimmte Wahrnehmungsformen meiner Figuren“[32], den Kern seiner Poetik nur ungenügend treffe. Dieser sei, so der Autor, letztlich vor allem in der eigenen Biographie zu suchen.[33] Entsprechend bezeichnet er seine poetologischen Darlegungen an einer Stelle des Nachworts als einen Umweg, ein Hilfsmittel, das es ihm erst erlaube, von den Besonderheiten seines Lebens zu schreiben: „Nur indem sie skizzenweise und sehr verkürzt in die poetologischen Überlegungen einzubetten waren, konnte ich zum ersten Mal direkt von ihnen berichten.“[34] Zugleich betont er aber, dass – obwohl der Beginn seines Essays tatsächlich der „schlichten Erzählung eines Lebenslaufs“[35] ähnele – die biographischen Details ausschließlich im Dienste der poetologischen Überlegung stünden: Der Text, so Ortheil, „skizziert [...] die biographischen Details chronologisch und teilweise chronikalisch, um sie auf diese Weise der poetologischen Deutung anzubieten und zugrunde zu legen“[36].

[31] Ortheil 2005: 198
[32] ebd.
[33] vgl. ebd.
[34] ebd.
[35] ebd.: 199
[36] ebd.: 200

Obwohl Ortheil seinen Text also gegen die Autobiographie verteidigt, scheint er sich eines hinter dem Essay stehenden autobiographischen Motivs durchaus bewusst zu sein. Damit bleibt auch seine Darlegung seltsam vage – zumindest hierin ähnelt sie dem Beitrag von Schulze. So vehement die eigene Position in diesen Eigen- bzw. Fremdinterpretationen also auch verteidigt wird, letztlich entzieht sich der Essay ganz offensichtlich einer eindeutigen Zuordnung in die Gattung „Autobiographie“ bzw. „Poetik“. Dass Ortheil die Ungewissheit auch in seinem vermeintlich klärenden Nachwort aufrecht erhält, stärkt den Verdacht, dass sie durchaus beabsichtigt und damit Teil der dem Essay zugrunde liegenden Poetik ist.

Auch Schulze weist in seinem Aufsatz auf einen „dritten Text“[37] hin, der sich zwischen den Zeilen von Ortheils Essay verstecke und sich weder als rein autobiographisch, noch als rein poetologisch erweise. So bezeichnet er *Das Element des Elephanten* gleich zu Beginn seiner Ausführungen als „komplizierte Konstruktion“[38], der zwar eine normale autobiographische Erzählung zugrunde liege, die diese jedoch auf verschiedenste Weise überlagere, literarisiere und kommentiere. Auf diese Weise entstehe „so etwas wie eine autobiographische Kollage, ergänzt durch fantasievolle Überlegungen zur Entstehung der Sprache und der Schrift und über die Bedeutung des Schreibens“[39]. Er kommt daher zu dem Schluss, dass der Text ganz offensichtlich gerade nicht auf eine autobiographische Rekonstruktion ausgelegt ist, „[w]eniger eine Autobiographie“ als vielmehr „ein Selbstporträt, die Gestalt des ‚Selbst‘“[40] sei.

Dieser Gedankengang wird von ihm allerdings nicht weiterverfolgt, er entscheidet sich vielmehr, den Text gegen den Strich und damit auch „gegen die Absicht der Stilisierung“[41] zu lesen. Wie sich noch zeigen wird, liegt hier jedoch ein entscheidender Aspekt des Essays verborgen, stellt dieser doch gerade nicht den abgeschlossenen Werdegang eines Individuums in den Mittelpunkt, sondern vielmehr die immerneue Erzeugung eines Selbst im Schreiben.

[37] Schulze 2005: 17
[38] ebd.
[39] ebd.: 18
[40] ebd.
[41] ebd.

1.2 Schöpfungsmythos und Autogenese

Wie Hans-Rüdiger Müller in einem Aufsatz über die „biographische Praktik" im *Element des Elephanten* zu Recht feststellt, äußert sich diese hier gleich in zweifacher Weise: „[...] zum einen als Tätigkeit, die den Text selbst hervorgebracht hat [...]; und zum anderen als Tätigkeit, die Thema des Textes ist [...]."[42] Als poetologischer Text spricht der Essay über die eigenen Entstehungsbedingungen und ist insofern hochgradig selbstreflexiv. Interessanterweise wird dieser Zusammenhang von Ortheil innerhalb des Essays aber verschleiert, denn er gibt vor, ausschließlich von einer der Vergangenheit angehörigen Schreibweise zu sprechen: Es geht ihm darum, „wie mein Schreiben begann" und wie es sich in seinen zu diesem Zeitpunkt erschienenen fünf Romanen niederschlägt.

Dieses Schreiben aber sei, so Ortheil etwa in der Mitte des Essays, abgeschlossen – er erklärt seine bisherige Arbeit „für beendet" (EE 108) und stellt sich die Frage „Ob noch etwas zu tun ist?" (ebd.). Schon die Tatsache, dass sich innerhalb des Essays an diese Frage noch über hundert weitere Seiten anschließen, weist auf ihren rhetorischen Stellenwert hin. Tatsächlich lässt sich das in dem Text thematisierte Schreibvorhaben keineswegs als abgeschlossen bezeichnen, ihm liegt vielmehr eine zyklische Struktur zugrunde, die jeden zeitlichen Bezug in eine Simultaneität auflöst und auf eine fortdauernde Schreibpraxis hindeutet. Dies zeigt sich vor allem im direkten Vergleich mit einem Werk, das als ein versteckter Intertext des Essays verstanden werden kann: Sartres *Les mots*[43].

Ähnlich wie Ortheil beschäftigt sich auch Sartre in *Les mots* mit den Anfängen seines Schreibens und folgt dabei scheinbar dem Muster der klassischen Autobiographie: In zwei großen Abschnitten – „Lesen" und

[42] Müller, Hans-Rüdiger: *Schreiben als biographische Praktik. Sprache, Subjekt und Historizität in Hanns-Josef Ortheils poetologisch-autobiographischem Essay „Das Element des Elephanten"*. In: Hans-Christoph Koller und Markus Rieger-Ladich (Hrsg.): *Grenzgänge. Pädagogische Studien zeitgenössischer Romane*. Bielefeld 2005b: 61–78, hier: 63

[43] Nicht nur der Klappentext stellt den Essay in eine unmittelbare Nähe zu Sartres „berühmte[m] Buch DIE WÖRTER" (vgl. Ortheil, *Das Element des Elephanten* 2001), auch in dem Text selbst taucht Sartre als „Ikone des Schriftbesessenen" in einer kurzen Szene auf (vgl. EE 217).

„Schreiben" – stellt er seinen literarischen Werdegang als eine Abfolge prägender Stationen und Daten dar.[44] Wie Lejeune allerdings in einer Untersuchung verdeutlicht, hat diese Chronologie nur vordergründig Bestand: Für ihn hat es vielmehr den Anschein, „als fänden alle im Buch erwähnten Ereignisse und Verhaltensweisen sozusagen gleichzeitig statt"[45]. Tatsächlich kann er in seiner Analyse nachweisen, dass der zeitliche Aufbau des Textes an einigen Stellen brüchig und inkonsequent ist, zentrale Ereignisse ausgespart, andere vertauscht oder entgegen der eigentlichen Reihenfolge nebeneinander gestellt sind.[46] Dennoch erscheint ihm der Aufbau des Textes schlüssig – wenn er auch nicht der chronologischen Abfolge einer Geschichte unterliegt, folgt er seiner Meinung nach durchaus der logischen Abfolge einer Analyse.[47] Die zeitliche Ordnung komme so zwar auf „sekundären Textebenen" zum Tragen, schließlich ist Sprache stets an das Aufeinanderfolgen ihrer Elemente und damit an eine gewisse Sukzessivität gebunden[48]. Dem „dialektischen Aufbau" käme bei der Textkonstruktion aber „absoluter Vorrang"[49] zu, weswegen sich in ihm laut Lejeune auch der „hypothetische[ ] Lektüreschlüssel"[50] des Werks versteckt:

> Alle Tatsachen, Ereignisse, Gefühle und Verhaltensweisen werden damit nicht als chronologisch zu organisierende Elemente verstanden, mit deren Hilfe eine Geschichte rekonstruiert wird, sondern als zu entziffernde *Zeichen*, die der Rekonstruktion eines Entwurfs dienen, der in keinem Lebensabschnitt zu Gänze enthalten ist, sondern sie alle umfaßt.[51]

[44] vgl. Sartre, Jean- Paul: *Die Wörter*. In: *Gesammelte Werke in Einzelausgaben. Autobiographische Schriften*. Band 1, Reinbeck 1968

[45] Lejeune 1994: 43

[46] vgl. ebd.: 244ff

[47] vgl. ebd.: 243: „Bei der Suche nach dem wirklichen Ablauf werden wir feststellen: [...] daß man dort, wo man eine Geschichte zu lesen glaubte, einer Analyse gefolgt ist, deren logische Zusammenhänge mit einem chronologischen Vokabular überschminkt wurde. Der Aufbau des Buches ist der einer als narrative Aufeinanderfolge verkleideten Dialektik."

[48] vgl. ebd.: 270f

[49] ebd.: 272

[50] ebd.: 287

[51] ebd.

Zum eigentlichen Ordnungsprinzip wird für Lejeune damit eine „Art analytische Fabel“[52], die er in der Nähe des biblischen Schöpfungsmythos’ und anderer Ursprungsmythen verortet[53]: Als autobiographische Erzählung geht Sartres Text von einer Keimzelle aus, die Lejeune mit dem Satz „Ich bin ich geworden“ bzw. „Ich habe mich zu mir *gemacht*“ zusammenfasst.[54] Diese Keimzelle wird als zentraler Entwurf „auf allen Ebenen der Konstruktion unablässig reproduzier[t]“[55], was der Erzählstruktur von *Les mots* einen kumulativen Charakter gibt:

> [...] die gesamte Geschichte wiederholt, moduliert ohne Unterlaß den einen, grundlegenden Entwurf, dem sich freilich neue Lösungen und neue Metamorphosen im Bereich des Möglichen anbieten, ohne daß sich jedoch am ursprünglichen Problem [...] etwas geändert hätte.[56]

Letztlich erlaubt der Text damit zwei Lesweisen: auf der einen Seite eine chronologisch-thematische – also klassisch autobiographische – Rezeption, die für Lejeune allerdings nicht über die „Fassade“[57] des Textes hinausgeht. Auf der anderen Seite eine dialektische, die seiner Meinung nach erst zum eigentlichen „Fundament“[58] des Textes vordringt.

Wenn Lejeune auf der Grundlage dieser Überlegungen von einem möglichen „Mißverständnis“[59] spricht, das die Lektüre des sartreschen Text stets begleite, erinnert dies nicht ohne Grund an die oben beschriebene Rezeption von *Das Element des Elephanten*. Auch Ortheils Essay lässt sich ganz offensichtlich auf verschiedene Arten lesen, die den von Lejeune vorgestellten Kategorien in auffälliger Weise ähneln. Betrachtet man den Essay genauer, lässt sich tatsächlich nicht nur eine thematische Verwandtschaft mit dem Sartre-Text ausmachen, sondern auch eine ähnliche Ordnungsstruktur, die entgegen Schulzes Annäherung eine achronologische Lesart nahelegt.

[52] Lejeune 1994: 250
[53] vgl. ebd.: 251 bzw. 270
[54] vgl. ebd.: 290
[55] ebd.: 288
[56] ebd.
[57] ebd.: 280
[58] ebd.
[59] ebd.

Einen Hinweis darauf gibt Ortheil selbst: Im Verlauf des Essays kommt er immer wieder auf seine ersten fünf Romane zu sprechen, die als „Varianten der eigenen Biographie“ (EE 104) für ihn in einem engen thematischen und poetologischen Zusammenhang stehen. Obwohl er vorgibt, ganz planlos und unbewusst vorgegangen zu sein, entwirft er dabei eine dezidierte Schreibpraktik. Im Zentrum seiner Überlegungen steht eine „Kernzelle“, die er mit jedem seiner fünf Romane umschrieben habe:

> All die kleinen Segmente, in die ich meine Romane zerlegen könnte, sind auf diese Kernzelle bezogen, weil ich, ohne das zu ahnen, von dieser Zelle aus Wege vermessen und beschrieben habe, die letztlich doch nur zurückführten, hinein in den Familienraum, den ich zum Klingen bringen wollte. (EE 106)

Mit dieser Beschreibung gibt Ortheil den einzelnen Romanen wie auch dem Romanzyklus als Ganzem eine repetitive Struktur. Schon seine Wortwahl weist darauf hin: „Ich bin im Kreis gegangen“, schreibt er, „ich habe [...] einen großen Kreis um mein Elternhaus vermessen“ (EE 108). Die Kreisform aber steht jeder chronologischen Abfolge entgegen, führt sie doch immer wieder zum Ausgangspunkt zurück. Damit erinnern Ortheils Ausführungen an Lejeunes Analyse von *Les mots*, wo dieser ebenfalls eine „Keimzelle“ aufdeckt, die in Variationen reproduziert wird und dem Werk letztlich ein nicht-lineares, kumulatives Ordnungsprinzip gibt: „[...] alles findet synchron, das heißt in einem ausgedehnten Zeitabschnitt statt, in dem sich der grundlegende Entwurf als eine im großen und ganzen konstante Figur darstellt.“[60]

Obwohl Ortheil im Weiteren davon spricht, dass „dieser Kreis“ nun „geschlossen“ sei (vgl. EE 108), lässt sich auch für seinen Essay eine entsprechende Schreibweise geltend machen: Auch dieser variiert letztlich immer wieder ein und denselben zentralen Entwurf und umkreist damit ebenfalls die von Ortheil im Zusammenhang mit seinen Romanen angesprochene „Kernzelle“, anstatt sie in autobiographischer Manier auszuschreiben. Besonders deutlich wird dies im ersten Teil des Essays (EE 7–42). Dieser beginnt zunächst wie eine klassische Autobiographie mit der Datierung der eigenen Geburt: „Ich wurde am 5. November 1951 in Köln geboren.“ (EE 7) Bereits der darauf folgende

[60] Lejeune 1994: 288

Satz jedoch spannt den Bogen von der Vergangenheit bis hin zur Gegenwart und löst das zeitliche Nacheinander in eine Simultaneität auf:

> Das Haus, in dem meine Eltern *damals* wohnten und das wir *kaum zwei Jahre später* durch einen Umzug nach Wuppertal verließen, habe ich *erst vor kurzem* mit wachem Blick gesehen. Es liegt an einem großen [...] Platz im Norden Kölns [...]. (ebd., Hervorhebungen von der Verfasserin)

Auch im weiteren Verlauf kann nicht von einer dominant chronologischen Ordnung gesprochen werden, erst auf Seite 16 schließt der Essay an den autobiographischen Stil des ersten Satzes wieder an: „Ich war das fünfte Kind meiner Eltern. Meine Mutter hat außer mir noch vier Söhne geboren, doch als ich 1951 zur Welt kam, war keiner der vier noch am Leben." (EE 16).

Zwischen diesen beiden Sätzen über die Geburt entwirft der Text auf zehn Seiten eine Art Schöpfungsmythos, der sich analog zu der zyklischen Zeitvorstellung des Mythos'[61] eher einer synchronen als einer diachronen Ordnung unterstellen lässt. Auf den Punkt bringt Ortheil diese Genesis am Ende des Abschnitts mit einem für den ganzen Essay zentralen Satz: „Ich wurde zum zweiten Mal geboren in der Sprache" (EE 15). Schon zuvor aber umkreist Ortheil diesen Satz in mehreren Varianten, die allesamt den Austritt aus der Stille hinein in eine Welt der Sprache thematisieren. So beschreibt er gleich zu Beginn die Heimat seiner Eltern, den nördlichen Westerwald, als einen Raum des Schweigens. Geprägt vom „charakteristische[n] Grübeln der Bauern, [...] ein[em] Geltenlassen der Stille" (EE 11) steht er dem Geburtsort Ortheils, Köln mit seinem „rheinischen Stille-Betäubungssprechen" (EE 15), diametral gegenüber. Die Bahnfahrt „von Wissen über Au und Troisdorf nach Siegburg und Köln" (EE 14) wird daher zu einer Fahrt in die Sprache: „[...] ich höre, wie aus der Stille das allmähliche Murmeln entsteht, je näher wir Köln sind, je lauter wird das Murmeln, die Sprache

[61] vgl. Blumenberg, Hans: *Arbeit am Mythos* (1979). In: Wilfried Barner, Anke Detgen und Jörg Wesche (Hrsg.): *Texte zur modernen Mythentheorie.* Stuttgart 2003: 194–218, hier: 214: „Im Mythos gibt es keine Chronologie, nur Sequenzen."

wird weicher, klangvoller, und in Köln, da ebbt sie überhaupt nicht mehr ab [...].“ (ebd.)

Eine Variante findet dieser Auszug aus der Stille in Ortheils kunstästhetischen Überlegungen, die zwischen die Beschreibung seiner Kindheitsorte eingefügt sind. In der Musik von Schubert, Webern und Cage glaubt er seine eigene Nähe zur Stille wiederzufinden, es ist „Musik, die aus der Stille kommt“ (EE 11). Gleiches gilt für das Schreiben, an dessen Anfang ebenfalls die Stille verortet wird, ein „ungeordnete[s] Murmeln, das sich allmählich, wie ein lauter werdendes Rauschen, von der Stille abhebt“ (ebd.). Der Schreibprozess und die Zugfahrt nach Köln rücken hier in eine unmittelbare Nähe zueinander[62], lassen sie sich doch beide als Wege in die Sprache verstehen. Sie werden so zu Varianten einer zentralen Genesis, die Ortheil schließlich in einem dritten Anlauf als seine ganz eigene Version der Schöpfungsgeschichte formuliert:

> [...] wenn nicht Gott, sondern ich selbst den Anfang der Genesis diktiert hätte, so hätte er von der Stille und dem Murmeln gehandelt: *Im Anfang schuf Gott den Laut. Und der Laut wurde zum Murmeln, und das Murmeln trennte das Schweigen vom Ton. Der Ton aber klang weit, weit klang er durchs All, und im All entstanden benachbarte Töne, der Schall, und größer und größer wurde das Murmeln ...* (EE 11f)

Der Eintritt in die Sprache wird also topographisch[63], ästhetisch und symbolisch ausgeführt und umkreist, bis er mit dem Satz „Ich wurde zum zweiten Mal geboren in der Sprache“ zum existenziellen Moment des eigenen Lebens erklärt wird. Die Hintergründe dieser Sprachwerdung bleiben dabei zunächst im Unklaren, ebenso wenig spielt ihre genaue Datierung an dieser Stelle eine Rolle[64]. Nicht der Verlauf,

[62] Dies wird auch in der Struktur des Textes deutlich: nach einem kurzen Exkurs über Literatur, die den Übergang der Stille in die Sprache zum Kern hat (vgl. EE 12f), schließt Ortheil unmittelbar und ohne jede Überleitung die Zugfahrt nach Köln an (vgl. EE 13: „Und so sehe ich mich schweigend in einem Nahverkehrszug der Bahn sitzen [...]“)

[63] vgl. dazu Kapitel 1.4

[64] Wie sich schließlich herausstellt, vollzieht sich Ortheils Hinwendung zur Sprache erst spät und nur mühevoll nach einer langen Phase des autistischen Schweigens. Ortheil greift hier aber auf dieses Ereignis voraus und stellt es in eine unmittelbare Nähe zu seiner eigentlichen Geburt.

sondern der Moment der Sprachwerdung steht also im Mittelpunkt – auf diesen zentralen „Entwurf" beziehen sich letztlich alle geschilderten Ereignisse und Beschreibungen.

Ähnliches lässt sich auch für den weiteren Verlauf des ersten Kapitels feststellen. Zwar gibt Ortheil hier Auskunft über die Hintergründe seiner späten Sprachwerdung und liefert so quasi die Vorgeschichte zu seiner „zweiten Geburt".[65] Auch drei an den ersten Satz erinnernde Erzähleinstiege weisen auf eine eher chronologische Erzählweise hin.[66] Dennoch unterliegen bei genauer Betrachtung auch diese Teile des Essays der zuvor geschilderten analytischen Struktur. Deutliches Signal dafür ist der Erzählaufbau, der hier erneut nur vordergründig einer chronologischen Ordnung folgt. So wendet sich Ortheil nach einer zweiten Bezugnahme auf seine Geburt (vgl. EE 16) nicht der Zeit *nach*, sondern der Zeit *vor* dieser Geburt zu, einem „fernen Fluchtpunkt, de[m] 6. April 1945, de[m] Tag, als mein zweiter Bruder, fast dreijährig, ums Leben kam" (EE 17), erzählt an dieser Stelle also quasi rückwärts. Dieser Rückblick wird von ihm zudem nicht als autobiographische Tatsache gestaltet, sondern als Zitat aus einem seiner Romane:

> Am 6. April besetzten die Amerikaner das Gut, das Ereignis ist eine Schlüsselszene in meinem Roman, der nach dem Namen des Hofguts *Hecke* betitelt ist: *Am Nachmittag des 6. April, gegen 15 Uhr, sah der Hecker Bauer die Khakiuniformen der Amerikaner oberhalb der Stallungen* [...]. (EE 17)

Damit spielt er nicht nur mit Fiktion und Realität (vgl. S. 51), sondern löst auch ein weiteres Mal die Chronologie in ein Nebeneinander auf, überführt Vergangenes in Schreibgegenwart.

[65] vgl. EE 23: „Die Diagnose lautete: autistische Ich-Versenkung, das Kind sitzt inmitten einer auf es einschreienden Gesellschaft von Sprachbenutzern und Sprachadepten, regungslos, unbeirrbar, stumm und verstört wie seine Mutter [...]."

[66] vgl. EE 16 („Ich war das fünfte Kind meiner Eltern. Meine Mutter hat außer mir noch vier Söhne geboren, doch als ich 1951 zur Welt kam, war keiner der vier noch am Leben."), EE 21 („Bei meiner Geburt war ich der Letzte und Erste zugleich."), EE 38 („Im Mai des Jahres 1956, ich war noch nicht fünf Jahre alt, [...] schenkte mir meine Mutter ein großes, unliniertes Heft [...].")

Aber auch an den Stellen, an denen Ortheil ganz explizit auf die frühen Jahre seiner Kindheit Bezug nimmt, folgen diese Erinnerungen einem übergeordneten Sinnzusammenhang. Ähnlich wie bei Sartre, bei dem laut Lejeune alles in einem „ausgedehnten Zeitabschnitt" stattfindet, „in dem sich der grundlegende Entwurf als eine [...] konstante Figur darstellt"[67], werden die Erlebnisse der Kindheit zwar geschildert, letztlich aber von einer zeitlichen Fixierung entbunden. So finden auch die Erinnerungen an die autistischen Zustände der Kindheit eine Entsprechung im Romanzitat[68], während sich der erste Kontakt mit Büchern zu einer lebenslangen „Passion für Bibliotheken" (EE 32) und einer ungebrochenen „Leselust" (EE 33) erweitert: „Diese Passion ist mir geblieben bis heute, *noch immer* laufe ich in Städten, auch wenn ich sie nur flüchtig besuche, in die Bibliotheken [...]." (EE 34, Hervorhebung von der Verfasserin) Im Gegenzug führt das heutige Betreten einer Bibliothek sofort und jedes Mal in die Kindheit zurück, die in dieser Perspektive nie ein Ende gefunden hat: „vor meinem inneren Auge sitzt das kleine, stumme Kind *noch immer* auf dem Teppich des elterlichen Wohnzimmers [...]." (EE 35, Hervorhebung von der Verfasserin). Ganz deutlich wird dieser Zusammenhang schließlich bei der Darstellung der ersten Schreibversuche. Die Erfahrungen des kleinen Jungen werden hier sofort auf das Schreiben des erwachsenen Autors ausgeweitet und erhalten so eine poetologische Bedeutung:

> So habe ich, im Mai des Jahres 1956, mit dem Schreiben begonnen, und ich weiß, daß ich in diesen Maitagen zum ersten Mal erlebte, was ich seither *immer wieder* zu erleben versuche. [...] *Noch heute*, Jahrzehnte später, hat das Schreiben für mich etwas von diesem Geheimnis bewahrt, denn *noch heute* kommt es mir vor, als erlebte ich die Buchstaben sinnlich [...]. (EE 38ff, Hervorhebung von der Verfasserin)

Damit findet sich bereits am Ende des ersten Kapitels eine Antwort auf die Ausgangsfrage danach, „[w]ie mein Schreiben begann".

[67] Lejeune 1994: 288

[68] Ähnlich wie zuvor aus *Hecke* zitiert Ortheil hier aus dem Roman *Schwerenöter*, der von den Zwillingsbrüdern Johannes und Josef handelt: „Der Zweitgeborene ist der Zu-spät-Gekommene, der sich ein Leben lang müht, dem Erstgeborenen gleich zu werden, ihn zu übertreffen oder auch nur einzuholen." (EE 24)

Tatsächlich zeigen sich im Verlauf des Essays zwar Entwicklungen und somit „Metamorphosen im Bereich des Möglichen“[69] – an das Erlernen der Schrift schließt sich der Spracherwerb an (Kapitel 2), es folgen erste Notizen und Texte (Kapitel 3), schließlich auch Veröffentlichungen (Kapitel 4), bis die Auseinandersetzung mit anderen Autoren (Kapitel 5) nach einigen Rückschlägen in einem Debütroman münden (Kapitel 6). Obwohl der Essay damit durchaus einen literarischen Werdegang schildert, lassen sich die einzelnen Stationen aber letztlich vor allem als immer neue Erweiterungen und damit Aktualisierungen des Satzes „Ich wurde zum zweiten Mal geboren in der Sprache“ (EE 15) lesen. Entsprechend schreibt Hans-Rüdiger Müller dem Text eine „auffallend inhomogenen Zeitstruktur“ zu: Diese folge zwar einerseits der Chronologie, andererseits zeige sie sich aber auch als „unaufhebbare Einheit, als zyklische oder zeitlose Wiederkehr des immer selben in den wechselnden Kontexten des Lebens.“[70] Die Einteilung des Essays in sieben Abschnitte scheint insofern weniger dem chronologischen Aufbau des Textes geschuldet, als vielmehr auf eine symbolische Tiefenschicht des Essays hinzudeuten: Nicht nur inhaltlich, sondern auch in seiner siebenteiligen Struktur erinnert der Text an die Schöpfungsgeschichte.[71]

[69] Lejeune 1994: 288

[70] Müller 2005b: 72. Diese Struktur des Essays wird auch von den Autoren des Sammelbandes bemerkt. So spricht die Göttinger Autorengruppe um Morten Brandt und Peter Alheit von einer „zyklischen Struktur“, die nicht nur den ersten fünf Romanen, sondern auch dem Essay zugrunde läge: „Die Selbstdarstellung beschreibt [...] keine kumulative Restrukturierung der eigenen Erfahrung, in der jeder neue Schritt auf vorangegangenen Erfahrungen aufbauen kann, sondern eine Wiederholung zyklischer Muster aus Aufbau und Destruktion, in denen jeweils der Radius des Kreismusters größer wird und immer weitere Bereiche – Bücher, Landschaft, Veröffentlichungen in Zeitungen, Studium, Autorschaft – in diese Struktur eingebunden werden.“ (Brandt, Morten et al.: *„Meine ganze Existenz sollte sich in Schriftzügen auflösen“. Zur Kritik einer modernen Selbstkonstruktion.* In: Hans-Rüdiger Müller (Hrsg.): *Die Kunst der Benennung.* Göttingen 2005: 47–65, hier: 56). Diese zyklische Struktur steht für sie der „Figur von ‚Entwicklung‘ und ‚Bildung‘“ entgegen, „welche die Idee des modernen Subjekts erst ermöglicht“ (ebd.: 63). Dennoch lesen auch sie den Essay ausschließlich vor dem Hintergrund eines autobiographischen Schreibvorhabens, das sie so mehr oder weniger für gescheitert erklären (vgl. ebd.: 63f).

[71] In Bezug auf seinen Roman *Hecke*, der einer ähnlichen Gliederung unterliegt, weist Ortheil in einem Interview ganz explizit auf diesen Zusammenhang hin:

Das letzte Kapitel des Essays (EE 222f) schließt daher auch unmittelbar an das erste an, es führt den eigentlichen Entwurf des Textes ein letztes Mal ganz explizit aus. Auf die Frage „Bin ich also ein Schriftsteller?“ (EE 222) antwortet Ortheil hier nämlich mit einem entschiedenen „ich weiß es bis heute nicht“ (ebd.). Während in einem klassisch autobiographischen Text die Beantwortung eben dieser Frage und damit der „Lernweg eines Schriftstellers“[72] im Mittelpunkt steht, verweist Ortheil am Ende seines Essays also gerade nicht auf einen vollendeten Werdegang:

> Eher schaue ich mir zu, wie ich mich immer wieder in einen Schriftsteller verwandle. Das Schriftsteller-Sein ist eine Projektion, die mit der Anstrengung verbunden ist, sich in der Zukunft als ein anderer zu erleben. Jedes neue Buch stellt die Zusammenhänge dieser Verwandlung her, aber mit jedem Buch stirbt zugleich die Gestalt, nach deren Nähe und nach deren Festigkeit ich mich sehnte. (EE 222)

Damit deutet er auf ein unabgeschlossenes Schreibprojekt hin, das sich nicht nur in den frühen Schreibversuchen des kleinen Kindes wie auch in den ersten fünf Romanen verwirklicht, sondern ebenso in jedem erneuten Schreiben und damit auch in dem Essay selbst. Die Vorstellung einer Wiedergeburt in der Sprache kann also auch als Hintergrund des Essays verstanden werden – er wird selbst zu einer Variante des von ihm immer wieder evozierten Entwurfs.

Auch der Text als Ganzes lässt sich damit als eine Art Schöpfungsmythos verstehen. Nicht nur seine Einteilung in sieben Abschnitte weist darauf hin, auch sein Hervorgehen aus einer Poetik-Vorlesung, die letztlich immer die Genese von Schrift und Literatur zum Gegenstand hat. Die Frage danach „wie mein Schreiben begann“ wird hier aber letztlich auch zu einer Frage nach den eigenen Existenzbedingungen. Bereits zu Beginn des Essays rückt Ortheil seine Sprachwerdung in eine unmittelbare Nähe zu seiner tatsächlichen Geburt: der dreimalige

„Die Entstehung eines Werkes ist ja ein elementarer Schöpfungsakt. Und darauf spiele ich an. Ich vermute, daß rituelle Züge des Katholizismus sehr stark in mein Werk eingegangen sind, daß die Prägung durch den Katholizismus außerordentlich stark war, wobei weniger Inhalte als Symbole von Bedeutung waren.“ (Steinecke 1995: 215)

[72] vgl. Schulze 2005

Erzählanlauf[73] wird jedes Mal zugunsten der zweiten Geburt abgebrochen – diese wird zum eigentlichen Moment des Zur-Welt-Kommens, Sprachwerdung und Ichwerdung fallen in eins. Damit steht tatsächlich das eigene Dasein im Zentrum des Essays, dessen autobiographischer Hintergrund von Ortheil auch keineswegs geleugnet wird. Vor allem im letzten Abschnitt des Essays stellt er Leben und Schreiben vielmehr in einen unmittelbaren Bezug zueinander, macht das Schreiben ganz explizit zu einem Mittel der Selbsterzeugung: Es bewahre ihn vor der Angst, „daß meine Person irgendwann einmal zerfallen und verschwinden würde" (EE 222): „Es füttert und beschäftigt mich mit jenen Stoffen, die mir die Illusion verschaffen, daß meine kindliche Gestalt wächst, fester wird, anschwillt, sich füllt" (ebd.)

In diesen Bemerkungen wird zugleich aber deutlich, dass es bei einer solchen Verschriftlichung des Selbst gerade nicht um die detailgetreue Darstellung eines Lebenslaufs geht: Nicht das Ich als gewordenes, sondern das sich immer wieder neu erzeugende Ich steht im Mittelpunkt. An die Stelle einer geschlossenen Lebensgeschichte tritt also die ständige Autogenese im und durch das Schreiben. Diese Vorstellung findet eine Entsprechung in der Anlage des Textes, der den Eintritt in die Sprache ein ums andere Mal neu vorführt und aktualisiert. Blickt man vor diesem Hintergrund erneut auf die von Schulze angeführten Merkmale eines autobiographischen Textes (vgl. S. 8ff), lassen sich diese kaum mit dem Essay in Einklang bringen. Als eine Art analytischer Schöpfungsmythos rückt dieser gerade nicht die Rekonstruktion eines biographischen Lebenslaufs in der Rückschau in den Mittelpunkt, sondern vielmehr die Konstruktion eines Ich in der Schreibgegenwart.

Dass der Text sowohl poetologisch als auch autobiographisch gelesen werden kann, liegt gerade in dieser engen Symbiose von Leben und Schreiben begründet, die Ortheil zum Kern seines Essays macht:

> [...] die Sprache hat mich wiedergeboren, und als sie mich ausgespuckt hatte als Sprechenden, war das Schreiben da, das alles besiegelnde und dadurch immer triumphierende Schreiben, mit dem ich jede Silbe, jedes Wort, jeden Satz festhalten konnte für immer, auf daß ich die Sprache nie mehr verlöre. (EE 15)

[73] vgl. EE 7 („Ich wurde am 5. November 1951 geboren"), EE 16 („als ich 1951 zur Welt kam"), EE 21 („Bei meiner Geburt war ich der Letzte und Erste zugleich")

Diese Symbiose als zentraler Entwurf bedingt aber auch, dass eine rein autobiographische wie auch eine nur poetologische Rezeption notwendiger Weise zu kurz greifen. Es bedarf vielmehr einer dritten Lesweise, die den Text nicht als eine Darstellung von Erlebtem im Sinne einer Selbst (autós) – Lebens (bios) – Beschreibung (graphein)[74] versteht, sondern vielmehr als eine Erschaffung und Gestaltung des Selbst im Text, als eine Auto*fiktion* (vgl. lateinisch fingere: gestalten, bilden, erdichten[75]).

1.3 Zur Autofiktion I

Der Begriff der Autofiktion geht auf den französischen Autor und Literaturwissenschaftler Serge Doubrovsky zurück, der nicht nur seinem Werk eine entsprechende Schreibweise zugrunde legt, sondern diese in seinen Texten auch theoretisch ausführt. Die wissenschaftliche Auseinandersetzung mit der Autofiktion stellt daher nicht zuletzt eine Auseinandersetzung mit Doubrovskys Begrifflichkeiten dar, obwohl das Phänomen autofiktionalen Schreibens schon vor ihm Einzug in die Literatur gefunden hat[76].

[74] vgl. Schweikle, Irmgard: *Autobiographie*. In: *Metzler Literaturlexikon*. Stuttgart 1990: 34

[75] vgl. *Stowasser* 1923: 321 („fingo")

[76] De Toro führt hier etwa Roland Barthes' *Roland Barthes par Roland Barthes* von 1975 an, in dem noch vor Doubrovskys Text *Fils* (1977) das Konzept der Autofiktion Anwendung gefunden habe. Zudem betont er, dass der Begriff der „autofiction" zwar tatsächlich erstmals bei Doubrovsky falle, jedoch erst im Zusammenhang mit Robbe-Grillets Konzeption der „nouvelle autobiographique" von der wissenschaftlichen Kritik zur Kenntnis genommen worden sei (vgl. Toro, Alfonso de: *Die postmoderne „neue Autobiographie" oder die Unmöglichkeit einer Ich-Geschichte am Beispiel von Robbe-Grillets „Le miroir qui revient" und Doubrovskys „Livre brisée"*. In: Sybille Groß und Axel Schönberger (Hrsg.): *Dulce et decorum est philoligiam colere*. Berlin 1999: 1407–1443, hier: 1407f). Wie Gronemann in ihrer Untersuchung verschiedener postmoderner Autobiographie-Konzepte erwähnt, versteht sich auch Doubrovsky selbst keineswegs als Initiator einer neuen Textgattung, sondern lediglich einer neuen Begrifflichkeit (vgl. Gronemann, Claudia: *Postmoderne/Postkoloniale Konzepte der Autobiographie in der französischen und maghrebinischen Literatur. Autofiction – Nouvelle Autobiographie – Double Autobiographie – Aventure du texte*. Hildesheim 2002: 48, Anmerkung 66: „Er

Auch in diesem theoretischen Exkurs sollen Doubrovskys Überlegungen am Anfang stehen, lassen sich in diesen doch durchaus Parallelen zu Ortheils Essay ausmachen. So wählt Doubrovsky in seinem 1989 erschienenen *Le livre brisé* – ein Werk, das von der Forschung immer wieder als Paradebeispiel autofiktionalen Schreibens herangezogen wird – ebenfalls Sartres *Les mots* als einen wesentlichen „literarischen Referenzpunkt“[77]. Entsprechend wird Sartre in dem Text nicht nur als „père spirituell“[78] bezeichnet und nimmt als „bevorzugter Literat“ und „Mittelpunkt des literaturwissenschaftlichen Interesses“[79] einen breiten Raum ein, *Le livre brisé* setzt sich vielmehr auch ganz dezidiert mit der Schreibweise Sartres auseinander.

Diese Intertextualität hat jedoch, so Frank Reiser in seiner Untersuchung des Textes, „nicht nur mit der Würdigung oder literarischen Aneignung eines literarischen Vorbilds im Sinne einer *reécriture* zu tun“[80], sie muss vielmehr auch verstanden werden „als Blick auf einen literarischen Selbstentwurf [...], der in dieser Form unmöglich geworden ist“[81]. Denn Sartres Text steht bei Doubrovsky vor allem für einen ganz bestimmte Perspektive auf das eigene Leben:

> L'homme est à lui-même transparent, son destin devient diaphane. Le sens d'une vie est l'évidence même. La véritable autobiographie est comme l'idée cartésienne: claire et distincte. [...] Pareille maîtrise totale de soi sur soi m'éblouit.“[82]

In dieser von Doubrovsky ausgedrückten Verblüffung artikuliert sich nicht nur seine Bewunderung, sondern vor allem auch sein Zweifel an einem solchen Selbstbild, das seinen eigenen Erfahrungen eines „Cogito

selbst sieht sich zwar als Schöpfer des hierfür gebrauchten Begriffs, nicht aber des Phänomens selbst, das bereits von Colette, Genet oder Céline praktiziert wurde [...].“).

[77] Reiser, Frank: *Autobiografie an der Grenze postmoderner Praxis: Serge Doubrovsky*. In: Susanne Kollmann und Kathrin Schrödel (Hrsg.): *Postmoderne De/Konstruktionen. Ethik, Politik und Kultur am Ende einer Epoche*. Münster 2004: 215–227, hier: 217

[78] Doubrovsky, Serge: *Le livre brisé*. Paris 1989: 45

[79] Reiser 2004: 217

[80] ebd.: 218

[81] ebd.: 219

[82] Doubrovsky 1989: 131

tordu“[83], eines fundamentalen Ichverlusts, entgegensteht. Wie Claudia Gronemann in zwei ausführlichen Untersuchungen[84] darlegt, kann diese Erfahrung als Kern von Doubrovskys Autofiktionskonzept verstanden werden, womit es in eine unmittelbare Nähe zur poststrukturalistischen Subjekttheorie rückt. Ausgehend u. a. von Lacans These des dezentrierten Subjekts bricht diese mit der Vorstellung eines sprach- und selbstmächtigen Ich, das zur alleinigen Sinn-Instanz wird.[85] Anstatt außersprachliche Phänomene vorauszusetzen, „die, gleichsam in einem zweiten Schritt, in die Sprache gebracht [...] werden“[86], kommt es zu einer „Neuordnung der Beziehung von Sprache und Subjektivität“ und damit zu einem „neuen, sprachabhängigen Realitätsbegriff“[87]: „Das Subjekt im vermeintlich vorgängigen Selbstbesitz des Sinns [...] muß seine Autorität an die Tätigkeit des Signifikanten abtreten“, es ist „fortan nicht mehr organisierendes Zentrum der Sinnbeziehungen, sondern als dezentriertes selbst ein Effekt der differentiellen Beziehungen der Sprache“[88]. Aus dem autonomen Ich wird damit ein Unterworfener der Sprache, ein bloßer „Effekt der Signifikanten“[89].

Eine solche Umwertung des Subjektbegriffs hat zwangsweise auch Folgen für die autobiographische Praxis. Denn die traditionelle Autobiographie, deren theoretische Grundlagen bei Lejeune auf den Punkt gebracht werden (vgl. Kapitel 1.1), geht von einem anderen Subjekt aus:

[83] Doubrovsky 1989: 195

[84] vgl. Gronemann, Claudia: *„Autofiction“ und das Ich in der Signifikantenkette. Zur literarischen Konstitution des autobiographischen Subjekts bei Serge Doubrovsky*. In: *Poetica* 31 (1999), Heft 1: 237–262 sowie Dies.: *Postmoderne/Postkoloniale Konzepte der Autobiographie in der französischen und maghrebinischen Literatur*. Hildesheim 2002 (darin vor allem Kapitel 3: *Zur literarischen Konstitution des autobiographischen Subjekts in Serge Doubrovskys „Autofiktion“*, S. 42–82)

[85] vgl. Gronemann 1999: 243

[86] Wagner-Egelhaaf, Martina: *Autofiktion oder: Autobiographie nach der Autobiographie. Goethe – Barthes – Özdamar*. In: Ulrich Breuer und Beatrice Sandberg (Hrsg.): *Autobiographisches Schreiben in der deutschsprachigen Gegenwartsliteratur*, Band 1: *Grenzen der Identität und der Fiktionalität*. München 2006: 353–368, hier: 356

[87] Gronemann 1999: 244

[88] ebd.: 246

[89] ebd.: 245

Ausgeprägt in humanistisch-idealistischer Tradition, gründet die Gattung der Autobiographie auf der Vorstellung eines autonomen, einheitlichen, sich selbst bewußten, „ermächtigten“ Ichs, welches die eigene Lebensgeschichte retrospektiv und als exemplarischen Sinnentwurf zu verfassen vermag. Vergangenes und gegenwärtiges Ich werden in ein Gleichgewicht gebracht, wobei Linearität, Kohärenz und Intentionalität der Darstellung sowohl die Identität der Persönlichkeit als auch die Einheit des gestalteten Lebens im Rahmen eines Authentizitätspostulats begründen.[90]

Wie Gronemann betont, ist dieses „Modell einer retrospektiv erzählten, auf Identität und Kohärenz gestützten Persönlichkeitsentwicklung [...] problematisch“ geworden, gründet sie doch auf der Vorstellung, „der eigenen Persönlichkeit nachträglich [...] eine sinnvolle Einheit zu verschaffen, ohne daß diese in der Realität vorhanden ist“[91].

Eben diese Erfahrung sieht sie in Doubrovskys *Le livre brisé* gespiegelt, in dem keine kohärente und geschlossene Geschichte erzählt werde, sondern vielmehr der „fortschreitende[ ] Verlust der Kontrolle über das Geschehen seitens der Protagonisten“[92] Ausdruck fände. Der Text sei geprägt von „Widersprüche[n], Ungereimtheiten, Lügen und Entstellungen“[93], die darauf hinweisen, dass „selbst der um Aufrichtigkeit bemühte Autobiograph Biographisches verfälscht“[94]. Diese Unmöglichkeit einer mimetischen Lebensbeschreibung ist laut Gronemann aber nicht nur Thema des Textes, sie wird auch zu seiner Grundlage, basiert er doch auf der Erfahrung,

daß eine wahrhaftige Darstellung im konventionellen Sinne kaum mehr zu erlangen ist, weil jede Form der Wiedererlangung des Gelebten nur als sprachlich-mimetische Repräsentation des Abwesenden erfolgen kann und damit ipso facto seine Authentizität verliert [...].[95]

Die einzige Möglichkeit, authentisch von sich selbst zu schreiben, bestehe daher in der Offenlegung des Konstruktionscharakters eines

[90] Gronemann 1999: 240
[91] ebd.: 243
[92] ebd.: 248
[93] ebd.: 250
[94] ebd.
[95] ebd.

jeden Textes: „Der Autobiograph [muß sich] den Verfälschungen des literarischen Diskurses stellen [...], indem er sie nicht länger verleugnet, sondern diese vielmehr zum Gegenstand erhebt.“[96]

Dies gelingt Doubrovsky mit seinem Konzept der Autofiktion, das – wie der Name schon andeutet – auf einem „konstitutiven Widerspruch“[97] gründet: Der autofiktionale Text erhebt den Anspruch, autobiographisch zu sein, und führt diesen im gleichen Moment ad absurdum, indem er fiktionale Strukturen in die Darstellung einfügt. Diese weisen auf den „literarischen Akt als Akt des Fingierens“[98] hin und decken diesen „zum Zweck des ‚Authentisch-Machens‘“[99] auf. Wie Gronemann ausführt, bedient sich Doubrovsky in seinen Texten daher zwar einerseits autobiographischer Strukturen – „Ich-Erzählung, Autodiegese, Namensidentität, Referentialität, autobiographische Topoi“[100] – ergänzt diese jedoch durch fiktionale Signale „wie die Bezeichnung Roman oder Aussagen über die Fiktionalität auf der Objektebene“[101] und relativiert damit den „Status der Autobiographie in bezug [sic!] auf die Wahrheit“[102]. Gronemann bezeichnet Doubrovskys Autofiktion daher als eine „systematisch betriebene ‚Unaufrichtigkeit‘“[103], die auf dem Zweifel an einem unverstellten Selbstbild gründet und diesen schließlich zum Thema erhebt. Insofern handelt es sich bei ihr durchaus um ein autobiographisches Projekt, das dem Anspruch von Wahrheit und Authentizität gerecht werden will.

In eben diesem Anspruch gründet ganz offensichtlich Doubrovskys Kritik an Sartres Selbstentwurf. Denn auch dieser ist für ihn letztlich nichts anderes als eine Konstruktion und damit nicht autobiographisch, sondern autofiktional: „Ce que nous avons lu ici, sous le couvert d’ un récit d’ enfance, est une pure scène de fiction, dont l’ auteur est à la fois le narrateur et le personnage, et que j’ appelle pour ma part *autofiction*.“[104] Wie diese Arbeit (vgl. Kapitel 1.2) verweist er dabei auf

[96] Gronemann 1999: 251
[97] ebd.: 252
[98] ebd.
[99] ebd.
[100] ebd.
[101] ebd.
[102] ebd.
[103] ebd.: 240
[104] Doubrovsky, Serge: *Sartre: autobiographie/autofiction*. In: *Revue des Sciences Humaines*. Heft 224 (1991): 17–26, hier: 26

Lejeunes Interpretation und bezeichnet den Text als eine „*fable théorique*“, als ein Märchen von der eigene Existenz, das jedoch niemals Abbild des Leben sein kann: „*Les mots* sont un récit d'enfance. Le malheur, un récit d'enfance est impossible. Il est toujours fait par un adulte. Ça l'adultère. Du tout au tout.“[105] Als ein Roman, so Doubrovskys kritisches Fazit, wäre eine solche Kindheitserzählung zwar möglich, als Autobiographie jedoch muss sie scheitern[106], erhebt diese doch ein Konstrukt zur Realität und verliert so ihre nötige Authentizität. Sartres *Les mots* und Doubrovskys *Le livre brisé* können damit nicht nur als „Prototypen modernen bzw. postmodernen Subjektdiskurses“[107] verstanden werden, sie stehen auch für zwei verschiedene Formen der Autofiktion: Auf der einen Seite die Übersetzung eines Ich in die Fiktion, ungeachtet der Problematik von Authentizität und Referenzialität, auf der anderen Seite die Integration der Fiktion in die Autobiographie als Strategie, um gerade dieser Problematik gerecht zu werden.

Dass der Begriff tatsächlich mehr als nur eine Interpretation erlaubt, zeigt die wissenschaftliche Auseinandersetzung mit ihm: Während Gronemann entsprechend ihrer Ausführungen zu Doubrovsky auch Texte von Barthes oder Robbe-Grillet in die Nähe der Autofiktion rückt – scheinen diese doch ebenfalls, „ausgestattet mit autobiographischen Bezügen, einen systematischen Zweifel an diesen von vornherein einzugestehen“[108] – verfolgen Genette und Colonna einen anderen Ansatz: Bei ihnen werden als Autofiktionen Romane bezeichnet, deren Protagonisten den Namen des Autors tragen. Sie ordnen den Begriff also dem fiktionalen Erzählen zu, das über die Namensidentität von Autor und Protagonist zwar autobiographische Züge erhält, keineswegs aber einem autobiographischen Anspruch gerecht werden will.[109]

Auch in der Definition des deutschen Literaturwissenschaftlers Paul Brodowsky steht weniger das Autobiographische als vielmehr die

[105] Doubrovsky 1989: 135ff

[106] vgl. ebd.

[107] Reiser 2004: 224

[108] Gronemann 2002: 11

[109] vgl. dazu Zipfel, Frank: *Autofiktion. Zwischen den Grenzen von Faktualität, Fiktionalität und Literarität?* In: Simone Winko, Fotis Jannidis und Gerhard Lauer (Hrsg.): *Grenzen der Literatur. Zu Begriff und Phänomen des Literarischen.* Berlin 2009: 285–314, hier: 302f

Fiktion im Mittelpunkt, wobei er vor allem den Aspekt der Literarisierung betont. So versteht er die Autofiktion als ein Schreibverfahren, „das von konkreten, eigenen Erlebnissen ausgeht und diese für das eigene Schreiben fruchtbar macht“[110]. Die Fiktionalisierung steht bei ihm nicht etwa im Dienste einer kritischen Offenlegung des eigenen Konstruktcharakters, sondern eines „möglichst eindringlichen Leseerlebnis“: „Damit sich dieses Erlebte als Geschichte entfalten kann, muss der Autor fiktionalisieren.“[111]

Entscheidend für das jeweilige Verständnis von Autofiktion ist damit der Kontext, in den diese eingebettet ist. Vor dem Hintergrund eines poststrukturalistischen Ansatzes erweist sie sich als eine besondere Strategie autobiographischen Schreibens, entbindet man sie jedoch von diesem kritischen Unterbau, kann die Fiktion ganz offensichtlich auch zum adäquaten Mittel literarischer Selbstdarstellung werden. Einen Hinweis darauf gibt Doubrovsky selbst, wenn er die Autofiktion in einem Aufsatz über *Les mots* in unmittelbare Nähe zu Sartres „roman vrai“ rückt. Als literarisches Schreibprojekt, als „pure fiction“, erscheint ihm der Text zwar weniger exakt, dafür aber „plus ‚vrai‘“, „plus riche“[112], womit er dem Leser einen besonders unmittelbaren Zugang zu Sartre ermögliche.[113] Entsprechend spielt Doubrovsky am Ende seiner Interpretation mit der Frage, ob die Fiktion dem Leben nicht bisweilen näher kommen könne als jedes mimetische Abbild[114]. Auch wenn diese „question difficile et cruelle“[115] letztlich unbeantwortet bleibt, deutet sie doch auf eine Perspektive hin, die das Geschriebene keineswegs als nurkonstruierte und mithin stets unvollständige Illusion versteht, sondern vielmehr als geeigneten Ausdruck des Ich.

In diesem Sinne wird *Les mots* ganz offensichtlich auch in Ortheils Essay zu einem Referenztext. Denn wie im vorangegangenen Kapitel ausgeführt, betont dieser immer wieder und auf allen Ebenen die

[110] Brodowsky, Paul: *Autofiktion*. In: Manuel J. Hartung und Thomas Kersten (Hrsg.): *Wissen to go. Ein Studium generale in 100 Begriffen*. München, Zürich 2008: 16+17, hier: 17

[111] Brodowsky 2008: 17

[112] Doubrovsky 1991: 26

[113] vgl. ebd.

[114] vgl. ebd.: „*Mentir vrai*: la formule d' Aragon s'apliquerait-elle aussi à l'autobiographie?“

[115] ebd.

Bedeutung der Schrift als ausgezeichneten Ort der Identität. Entsprechend rückt er die Sprachwerdung an die Seite, ja an die Stelle der eigentlichen Geburt – erst in und durch den sprachlichen Ausdruck ist Leben möglich. Die Konstruiertheit des Ich wird hier also weder verschleiert noch kritisch aufgedeckt, sondern zum Thema und zur Grundlage des Textes erhoben – an die Stelle einer mimetischen Rekonstruktion gelebten Lebens rückt die sprachliche Erschaffung eines Ichs in der Schreibgegenwart (vgl. Kapitel 1.2).

Gerade in einer solchen Schreibweise sieht Wagner-Egelhaaf die Zukunft des Autofiktionsbegriffs. „Wir befinden uns nicht mehr in den 70er Jahren“[116], so die Autorin. Die Einsichten des Poststrukturalismus dürften daher zwar nicht in Vergessenheit geraten, das Autofiktionskonzept müsse jedoch aktualisiert und weitergedacht werden:

> Autofiktion ist dann nicht zu verstehen im Sinne defizitärer „Nur“-Sprachlichkeit, „bloßer“ Konstruiertheit, als ein Ausstellen von Differenz, sondern im produktiven Sinne einer möglichen Selbstsetzung, die es einem Subjekt erlaubt, sich mittels und im Spiegel der Sprache zu positionieren.[117]

Ortheils Werk ermöglicht ganz offensichtlich ein solches Weiterdenken. Sein Essay zumindest stellt konsequent Sprache und Schrift in seinen Mittelpunkt und macht die Literatur zum Ort einer schriftstellerischen Autogenese. Ortheils Autofiktion vor dem Hintergrund eines Autobiographie-Diskurses zu lesen führt also zwangsweise an ihrem eigentlichen Kern vorbei: Es ist ganz offensichtlich nicht die Biographie, sondern die Fiktion, die zum Ausgangspunkt und Ziel seines Schreibens wird und daher in dem Essay – jenseits der Problematik von Authentizität und Referenzialität – zu *dem* Mittel der Selbstdarstellung erhoben wird. Entscheidend wird damit weniger die Frage, ob Ortheil autobiographisch schreibt, sondern vielmehr die Frage danach, wie er sich (selbst) in seinen Texten ausdrückt.

[116] Wagner-Egelhaaf 2006: 361
[117] ebd.

1.4 Ein Lebensentwurf

Wie in Kapitel 1.2 geschildert, umkreist und variiert Ortheils Essay immer wieder eine für den Text wie auch seine Poetik der Autofiktion zentrale Äußerung: „Ich wurde ein zweites Mal geboren in der Sprache". Lejeune deckt in Sartres *Les mots* eine ganz ähnliche „Keimzelle"[118] auf und bringt sie mit dem Satz „Ich habe mich zu mir *gemacht*"[119] auf den Punkt – eine Aussage, die „freilich noch genauer zu umreißen und mit Stoff anzureichern bleibt"[120]. Tatsächlich kann dieser Satz weniger als ein wörtliches Zitat Sartres verstanden werden, sondern vielmehr als eine unter der Textoberfläche verborgene Essenz seines Schreibens. Lejeunes Textanalyse gründet daher auch nicht auf der Suche nach einem Satz, es geht ihm vielmehr um das Offenlegen einer „dialektischen Ordnung"[121] bzw. eines totalitären „System[s]"[122], in dem der „grundlegende[...] Entwurf"[123] des Textes seinen sichtbaren Ausdruck findet. Wie die weitere Untersuchung zeigen wird, weitet sich der oben zitierte Satz auch bei Ortheil zu einem den ganzen Essay bestimmenden und strukturierenden Grundschema aus. Während sich die von Lejeune bei Sartre aufgedeckte Dialektik aber als eine fünfaktige analytische Fabel[124] mit einem durchaus dramatischen Aufbau erweist[125], stellt sie sich bei Ortheil in erster Linie als ein topographisches Modell dar, dessen Dramaturgie einzig aus dem Übergang von einem in den anderen Raum resultiert.

Bereits zu Beginn des Essays entwirft Ortheil weniger eine zeitliche, als vielmehr eine räumliche Konstellation – nicht das Wann, sondern

[118] Lejeune 1994: 290

[119] ebd.

[120] ebd.

[121] ebd.: 270

[122] vgl. ebd.: 277

[123] ebd.: 288

[124] vgl. ebd.: 250ff

[125] vgl. ebd.: 270: „Liest man [...] die von mir aus *Die Wörter* herausgeschälte Erzählung wieder, stellt man fest, daß auch ich notgedrungen eine Geschichte erzählen und eine durchweg lineare Abfolge voraussetzen mußte, in der der Protagonist einen Schritt nach dem anderen setzt – freilich einer dialektischen Ordnung folgend, die aber im Kostüm einer konkreten, ganz banal von einem Davor zu einem Danach ausgerichteten Geschichte auftritt: dramatische Handlungsumschwünge, Alternanz von Ereignissen und Perioden – alles ist da."

das Wo der eigenen Existenz steht im Mittelpunkt, obwohl der erste Satz mit seiner genauen Datierung etwas anderes vermuten lässt. Auf diesen Satz folgt jedoch eine detaillierte Schilderung von Elternhaus, Heimatstadt und Geburtsort und damit eine dezidierte Verortungsarbeit. Diese wird auch im weiteren Verlauf des Textes fortgesetzt – sei es im Reich der Mutter (Kapitel 1), an der Hand des Vaters (Kapitel 2), auf Reisen (Kapitel 3) oder im neu gebauten Haus der Eltern (Kapitel 4). Auch die Auseinandersetzung mit den literarischen Vorbildern Hemingway und Thomas Mann erweist sich als eine solche Positionierungsarbeit, als Suche nach den idealen Bedingungen und Räumen für das Schreiben (Kapitel 5). Diese Suche führt Ortheil schließlich nach Rom (Kapitel 6), eine Stadt, die ihm nicht nur zur Heimat wird, sondern in der auch sein erster Roman entsteht. Am Ende des Essays aber kehrt er zu den Räumen seiner Kindheit zurück und beschreibt erneut sein Geburtshaus, dem auch die ersten Zeilen gewidmet sind:

> Manchmal, wenn ich nicht weiter weiß, träume ich mich in die scheinbar gesicherten Zonen jenes großen, ovalen, von schönen Mietshäusern eingekreisten Platzes zurück, jenes Platzes in Köln, nahe dem Rhein, wo ich meine ersten Monate verbracht habe. Und ich stelle mir vor, daß ich mich in Wahrheit nie von diesem Platz entfernt habe. (EE 223)[126]

In ihren *Reflexionen zu einer Philosophie des Raumes* beschäftigt sich Sabine Thabe mit solchen literarischen Positionierungen und verwendet in diesem Zusammenhang den Begriff der Raum-Identität[127]: Gerade in narrativen Systemen nehme der Raum als Ich-Umgebung eine zentrale Funktion in der Bestimmung des Selbst ein. Entsprechend bezeichnet sie Mythen als „gesellschaftliche[ ] Selbst-Aufklärungsversuche“, die „sinnhafte bzw. sinnkonstruierende Positionierungen ‚im Raum‘ vollziehen wollen“[128] und daher Antworten auf Fragen wie „Wo

[126] vgl. EE 7: „Das Haus, in dem meine Eltern damals wohnten [...] habe ich erst vor kurzem mit wachem Blick gesehen. Es liegt an einem großen, ovalen, von schönen Mietshäusern eingekreisten Platz im Norden Kölns, dem Stadtteil Nippes. Man hat es nicht weit zum Rhein, die Gegend ist voller traditionsreicher Kneipen ...“

[127] vgl. Thabe, Sabine: *Raum(de)konstruktionen. Reflexionen zu einer Philosophie des Raumes*. Opladen 2002: 24

[128] Thabe 2002: 16

komme ich her?“ oder „Wo gehe ich hin?“ bieten.[129] Raumkonstruktionen erweisen sich bei Thabe also vor allem als „textuelle und sprachliche Selbst-Konstitutionen“[130] – über das Sprechen bzw. Schreiben vom Raum entwirft sich das Subjekt. Diese Trias von Raum, Ich und Sprache wird zum roten Faden ihrer Untersuchung, die sich nicht nur dem „Träumen von Räumen“[131] im kollektiven Mythos widmet, sondern auch den Raumkonstruktionen individueller Mythen. Denn auch in poetologischen, literarischen oder soziologischen „Raum-Erzählungen“[132] geht es laut Thabe um „zentrale menschliche Fragestellungen von Selbst-Positionierungen“[133].

Vor diesem Hintergrund lässt sich auch Ortheils Essay lesen, der nicht – wie die Autobiographie – die Verortung in der Zeit, sondern die Verortung im Raum in seinen Mittelpunkt stellt und als „Raum-Erzählung“ erneut in eine unmittelbare Nähe zum Mythos rückt[134]. Der Zusammenhang von Raum, Identität und Schrift ist hier jedoch ein ganz besonderer: Nicht nur durch das Thematisieren räumlicher Konstellationen positioniert sich das Ich, die Verortungsarbeit wird darüber hinaus zum Ausgangspunkt und Ziel des Schreiben selbst. Der Text erweist sich daher weniger als ein autobiographischer Lebens*lauf*, er wird vielmehr zum Lebens*raum* erhoben, zum Ort der Identität, an dem sich der Schreibende neu konstituiert. Entsprechend steht der Raum vor allem im Dienste eines Entwurfs, mithilfe dessen sich der Autor immer wieder in den Text einschreibt.

So überführt der Essay bereits zu Beginn den zentralen Gegensatz von Stille und Sprache in eine Dialektik des Raumes: Dem Westerwald mit seinen „schwarz gekleideten, in sich gekehrten [...] Menschen“ (EE 8) steht das laute Köln gegenüber, aus dem ein unablässiges Murmeln und Sprechen die Stille verdrängt. Das Schweigen wird also im Terrain des Elternhauses verortet, die Sprache dagegen in der Außenwelt, jenseits des dunklen Familienraums. Diese Konstellation wird auch im weiteren Verlauf des Essays immer wieder aufgegriffen und aktualisiert. Besonders deutlich wird sie in der Gegenüberstellung eines Mutter- und

[129] vgl. Thabe 2002: 16
[130] ebd.: 148
[131] ebd.: 16
[132] ebd.: 154
[133] ebd.
[134] zur Nähe des Essays zum Mythos vgl. Kapitel 1.2

eines Vaterraums. Lange Zeit, so Ortheil, habe er „im Reich meiner Mutter“ (EE 23) gelebt: „Der Traum, die Stille, das Ruhige, Abgeschirmte, das Terrain der wortlosen Verständigung, der Blicke und Gesten – das war für mich die Sphäre der Mutter.“ (EE 27) Es ist eine „geschlossene Sphäre“, ein „schalldichte[r] Raum“ (ebd.), der Mutter und Sohn in einer unverbrüchlichen Symbiose aneinander bindet:

> So schaute und dachte ich nach innen: in den dichten Höhlenraum unserer gemeinsamen Sprachlosigkeit, für den keine Umgebungen mehr zu existieren schienen. [...] Wir gehörten auf ebenso magische wie mächtige Weise zusammen, zwei Verbündete, zwei, die sich anders und tiefer verstehen als alle andere. (EE 43)

Als geschlossener „Höhlenraum“, dessen Zentrum „der Leib meiner Mutter“ bildet (vgl. EE 43), erscheint diese Welt des Innenblicks und des Schweigens wie die Verlängerung einer pränatalen Existenz. Folgerichtig steht bei Ortheil am Ende des Daseins im Mutterreich auch eine Geburt – die zweite Geburt in der Sprache.

Ebenso wie sich in den Beschreibungen des Mutterraums die für den Essay zentrale Vorstellung einer Herkunft aus der Stille verbirgt, verwirklichen sich im Raum des Vaters Außenbezug und Sprachwerdung. Denn als Landvermesser steht der Vater von Anfang an für eine Hinwendung zur Welt[135] und damit auch für die „zumindest vorübergehende Entfernung aus dem Mutterreich“ (EE 56). Die Welt des Vaters ist eine Welt des Ordnens und Vermessens: Auf den gemeinsamen Spaziergängen führt er seinen Sohn aus der Stille hinaus in die Natur. Diese wird benannt und gekennzeichnet, sie findet ihr Abbild in kleinen Notizbüchern und wird so zugänglich gemacht:

> All die weiten Landschaften, die ich bisher nur mit Furcht zu betrachten gewagt hatte, all die Höhenwege und Talschluchten, die ich mit meinem Vater aufsuchte, während ich sonst meist nach nichts mehr verlangt hatte als nach geschlossenen, deutlich abgegrenzten Räumen – all diese

[135] vgl. EE 7: „Mein Vater hatte nach dem Krieg [...] in Köln eine Anstellung bei der Bundesbahndirektion gefunden, von Beruf war er Geodät oder (altmodisch) ‚Landvermesser‘. In den Diensten der Bahn vermaß er Strecken, berechnete Tunneldurchbrüche, entwarf Brücken, er hatte eine Leidenschaft fürs Detail, fürs Exakte, für die saubere Zeichnung, für Millimeterpapier, Zirkelkästen und gut gespitzte Bleistifte.“

> Objekte verloren durch die Zeichnungen und die Wortschöpfungen meines Vaters an Bedrohung. (EE 66)

Der Weg in die Welt wird also auch zu einem Weg in die Sprache – wie die Zugfahrt vom Westerwald nach Köln (vgl. S. 29f) verweist diese räumliche Bewegung auf den Kern des ortheilschen Essays: den Eintritt in die Sprache, der von Ortheil sowohl zum Ausgangspunkt seines Schreibens als auch seiner Existenz erhoben wird. Entsprechend positioniert er sich genau zwischen diesen beiden Räumen, auf „diesem Weg zwischen der westerwäldischen Sprache der Stille und dem rheinischen Stille-Betäubungssprechen" (EE 15) und macht den Übergang von einem zum anderen Raum zugleich zum Ort seiner Poetik[136].

Die Dialektik bestimmt daher den ganzen Essay: Sie drückt sich nicht nur im Gegenüber von Westerwald und Köln, Mutterraum und Vaterraum bzw. Innenraum und Außenwelt aus, sondern wird auch zur Grundlage der poetologischen Ausführungen. So steht das Schreiben hier einerseits in einer unmittelbare Nähe zu den Spaziergängen mit dem Vater, auf denen es sich als eine Vermessungsarbeit erweist, eine Hinwendung und Aneignung der Welt über die Kunst der Benennung. Folgerichtig wird nicht das Tagebuch zur Referenzgattung des Schreibens erklärt, sondern ein Reisebericht, den der japanische Dichter Matsuo Bashô bei einer fünfmonatigen Wanderung niederschrieb (vgl. EE 99f) – an die Stelle des „entnervende[n] Stochern in den Innereien der Gemütslandschaften" (EE 98) rückt der Essay eine asiatische Vorstellung:

> [...] ich möchte mit meinen kargen und konkreten Aufzeichnungen eine Art Weg oder Wanderschaft bezeichnen [...], die Reise eines Einzelnen, der staunend der Welt begegnet, sich höflich vor ihren Kostbarkeiten verneigt, einige Worte findet, diese Kostbarkeiten in der Erinnerung zu bewahren, und schließlich von der Erde verschwindet. (EE 98)

Nicht der Blick nach innen, sondern der Blick auf die Welt begleitet und leitet demnach die literarische Produktion: Das Schreiben wird zu einem „Einreihen" in die Natur (vgl. EE 99), die Romane zu „Stationen

[136] vgl. EE 222: „Bin ich also ein Schriftsteller? Ich glaube, ich weiß es bis heute noch nicht [...]. Eher schaue ich mir zu, wie ich mich immer wieder in einen Schriftsteller verwandle."

einer einzigen Reise“, einer Aneinanderreihung von Räumen und Wegkreuzungen (vgl. EE 104).

Doch letztlich entwirft der Essay eine doppelte Poetik, in der das Schreiben keineswegs nur die Funktion des Vermessens einnimmt. Schmitz spricht in diesem Zusammenhang von einer „doppelten Erfahrung“[137] im Schreiben, die sich in dem Text artikuliere und die er auf zwei verschiedene literarische Strömungen zurückführt: auf der einen Seite die Vorstellung von der Schrift als „Bändigungs- und Ordnungssystem“[138], die an eine moderne Schreibpraxis gemahnt[139], auf der anderen Seite eine „postmoderne[ ] Auffassung der Welt und des Textes als Zeichenkette“[140]. In der Tat bezeichnet Ortheil den schriftstellerischen Akt gleich an mehreren Stellen des Essays als ein Verschwinden im Text. In geradezu poststrukturalistischer Weise wird dieser zu einem „Raum der unendlichen Dialoge“ (EE 127) erklärt, in den es „den Schreiber von Anfang an hindrängte“ (ebd.): „Dort also, wo die Sprache aus ihrem chaotischen Untergrund wächst, [...] dort öffnet sich der Spalt, in den ich, schreibend und singend, hineinschlüpfen möchte.“ (EE 40). Das Schreiben unterliegt damit ganz offensichtlich einer „zweifachen Doppeltcodierung“[141]: Es gründet nicht nur in dem Gegensatz von Stille und Sprache, sondern wird darüber hinaus „als niemals ganz erreichte Wiederherstellung eines symbiotischen Urzustandes“ bzw. als „Kunst der genauen Benennung“ sowohl im Reich der Mutter, als auch im Reich des Vaters verortet[142].

Der Raum dient also auch als poetologische Metapher und verweist so erneut auf den für den Essay zentralen Unterschied von Stille und

[137] Schmitz, Helmut: *Ichfiktionen und Landvermessungen. Der Schriftsteller Hanns-Josef Ortheil.* In: Manfred Durzak und Hartmut Steinecke (Hrsg.): *Hanns-Josef Ortheil – Im Innern seiner Texte.* München 1995: 13–36, hier: 15

[138] Schmitz, Helmut: *Traumatische Räume. Autobiographie, Familiengeschichte und Raumerfahrung in Hanns-Josef Ortheils „Nachkriegs“-Zyklus.* In: Stephanie Catani, Friedhelm Marx und Julia Schöll (Hrsg.): *Kunst der Erinnerung, Poetik der Liebe.* Göttingen 2009: 31–49, hier: 31

[139] vgl. Schmitz 1995: 13ff

[140] ebd.: 14

[141] Schmitz 2009: 33

[142] vgl. ebd.: 32: „Während die Mutter [...] die Erfahrung des Schreibens als niemals ganz erreichte Wiederherstellung eines symbiotischen Urzustandes verkörpert, markiert der Vater den ‚*Realismus*, die Kunst der genauen Benennung, die Worte unter der Aufsicht des Blicks‘ (EE, 65).“

Sprache, den Ortheil mit dem Satz „Ich wurde ein zweites Mal geboren in der Sprache" zur Dialektik seines eigenen Lebens und Schreibens erklärt. Durch die repetitive Struktur des Essays weitet sich diese Dialektik zu einer Art Urszene[143] aus, die innerhalb des Textes ein ums andere Mal artikuliert wird, ohne dass sie letztlich einem außersprachlichen Äquivalent verpflichtet ist. Eine Berechtigung und Bestätigung findet der Lebensentwurf vielmehr in seinen zahlreichen Variationen und damit im Text selbst – sei es im Gegensatz von Westerwald und Köln, Mutter- und Vaterreich, Ursprung und Sprachwerdung, wie auch in den verschiedenen Vorstellungen des Schreibens und der literarischen Produktion. Denn auch wenn Ortheil hier vordergründig Erläuterungen und Interpretationen seines Schreibens liefert, wiederholt und aktualisiert er in diesen poetologischen Kommentaren letztlich ebenfalls den Mythos der eigenen Sprachwerdung.

Das Leben findet damit ausschließlich in einzelnen Entwürfen seinen Ausdruck, die allesamt einer Stilisierung unterliegen – zum Maßstab wird das Geschriebene und nicht die außersprachliche Wirklichkeit, die in dem Essay letztlich eine Leerstelle bleibt.[144] Nicht nur die Struktur des Essays, auch seine zahlreichen intertextuellen Bezüge weisen auf diesen Zusammenhang hin: Während Sartres *Les mots* ein versteckter Referenztext bleibt, zitiert Ortheil an einigen Stellen auch wörtlich aus Werken wie Homers *Odyssee* (vgl. EE 135ff) oder Roland Barthes *Die*

[143] Auf eine solche Urszene weist auch Heinz-Peter Preußer in seinem Aufsatz *Portrait des Schriftstellers als kindlicher Autist. Autobiographie und Schreibprozeß bei Hanns-Josef Ortheil* (in: Martin Bollacher und Bettina Gruber (Hrsg.): *Das erinnerte Ich: Kindheit und Jugend in der deutschsprachigen Autobiographie der Gegenwart.* Paderborn 2000: 141–163) hin: Das Zitat aus *Hecke* – die Schilderung der Kriegsereignisse, die zum Tod des Bruders und dem Verstummen der Mutter führen – verbirgt für ihn die „Urszene", die „Schlüsselszene der ganzen Narration Hecke" (Preußer 2000: 142) und letztlich auch der anderen vier Frühwerke Ortheils: „Mit seinem Schreiben beglaubigt Ortheil immer wieder dessen Ausgangspunkt, die Urszene der Pietà [...]. Um diese Urszene gruppieren sich Erzählsegmente, die dem eigenen Erleben genommen sind, ohne den Selbstanspruch der Autobiographie zu genügen." (ebd.: 150)

[144] Eben darauf verweist auch Lejeune im Zusammenhang mit Sartres *Les mots*: Folgt man seinen Ausführungen, wird in diesem Text keine Geschichte rekonstruiert, sondern ein Entwurf, der zwar alle geschilderten Lebensabschnitte umfasst, aber „in keinem [...] zur Gänze enthalten ist." (Lejeune 1994: 287)

Lust am Text (vgl. EE 180f) und entwirft seine Autopoetik entlang dieser Texte. Darüber hinaus stellt er seine Kindheit in eine unmittelbare Nähe zu literarischen Vorlagen: Die Spaziergänge mit dem Vater finden eine Entsprechung in Hemingways Erzählungen *In unserer Zeit* (vgl. EE 167ff), Thomas Manns *Tonio Kröger* wiederum wird als „Urgeschichte des Schriftstellerwerdens" (EE 186) auf die eigenen Schreibanfänge bezogen[145]. Ob die Fiktion hier zum Vorbild des Lebens wird oder das Leben seine Entsprechung in der Fiktion findet, spielt letztlich eine untergeordnete Rolle. Wie Ortheils Eigenzitate zeigen, geht beides vielmehr ineinander auf: Indem zur Darstellung autobiographischer Zusammenhänge immer wieder Ausschnitte aus dem Romanwerk herangezogen werden (vgl. S. 31), wird die Fiktion ganz explizit an die Stelle außersprachlicher Referenz gerückt.[146]

Die eigene Biographie bleibt damit eine unbestimmte Größe, die immer wieder, aber nie wirklich aufs Papier gebracht wird. Auf eben dieser Tatsache gründet letztlich die Kritik der Aufsatzsammlung. So resümiert etwa die Autorengruppe um Morton Brandt, Ortheil verliere in seinem Essay den „Kontakt zum *Außen*"[147], womit er den für eine Autobiographie essenziellen „Fragen der Selbstlegitimation oder Selbstprüfung"[148] aus dem Weg ginge. Was bliebe, sei letztlich ein „hoch artifizielle[r] Prozess der Literarisierung"[149], der die modernen Grundgedanken von Zivilität und Bildung aufzulösen drohe. Die Autoren lesen den Essay daher vor allem als eines: als gescheiterte Autobiographie. Dass ein solches Umkreisen einer biographischen Leerstelle aber auch als bewusste Strategie verstanden werden kann, die

[145] vgl. EE 186f: „War mir nicht jedes Moment dieser Urgeschichte vertraut, kannte ich nicht Tonios Abwehr gegen die Schule [...] ebenso genau wie seine Hefte mit Selbstgeschriebenem?"

[146] vgl. Ortheil im Interview mit Hartmut Steinecke: „Für mich tun die Zitate einen sehr unterschiedlichen Dienst. Es gibt Zitatbelege, die direkt als Weiterführung des autobiographischen Sprechens gemeint sind. Dann sind die zitierten Stellen auch so, daß sie sich wirklich an das autobiographische Sprechen ankoppeln lassen. Das Zitat aus *Hecke* zum Beispiel ist ein solcher autobiographischer Textteil im Roman, ich löse ihn als autobiographischen Teil heraus und setzte das Signal: Schaut bitte genau hin, es handelt sich um ein pur-autobiographisches Ferment des Romans!" (Steinecke 1995: 209)

[147] Brandt et al. 2005: 63

[148] vgl. ebd., Anmerkung 30

[149] ebd.: 64

zur Grundlage eines ganzen Romanwerks wird, wird die weitere Untersuchung zeigen.

1.5 Autobiographie und Fiktion

Nicht nur der Essay selbst erweist sich in *Das Element des Elephanten* als ein geeignetes Medium der Selbstdarstellung, vor allem die Fiktion wird immer wieder zu einem Ort möglicher Lebensentwürfe erhoben. So bezeichnet Ortheil sein Frühwerk als eine „Erforschung meiner Kindheit" (EE 49), die einzelnen Romane als „Varianten der eigenen Biographie" (EE 104). Die Handlungsorte ergeben sich laut Ortheil daher aus seinen Lebensstationen: *Fermer* spiele in Mainz, „die Stadt, in der ich die letzten Gymnasialjahre erlebte" (EE 106), der alleinige Schauplatz des zweiten Romans *Hecke* dagegen sei „das Elternhaus und seine Umgebung", es sei die „Geschichte meiner Mutter und meines Bruders". *Schwerenöter* wiederum setze sich aus „vielen Elementen der eigenen Biographie zusammen": „Köln, de[m] Raum der Geburt, Wuppertal, de[m] Raum der Kindheit oder auch Rom, de[m] Raum der Freiheit." (ebd.) In *Agenten* habe er mit Wiesbaden jene Stadt porträtiert, „in der ich zum ersten Mal in meinem Leben jahrelang allein war" (ebd.), während *Abschied von den Kriegsteilnehmern* in den Raum des Elternhauses zurückkehre und zur Geschichte des Vaters werde.

Die räumlichen Stationen werden hier also zu autobiographischen Daten und verweisen unmittelbar auf die eigene Geschichte: Jedes einzelne Segment der Romane umschreibe das „in unserer Familie hoffnungslos zitierte Bild der Pietà" (ebd.) – die stumme Mutter mit dem toten Bruder auf den Knien, an dessen Stelle „der Leib eines Sprachmächtigen" (EE 104f) treten soll. Eine Ergänzung findet diese autobiographische Deutung in der Zitiertechnik des Essays, der immer wieder Auszüge aus den Romanen herauslöst und in den Kontext des Selbsterlebten stellt (vgl. S. 31). In einem Interview bezeichnet Ortheil diese Zitate als „autobiographische[ ] Textteil[e]": „[...] ich [...] setze das Signal: Schaut bitte genau hin, es handelt sich um ein pur-autobiographisches Ferment des Romans!"[150]

[150] Steinecke 1995: 209

Zugleich spricht Ortheil in diesem Interview aber auch seine Vorstellung autobiographischen Schreibens an, das für ihn immer mit einem hohen Maß an „Stilisierung" einhergeht – „sonst entsteht kein autobiographisches Schreiben, sondern biographisches"[151]. Interessanterweise bezieht er sich in diesem Zusammenhang auf Roland Barthes' *Über mich selbst*, in dem dieser „in ganz verschiedenen Facetten und Figuren seine eigene Biographie" analysiert und eine „extrem starke Stilisierung" vorangetrieben habe[152]. Damit ordnet er sein Schreiben in eine ganz bestimmte Tradition ein, gilt Barthes neben Doubrovsky doch als einer der konsequentesten Vertreter autofiktionalen Schreibens (vgl. Kapitel 1.3). Nicht nur der Essay wird vor diesem Hintergrund zu einer „strukturierte[n] Biographie, eine[r] Deutung des Selbst"[153], auch die Romane rücken in die Nähe der Autofiktion. Entsprechend bezeichnet Ortheil sie in seinem Nachwort – wie schon den Essay (vgl. S. 23) – als eine Art Umweg, über den erst das Schreiben vom eigenen Leben möglich sei: Die Biographie werde „verwischt, teilweise unkenntlich oder zu Erzählmotiven gemacht"[154] und könne so zu Papier gebracht werden.

In seinen nachträglichen Kommentaren gibt Ortheil also ganz deutliche Rezeptionsvorgaben für seine Romane und tatsächlich folgt die Forschung bei ihrer Analyse weitgehend diesen Hinweisen, versteht sie den Essay doch als „Schlüssel-Buch"[155] des Frühwerks. Entsprechend schreiben Manfred Durzak und Hartmut Steinecke in ihrem Vorwort zu dem 1995 erschienenen Sammelband, Ortheil habe in den fünf Romanen „Stollen in das biographische Erfahrungsmassiv seiner Vergangenheitsgeschichte getrieben"[156], die sich alle in einem Punkt träfen:

> in der Individualgeschichte dieses Ich, das von den Auswirkungen des Krieges in eine autistische Lähmung und Sprachblockade hineinge-

[151] Steinecke 1995: 210
[152] ebd.: 209
[153] ebd.: 211
[154] Ortheil 2005: 198
[155] Durzak/Steinecke 1995a: 10
[156] ebd.

trieben worden war und erst durch den schmerzhaften und komplizierten Prozeß der sprachlichen Bewusstwerdung zu sich selbst fand.[157]

Auch Helmut Schmitz legt in mehreren Untersuchungen zahlreiche Motive und Konstellationen innerhalb des Frühwerks offen, die vor dem Hintergrund von Ortheils Essay als autobiographisch gedeutet werden können: die Figur des Landvermessers, das Thema der Reise und die Sehnsucht nach Heimkehr, die Auseinandersetzung mit Mutter und Vater, vor allem aber die Hinwendung zur Kunst, die in allen Romanen eine zentrale Rolle spielt.[158] Auch wenn dabei das Schlagwort der Autofiktion nicht fällt, verweist er indirekt auf diese Schreibpraxis, wenn er davon spricht, die „Frage, was [...] *noch* Autobiographie (im Sinne eines faktisch überprüfbaren, gelebten Lebens) und was *schon* Literatur (bzw. Fiktion) ist“[159] sei bei Ortheil letztlich gegenstandlos.

Zu einem ähnlichen Fazit kommt Preußer in seinem Aufsatz über *Autobiographie und Schreibprozeß bei Hanns-Josef Ortheil*: Das „Problem herkömmlicher Autobiographie“ stelle sich in den ersten fünf Romanen nicht, nehme Ortheil doch „das autobiographische Selbst hinein in die Fiktion“ und entbinde sich so von den grundlegenden Verpflichtungen von Wahrheit und Wahrhaftigkeit.[160] Nur auf der „Ebene der Epochendeutung“ sind die fiktionalen Narrationen laut Preußer diesem Postulat unterworfen, sind doch alle fünf Romane Zeitromane: Während „die Geschichte des Bundeswehrdeserteurs“[161] *Fermer* die Suche nach einem Weg aus der Innerlichkeit und damit nicht zuletzt die problematisch gewordene Selbstverortung der Siebzigerjahre thematisiert, setzen sich die Erzähler aus *Hecke* und *Abschied von den Kriegteilnehmern* mit der Vergangenheit von Mutter und Vater auseinander. Über die Geschichte der Zwillingsbrüder Johannes und Josef wiederum entwirft Ortheil in *Schwerenöter* das „Epochenbild der

[157] Durzak/Steinecke 1995a: 10
[158] vgl. Schmitz 1995, 1997, 2005, 2009
[159] Schmitz, Helmut: *Umkreisen, Wiederholen, Weitergeben. Zu Erzählerfiguren und Erzählkonstruktionen in Ortheils „Nachkriegs“-Zyklus*. In: Hans-Rüdiger Müller (Hrsg.): *Die Kunst der Benennung*. Göttingen 2005: 107–124, hier: 109
[160] vgl. Preußer 2000: 149f
[161] ebd.: 156

alten Bundesrepublik“[162], während Meynard aus dem Roman *Agenten* „ganz in den Zeitgeist der achtziger Jahre ein[taucht]“[163].

Es ist nicht zuletzt diese Gattungszugehörigkeit, die eine autobiographische Deutung des Frühwerks nahe legt: die Auseinandersetzung mit der Nachkriegszeit wie auch die Fixierung auf die Gegenwart evozieren einen starken Realitätsbezug – das eigene Familientrauma wird zum Spiegelbild einer ganzen Gesellschaft. Ortheil selbst weist auf diesen Zusammenhang hin, wenn er behauptet, sein autobiographisches Schreiben sei mit dem „Ausschreiben“ des Krieges an ein vorläufiges Ende gekommen: „[...] all mein Schreiben ist ‚Nachkrieg‘ gewesen, und erst jetzt, nach fünf Büchern und zweitausend Seiten, erkläre ich diese Arbeit für beendet.“ (EE 108) Doch nicht nur in dem Essay zieht er einen Schlussstrich unter die bisherige literarische Produktion, auch in einem Interview spricht er von ganz neuen Horizonten, die sich ihm mit einem Mal eröffneten, schließlich sei das „autobiographische Verhältnis zum Text“ immer „auch eine Begrenzung“[164].

Wie die vorangegangene Untersuchung zeigt, lässt sich die Autofiktion jedoch keineswegs als autobiographisches Schreiben im Sinne einer Vergangenheitsrekonstruktion verstehen. Das in dem Essay entworfene und ausgeführte Schreibprojekt deutet vielmehr auf die immer neue Erzeugung eines Ich im Schreiben hin und verweist so auf eine achronologische, repetitive Bewegung (vgl. Kapitel 1.2). Entsprechend legt Preußer bereits im Zusammenhang mit dem Frühwerk einen Ausgangspunkt offen, um den alle Textelemente kreisen: „[...] die Urszene der Pietà, und wie das Kind aus der Sprachohnmacht in die Sprachbesessenheit geraten ist“[165]. Wie diese Arbeit zeigen wird, gilt dies aber auch für die an den Essay anschließenden Texte: Obwohl diese vor allem als historische Romane[166] und als Liebesromane[167] in den

[162] Preußer 2000: 150

[163] ebd.: 158

[164] Steinecke 1995: 224

[165] Preußer 2000: 150

[166] *Faustinas Küsse* (1998), *Im Licht der Lagune* (1999), *Die Nacht des Don Juan* (2000)

[167] *Die große Liebe* (2003), *Das Verlangen nach Liebe* (2007), *Liebesnähe* (2011)

Fokus der Forschung gerückt sind, stehen sie letztlich ganz in der Tradition des Frühwerks (vgl. dazu Kapitel 2 und 3).

Entgegen der Aussagen des Essays scheint die in ihm geschilderte Poetik also einem statischen Moment verpflichtet, worauf nicht zuletzt der 2010 erschienene Roman *Die Erfindung des Lebens* hindeutet, der ganz explizit an die autobiographische Schreibweise des Frühwerks anknüpft (vgl. dazu Kapitel 4). Doch auch im Rahmen des Frühwerks verweist ein Text auf diesen Zusammenhang. Dieser unterscheidet sich zwar nicht in zeitlicher Hinsicht vom Nachkriegszyklus – schließlich erschien er wie *Agenten* im Jahr 1989 – sehr wohl aber in seiner äußeren Form und Thematik: Es ist die nur wenige Seiten umfassende Erzählung *Badesaison*[168].

Diese setzt mit einem Bruch ein – der namenlose Erzähler wird „[a]n einem gewöhnlichen Geschäftstag" (B 49) aus seinem Alltag und vor allem aus seiner vertrauten Umgebung herausgerissen. Hatte er zuvor sein Leben ausschließlich seiner Arbeit in einem Antiquariat gewidmet, muss er auf Drängen seines Arbeitsgebers diese „geliebten Räume" (B 52) verlassen. Wegen seiner beinahe manischen und auf die Kunden befremdlich wirkenden Fokussierung auf die Bücher wird er für vier Wochen in den Zwangsurlaub geschickt, „vier Wochen, in denen ich mich erholen solle und in denen ich mich unter keinen Umständen im Antiquariat dürfe sehen lassen" (ebd.) – für ihn eine kaum zu ertragende Verstoßung aus dem Paradies, hinein in eine fremde Außenwelt:

> Der Raum, der sich vor mir auftat, war, obwohl die Stadt es nicht einmal verdiente, eine Großstadt genannt zu werden, doch zu groß für mich, es war der Raum einer zerstreuenden Beliebigkeit, ein echoloser Raum des Geschwätzes, dem ich mich [...] um jeden Preis entziehen mußte. (B 53)

Zu einem Ort der Zuflucht wird für ihn das Freibad der Stadt, ein „weite[s] und dennoch sichtbar begrenzte[s] Terrain" (ebd.). Er assoziiert jedoch mit diesem Ort etwas ganz anderes, als sein Name und seine außerhalb der Stadt befindliche Lage erwarten lassen. Denn obwohl das Bad als Freiraum im Gegensatz zum begrenzten Innenraum steht, kehren sich diese Bezüge in seinen Augen ins Gegenteil – während er im Antiquariat in „einem der hinteren Zimmer, einem

[168] Ortheil, Hanns- Josef: *Badesaison. Erzählung*. In: *Neue Rundschau* 100 (1989), Heft 2: 49–59, im Weiteren: B

fensterlosen Raum, dem kleinsten überhaupt" (B 50) die vermeintliche Freiheit erlebte, verwandelt sich für ihn das „Draußen" in ein Gefängnis: „So machte ich von Tag zu Tag meine stummen Runden wie ein Gefangener, und, kein Zweifel, man hatte mich [...] unter lauter Kriminelle gelegt." (B 54)

Da in diesem „harmlos erscheinenden Gefängnis" die Lektüre unmöglich ist, muss er sich anders beschäftigen, um „dem allen zu entkommen" (ebd.). Der Gang ins Wasser aber ist „aus verständlichen Gründen" keine Option:

> [...] ich haßte das Wasser, ich haßte die mildblaue Fläche, die sich den blassen, erschreckend entblößten Leibern so verführerisch anbot, sie erschien mir als banales Zeichen einer animalischen Naturgläubigkeit, eines zum Kitsch erstarrten Jungbrunnens, von dem diese wie geschlechtlos wirkenden Körper ganz vergeblich Heilung begehrten. (B 53)

So widmet er sich dem Studium seiner Umgebung, in der er jedoch nur „unproportionierte[ ] Verhältnisse" (B 54), nichts Schönes und vor allem keine Ordnung finden kann. Die Badenden zerfallen vor seinen Augen in leblose Körper, in „Gliederspeck[ ]" (B 53), in „aufgeschwemmte[ ] Skelette" (B 54), ja sie werden zu einem „einzigen Auswurf" (B 56), einer „Meute[ ]" (B 57), die er zunächst mit „triste[m] Mißfallen" (B 54), dann aber mit zunehmendem Hass (vgl. B 57) betrachtet. Die Nachlässigkeit und Missordnung dieser „Körperoase" (B 58), der er ständig ausgesetzt ist, steht in einem krassen Gegensatz zu seinem Leben im Antiquariat, wo jedes Buch seinen festen Platz hat, er selbst als eine Art „wandelnder Katalog" (B 50) diese Bezüge immer wieder herstellt und ordnet. Eine Rückkehr zu diesen „Machtverhältnisse[n] im Reich der Lettern und Buchstaben" (B 52) und damit ein Ende seiner Gefangenschaft erscheint ihm daher schließlich nur noch möglich durch die Zerstörung des ihn Umgebenden. So endet die Erzählung mit der nächtlichen Vergiftung des Wassers und der Öffnung der Schwimmbadtore am nächsten Morgen – das Rattengift macht aus dem Badewasser eine alles fortätzende Flüssigkeit.

Dieses Fehlen eines glücklichen Endes ist bei Ortheil einzigartig[169] – an seine Stelle rückt das endgültige Verstummen des Erzählers, „dessen Lippen nun für immer verschlossen bleiben sollten“ (B 59). Obwohl also vordergründig alle autobiographischen Bezüge aus *Badesaison* getilgt sind, weist die Erzählung ebenfalls auf das Motiv des Verstummens hin, das der Essay als privates Familientrauma schildert. Während in diesem der Eintritt in die Sprache aber zur zweiten Geburt wird, ist diese Entwicklung in der Erzählung ins Gegenteil gekehrt: *Badesaison* beginnt mit dem Verlust eines von Schrift und Lektüre geprägten Lebens und endet im Verstummen. Der Vergleich von Erzählung und Essay deutet also auf den Ausweg aus dem Trauma hin: Die Bannung in der Kunst, die Ortheil in einem Interview ebenfalls zur autobiographischen Erfahrung erklärt: „Da ist irgend etwas Dunkles in mir, was dauernd fixiert und gebannt und fortgeschafft werden muß, durch künstliche Harmoniebrücken, durch diese sehr offenbaren und für jeden leicht einsichtigen Kunstgriffe.“[170]

Die Untersuchung von *Badesaison* zeigt, dass sich auch die nicht explizit als autobiographisch ausgewiesenen Texte Ortheils durchaus auf einen entsprechenden Ausgangspunkt zurückführen lassen. Dieser offenbart sich nicht nur in den einzelnen Details der Lebensgeschichte, sondern gerade in einem fortwährenden Ankämpfen gegen das Verstummen und einer ständigen Übersetzung des Lebens in die Kunst, die zum Kern aller Texte wird. Diesem Zusammenhang wird sich die Arbeit widmen, die sich entsprechend ihrer autofiktionalen Ausrichtung weniger auf die Suche nach einzelnen autobiographischen Details macht, sondern vor allem nach einem zentralen Entwurf, mit dem sich Ortheil immer wieder in seiner Texte einschreibt.

[169] Allenfalls in der Erzählung *Stromabwärts* aus dem Jahr 1988 lässt sich ein ähnliches Ende finden (vgl. dazu Kapitel 2.4).
[170] Steinecke 1995: 233f

2 Raumannäherungen

In einem Aufsatz mit dem bezeichnenden Titel *Kokettieren mit der Autobiographie* untersucht Johanna Cattus „das Spiel mit dem Autobiographischen“[1] in Ortheils jüngeren Texten und nähert sich ihnen auf eine ganz ähnliche Weise wie der bereits zitierte Sammelband dem Essay: Zum Ausgangspunkt der Untersuchung werden Lejeunes Begrifflichkeiten, vor deren Hintergrund die einzelnen Texte hinsichtlich ihrer Nähe bzw. Ferne zur Autobiographie definiert werden. Während der Nachkriegszyklus von Cattus als eine „emotional aufreibende Verarbeitung“ der Vergangenheit gelesen wird, stellt sie in den jüngeren Romanen „einen spielerischen Umgang mit den schwimmenden Grenzen zwischen Autobiographie und Roman“ fest.[2] Die zu diesem Zeitpunkt bereits erschienenen Liebesromane *Die große Liebe* und *Das Verlangen nach Liebe* etwa lassen sich laut ihr weder als Autobiographien, noch als autobiographische Romane im lejeunschen Sinn[3] bezeichnen. Allenfalls eine „starke Präsenz des Autors“[4] sei in ihnen auszumachen, weswegen sie die Texte ganz explizit von Ortheils „autobiographische[m] Großessay“[5] *Das Element des Elephanten* unterscheidet, den sie „wenn nicht als Autobiographie, so doch als autobiographische[n] Rekonstruktionsversuch des eigenen schriftstellerischen Weges“[6] versteht.

[1] Cattus, Johanna: *Kokettieren mit der Autobiographie*. In: Andrea Bartl (Hrsg.): *Transitträume. Beiträge zur deutschsprachigen Gegenwartsliteratur*. Augsburg 2009: 361–375, hier: 362

[2] vgl. Cattus 2009: 362

[3] Als autobiographischen Roman bezeichnet Lejeune „alle fiktionalen Texte, in denen der Leser aufgrund von Ähnlichkeiten, die er zu erraten glaubt, Grund zur Annahme hat, daß eine Identität zwischen Autor und *Protagonist* besteht, während der Autor jedoch beschlossen hat, diese Identität zu leugnen oder zumindest nicht zu behaupten“ (vgl. Lejeune 1994: 26).

[4] Cattus 2009: 373

[5] ebd.: 364

[6] ebd.

Dennoch weist Cattus auf einige „autobiographische Elemente und Anspielungen“[7] hin, die letztlich auch die Romane in einem „doppeldeutigen Bereich“[8] verorten. In Anlehnung an Lejeunes autobiographischen Pakt rückt sie dabei vor allem die Namensgebung der Protagonisten in den Mittelpunkt: Hier kann sie zwar keine Gleichheit, durchaus aber eine Ähnlichkeit feststellen, spielen doch die Namen der beiden Hauptfiguren – Giovanni und Johannes – auf den Vornamen des Autors an.[9] Einem anderen „biographische[n] Detail“[10] dagegen widmet Cattus nur wenige Worte, auch wenn sie es gleich in mehreren Texten Ortheils finden kann: „die besondere Bedeutung geschlossener Räume“[11].

Eben dieser Bedeutung des Raumes soll im Weiteren nachgegangen werden, inszeniert doch bereits der Essay die entscheidenden Lebensszenen als räumliches Modell (vgl. Kapitel 1.4). Tatsächlich stellt der Raum eine weitgehend offene Erzählkategorie dar, die mit ganz unterschiedlichen Inhalten gefüllt werden kann: Seit dem sogenannten „spatial“ bzw. „topographical turn“ ist er immer mehr ins Zentrum der Kultur- und Geschichtswissenschaften gerückt und wurde so, jenseits seiner Bestimmung als geographische oder mathematische Größe, auch für die Literaturwissenschaft interessant.[12] Entsprechend weist Ansgar Nünning in seinem Aufsatz über *Formen und Funktionen literarischer Raumdarstellung* auf die zentrale Bedeutung des Raumes für die fiktionale Wirklichkeitserschließung hin, evoziere dieser doch

[7] Cattus 2009: 374

[8] ebd.: 371

[9] vgl. ebd. Dasselbe gelte auch für die Berufe der Protagonisten, die ebenfalls „Parallelen zu Ortheils Biographie“ aufweisen, arbeitete dieser doch sowohl als Fernsehredakteur als auch Pianist (vgl. ebd.: 373).

[10] ebd.: 373

[11] ebd.

[12] vgl. dazu u. a. Bachmann-Medick, Doris: *Spatial Turn*. In: Diess.: *Cultural Turns. Neuorientierungen in den Kulturwissenschaften*. Reinbek 2009: 284–328; Döring, Jörg und Tristan Thielmann (Hrsg.): *Spatial Turn. Das Raumparadigma in den Kultur- und Sozialwissenschaften*. Bielefeld 2008; Hallet, Wolfgang und Birgit Neumann (Hrsg.): *Raum und Bewegung in der Literatur. Die Literaturwissenschaft und der Spatial Turn*. Bielefeld 2009

innerhalb von Erzähltexten „den Eindruck von Welthaftigkeit" und sorge so für einen ganz wesentlichen „Realismuseffekt".[13]

Immer wieder wird jedoch auch betont, dass die Versuche, „‚Raum' theoretisch zu fassen und methodisch operationalisierbar zu machen selbst innerhalb der Literaturwissenschaft sehr unterschiedlich ausfallen können"[14]. Tatsächlich scheint sich der literarische Raum einer Systematisierung zu entziehen[15], neben seiner Funktion als „fiktionaler Baustein"[16] wird er daher u. a. als „kultureller Bedeutungsträger"[17] verstanden, als „Ausdruck der Geschlechterordnung"[18], Manifestation bestimmter Werthierarchien, poetologische Metapher oder „Produkt kulturell bedingter Zeichenverwendungen"[19]. Vor allem die Raumsemantik Jurij Lotmans erhält in diesem Zusammenhang eine Bedeutung, hebt sie doch den Stellenwert räumlicher Relationen für die Darstellung nicht-räumlicher Beziehungen hervor[20]. So hat der „besondere Charakter der visuellen Wahrnehmung der Welt"[21] für Lotman zur Folge, dass der Mensch zur Definition auch allgemeiner Begriffe auf räumliche Merkmale zurückgreift: Die „Sprache räumlicher

[13] vgl. Nünning, Ansgar: *Formen und Funktionen literarischer Raumdarstellung: Grundlagen, Ansätze, narratologische Kategorien und neue Perspektiven.* In: Wolfgang Hallet und Birgit Neumann (Hrsg.): *Raum und Bewegung in der Literaturwissenschaft.* Bielefeld 2009: 33–52, hier: 33

[14] Hallet, Wolfgang und Birgit Neumann: *Raum und Bewegung in der Literatur. Zur Einführung.* In: Dies. (Hrsg.): *Raum und Bewegung in der Literaturwissenschaft.* Bielefeld 2009a: 11–32, hier: 11

[15] Während sich für die Zeit im Roman relativ früh feste Zuschreibungen wie „Erzählzeit" und „erzählte Zeit" (vgl. Martinez, Matias und Michael Scheffel: *Einführung in die Erzähltheorie.* München 2000: 30ff) etablierten, konnten sich entsprechende Modelle für den Raum, etwa Kaisers „Raumroman" (vgl. dazu Kayser, Wolfgang: *Das sprachliche Kunstwerk.* Bern, München 1976) kaum durchsetzen.

[16] vgl. Würzbach, Natascha: *Erzählter Raum. Fiktionaler Baustein, kultureller Sinnträger, Ausdruck der Geschlechterordnung.* In: Jörg Helbig (Hrsg.): *Erzählen und Erzähltheorie im 20. Jahrhundert.* Heidelberg 2001: 105–129

[17] vgl. Hallet/Neumann 2009a: 11

[18] vgl. Würzbach 2001

[19] Hallet/Neumann 2009a: 17

[20] vgl. ebd.: 17f

[21] Lotman, Jurij M.: *Die Struktur literarischer Texte.* München 1989: 312

Relationen“ wird zum „grundlegenden Mittel zur Deutung der Wirklichkeit“[22].

Raummodelle erweisen sich bei Lotman daher vor allem als „Organisationsprinzip für den Aufbau eines ‚Weltbildes‘“[23]. Hinter dem topographischen Gegensatz von Himmel und Erde etwa drücken sich nicht nur räumliche Relationen wie „hoch – niedrig“ oder „nah – fern“ aus. Je nach ideologischem Modell verweisen diese Relationen auch auf nicht-räumliche Unterschiede wie „gut – schlecht“, „eigen – fremd“ oder „sterblich – unsterblich“.[24] Während der Rückgriff auf räumliche Konstellationen von Lotman als anthropologische Konstante verstanden wird, ist die semantische Bedeutung und Wertung dieser Konstellationen für ihn kulturabhängig[25] – die räumliche Struktur in der Literatur vermittelt ihm daher vor allem „einen Einblick in die Art und Weise, wie die dazugehörige Kultur die ‚Welt‘ konstruiert“[26].

Obwohl es in Ortheils Texten nicht um die „allergemeinsten [...] Modelle der Welt“ geht[27], eignen sich diese Überlegungen auch zur Annäherung an sein Romanwerk. Denn wie die folgende Untersuchung der Liebesromane zeigen wird, dient der Raum bei Ortheil keineswegs nur dem Entwurf fiktiver Welten[28], sondern auch und vor allem dem Entwurf des eigenen Lebens.

2.1 Eine erste Ortsbegehung: Der Raum im Liebesroman

Vergleicht man die ersten Seiten der im Abstand von je vier Jahren erschienenen Liebesromane – *Die große Liebe* (2003), *Das Verlangen*

[22] Lotman 1989: 313
[23] ebd.
[24] vgl. ebd.
[25] vgl. Frank, Michael C.: *Die Literaturwissenschaften und der „spatial turn“: Ansätze bei Jurij Lotman und Michail Bachtin*. In: Wolfgang Hallet und Birgit Neumann (Hrsg.): *Raum und Bewegung in der Literatur*. Bielefeld 2009: 53–80, hier: 66
[26] Frank 2009: 66
[27] vgl. Lotman 1989: 313: „Die allergemeinsten sozialen, religiösen, politischen, ethischen Modelle der Welt, mit deren Hilfe der Mensch auf verschiedenen Etappen seiner Geistesgeschichte den Sinn des ihn umgebenden Lebens deutet, sind stets mit räumlichen Charakteristiken ausgestattet [...].“
[28] vgl. Nünning 2009: 33

nach Liebe (2007) und *Liebesnähe* (2011)[29] – zeigen sich deutliche Parallelen, die die Texte auch jenseits der Liebesthematik in eine unmittelbare Nähe zueinander rücken. So präsentieren alle drei Romaneingänge ihre Protagonisten als Reisende: Giovanni aus *Die große Liebe* sitzt im Zug Richtung San Benedetto, wo er einen Film über das Meer drehen will. Der Pianist Johannes aus *Das Verlangen nach Liebe* ist gerade in Zürich angekommen und macht sich dort sofort auf den Weg zum See, auf dessen Anblick er sich „schon eine Weile gefreut hatte" (VL 5). Johannes, der Schriftsteller aus *Liebesnähe*, wiederum fährt mit den Auto eine schmale Straße entlang, die ihn zu einem großen Hotel führt, in das er sich „für einige Tage [...] zurückziehen will" (LN 8).

Obwohl die Protagonisten zu Beginn der Romane unterwegs sind, steht aber nicht die Reise, sondern das Ankommen in ihrem Mittelpunkt. So träumt Giovanni bereits im Zug davon, sofort auszusteigen und stundenlang am Meer entlangzugehen – „wie schön wäre es, [...] so anzukommen" (GL 6). Johannes aus Ortheils zweitem Liebesroman ist dagegen bereits am Ziel seiner Reise angekommen – eine Ankunft, die „noch schöner [war], als ich es erhofft hatte" (VL 5). Und auch sein Namenspate aus *Liebesnähe* hat sich „[s]eit Tagen [...] auf diese Ankunft gefreut" (LN 7).

Die Reise bildet so zwar den Hintergrund und macht die Auseinandersetzung mit dem Raum zu einem versteckten Thema der Liebesromane, es sind jedoch keineswegs Reiseerzählungen: Auch wenn die Protagonisten fern ihrer Heimat sind und in Hotels leben, agieren sie letztlich in einem fest umrissenen Terrain, das sie im Verlauf der Romane kein einziges Mal verlassen. Erst am Ende brechen sie von ihrem Aufenthaltsort wieder auf – Ankunft und Aufbruch bilden den Rahmen, innerhalb dessen sich die Handlung entfaltet. Dabei sind die

[29] Nicht nur die Forschung weist diese als zusammengehörig aus (vgl. in Bezug auf die ersten beiden Liebesromane Klemenz 2009, Moritz 2009, Eckert 2009, Kopp-Marx 2009 und Siblewski 2009, alle in: Stephanie Catani, Friedhelm Marx und Julia Schöll (Hrsg.): *Kunst der Erinnerung, Poetik der Liebe*. Göttingen 2009), auch der Klappentext des jüngsten Liebesromans weist diesen als Teil einer Trilogie aus: „‚Liebesnähe' ist nach den Romanen ‚Die große Liebe' (2003) und ‚Das Verlangen nach Liebe' (2007) der dritte Band einer Trilogie von in sich abgeschlossenen Romanen, in denen es um das Geheimnis der Liebesverständigung geht." (vgl. Ortheil, *Liebesnähe* 2011)

Hauptfiguren zwar ständig unterwegs[30], an die Stelle einer sich wandelnden Umgebung rückt jedoch eine ganz bestimmte Topographie, die im Verlauf der Romane immer wieder durchlaufen und aktualisiert wird. Damit entsteht auch hier ein „Gesamt-Topos“[31], wie es bei Lotman heißt, eine Anordnung von Räumen, die aufgrund ihrer Frequentierheit innerhalb der einzelnen Romane, aber auch ihrem Auftreten in allen drei Texten auf einen übergreifenden Modellcharakter hindeutet.

Vor allem in den ersten beiden Liebesromanen wird dies deutlich, sie sollen daher im Weiteren im Mittelpunkt stehen. So befindet sich der Ich-Erzähler aus *Die große Liebe* zu Beginn des Romans zwar im Zug, sein Interesse gilt aber der Welt, die sich ihm vor dem Fenster eröffnet: dem Meer an der italienischen Adria-Küste. Ihm ist sein erster Blick gewidmet und damit wird es auch zu dem ersten Raum, der sich dem Leser erschließt:

> Plötzlich das Meer, ganz nah, eine graue, stille, beinahe völlig beruhigte Fläche. [...] Ich hatte das Meer einfach vergessen, jahrelang hatte ich es nicht gesehen, jetzt lag es mir wie eine weite Verheißung zu Füßen, unaufdringlich und groß, als bekäme ich mit ihm zu tun. (GL 5)

Ganz ähnlich ist es in *Das Verlangen nach Liebe*. In Zürich angekommen, eilt der Protagonist sofort ans Ufer des Zürcher Sees, wo er stehen bleibt und den Anblick genießt:

> Die sanften, auf und ab schwingenden, schon leicht ins Dunkle gefärbten Hügel des gegenüberliegenden Ufers, das zu den Alpenketten der Ferne ausholende Graublau der stillen Wasserfläche, der Abdruck der auf ihr herumgeisternden Sonnenstreifen, die sich wie matte, breite Pinselstriche über diesen diffusen Grund legten. (VL 5)

Das Meer und der Zürcher See werden damit von Anfang an in einen engen Bezug zu den Protagonisten gestellt, der sich auch im weiteren Verlauf immer wieder bestätigt: Ein ums andere Mal kehren sie an diese Orte zurück und machen sie zu bedeutsamen Handlungsräumen. Das mag bei Giovanni zunächst daran liegen, dass er des Meeres wegen nach

[30] vgl. Giovannis Erkenntnis gegen Ende des ersten Liebesromans: „*In der zurückliegenden Woche habe ich ein weites Terrain erkundet, ich bin viele Kilometer gelaufen und auch gefahren* [...].“ (GL 270)
[31] Lotman 1989: 329

Italien gefahren ist – er ist beruflich in San Benedetto, um für einen Film zu recherchieren, der vom Meer erzählt, „nicht auf spektakuläre Weise, sondern ganz einfach, mit Hilfe von guten, genauen Beobachtungen" (GL 34). Dieser Auftrag allein rechtfertigt jedoch nicht sein großes Verlangen nach dem Wasser, dem er fast ohnmächtig gegenübersteht.

Immer wieder zieht es ihn hierher: Er läuft an der Küste entlang, setzt sich an den Strand, macht sich Notizen über die Menschen um ihn herum und ihr Verhalten am und im Wasser. Seine einzige Lektüre ist ein Fachbuch, in dem es ihm vor allem die Abbildungen der Lebensräume im Wasser angetan haben, er besucht das meeresbiologische Institut von San Benedetto, streift über den Fischmarkt und ernährt sich fast ausschließlich von Meeresgetier. Selbst beim Einschlafen hört er noch das „*rumore del mare*" (GL 291), das Rauschen des Meeres – es hat ihn ganz in seiner Gewalt, ist immer präsent, selbst wenn er es nicht erwartet: „[...] ich erhob mich und stieß die Läden auf, ich erschrak, als ich das Meer sah, es lag direkt unterhalb, als könnte ich mit einem weiten Sprung in ihm untertauchen." (GL 173) Dass auch Franca, die Giovanni während seiner Recherchen kennen und bald auch lieben lernt, einen starken Bezug zum Wasser aufweist, kann vor diesem Hintergrund kaum erstaunen: Als Direktorin des meeresbiologischen Instituts bringt sie Giovanni die Geheimnisse des Meeres näher und wird in Kopp-Marx' Untersuchung des Romans daher als „mythische Wasserfrau und botticelliartige Venus"[32] bezeichnet.

Damit wird das Meer zu einer permanenten Versuchung, die Giovanni letztlich nicht nur an, sondern vor allem auch ins Wasser zieht – eine Möglichkeit, die Johannes aus Ortheils zweitem Liebesroman verwehrt bleibt. Dennoch erweist sich der See auch hier als ein bedeutsames Terrain, erinnert er Johannes doch an sein gemeinsames Dasein mit Judith, die er in Zürich nach achtzehn Jahren endlich wiedersieht: Die „atmosphärisch starke[n] Augenblicke von früher" (VL 110) fanden allesamt vor dieser Kulisse statt.[33] Aber auch in der

[32] Kopp-Marx, Michaela: *Il rumore del mare. Mythos und Ästhetik in Hanns-Josef Ortheils „Die große Liebe"*. In: Stephanie Catani, Friedhelm Marx und Julia Schöll (Hrsg.): *Kunst der Erinnerung, Poetik der Liebe*. Göttingen 2009: 239–261, hier: 250

[33] vgl. VL 110: „In enger Umarmung am See entlanggehen! Auf dem Deck eines der weißen Schiffe den Moment erleben, wenn das Schiff vom Ufer ablegt!

Erzählgegenwart wird das Wasser von Johannes immer wieder aufgesucht: Wie Giovanni läuft er am See entlang, betrachtet von einer Bank aus die Spaziergänger am Ufer und die Schiffe auf dem See und begibt sich schließlich auch selbst aufs Wasser. Indem er es mit dem Ruderboot befährt, übersetzt er in gewisser Weise die Schwimmbewegungen in den Ruderschlag: Ebenso wie Giovanni weit hinaus aufs Meer schwimmt, „mit gleichmäßigen, ruhigen Stößen" (GL 49), bringt Johannes das Boot „mit einigen leichten Schlägen" (VL 177) hinaus aufs Wasser und ebenso wie sich Giovanni schließlich auf den Rücken dreht und treiben lässt (vgl. GL 49), gibt auch Johannes nach einer Weile die Ruder frei, lässt das Boot auf der Stelle schwimmen und schaut hinauf in den Himmel (vgl. VL 177).

Wie eng Johannes mit dem Wasser verbunden ist, wird schließlich in seinem ersten Gespräch mit Judith deutlich, in dem sich nicht zuletzt die zentrale Topographie des Romans offenbart. Bei ihrem gemeinsamen Essen in der Kronenhalle stellt Johannes nämlich fest, dass sie sich in diesem Restaurant genau zwischen den beiden für sie wichtigen Orten befinden: dem Kunsthaus auf der Höhe, in dem Judith eine Ausstellung kuratiert, und der Tonhalle unten am See, wo er selbst sich auf ein Konzert vorbereitet: „Wir bespielen Zürich von zwei Seiten, und wir befinden uns jetzt beinahe haargenau in der Mitte." (VL 65). Schon aufgrund ihrer Projekte spielen beide Bereiche – die Welt der Kunst in der Höhe und die Welt der Musik am Wasser – für die Protagonisten also eine entscheidende Rolle.

Eine ganz ähnliche Anordnung lässt sich in *Die große Liebe* finden. Als Giovanni in seinem Hotelzimmer ankommt, ist es vor allem die Aussicht vom Balkon, die ihn begeistert: Es ist „ein Zimmer mit Blick auf das Meer und zu den Bergen", wie der Hotelier Carlo betont, „als werde mir eine seltene Auszeichnung zuteil" (GL 14). Damit deutet Carlo auf die Bedeutsamkeit beider Bereiche hin und quartiert Giovanni genau dazwischen ein, in Sichtkontakt mit beiden. Tatsächlich ist es neben dem Meer vor allem die Bergwelt, die Giovanni im weiteren Romanverlauf zu einem bevorzugten Terrain wird. Schon der erste gemeinsame Ausflug mit Franca führt ihn dorthin: Mit den Fahrrädern fahren die beiden „hinauf in die Berge" (GL 88), wo sie eine wahre

Irgendwo in einem der kleinen Orte am See aussteigen und sich ohne weitere Orientierung sofort auf den Weg machen!"

Gegenwelt zu Meer und Strand erleben: die *terra marchigiana*, eine einsame Landschaft mit einem halb verfallenen Bergnest, rund vierhundert Meter über dem Meeresspiegel. Entsprechend stellt Franca fest: „Wir sind kaum zehn Kilometer vom Meer entfernt, [...], und doch ist das hier oben eine vollkommen andere Welt." (GL 94)

Trotzdem verschwindet das Meer nie ganz aus dem Blick, hat man doch von oben „einen überwältigenden Ausblick auf das gesamte Terrain" (GL 88) – erst die Distanz zu Meer und Strand ermöglicht also die völlige Erfassung des Areals. Dies erlebt auch Johannes, den es wie Giovanni immer wieder in die Höhe zieht. Nicht nur das Kunsthaus wird dabei zu seinem Ziel, auch das Hochplateau des Lindenhofs „über dem Fluß und hoch über den Dächern der Altstadt" (VL 27) wird zu einem „bevorzugte[n] Ort" (VL 101) des Liebespaares. Und es geht noch weiter hinauf: Mit der Straßenbahn fahren die beiden auf den Zürichberg, von dem aus die Stadt „kaum noch zu erkennen" ist: „[...] man fühlte sich dem ganzen Leben unten am See sehr entrückt." (GL 225). Zugleich ermöglicht der Zürichberg aber „einen weiten, bis zu den Alpen reichenden Blick" (VL 255) – die Welt „unten am See" ist also auch hier immer präsent.

Gebirge und Gewässer werden damit zu einem zentralen Bezugsrahmen, innerhalb dessen die Protagonisten agieren. Entsprechend sind letztlich alle Handlungsorte von dieser Topographie geprägt. So trifft Giovanni bei seiner Ankunft in San Benedetto nicht etwa auf die klassisch italienische Traumkulisse, sondern auf eine nüchterne Küstenstadt, die sich in erster Linie am Meer orientiert: „[...] anscheinend hatte man die Stadt in sehr kurzer Zeit der dominierenden Küste angepasst, parallel oder [...] im rechten Winkel zu ihr. [...] es war leicht zu erkennen, daß das Meer hier alles, jede Regung bestimmte [...]." (GL 54) Auf der Suche nach geeigneten Bildern für seinen Film lässt die Stadt Giovanni daher zunächst „abblitzen" (GL 76), erst als er sie „auf ihre Nähe zum Meer hin" (ebd.) zu lesen beginnt, findet er einen Zugang zu ihr. Zürich wiederum erweist sich für Johannes vor allem als eine Kulisse für seine Liebe zu Judith – die Stationen von einst verwandeln sich in Stationen des Wiedersehens, im Gehen durch die Stadt durchlaufen die beiden ihre vergangene Beziehung und machen sie wieder lebendig. Auch in der Erzählgegenwart wird Zürich so zu einem Abbild des gemeinsamen Daseins, das sich nicht zuletzt über die für Johannes und Judith prägenden Räume bestimmt: Die Stadt wird von ihnen „von zwei Seiten“ (VL 65) – Kunsthaus und Tonhalle – bespielt und auf diese Weise bedeutsam gemacht.

Sogar die von den Protagonisten bevorzugten Innenräume sind ganz auf die Außenwelt hin ausgerichtet. Damit unterscheiden sie sich von dem klassischen Innenraum, wie ihn etwa Otto Friedrich Bollnow in seiner Untersuchung *Mensch und Raum* entwirft. Dieser wird vor allem durch das Haus vertreten und damit einem Ort, an den der Mensch immer wieder zurückkehren kann. Da gerade der moderne Mensch von einer existenziellen Obdachlosigkeit bedroht ist, braucht er laut Bollnow mehr denn je eine solche Mitte, die ihm zur Heimat wird.[34] Er stellt daher die schützende Funktion des Hauses in den Mittelpunkt: Die sicheren Mauern und das bergende Dach grenzen den Menschen nach außen hin ab und vermitteln ihm das Gefühl von Geborgenheit. Der Innenraum wird so zu einem zweiten Mutterschoß erhoben – das Leben beginne „umschlossen, umhegt, ganz warm im Schoße des Hauses“, bis der Mensch „nach draußen geworfen“ werde, was in der Bildersprache des Hauses bedeute: „vor die Tür gesetzt“[35].

Gerade ein solches Zuhause fehlt aber in den Liebesromanen: Die Protagonisten sind auf der Reise und an den Handlungsorten der Romane nicht zu Hause – statt in einer eigenen Wohnung leben sie im Hotelzimmer. Dieses erweist sich in *Die große Liebe* zwar bereits zu Beginn als idealer Aufenthaltsort, es ist jedoch weniger das Zimmer selbst, das Giovanni begeistert, als vielmehr der Ausblick, den es ermöglicht: „Es war ein großes, helles Zimmer, durch eine schmale Tür betrat man einen ums Eck laufenden Balkon [...]. Ich blickte hinunter aufs Meer, es war ein überwältigender Anblick [...]. (GL 14) Mit dem Satz „Es war ein großes, helles Zimmer“ wird das Zimmer quasi eilig durchlaufen, hin zum Balkon, auf dem der Protagonist dann erst einmal verweilt und den Blick auf die Umgebung genießt. Ganz ähnlich ergeht es auch Johannes, als er sein Hotelzimmer betrachtet: „[...] wie erstarrt hier alles ist, [...] ich sollte schon einmal die Fenster öffnen, um wenigstens etwas Herbstluft hineinwehen zu lassen!“ (VL 153) Er streift die Gardinen beiseite, öffnet das Fenster und lehnt sich weit hinaus, „so begeistert war ich von dem Licht draußen, das die Dinge auf der Straße mit einem filmischen Glanz überzog“ (ebd.).

[34] vgl. Bollnow, Otto Friedrich: *Mensch und Raum.* Stuttgart, Berlin, Köln 1994: 123ff

[35] vgl. Bollnow 1994: 33f

Ein ums andere Mal wiederholt sich dieser Außenbezug in den Romanen – einzig beim Hören von Musik oder aber im Beisein der Geliebten verwandelt sich der Raum für die Protagonisten, wird tatsächlich zu einem Ort des Rückzugs und der Geborgenheit (vgl. dazu Kapitel 2.2). Doch obwohl die Kronenhalle Johannes daher beim gemeinsamen Essen mit Judith wie eine ganz „eigene Welt" erscheint[36], bestellt er in den zahlreichen Restaurants des Romans doch stets Gerichte, die auf die Schweizer Umgebung verweisen: Zürcher Spezialitäten wie Rösti und Kalbsbitoke (vgl. VL 55ff) finden sich ebenso auf seinem Teller wie die „dunkelbraunen, knusprigen Bürli" (VL 25), die nichts mit dem zu tun haben, „was man in Deutschland als Brötchen bezeichnete" (ebd.). Und auch Giovanni schlürft und trinkt in San Benedetto mit den Austern „das Meer, pur, ohne Zutat und Dekoration" (GL 64), während Franca die Fischsuppe, die sie bei ihrem ersten Treffen mit Giovanni bestellt, als „das halbe Meer, *in nuce*" (GL 80) bezeichnet. Ganz andere Speisen erwarten die beiden dagegen in den Bergen: Hier, „kaum zehn Kilometer vom Meer entfernt" (GL 94), herrschen andere Regeln und entsprechend findet sich auf den Tellern kein Fisch sondern „Bergkost" – „sehr gute[r] Schinken oder kleine Spieße mit Lammfleisch, [...] frische[r] Mozzarella und gutes Weißbrot" (GL 95).[37]

Am deutlichsten wird der Außenbezug aber im Museum, das als Arbeitsplatz der weiblichen Hauptfiguren in beiden Liebesromanen eine wichtige Rolle spielt: Während Franca im meeresbiologischen Institut verschiedenste Funde aus dem Meer präsentiert – „ein Fischskelett, eine Schnecke, winzige Algenspuren auf weißem Grund" (GL 35) – wird zum „geheime[n] Fluchtpunkt" (VL 170) von Judiths Ausstellung die Stadt Zürich. So verweisen etwa Stauffers Porträts des Zürcher Geschichtenerzählers Gottfried Keller auf das Herz der Stadt (vgl. VL

[36] vgl. VL 56: „Seltsam, dachte ich, diese Atmosphäre hier, ja die gesamte Umgebung mit ihrer Mischung aus Geborgenheit und Fremdheit wirkt wie für unser Wiedersehen in Szene gesetzt, die Welt draußen nimmt man kaum wahr, selbst das Tageslicht spielt nicht hinein in die Stube, dadurch erscheint alles hier drinnen wie eine eigene Welt [...]."

[37] Zur Bedeutung des Essens und Trinkens in den Liebesromanen vgl. Moritz, Rainer: *Kutteln in Weißwein. Essen, trinken, lieben in Hanns-Josef Ortheils Romanen „Die große Liebe" und „Das Verlangen nach Liebe"*. In: Stephanie Catani, Friedhelm Marx und Julia Schöll (Hrsg.): *Kunst der Erinnerung, Poetik der Liebe*. Göttingen 2009: 205–218

227), die See-Bilder Hodlers auf den Zürichsee (vgl. VL 175) und Ruskins Skizzen der Alpenspitzen auf die umliegende Gebirgslandschaft (vgl. ebd.). Der Weg durch die Ausstellung wird damit zu einem Gang durch die Stadt, bis „der Betrachter sich [...] am Ende selbst als ein Zürcher Spaziergänger erlebt“ (VL 228). Schon die Anlage des Museumsraum deutet darauf hin, setzt er doch mit seiner sowohl als Ein- wie auch als Ausgang fungierenden Tür eine an den Spaziergang erinnernde kreisförmige Bewegung voraus.[38]

Franca und Judith orientieren sich bei ihrer Arbeit also an der Außenwelt und lassen sie in der Kunst ein zweites Mal entstehen. Ganz explizit wird dieser Zusammenhang in Judiths Ausstellung, die laut ihrer Mitarbeiterin Anna letztlich nichts anderes zum Thema hat als „Räume und ganz verschiedene Raumformen“ (VL 170):

> Es gibt den geschlossenen Raum, den Fernraum, den Fluchtraum, den Raum als Umgebung ..., und all diese sowohl auf den Bildern wie auch in der Ausstellungs-Architektur erscheinenden Raumformen haben ihren geheimen Bezugspunkt in *Zürich*. (VL 170f)

Die Handlungsorte des Romans finden damit nicht nur in den Bildern der Ausstellung eine Entsprechung, sondern werden von Anna darüber hinaus in einen abstrakten Raumentwurf überführt. Tatsächlich durchläuft Johannes bei seinem Weg durch den Roman eben diese Raumformen: Während der „geschlossene Raum“ auf den Innenraum verweist, bezieht sich der „Fernraum“ – vertreten von Ruskins Skizzen der Alpen – auf die Berge, in die es das Liebespaar immer wieder zieht. Der „Raum als Umgebung“ wiederum findet nicht nur ein Äquivalent in Hodlers Bildern, sondern ebenso im Zürcher See. Die „Fluchträume“ schließlich, auf die in der Ausstellung die französischen Landschaftsgemälde Monets und Guardis Bilder der venezianischen Lagune hinweisen, bleiben auch in der Romanhandlung „Sehnsuchtsländer“ (VL 227): Frankreich und Italien sind zwar wichtige Stationen der vergangenen Reisen von Johannes und Judith, werden in der Erzählgegenwart jedoch ausschließlich im Gespräch und der Erinnerung aufgesucht (vgl. VL 227ff).

[38] vgl. VL 95: „[...] dieses große Rechteck hier ist der Ausstellungssaal, man erreicht ihn von hier, über die Treppe, und betritt ihn dann durch diese schmale Tür, die zugleich auch der Ausgang sein wird.“

Im Rahmen der Ausstellung wird der Modellcharakter der Romantopographie also besonders deutlich: Sie wird zu einem ästhetischen Entwurf, der nicht nur Johannes' Weg durch Museum und Stadt bestimmt – auch in Ortheils erstem Liebesroman durchläuft Giovanni eben die in der Ausstellung vertretenen „Räume und [...] Raumformen". *Die große Liebe* verweist aber noch in anderer Hinsicht auf einen „Gesamt-Topos"[39] im lotmanschen Sinne. So konstruiert Francas Vater bei einem Spaziergang mit Giovanni eine geradezu „kosmogonische Theorie"[40], die er zur Grundlage des Lebens und der Welt San Benedettos erhebt:

> Das Ur-Verhältnis ist das Aufeinandertreffen von Vertikale und Horizontale, die Vertikale ist das Strahlen der Sonne, die Horizontale die Fläche des Meeres, durch ihr Stehen und Liegen übersetzen die Strandbewohner dieses einfache Raum-Verhältnis in wiederum einfache Bewegungen, und durch aufeinanderstoßende Geraden und ein System von rechten Winkeln übersetzt diese Stadt dieses Raum-Verhältnis in die Struktur ihrer Straßen [...]. (GL 288)

Wie Kopp-Marx in ihrer Untersuchung des Liebesromans darlegt, führt dieser Entwurf „mythisches Denken par excellance"[41] vor. Er basiert auf einem „ordnenden Verfahren, das natürliche Beziehungen in soziale und ästhetische übersetzt und umkehrt"[42]. Zwischen diesen Klassifizierungsbereichen und Wirklichkeitsebenen bestehen, so Kopp-Marx, Spiegelfunktionen, „die es ermöglichen, das Universum durch Assoziation und Korrelation als organisierte Totalität zu erfassen"[43]. Das von Francas Vater entworfene Ur-Verhältnis wird damit zu einem die ganze Romanwelt prägenden Modell, dessen räumlichen Konstellationen nicht nur in den Bewegungen der Küstenbewohner und der Struktur San Benedetto eine Entsprechung findet. Vielmehr unterliegt diesem Bezugssystem auch Giovannis Weg durch den Roman, der das Gegeneinander von Horizontale und Vertikale in ein ständiges Gehen entlang der Küste, aber auch einem „Hinauf" in die Berge und „Hinab" ins Wasser übersetzt.

[39] Lotman 1989: 329
[40] Kopp-Marx 2009: 243
[41] ebd.
[42] ebd.
[43] ebd.

Berg und Wasser bilden damit eine ganz ähnliche Opposition wie der in Lotmans Untersuchung entworfene Gegensatz von Himmel und Erde (vgl. S. 62) und lassen sich daher ebenfalls vor dem Hintergrund seiner dreifachen Textstruktur[44] lesen. Als „Extreme der Landschaft"[45] zeigt sich dieser Gegensatz schon in ihrer Topographie: Im „hochaufragende[n], schroffe[n] Unausgeglichene[n]" auf der einen und dem „ebene[n], beweglich-plastische[n] Einförmige[n]"[46] auf der anderen Seite verbergen sich räumliche Relationen wie hoch und tief, starr und flüssig, fern und nah. Tatsächlich weist nicht nur Judiths Ausstellung auf solche topologischen Differenzen hin, wenn sie das Gebirge als „Fernraum" und den See als „Raum der Umgebung" bezeichnet, auch das Weltmodell aus *Die große Liebe*, das auf dem Aufeinandertreffen von Vertikale und Horizontale beruht, rekurriert auf topologische Relationen.

Dass die Räume der Liebesromane darüber hinaus aber auch auf eine semantische Dialektik hindeuten, die die Topographie zur versteckten Biographie werden lässt, wird die weitere Untersuchung zeigen.

2.2 Hinab ins Wasser

Kulturgeschichtlich gesehen spielt das Wasser schon immer eine große Rolle. Neben seiner Verwendung zum Trinken und Reinigen, zur Schifffahrt und für technische Zwecke, haben – so Böhme in seiner *Kulturgeschichte des Wassers* – alle Kulturen zu jeder Zeit das Wasser theoretisch, religiös und literarisch gedeutet: „[...] es gibt kein Gefühl, keine Kunst, kein Sprechen, kein Handeln, keine gesellschaftliche Einrichtung, keinen Raum auf dieser Erde, der nicht materiell oder

[44] vgl. Martinez/Scheffel 2000: 140f: „(a) *Topologisch* ist der Raum der erzählten Welt durch Oppositionen wie ‚hoch vs. tief', ‚links vs. rechts' und ‚innen vs. außen' differenziert. (b) Diese topologischen Unterscheidungen werden im literarischen Text mit ursprünglichen nicht-topologischen *semantischen* Gegensatzpaaren verbunden [...] wie z. B. ‚gut vs. böse', ‚vertraut vs. fremd', ‚natürlich vs. künstlich'. (c) Schließlich wird die semantisch aufgeladene Welt durch *topographische* Gegensätze der dargestellten Welt konkretisiert, z. B. ‚Berg vs. Tal', ‚Stadt vs. Wald' oder ‚Himmel vs. Hölle'."

[45] Gallant, Christel: *Der Raum in Novalis' dichterischem Werk*. Bern, Frankfurt am Main, Las Vegas 1978: 85

[46] Gallant 1978: 85

symbolisch, direkt oder indirekt mit Wasser zu tun hat.“[47] Das Wasser gilt als Ursprung allen Lebens, als „Urgrund“ der Dinge[48], die ewige und beständige Substanz, aus der alles entsteht und wieder vergeht. Selbmann bezeichnet es in ihrer Untersuchung zum *Mythos Wasser* daher auch als „Ursymbol“, als „den ältesten und am weitesten verbreiteten Archetypus der Menschen“[49].

Auch bei Ortheil ist das Wasser ganz offensichtlich mehr als nur das nasse Element. Entsprechend widmet sein Lektor Klaus Siblewski dem „Schwimmen und Baden [...] bei Hanns-Josef Ortheil“[50] einen ganzen Aufsatz und weist auf die Präsenz des Wassers bereits zu Beginn der Texte hin: Nicht nur *Die große Liebe* und *Das Verlangen nach Liebe* setzen mit dem Blick auf Meer bzw. See ein (vgl. S. 64), Siblewski kann einen solchen auch in dem 2005 erschienen Roman *Die Geheimen Stunden der Nacht* ausmachen:

> Wieder schaut die Hauptfigur auf graublaues (!) Wasser, und dieses Wasser ist eingebettet in eine ruhigere Landschaft. Die Situation zeigt sich dieser Figur minimal verhangener, aber sie setzt sich ihr aus den gleichen Bestandteilen zusammen, die auch Johannes am Ufer des Zürichsees vorfindet [...].[51]

Dies kann laut Siblewski kein Zufall und so resümiert er: „Das Wasser spielt in der Prosa von Hanns-Josef Ortheil eine wichtige Rolle“[52]. Dass dieses Fazit durchaus seine Berechtigung hat, zeigt sich vor allem in Ortheils erstem Liebesroman, in dem der Protagonist das Wasser in seiner ursprünglichsten Art erlebt – im Meer. Dieses ist bereits auf den ersten Seiten des Romans präsent: „Plötzlich das Meer, ganz nah [...]“ (GL 5), so beginnt der Roman, bereits jetzt liegt es Giovanni „wie eine weite Verheißung“ (ebd.) zu Füßen, leuchtet immer wieder zwischen den Häusern am Rande der Gleise auf und weckt in

[47] Böhme, Hartmut: *Kulturgeschichte des Wassers*. Frankfurt am Main 1988: 12f

[48] vgl. Aristoteles, *Metaphysik* I.3, zitiert nach Böhme 1988: 29

[49] Selbmann, Sibylle: *Mythos Wasser. Symbolik und Kulturgeschichte*. Karlsruhe 1995: 7

[50] vgl. Siblewksi, Klaus: *„Vom Schwimmen und Baden“ – bei Hanns-Josef Ortheil*. In: Stephanie Catani, Friedhelm Marx und Julia Schöll (Hrsg.): *Kunst der Erinnerung, Poetik der Liebe*. Göttingen 2009: 263–274

[51] Siblewski 2009: 264

[52] ebd.

ihm den Wunsch, aus dem Zug auszusteigen und stundenlang am Strand entlang zu gehen.

Das wird er während seines Aufenthalts in San Benedetto auch tun, sein eigentliches Verlangen zielt jedoch auf den Gang *ins* Wasser ab – „zumindest ein Bad am Tag mußte möglich sein“ (GL 52). Tatsächlich gibt er schon am Abend seiner Ankunft diesem Verlangen nach, erscheint ihm das nächtliche Bad doch „wie eine große Verlockung“ (GL 26). Kurz zuvor saß er noch in dem „höllische[n] Lärm“ (ebd.) eines Lokals und fühlte sich einsam und kraftlos, jetzt schluckt das Meer alle Geräusche, jeden „störenden Ton“: „Als wollte ich ganz verschwinden, tauchte ich sofort ab, ich hörte nichts mehr, keine Geräusche [...].“ (GL 27)

Immer wieder erlebt Giovanni das Wasser auf diese Weise: Die Geräusche vom Strand werden leiser, er versinkt im „*rumore del mare*“ (vgl. GL 291), im Summen des Meeres. In der Tiefe werden die Felsen zu einem „urzeitlichen versteinerten Wald“ (GL 49), das Grün des Wassers erscheint wie aufgeladen und die Gräser schwanken im Rhythmus der Wellen (vgl. ebd.). Giovanni befindet sich in einer verzauberten Welt, von der er nicht mehr loskommt – wie ein Fisch möchte er „gleiten, traumwandlerisch sicher durch die Tangmatten und Felsspalten, völlig eins mit dem Element“ (GL 50). Das Wasser begünstigt ganz offensichtlich ein solches „Einswerden“, worauf Giovanni auch in einem Gespräch mit Francas Vater Bezug nimmt. Beim gemeinsamen Spaziergang am Strand überführt er seine Erlebnisse im Meer nämlich in eine wahre „Theorie des Schwimmens“ (GL 284):

> Mir fiel beim Schwimmen und vor allem beim Tauchen auf, [...] wie stark der Kontakt mit dem Wasser alles andere verdrängt, nach einer Weile konzentriert man sich nur noch auf diesen Kontakt, man sucht die möglichst perfekte Anpassung an das Element, man ignoriert die Umgebung, das Schwimmen, denke ich daher, isoliert, es wirft einen zurück auf das eigene Erleben [...]. (ebd.)

Er entwirft damit ein Raumerleben, auf das auch Elisabeth Ströker in ihren *Philosophischen Untersuchungen zum Raum* hinweist: Der Raum wird nicht als Ort möglicher Handlungen und somit als zielgerichtet und strukturiert erfahren, sondern als stimmungsvoll und atmosphärisch, weswegen er von Ströker auch als „gestimmter Raum“ bezeichnet wird.[53] In dieser „ontologisch ursprünglichsten Form" steht er laut Ströker „diesseits der Bestimmung durch Zahl und Quantität" und hat seine eigentliche Charakteristik darin „Qualität, Ausdrucksfülle"[54] zu sein. Das Subjekt befindet sich so zwar mitten im Raum, hat als gestimmtes Wesen aber keine fixierbare Stelle, geht vielmehr ganz in ihm auf. Entsprechend sind all seine Bewegungen ungezwungen, absichtslos und selbstverständlich – eine Dynamik, die sich für Ströker vor allem im Tanz ausdrückt:

> Der Tanz ist bewegtes, vollkommenes Einssein von Rumpf und Gliedmaßen, spielerische Üppigkeit der Dynamik und schöne Zwecklosigkeit der einzelnen Bewegungen, für die es weder Anfangspunkt noch Ende, noch Start noch Ziel gibt – ein Bewegungsganzes, das sich ebenso wenig in Teile und Stücke auseinanderlegen läßt, wie sein Raum als Reihe von Wegpunkten und Menge von Stellen aufgefaßt werden kann.[55]

Für Giovanni ist es dagegen in erster Linie die Bewegung im Wasser, die es ihm erlaubt, sich „völlig eins mit dem Element" (GL 50) zu fühlen. Denn obwohl das Schwimmen den Körper voranbringt und das Meer – folgt man Ströker – zu einem „Aktionsraum"[56] werden lässt, vereint es letztlich beides, Fortbewegung und Stillstand, in sich. So bezieht Giovanni seine Theorie des Schwimmens nicht zuletzt auf die Sportschwimmer, die „typischerweise immer nur ihre Bahnen [ziehen]" (GL 284): Sie wollen nirgends ankommen, verbleiben in ihrem einsamen Hin und Her vielmehr auf der immergleichen Strecke und genießen auf diese Weise „die belebende und sinnliche Wirkung des Wassers" (GL 285).

Das Schwimmen verbindet also durchaus Mensch und Wasser miteinander und doch ist der Schwimmer in erster Linie an der Oberfläche

[53] vgl. Ströker, Elisabeth: *Philosophische Untersuchungen zum Raum.* Frankfurt am Main 1977: 22

[54] vgl. Ströker 1977: 22

[55] ebd.: 41f

[56] Als „Aktionsraum" bezeichnet Ströker den in und durch Handlungen erlebten Raum. Das Subjekt erweist sich in ihm also vor allem als ein zielgerichtetes Wesen: „Sein Tun ist Planen, Inangriffnehmen, Erledigen, Hintersichlassen und abermals Voranschreiben – ohne Verweilen, ohne rückschauenden Blick [...]." (Ströker 1977: 77)

des Wassers anzusiedeln: Ebenso, wie seine Bewegung immer zweierlei bedeutet, Vorwärtsbewegung und Gleiten, befindet auch er sich immer in einer Zwischenposition – mal über, mal unter Wasser, taucht er nie vollständig ab. Erst beim Tauchen, so Gaston Bachelard in seiner *Poetik des Raums*, eröffnet sich das Wasser aber in seiner vollen Dimension. Diese Tatsache lässt sich Bachelard von einem wahren Experten bestätigen: dem Meeresforscher Phillippe Diolé, der die Erfahrungen des Tauchens laut Bachelard lange und genussvoll durchkostet hat:

> Der Ozean ist für ihn ein „Raum" geworden, vierzig Meter unter der Wasseroberfläche hat er die „absolute Tiefe" gefunden, eine Tiefe, die sich nicht messen läßt, eine Tiefe, die keine anderen Träume oder Gedanken enthielte, wenn man sie verdoppelte oder verdreifachte. Durch seine Taucher-Erlebnisse ist Diolé wirklich *in das Volumen des Wassers hineingegangen.*[57]

Auch Giovanni taucht daher jedes Mal ab, wenn er sich ins Meer begibt, „als wollte ich ganz verschwinden" und bleibt solange er kann unter Wasser (vgl. GL 27, GL 49, GL 307). Das Tauchen ist eine Bewegung, die den Körper nicht voran, sondern vor allem nach unten bringt – schon die Etymologie verbindet die beiden Worte „Tiefe" und „Tauchen"[58] miteinander. Entsprechend gestaltet sich die Dynamik unter die Wasseroberfläche – hier geschieht alles in Zeitlupe, die Schwimmbewegung wird endgültig zu einem Gleiten, „ein[em] Schweben, wie eine unendlich angenehme Schwerelosigkeit" (GL 50). Weit mehr noch als beim Schwimmen tritt also die passive Bewegung in den Vordergrund, womit das Wasser immer mehr zu einer umhüllenden und einschließenden Materie wird. Bachelard bezeichnet diesen Vorgang daher als eine „Verschmelzung des Daseins in einem konkreten Raum"[59]:

> Oben, unten, rechts und links in einer so vollauf durch ihre Substanz vereinheitlichten Welt bestimmen zu wollen, hieße denken, nicht aber

[57] Bachelard, Gaston: *Poetik des Raumes*. Frankfurt am Main 2007: 205
[58] vgl. *Kluge* 2002: 908 („tauchen")
[59] Bachelard 2007: 206

> leben – hieße denken wie früher im irdischen Leben, nicht leben in der neuen, im Tauchen eroberten Welt.[60]

Es überrascht also nicht, dass Giovannis Theorie nicht nur auf den Beobachtungen beim Schwimmen, sondern „vor allem beim Tauchen" (vgl. GL 284) gründet. Eine andere Bewegung dagegen bleibt in dem Gespräch mit Francas Vater ungenannt, obwohl auch sie Giovannis Erleben im Wasser maßgeblich bestimmt. „Irgendwann wurde es mir zuviel [...], ich drehte mich auf den Rücken und ließ mich tragen, den Kopf halb unter Wasser [...]" heißt es an einer Stelle (GL 49) und ganz ähnlich gegen Ende des Romans: „um mich auszuruhen, legte ich mich auf den Rücken, breitete die Arme aus und ließ mich treiben" (GL 307).[61]

Dieses Treibenlassen unterscheidet sich deutlich vom Schwimmen und Tauchen, was nicht zuletzt an einer entscheidenden Positionsänderung liegt: das Herumdrehen auf den Rücken. Auch wenn bereits beim Schwimmen und Tauchen die aufrechte Haltung aufgegeben wird, ist erst jetzt das genaue Gegenteil dieser Haltung erreicht, das Liegen. In seiner Untersuchung zu *Mensch und Raum* widmet sich Bollnow dieser Körperhaltung im Zusammenhang mit dem Bett. Dieses bezeichnet er als einen Ort, der beim Menschen in besonderer Weise ein Gefühl der Geborgenheit hervorrufe, was jedoch nicht allein darauf zurückgeführt werden könne, dass das Bett der Schlafplatz des Menschen ist: „Es muß schon vorher mit dem Vorgang des Sich-hinlegens selber zusammenhängen; denn im Bett liegt der Mensch, während er sich im sonstigen Leben, wenn auch in verschiedenen Abwandlungen, aufrecht verhält."[62]

Mit dem Hinlegen ändert sich das Verhältnis des Menschen zum Raum also von Grund auf. So erfordert das Stehen laut Bollnow „immer eine beständige Anspannung, um dem Zug der Schwerkraft Widerstand leisten zu können"[63], weswegen nur die aufrechte Haltung im eigentlichen Sinne eine Haltung sei: „Der Mensch gewinnt in ihr zu den Dingen der Welt einen deutlichen Abstand. Der Raum um ihn herum

[60] Bachelard 2007: 206
[61] vgl. dazu auch Siblewski 2009: 270ff
[62] Bollnow 1994: 170
[63] ebd.

wird zum Feld seines freien Überblicks."[64] Im Liegen dagegen gehe dieses „Spannungsverhältnis zur Welt"[65] verloren: Die Dinge rücken in die Ferne und mit ihnen auch die Ansprüche, die sie an den Liegenden stellen. Dieser verhalte sich daher nicht mehr bewusst zu einer ihm gegenständlich entgegentretenden Welt, sondern fühle sich „im Einklang mit einer warmen und wohligen Umgebung"[66]. Das Liegen trägt so ganz maßgeblich zur Gestimmtheit des Raumes bei, was Giovanni auch bei seinem Treiben auf dem Meer erfährt: „[...] ich war eingetaucht in das gleichmäßige Summen des Meeres, *stilles Summen*, dachte ich, *Ur-Ton*, ich schloß die Augen [...]." (GL 49) Im Bett wiederum, kurz vor dem Einschlafen, holen ihn die Erinnerungen ans Meer ein:

> Eine Zeitlang glaubte ich, die Wellen noch rauschen zu hören, dann schlugen die versprengten, starken Geräusche zu einem einzigen Klang zusammen, *Ur-Ton*, dachte ich noch und regte mich nicht mehr, *Ur-Ton*, ein letztes Mal, dann glaubte ich, auf dem Rücken zu treiben, immer ruhiger, still, endlich schlief ich ein." (GL 131f)

Interessanterweise erlebt auch Johannes aus Ortheils zweitem Liebesroman einen solchen Moment. Dies ist umso bezeichnender, da ihm das Bad im See verwehrt bleibt (vgl. VL 173). Dennoch begibt er sich an einer Stelle des Romans nicht nur ans, sondern auch *ins* Wasser: Nachdem er das erste Mal mit Judith geschlafen hat, geht er ins Badezimmer und legt sich dort in die Wanne. Ortheil bezeichnet diese Szene in einer Lesung als „das Unheimlichste, was mir in diesem Buch passiert ist"[67] und auch innerhalb des Romans gestaltet er sie als etwas „ganz Seltsames"[68]: Der Gang in die Badewanne ist von Johannes keineswegs beabsichtigt oder geplant, er selbst hat das Wasser nicht hineingelassen und wundert sich über die wie auf ihn wartende Wanne: „Seltsam, die Wanne war voller Wasser und eine Flasche mit grünem Badezusatz war geöffnet und stand griffbereit am Rand." (VL 148). Obwohl das Wasser an der Oberfläche bereits abgekühlt ist und nur

[64] Bollnow 1994: 171
[65] ebd.: 173
[66] ebd.: 174
[67] Hanns-Josef Ortheil im Gespräch mit Uwe Kossack (SWR2 Literatur. Sendung vom 23.10.2007)
[68] ebd.

noch eine „sehr schwache Wärme [...] in der Tiefe“ (VL 149) lauert, legt er sich hinein:

> Ich setzte ein Bein und dann das andere hinein, und dann ließ ich mich hineingleiten, ich mußte den Atem anhalten, um nicht zu laut auszuatmen, doch ich gewöhnte mich schnell an die Kühle. Ich schloß die Augen, wie angenehm war es, die Kühle peitschte den Körper noch einmal auf und erregte ihn, völlig erstarrt lag ich da und wagte nicht, mich zu bewegen. (ebd.)

Indem Ortheil dieses Bad als eine ganz und gar rätselhafte Begebenheit inszeniert und kommentiert, erhebt er es zu einer Art Schlüsselszene: Von der Logik der Handlung her rechtfertigt sich Johannes’ Gang ins Wasser nicht, Ortheil legt hier vielmehr eine symbolische Deutung nahe, ohne auf diese näher einzugehen. Als „Lektürehilfe“ eignet sich in diesem Zusammenhang der zwei Jahre zuvor erschienene Roman *Die Geheimen Stunden der Nacht*, in dem Johannes’ Bad einen Vorläufer findet, nach dem sogar der ganze erste Romanteil benannt ist.

So begibt sich hier die Hauptfigur des Romans, Georg von Heuken, nach einem langen Arbeitstag in ein „Floating“-Becken, das sich tief unter der Erde befindet. Obwohl dieses Becken mit Salzwasser gefüllt ist und damit auf das Meer Bezug nimmt, ist es kein grenzenloses Terrain, sondern ein geschlossener Raum. Wie in der Badewanne ist das Schwimmen oder Tauchen in ihm daher unmöglich, es fordert vielmehr von Anfang an das Liegen auf dem Rücken. Entsprechend streckt sich von Heuken im Floating-Ei sofort aus, schließt die Augen und spürt, „wie sein Körper im schweren, beinahe ölig wirkenden Salzwasser zu treiben beginnt“ (GS 100): Den Hinterkopf tief im Wasser erfährt er die „wohltuende Leichtigkeit seines Körpers [...], das schwache Zur-Seite-Pendeln der Arme und die matte Wellenbewegung der Wasseroberfläche, die an seinem Rücken entlangstreicht“ (GS 101).

Es ist eine Haltung des vollkommenen Loslassens, die ihn „an die der frühesten altgriechischen Jünglingsskulpturen mit ihrem weggetretenen Lächeln“ (GS 100) erinnert: Wie Giovanni bietet von Heuken seinen Körper dar, ungeschützt, die Arme an beiden Seiten ausgestreckt und mit geschlossenen Augen. Diese Geste hat einen fast religiösen Beigeschmack, es ist die Geste einer totalen Auslieferung, aber auch der Öffnung und Heilserwartung, in jedem Fall aber eine Körperhaltung des absoluten Vertrauens: Von Heuken fühlt sich vollkommen sicher, vom Wasser getragen wie von den Armen einer Mutter. Gerade das Bad im begrenzten Raum des Floating-Beckens begünstigt ganz offensichtlich ein solches Empfinden, ermöglicht es doch nicht nur das Gefühl des Getragenwerdens, sondern auch des Umfangenseins. Siblewski weist in diesem Zusammenhang auf die „Uterus-Assoziationen“[69] hin, die das „lindgrüne[ ] Ei“ (GS 105) auslöse: Der Protagonist befände sich in einem Zustand, der ganz unmittelbar an den „Zustand vor der Geburt“ erinnere.[70] Tatsächlich vergleicht von Heuken den Tank mit einer „immer dunkler werdenden Fruchtwassermulde“ (GS 101), in der er sich „von Minute zu Minute mehr in einen eher amorphen Laich“ (ebd.) verwandelt.

Was Giovanni im Meer erlebt – das Eindringen und Verschwinden im nassen Element – findet hier also eine Variante. Aus dem Treiben wird das „Floaten“ mit einem festen, fast ritualhaftem Verlauf: Abstieg in die Tiefe, Ablegen der Kleidung, Eintauchen ins Wasser (vgl. 98ff). Gerade in dieser Anordnung offenbart sich aber der Symbolgehalt des Wassers: Tief unter der Erde und in völliger Nacktheit wird das Bad zu einem regressiven Erlebnis, zu einer Rückkehr zu den eigenen Ursprüngen[71]. Entsprechend lässt sich das „endgültige Wegdriften“ (GS 102), das von Heuken in dem Floating-Becken erlebt, auch auf seinen inneren Zustand beziehen: Wie bei einem langsamen Übergang in eine andere Zeitzone gleitet er allmählich „in die nicht mehr zu beeinflussenden Zonen der inneren Bilder und Klänge“ (ebd.).

Wie im Traum lassen die Protagonisten im Wasser also die Sphäre des Bewusstseins und der Reflexion hinter sich, tauchen ab in die „verborgen verdrängte Welt der Instinkte und des Gefühls“[72], so Kopp-Marx. Denn auch in ihrer Interpretation von *Die große Liebe* wird das Wasser als „Chiffre von hoher Signifikanz und Bedeutsamkeit“[73] verstanden und vor dem Hintergrund der Tiefenpsychologie analysiert.

[69] Siblewski 2009: 266

[70] vgl. ebd.

[71] Bereits die Definition im grimmschen Wörterbuch verbindet das Bad mit den Anfängen des Menschen, versteht es als *„das neugeborne kind besprengen, waschen, baden. in geistlichem sinn* das bad der taufe, der wiedergeburt“ (*Deutsches Wörterbuch von Jacob und Wilhelm Grimm.* Bd. 1 (1984): 1069)

[72] Kopp-Marx 2009: 242

[73] ebd.: 240

Laut Jung gehört die „[d]ie mütterliche Bedeutung des Wassers [...] zu den klarsten Symbolbedeutungen der Mythologie": „Aus dem Wasser kommt das Leben"[74]. Dieser Mutteraspekt koinzidiert bei Jung mit der Natur des Unbewussten, weswegen er das Wasser auch als „lebendiges Symbol für die dunkle Psyche"[75] bezeichnet, das vor allem in Träumen und Phantasien auftaucht und hier eine existenzielle Bedeutung hat.[76] Das Meer wird vor diesem Hintergrund gleichermaßen zum „unsichtbare[n] Reich des Unbewußten"[77] und zur „mütterlich bergenden Schutzmacht"[78]. Entsprechend drückt sich für Kopp-Marx in Giovannis Meeres-Faszination vor allem der „Wunsch nach Einheit und Vollständigkeit" aus, die „Sehnsucht nach einem ursprünglichen ungeschiedenen Dasein"[79]: „Das Schwimmen und Tauchen [...] gleicht einer Regression, einem Abstieg ins Unbewußte, in den Mutterschoß des Meeres, wo das Ich sich auflöst und im Pleuroma versinkt.[80]

Der Gang ins Wasser scheint also eng mit einer menschlichen Urerfahrung verknüpft zu sein: dem Einssein von Mensch und Raum, einem ungeschiedenen Dasein mit und in der Welt. Lévy-Bruhl spricht in diesem Zusammenhang von der „participation mystique"[81], einer unbewussten Identität von Subjekt und Objekt, die er am Beispiel primitiver Kulturen vorführt und damit an die Anfänge der Menschheit stellt. Tatsächlich führt ganz offensichtlich auch das ortheilsche Bad zu den Ursprüngen zurück: Das nasse Element wird den Protagonisten zu einer Art „Fruchtwasser", in dem sie die Rückkehr in einen unbewussten, geradezu pränatalen Zustand erleben. Dies zeigt sich nicht zuletzt in dem Zustand, in dem sie dem Wasser wieder entsteigen. Siblewski spricht in diesem Zusammenhang von einem „deutliche[n] Vorher und Nachher": „Nachdem sie das Wasser verlassen haben und in ihr jeweiliges Leben zurückgekehrt sind, tun sie das als ein anderer

[74] Jung, Carl Gustav: *Symbole der Verwandlung. Analyse zu einer Schizophrenie*. Düsseldorf 2001: 276

[75] Jung, Carl Gustav: *Bewußtes und Unbewußtes. Beiträge zur Psychologie*. Frankfurt am Main, Hamburg 1957: 26

[76] vgl. Jung 2001: 278

[77] Kopp-Marx 2009: 240

[78] ebd.: 241

[79] ebd.: 242

[80] ebd.: 253

[81] vgl. Lévy-Bruhl, Lucien: *Les functions mentales dans les sociétés inférieures*. Paris 1951

Mensch“[82]. Das Auftauchen gleicht damit einer Wiedergeburt – das Wasser hat eine reinigende, heilende Wirkung, es belebt den Badenden, gibt ihm neue Kraft und Stärke.

Nicht nur von Heuken kann daher nach seinem Floating-Erlebnis endlich selbstbewusst handeln[83], für Siblewski verbirgt sich in diesem „Danach“ auch der Grund für Johannes’ Gang in die Badewanne: Dieser müsse sich nach seinem Bad „nicht mehr fragen, ob er gegen die anderen Liebhaber bestehen kann“[84], sondern sei sich des gemeinsamen Daseins mit Judith gewiss. Betrachtet man jedoch den Romanverlauf genauer, steht die Liebe zu Judith für Johannes nie wirklich in Frage: Schon nach ihrem ersten Wiedersehen und noch bevor er überhaupt mit ihr gesprochen hat, ist ihm klar: „Ich liebe Dich, [...] ich habe Dich die ganzen achtzehn Jahre weiter und weiter geliebt.“ (VL 29) Für die Liebesbeziehung und damit für die Handlung des Romans hat die Szene also keinerlei Konsequenzen, sie scheint vielmehr auf die Symbolkraft des Wassers hinzudeuten, die sich auch in dem „Wunder der Regeneration“[85] ausdrückt.[86]

Nicht zuletzt die Metaphorik der Romane legt diese „semantische Ebene“[87] des Wassers offen: Immer wieder wird das Abtauchen im Meer zu einem Bild für die participation mystique, die von den Protagonisten keineswegs nur im Wasser erlebt wird. So erinnern Giovannis Beschreibungen seiner sexuellen Vereinigung mit Franca an einen Spaziergang am Strand:

> [...] ich glaubte eine Wellenbewegung am Strand zu sehen, als ginge ich dort wie in den ersten Tagen entlang, die Wellen tanzten auf dem Sand,

[82] Siblewski 2009: 266

[83] vgl. ebd. 272: „Von Heuken ist sich sicher, anstelle des geschwächten Vaters in die Rolle eines Chefs und Leiters eines Konzerns hineinzuwachsen.“

[84] ebd.: 272

[85] Selbmann 1995: 48

[86] Selbmann erwähnt in diesem Zusammenhang den Ritus der Taufe, „ein in der ganzen Welt verbreitetes Symbol der Auflösung und Wiederbelebung“ (Selbmann 1995: 48): „Indem der Mensch in das Wasser eintaucht, stirbt er symbolisch. Das Wasser löst seine alte Form auf, spült seine Vergangenheit und seine Sünden weg. Gereinigt und erneuert wird er wiedergeboren [...].“ (ebd.: 53)

[87] vgl. Martinez/Scheffel 2000: 140f

> immer aufs neue spülte das Meer sich heran, vor und zurück, kleine, ockergelbe Kugeln tanzten in seiner Gischt [...]. (GL 202)

Tatsächlich befindet er sich aber rund 30 Kilometer von der Küste entfernt, liegt nicht in den Wogen des Meeres, sondern gemeinsam mit Franca auf dem Bett eines Hotelzimmers. Dennoch wird der Liebesakt mit dem Erleben im Wasser enggeführt: Der Körper löst sich langsam auf, taucht in der Dunkelheit ab und versinkt schließlich im Bodenlosen (vgl. GL 202), Franca liegt auf dem Rücken „als treibe sie auf dem Wasser“ (GL 249), bis Giovanni ihren Körper schließlich mit seinen Küssen „verschwimmen“ (ebd.) lässt. Und auch in *Das Verlangen nach Liebe* rollt Judith „wie eine kleine Woge“ (VL 150) auf Johannes, auch hier spürt dieser, wie er immer „tiefer in den Laken des Bettes versank und dieser Körper sich auflöste und nichts mehr davon blieb“ (ebd.). Von Heuken wiederum erlebt bereits das Küssen wie ein „warmes, befriedigendes Strömen, [...] das all die sonst verborgenen Zentren [...] wachruft, so daß der Körper etwas Amphibisches, Weiches bekommt, als bewege er sich in einem brutwarmen Meer, schwerelos“ (GS 321). Aber auch beim Hören von Musik erfährt er ein solches „Wegtauchen“ (GS 304): „[...] man hat das Gefühl, [...] abzutauchen in eine vollkommen stille, andere Welt“ (ebd.). Ganz ähnlich ergeht es Johannes aus *Das Verlangen nach Liebe*, als er in seinem Hotelzimmer Scarlattis Sonaten hört und sich immer mehr „ins Abseits dieser Musik treiben“ (VL 22) lässt.

Die Wassermetaphorik macht aus der Welt also einen Innenraum im bollnowschen Sinne – topologische Merkmale wie „nah“, „innen“ und „umschlossen“ spielen damit eine entscheidende Rolle.[88] Wie schon Bollnows Innenraum deutet das Wasser aber auch auf das „Urgefühl des Lebens“[89] hin (vgl. S. 68) und damit auf ein regressives Verhalten, in das gerade die männlichen Protagonisten immer wieder verfallen. In diesem übertragenen Sinne rückt das gestimmte Raumerleben also in eine unmittelbare Nähe zu Ortheils Essay, in dem genau eine solche Regression beschrieben wird. Der Wiedergeburt in der Sprache geht hier nämlich die Zeit im „Mutter-Reich“ voraus (vgl. Kapitel 1) – Ortheil schildert sie als eine geradezu pränatale Symbiose, die Mutter und Sohn in der gemeinsamen Sprachlosigkeit vereint: „Der Traum, die Stille, das

[88] vgl. Bollnow 1994: 123ff
[89] ebd.: 133

Ruhige, Abgeschirmte, das Terrain der wortlosen Verständigung, der Blicke und Gesten" (ebd.) – das ist der „schalldichte Raum" (ebd.), in dem der kleine Junge aufwächst. Die Nähe dieses Mutter-Reichs und der Welt unter Wasser ist offensichtlich und wird in dem Essay erneut durch eine – wenn auch weniger explizite – Metaphorik hervorgehoben: Mit geschlossenen Augen (vgl. EE 16) und ganz und gar regungslos (vgl. EE 23) erlebt das Kind ein „*[U]nter[ ]gehen* in der Stille", „*eingehüllt* in den dichten, kompakten und unveränderlichen Raum meines autistischen Schweigens" (ebd., Hervorhebungen der Verfasserin). Im Raum der Mutter „schaute und dachte ich nach innen" (EE 43), jedes Ferment der Außenwelt „*löst* sich rasch *auf* in unserem aneinandergeketteten Empfinden und Fühlen" (ebd. Hervorhebung der Verfasserin).

Stille und Innenwendung sind also auch hier die zentralen Formen des Welterlebens und zugleich Symptome eines autistischen Verstummens. Entsprechend ist dieses Leben von einer seltsamen Ambivalenz geprägt: Auf der einen Seite steht eine tiefe Geborgenheit, die Ortheil im Bild des „geschlossenen Raums" zusammenfasst: „Das Mutterreich war eine Art Insel, ein kleines, gut überschaubares Terrain, mit Grenzen und Zäunen." (EE 43). Zu seinem Zentrum wird „der Leib meiner Mutter" (ebd.), während die Peripherie dort beginnt, „wo die Blicke meiner Mutter nicht mehr hinreichten" (ebd.). Auf der anderen Seite wird die Kindheit aber auch von einer unterschwelligen und ständigen Angst begleitet. Es ist die Angst vor einem „plötzliche[n] Abrutschen" (EE 28), vor einer „totalen Schwärze" (ebd.):

> [...] es ist, als werde man in die Tiefe des Weltalls geschleudert [...]. Man glaubt, in einem ungeheuren Tempo durch die Leere zu rasen, nichts läßt sich aufhalten, greifen, und auch die Dinge ringsum befinden sich in diesem Strudel, so als fliehe das Universum auf einen verborgenen, sich in unendlicher Ferne befindenden Schlund zu. (EE 28)

Aus dem Eintauchen wird hier ein Untergehen, aus dem geschlossenen Raum ein unendlicher Schlund – selbst die Stille wird zur Bedrohung: „Man hat keine Kraft, die Arme hängen am Körper, der Kopf ist ein loses Pendel, es existiert nichts als ein Rauschen, kein Klang, keine Stimme" (EE 28f).

Wie nichts anderes verbildlicht das Wasser diese Ambivalenz: Es ermöglicht nicht nur das Ur-Erlebnis eines Aufgehobenseins im

Mutterschoß, sondern steht ebenso für eine Ur-Angst – die Angst vor dem Versinken im Bodenlosen, vor dem Untergang.[90] Tatsächlich schildert *Die große Liebe* an einer Stelle auf ganz ähnliches Weise Giovannis Gang ins Meer, das hier mit einem Mal sein bedrohliches Potential entfaltet:

> Ich ließ mich fallen und wurde gleich zurückgeschleudert, eine starke Welle preßte mich wie ein lose obenauf tanzendes Holz vor sich her, ich ruderte hilflos mit den Armen, ich hatte die Kraft der Wogen völlig unterschätzt. Ich kniete mich hin, eine zweite Welle näherte sich aber und erwischte mich, bevor ich mich ganz aufgerichtet hatte, ich fiel zur Seite und geriet in einen nicht enden wollenden Strudel, dann kollerte ich wie bloßes Gerümpel an Land. (GL 129) [91]

Obwohl Giovannis Faszination für das Wasser etwas anderes erwarten lässt, steht dieses in dem Roman also keineswegs nur für das beglückende Abtauchen im bergenden Element. Bei ihrem Gang am Strand müssen Giovanni und Francas Vater vielmehr feststellen, dass sich die Menschen „in ganz Europa" mit Begeisterung in die Fluten stürzen, „hier aber nicht" (GL 283). Giovanni erklärt sich diese Abneigung der Küstenbewohner gegenüber dem Schwimmen „mit der jahrhundertelangen Furcht oder Scheu vor dem Meer, [...] niemand habe früher im Meer gebadet, das Meer sei ein beunruhigendes und fremdes Terrain gewesen, eine Zone der Gefahr und des Diffusen" (ebd.). Nur an einer Stelle gehen sie daher ins Wasser: Etwas nördlich von San Benedetto besteht die Küste nicht aus einer langen und geraden Sandfläche, sondern aus „vielen kleineren Buchten von außerordentlicher Schönheit" (GL 290). In diesen „intime[n], kleine[n],

[90] vgl. hierzu Robert Wolf, der in seiner Untersuchung zum *Mysterium Wasser* (Göttingen 2004) dieses als „Symbol von Leben, Erneuerung und Reinheit, aber auch von Vergänglichkeit und Tod" bezeichnet: „Wasser kann [...] nicht nur Leben erhalten und schützen, [...] sondern es kann dieses auch vernichten. Es kann nicht nur still ruhen oder sanft plätschern, sondern gewaltig toben, das Land überfluten und alles, was sich in den Weg stellt, zerstören." (Wolf 2004: 75)

[91] vgl. EE 28 („es ist, als werde man in die Tiefe des Weltalls *geschleudert*") und GL 129 („Ich ließ mich fallen und wurde gleich zurück*geschleudert*") bzw. EE 28 („auch die Dinge ringsum befinden sich in diesem *Strudel*") und GL 129 („ich fiel zur Seite und geriet in einen nicht enden wollenden *Strudel*") (Hervorhebungen von der Verfasserin)

abgeschlossene[n] Paradiese[n]“ (ebd.) kann man die Strandbewohner baden und sogar schwimmen sehen, während sie am Strand von San Benedetto das Meer nur aus der Ferne betrachten.

Für Giovannis bleiben diese Beobachtungen reine Theorie: Er taucht immer wieder unter die Wasseroberfläche ab – auch nach dem Sturm beruhigt sich das Meer bald wieder und einer erneuten Vereinigung mit dem nassen Element steht nichts entgegen (vgl. GL 307). Anders ist das in Ortheils Erstlingswerk *Fermer* aus dem Jahr 1979, in dem ein ganzer Romanteil den Titel „Auflösung“ trägt und damit an den „Floating“-Abschnitt aus *Die geheimen Stunden der Nacht* erinnert (vgl. S. 79f). Tatsächlich lässt er sich ebenfalls – wenn auch in ganz anderer Weise – als eine Art Lektüreschlüssel verstehen.

Der desertierte Fermer hat auf seiner Flucht zwar neue Freunde gefunden, dennoch zieht er sich immer mehr zurück, spricht nur noch mit sich selbst, bis ihm die eigenen Worte „ganz überdrüssig“ (F 56) werden. Dieser Rückzug ins Innere geht mit einer veränderten Wahrnehmung einher: „Hatte sich in der Schulzeit die Umgebung wie eine undurchsichtige Kugel um ihn gelegt, so hatte sich jetzt alles aufgelöst [...].“ (F 67) Die Festigkeit der Erde zerbricht (vgl. F 56) und Fermer verliert zunehmend den Halt, fühlt sich „der Welt so fern, wie schwebend im weiten Raum“ (F 65). Während sich Fermers Zustand verschlechtert und schließlich in wirren Fieberträumen gipfelt (vgl. F 101ff), wird seine Umgebung immer mehr zu einem Raum des Wassers. Es regnet unaufhörlich und so stark, dass die Stadt überschwemmt wird:

> Das Wasser sprang die abschüssigen Straßen herab, und der Wind fiel auf den großen Plätzen ein und drängte die Wagen an die Ränder der Straßen. Der Fluß war über die Ufer getreten, und das Wasser reichte schon bis zur Uferstraße und führte Hölzer und Unrat mit. (F 83)

Je höher sein Fieber steigt, desto weiter schiebt sich das Wasser des Flusses in die Stadt vor (vgl. F 101). Schließlich findet Fermer sich kaum mehr zurecht, die „nicht enden wollende Krankheit ließ den Phantasien [...] so freien Lauf, daß er sprechen wollte, um sie loszuwerden und wieder ruhiger zu liegen“ (F 102). Das Wasser steht hier also nicht für eine belebende und inspirierende Erfahrung, sondern wird zur existenziellen Bedrohung, die im Bild des über die Ufer tretenden Flusses ihren Ausdruck findet. Dass Fermers Zusammenbruch mit einer zunehmenden Sprachlosigkeit einhergeht, rückt ihn in eine

Nähe zu Ortheils Essay: Auch hier ist es das Verstummen, das den Raum der Mutter nicht nur zu einem bevorzugten Ort der Kindheit, sondern auch zur Bedrohung werden lässt. Wie bei Fermer, der schließlich „einige schnellere Schritte“ macht und mit seiner Freundin Lotta die Stadt verlässt (vgl. F 114), bedarf es daher auch in dem Essay „einiger Schritte hinaus“ (EE 56) aus den „stillen, geschlossenen, in sich versunkenen Bezirken“ (EE 56) der frühen Kindheit.

Zwischen bedrohlichem „Auflösen“ und beglückendem „Floaten“ schreibt sich Ortheil also in seine Texte ein – das Wasser wird zu einem Bild für Stille und Regression, für den ersehnten und zugleich gefürchteten Rückzug aus der Welt. Selbst die Liebesromane spielen auf diese Ambivalenz an. So zeigen sich in den auf *Die große Liebe* folgenden Badeszenen gewisse Parallelen zum Schwimmverhalten der Bewohner San Benedettos: Johannes und von Heuken scheuen ebenfalls das offene Wasser, sie bevorzugen den begrenzten Raum eines künstlichen Wasserbeckens. In *Die geheimen Stunden der Nacht* wird Giovannis Ur-Erfahrung daher schließlich zu einem Lifestyle-Erlebnis: Obwohl das Floating-Ei mit seinem öligen Salzwasser und der an das „*rumore del mare*“ erinnernden Musik[92] auf das Meer verweist, ist das tatsächliche Wegdriften in ihm letztlich eine Unmöglichkeit. Bald schon ist das Salzwasser vom Körper gewaschen, die Haut trocken gerieben und auch die „Fruchtwassermulde“ (GS 101) verwandelt sich wieder in eine „Plastik-Höhle“ zurück, „sehr profan, wie ein abgestoßenes Spielzeug“ (GS 105).

2.3 Hinauf in die Berge

Bei ihrer Untersuchung des Romans *Die große Liebe* bezeichnet Kopp-Marx Giovannis Abtauchen im Wasser einerseits als eine

[92] Es ist eine „nachhallende, sich nicht von der Stelle bewegende Musik“, die „eher weit ausschwingenden, unendlich verlangsamten Schallwellen“ gleicht: „[...] ab und zu schlägt ein Beckenpaar hell aufeinander, dann ertönen, wieder unendlich verzögert, Schläge einer wohl immens großen Trommel, all das hat keine Melodie und erst recht keinen Rhythmus und ist daher purer Raum, ein räumlicher, auf der Stelle zerfließender Klang, als tropften diese schweren Töne wie kosmische Tropfen von einem imaginären Himmelsscheitel herab.“ (GS 100)

„sinnlich-körperliche[ ] Bewegung“: das Meer wird zu einer Matrix, „die ihn umgibt, ihn faßt und zugleich auflöst“[93]. Zugleich stellt sie aber auch fest, dass sich Giovanni nicht immer einem solchen symbiotischen Einheitsgefühl hingibt. So öffnet er bei einem seiner Tauchgänge die Augen und kappt damit laut Kopp-Marx seine „Verbindung zu den innerseelischen Vorgängen“[94] – statt den „psychischen Bildern“[95] wendet er sich der konkreten Unterwasserwelt zu. Diese verwandelt sich aber, sobald Giovanni die Augen öffnet: Sie bekommt „etwas Geheimes, Abgeschlossenes, das sich jedem Zugriff entzog“ (GL 50), rückt in die Distanz und versetzt Giovanni in die passive „Rolle des Beobachters“ (ebd.). Anstatt besinnungslos abzutauchen, hütet er sich davor, auch nur irgendetwas zu berühren – „schon eine geringfügige Geste, das Zur-Seite-Schieben eines Algenvorhangs, das Aufheben eines Kiesels, die Berührung von Pflanzen, könnte diese Pracht zurückschrecken lassen“ (GL 205).

An die Stelle des gestimmten Raums rückt hier also der „Anschauungsraum“. Als solchen bezeichnet Ströker in ihrer Untersuchung den „perspektivisch und horizonthaft begrenzte[n] Raum, der bezogen ist auf das anschauende Leibsubjekt als Zentrum“[96]. Während das Ich im gestimmten Raum eins ist mit der Umgebung und sich auch im Aktionsraum mitten im Raum befindet, die Dinge nur in Bezug auf ihre Nützlichkeit und Funktion wahrnimmt, wird er hier zu einem Gegenüber: Das Sehen ist vor allem ein Sinn der Distanz, der keinen unmittelbaren Kontakt zu den Dingen erlaubt – es hat seine Objekte „nicht an oder in sich [...], sondern im Raum“[97]. Die Eigendynamik des Betrachters sinkt daher „auf ein Minimum herab“[98] – als sinnlich anschauendes Subjekt erlebt er seine Umgebung in „absoluter Gegenüberstellung“[99], statt sich mit ihr zu vereinen, wird sie für ihn zu einem Raum der Ferne.

[93] Kopp-Marx 2009: 240f
[94] ebd.: 257
[95] ebd.: 242
[96] Ströker 1977: 95
[97] ebd.: 101
[98] ebd.
[99] ebd.: 105

Dass Giovanni selbst unter Wasser und damit „im Reich des Unbewußten“[100] die Augen öffnet, deutet bereits auf den Stellenwert einer solchen Raumwahrnehmung hin. Tatsächlich lassen sich die von Ströker im Zusammenhang mit dem Anschauungsraum entworfenen Konstellationen in Ortheils Liebesromanen immer wieder finden – vor allem im Blick von den Bergen hinab ins Tal finden sie ihren Ausdruck. So will Franca bereits bei ihrem ersten gemeinsamen Ausflug mit Giovanni in die Höhe: „[...] man solle die Stadt verlassen, eine Panoramastraße führe hinauf in die Berge, von dort habe man einen überwältigenden Ausblick auf das gesamte Terrain.“ (GL 88) Und tatsächlich:

> Von oben überblickte man die gesamte Region, [...], weit in der Ferne die schneebedeckten, hohen Gipfel der sibillinischen Berge, unten, zum Meer führend, das Flußtal des Tronto, das die Weinberge und Olivenhaine der Landschaft der Marken durchschnitt, auf den Hügeln kleine Gehöfte, die Äcker durchzogen von schlangenförmigen Wegen, Zypressenalleen, die auf die verstreuten Dörfer zuliefen, eine einsame Kirche, ein Friedhof, Traktoren auf den ausgefahrenen Landwegen, und direkt unter uns die in einer Fluchtlinie auf der Höhe verlaufenden Dächer des Ortes, wie ein Höhen-Balkon über dem gleißenden Blau des Meeres tief unten. (GL 93f)

Vor den Augen der beiden breitet sich die ganze Landschaft aus: Der Blick „von oben“ geht „weit in die Ferne“ zu den Gipfeln des Gebirges, dann fällt er nach „unten“ zum Flusstal, über die Hügel auf halber Höhe bis hin zu den Dächern des Ortes „direkt unter uns“, die sich wie ein Höhen-Balkon über dem Meer „tief unten“ erstrecken. Eine ganz ähnliche Anordnung findet sich in *Das Verlangen nach Liebe*. Hoch oben auf dem Zürichberg genießen auch Johannes und Judith den Ausblick auf die Umgebung:

> [...] von der Terrasse aus hatte man einen weiten, bis zu den Alpen reichenden Blick, die Bergspitzen stachen am Horizont aus dem Dunst einiger schwacher Nebel hervor, davor streckte sich der blaßblaue See zwischen den sich auf mittlerer Höhe entlang ziehenden Hügelketten. (VL 225f)

[100] Kopp-Marx 2009: 242

Auch hier reicht der Blick von oben in die Ferne bis hin zu den Alpen, aber ebenso hinunter zu dem in der Ebene liegenden Zürichsee und den sich auf mittlerer Höhe befindenden Hügelketten. Der Aufstieg ermöglicht damit eine Aussicht mit zwei Bedeutungsdimensionen: „den *Vertikalismus* des Auf und Nieder, des Oben und Unten, sowie den *Panoptismus* der Fernsicht, der Umsicht und Draufsicht“[101].

In der Kulturgeschichte sind solche menschlichen Aufwärtsbewegungen schon früh mit Bedeutung belegt, „das Hinauf und Hinab rein als Richtungsvorgaben, also nicht von einer Zielsetzung her, normativ besetzt“[102]. Interessanterweise gilt die Gipfelwelt dabei zunächst ausschließlich als Sitz der Götter, den die Menschen allenfalls zu Opferzwecken betreten dürfen.[103] Erst Ende des 18. Jahrhunderts wird Übersicht als Wort und philosophische Metapher geläufig: „Wer Übersicht verlangt, möchte sehen, was dem Menschen von dem ihm von seinem Gott zugewiesenen Blickpunkt aus unsichtbar bleibt [...].“[104] Im Blick aus der Höhe verbirgt sich also weitaus mehr als nur der Wunsch nach Orientierung im Raum – es geht um die Stellung des Menschen in der Welt. So ist Übersicht immer auch Übersichtlichkeit[105]: Sie ermöglicht einen „Distanzgewinn“, den „verfremdeten Anblick des nur allzu Geläufigen“[106]. Entsprechend bietet sich Giovanni schon vom Balkon aus ein klar geordnetes Bild, in dem sich die Umgebung zu einem geometrischen Muster formt:

> [...] die Strandpartien erschienen durch die Symmetrie der Sonnenschirme und Liegestühle wie breite, monochrome Streifen, die bis hinunter zum Leuchtturm nahe dem Hafen lückenlos dicht aufeinanderfolgten, an diesem bunten Teppich reihten sich die neueren

[101] Konersmann, Ralf: *Übersicht*. In. Ders. (Hrsg.): *Wörterbuch der philosophischen Metaphern*. Darmstadt 2007: 485–498, hier: 486

[102] Konersmann 2007: 486

[103] vgl. ebd.: 487

[104] ebd.

[105] vgl. dazu den entsprechenden Eintrag im grimmschen Wörterbuch: Unter dem Stichwort „Übersicht“ findet sich neben dem *„eigentliche[n] Sinne“* – *„das überblicken, überschauen, der ausblick“* – auch eine übertragene Bedeutung: *„die zusammenfassende betrachtung einer summe von einzelheiten, vorgängen etc.“* (*Deutsches Wörterbuch von Jacob und Wilhelm Grimm*. Band 23 (1984): 553)

[106] Konersmann 2007: 488

> Stadtteile mit ihren Hotels und den rechtwinklig aufeinandertreffenden Straßen, bis das Gelände allmählich zu den ockergelben, mattgrünen Hügeln hin anstieg. (GL 14f)

Immer wieder zieht es ihn daher zu diesem Aussichtspunkt, immer wieder will er sich der zuvor durchlaufenen Gegend vergewissern: „Da, dort, und dort ..., überall war ich gewesen." (GL 28). Auch bei ihm sind es jetzt nur noch die Augen, die wandern – erst im Moment des Stillstands ist die Übersicht möglich. Entscheidend ist dabei vor allem die Körperhaltung: Der in die Ferne Schauende steht meist aufrecht da, eine Haltung, in der er sich – so Bollnow – „von der unmittelbaren Umweltgebundenheit"[107] löst und der Welt frei entgegentritt. Anders als beim Liegen (vgl. S. 77f) gewinnt der Mensch „in ihr zu den Dingen der Welt einen deutlichen Abstand. Der Raum um ihn herum wird zum Feld seines freien Überblicks."[108] Es ist daher stets ein höher gelegener Ort, ein „voyeuristische[r] Platz" (GS 109), wie von Heuken seine Position am Hotelfenster beschreibt, an dem die ortheilschen Protagonisten zum Stillstand kommen: Brücken (VL 150f), Balkons (GL 28), Aussichtsterrassen (VL 225f), Berge (GL 93f, VL 225f).

Ein literarisches Vorbild findet dieser Panoramablick in *Das Verlangen nach Liebe*, in dem immer wieder aus dem Buch *Der grüne Heinrich* von Gottfried Keller zitiert wird. So liest Anna Johannes gegen Ende des Romans eine Passage aus dem Buch vor, „die von Kellers Kindheit in Zürich erzählt" – von dem Haus, in dem er aufwächst, den kleinen Höfen, die er stundenlang vom Fenster aus betrachtet, und schließlich auch

> von dem Blick des Kindes vom Dach des Hauses in die weite Ferne, als es, wie es hieß, *zum ersten Mal rittlings auf dem obersten Grate unseres hohen, ungeheuerlichen Daches saß und die ganze ausgebreitete Pracht des Sees übersah, aus welchem die Berge in festen Gestalten, mit grünen Füßen aufstiegen ...* (VL 282)

Diese Beschreibung erscheint Anna wie eine „Ur-Szenerie Zürichs [...], denn in ihr sind alle räumlichen Elemente enthalten, die diese Stadt ausmachen" (VL 283). Dazu gehören die „alten, kleinen Häuser mit der

[107] Bollnow 1994: 171
[108] ebd.

Verschwiegenheit ihrer Höfe“, die „in die Höhe führenden Treppen und Wege“, aber auch der Ausblick „in die Ferne, de[r] Blick auf die weit ausgebreitete Fläche des Sees und die Berge“ (ebd.). Keller ist jedoch nicht der einzige, der den Blick aus der Höhe zu seinem Thema macht. Es gibt in diesem Zusammenhang vielmehr noch einen weiteren Text, der sich wie ein versteckter Intertext Ortheils liest: *Ad Dyonisium de Burgo Sancti Sepulcri*, Petrarcas vielzitierter Brief, in dem dieser von seiner Besteigung des Mont Ventoux im April des Jahres 1336 erzählt.[109] Die genaue Datierung des Berichts wie auch sein Status als „Erlebnisbericht eines frühen Alpinisten“[110] sind zwar umstritten[111], dennoch wird er immer wieder als „früheste[s] bisher bekannt gewordene[s] Zeugnis eines Gipfelerlebnisses“[112] bezeichnet, womit ihm die „solitäre Geltung eines Denkmals an der Schwelle zur Neuzeit“[113] zugesprochen wird.

Bereits im ersten Satz des Briefs legt Petrarca den Grund seiner Bergbesteigung offen: „Den höchsten Berg dieser Gegend, den man nicht zu Unrecht Ventosus, ‚den Windigen‘, nennt, habe ich am heutigen Tage bestiegen, *allein vom Drang beseelt, diesen*

[109] Auch wenn sich in Ortheils Liebesromanen kein direkter Bezug zu Petrarca finden lässt, stellt Ortheil sie in einem Gespräch ganz explizit in die Tradition von Petrarcas Dichtung (vgl. Catani, Stephanie, Friedhelm Marx und Julia Schöll: *Die Liebe an und für sich. Hanns-Josef Ortheil im Gespräch mit Heinz-Jürgen Dambmann über „Projekte des Liebesromans“*. In. Dies. (Hrs.): *Kunst der Erinnerung, Poetik der Liebe*. Göttingen 2009b: 15–28, hier: 22).

[110] Kopp-Marx, Michaela: *Zwischen Petrarca und Madonna. Der Roman der Postmoderne*. München 2005: 223

[111] vgl. dazu etwa den Petrarca-Philologe Billanovich, der dem Brief jegliche Authentizität abspricht und in ihm lediglich eine rhetorische Übung seitens Petrarca sieht – er setzt „an die Stelle einer Petrarca-Legende, die Petrarca beim Wort nehmen will, einen entmythisierten Petrarca [...], der statt auf den Mont Ventoux auf einen Bücherberg gestiegen ist“ (Stierle, Karlheinz: *Francesco Petrarca. Ein Intellektueller im Europa des 14. Jahrhunderts*. Darmstadt 2003: 321)

[112] Neidhardt, Joachim: *Das Gipfelerlebnis in der Kunst um 1800*. In: Peter Betthausen (Hrsg.): *Studien zur deutschen Kunst und Architektur um 1800*. Dresden 1981: 94–117, hier: 94

[113] Stierle, Karlheinz: *Petrarcas Landschaften. Zur Geschichte ästhetischer Landschaftserfahrung*. Krefeld 1979: 11

außergewöhnlich hohen Ort zu sehen."[114] Petrarca ist sich der Besonderheit dieses Motivs ganz offensichtlich bewusst, zumindest erzählt er zunächst von der Begegnung mit einem Hirten, der ihn und seinen Bruder von ihrem Vorhaben abzubringen versucht. Er selbst habe in jungen Jahren den Berg bestiegen, „habe aber nichts von dort zurückgebracht außer Reue und Mühsal und einen von Felszacken und Dornsträuchern zerfetzten Leib und Mantel"[115]. Die „videndi cupiditas" ist für ihn kein ausreichendes Motiv für die Besteigung eines Berges und damit ist er nicht allein: Weder vor noch nach ihm „habe man bei ihnen davon gehört, daß irgendwer Ähnliches gewagt habe"[116]. Die Brüder lassen sich jedoch nicht beirren und gelangen nach langem Aufstieg schließlich auf den Gipfel, womit – so Karlheinz Stierle in seiner Untersuchung des Textes – auch der „dramatische Gipfelpunkt des Briefs"[117] erreicht ist: „Auf seinem Gipfel ist ein kleines Plateau. Dort erst setzten wir uns erschöpft zum Ausruhen nieder."[118]

Hier findet der Panoramablick seine literarischen Anfänge: „Zuerst stand ich, durch den ungewohnten Hauch der Luft und die ganz freie Rundsicht bewegt, einem Betäubten gleich da. Ich schaute zurück nach unten [...]."[119] Laut Stierle hat Petrarca diesen Blick zwar nicht erfunden, doch er hat ihm „eine neue Dimension erschlossen"[120]: Während der Blick von oben in der Dichtung und Vorstellungswelt der Antike nüchtern bliebe, seien in Petrarcas Werk immer wieder der „Genuß des

[114] Petrarca, Francesco: *Die Besteigung des Mont Ventoux* (1336). Stuttgart 1995: 5 (*Ad Dyonisium de Burgo Sancti Sepulcri* 1: „Altissimum regionis huius montem, quem non immerito Ventosum vocant, hodierno die, *sola videndi insignem loci altitudinem cupiditate ductus*, ascendi."), Hervorhebung von der Verfasserin

[115] Petrarca 1995: 9 (*Ad Dyonisium de Burgo Sancti Sepulcri* 7: „[...] nichilque inde retulisse preter penitentiam et laborem, corpusque et amictum lacerum saxis ac vepribus [...].")

[116] ebd. (*Ad Dyonisium de Burgo Sancti Sepulcri* 7: „[...] nec unquam aut ante illud tempus aut postea auditum apud eos quenquam ausum esse similia.")

[117] Stierle 2003: 330

[118] Petrarca 1995: 17 (*Ad Dyonisium de Burgo Sancti Sepulcri* 16: „Illius in vertice planities parva est; illic demum fessi conquievimus.")

[119] ebd. (*Ad Dyonisium de Burgo Sancti Sepulcri* 17: „Primum omnium spiritu quodam aeris insolito et spectaculo liberiore permotus, stupenti similis steti. Respicio [...].")

[120] Stierle 2003: 299

freien Fernblicks“[121] und das „sich in der Rundsicht erschließende[ ] weite[ ] Panorama“[122] zu finden. Tatsächlich bietet sich Petrarca auch auf dem Mont Ventoux eine unvergleichliche Sicht: Zu seinen Füßen schweben die Wolken, im Osten kann er die Alpen erkennen, zur Rechten erheben sich die Gebirge der Provinz von Lyon, zur Linken der Golf von Marseille – „eins ums andere“ betrachtet er voller Staunen.[123]

Die erhöhte Position wird also zu einem idealen Ausgangspunkt für seine Lust am Schauen – ausgerechnet diese gerät im Folgenden aber in Kritik. Denn zufällig schlägt Petrarca folgende Stelle aus Augustinus' Buch der Bekenntnisse auf: *„Und es gehen die Menschen hin, zu bewundern die Höhen der Berge und die gewaltigen Fluten des Meeres und das Fließen der breitesten Ströme und des Ozeans Umlauf und die Kreisbahnen der Gestirne – und verlassen dabei sich selbst.“*[124] Diese Erkenntnis reißt ihn aus dem „Bann der sinnlichen Unmittelbarkeit“[125] – „zornig auf mich selber, daß ich jetzt noch Irdisches bewunderte“[126] macht er sich an den Abstieg.

[121] Stierle 2003: 297

[122] ebd.: 309

[123] vgl. Petrarca 1995: 23 (*Ad Dyonisium de Burgo Sancti Sepulcri* 26: „Que dum mirarer singula [...].“) Es lassen sich hier also wirklich erste Anklänge eines literarischen Panoramablicks ausmachen, auch wenn seine Entstehungsgeschichte keineswegs nur an Petrarcas Brief festzumachen ist. So weist Waiblinger zu Recht darauf hin, dass Petrarca in seinem Brief sehr sparsam bleibt, was die Beschreibung des Blicks aus der Höhe angeht – gerade mal sechs der 240 Zeilen sind ihm gewidmet. Sie spricht sich daher gegen eine allzu vereinfachende Forschungsposition aus, die Petrarca die ausschließliche „Vorreiterrolle in der Entwicklung der Landschaftserfahrung und ihrer Vermittlung in Malerei und Dichtung über Jahrhunderte hinweg“ zuschreibt (vgl. Waiblinger, Elke: *Augenlust und Erkundung der Seele – Francesco Petrarca auf dem Mont Ventoux*. In: Laetitia Rimpau und Peter Ihring (Hrsg.): *Raumerfahrung – Raumerfindung. Erzählte Welten des Mittelalters zwischen Orient und Okzident*. Berlin 2005: 179–193, hier Anmerkung 5).

[124] Petrarca 1995: 25 (*Ad Dyonisium de Burgo Sancti Sepulcri* 27: „Et eunt homines admirari alta montium et ingentes fluctus maris et latissimos lapsus fluminum et occeani ambitum et giros siderum, et relinquunt se ipso.“)

[125] Stierle 1979: 25

[126] Petrarca 1995: 25 (*Ad Dyonisium de Burgo Sancti Sepulcri* 28: „[...] librum clausi, iratus michimet quod nunc etiam terrestria mirarer, qui iampridem ab ipsis gentium philosophis discere debuissem nichil preter animum esse mirabile, cui magno nichil est magnum.“)

Wie Stierle betont, erfolgt dieser Abstieg aber keineswegs in einem Zustand der Zerknirschung, sondern „zufrieden, vom Berg genug gesehen zu haben“[127]. Stierle zweifelt daher an der Zufälligkeit der gelesenen Textstelle:

> Bekanntlich hat der Buchblock aus Pergament die Neigung, anders als Papier, bei häufigem Öffnen an derselben Stelle sich dort von allein zu öffnen. Dies könnte ein Hinweis darauf sein, daß Petrarca, dem Augustinus-Leser, die Stelle, die ihm jetzt so überraschend vor Augen zu treten scheint, nicht nur nicht unbekannt ist, sondern im Gegenteil ein Mittelpunkt [...].[128]

Tatsächlich eröffnet Petrarca mit seinem Augustinus-Zitat ein intertextuelles Spiel, das über die eigentliche Bergbesteigung hinausweist. Denn bereits Augustinus greift in seinen *Confessiones* auf ein anderes Werk zurück. So heißt es in Johannes 2, 16: „Denn alles, was in der Welt ist: des Fleisches Lust und der Augen Lust und hoffärtiges Leben, ist nicht vom Vater, sondern von der Welt.“ Augustinus führt dieses Bibelzitat in seinen Bekenntnissen weiter, wobei er die Augenlust gleich auf zwei verschiedenen Ebenen verortet: Als „voluptas oculorum“ – als genießende Wahrnehmung der Außenwelt, die dem inneren Gedenken Gottes entgegensteht – wird sie den fleischlichen Begierden zugeordnet.[129] Als „concupiscentia oculorum“[130] erweist sie sich aber auch als eine eigene Grundform der Versuchung: Hier birgt sie laut Augustinus „noch vielfältigere Gefahren“[131], denn es geht nicht mehr nur um den puren Genuss der Anschauung – diese wird vielmehr in den Dienst einer „eitle[n] Wißbegier“ gestellt, beschönigt „mit dem Namen von Erkenntnis und Wissenschaft“[132]. Augustinus bezeichnet sie daher auch als die „Begierde der Augen“[133], die sich nicht nur in dem

[127] Petrarca 1995: 25 (*Ad Dyonisium de Burgo Sancti Sepulcri* 29: „[...] montem satis vidisse contentus [...].“)

[128] Stierle 2003: 336

[129] vgl. Augustinus, Aurelius: *Suche nach dem wahren Leben (Confessiones X/Bekenntnisse 10)*. Lateinisch-deutsch. Hamburg 2006: 75

[130] vgl. Augustinus 2006: 59

[131] ebd.: 79

[132] ebd.

[133] ebd.

Vergnügen ausdrücke, das der „Anblick eines zerfetzten Leichnams bereitet"[134], sondern auch als Effekt im Theater eingesetzt werde.

Es handelt sich bei Augustinus' „Begierde der Augen" also um nichts anderes als um den heute geläufigeren Begriff der „Schaulust". Bereits im grimmschen Wörterbuch taucht dieser als „*lust, verlangen zu schauen*"[135] auf, wobei als Beispiele hier ebenfalls das Vergnügen am grausamen Spektakel und die Schaulust der Massen im Theater angeführt werden[136]. Erneut ist die Schaulust also eher negativ konnotiert, was sich auch im weiteren Verlauf der Wortgeschichte nicht ändert.[137] Ulrich Stadler beispielsweise stellt ihr in dem Sammelband *Heimliche und verpönte Blicke in Literatur und Kunst* den Begriff des „Voyeurismus" an die Seite und ordnet sie in die „vielhundertjährige christliche Tradition der Verurteilung"[138] der concupiscentia oculorum ein. Dabei hebt er vor allem den „Moment der Gewalt"[139] hervor, der für ihn mit dem voyeuristischen Akt verbunden ist: Dieser ist laut Stadler „Ausdruck von Machtlust, und er schafft tatsächlich Macht, indem er die beobachtete Person in einem Zustand der Unwissenheit, mithin der Unterlegenheit, hineinzwängt und sie so zu einem Opfer macht"[140].

Auf eine andere Weise nimmt dagegen Stierle auf diesen Zusammenhang von Wahrnehmung und Macht Bezug und diskutiert ihn vor dem Hintergrund des Panoramablicks. Seit dem 14. Jahrhundert werde dieser zuvor allein den Göttern vorbehaltene „Blick vom erhabenen Standort nach unten" zu einer Herausforderung für die Kunst.[141] Immer wieder fände er sich daher als „Blick der Macht"[142] auf

[134] Augustinus 2006: 79

[135] *Deutsches Wörterbuch von Jacob und Wilhelm Grimm.* Band 14 (1984): 2350

[136] vgl. ebd.

[137] Sowohl im Brockhaus als auch im Duden ist das Stichwort „Schaulust" zwar zunächst wertfrei definiert – etwa als „Lust, Freude am Zuschauen" (*Brockhaus Wahrig* 1983: 530) – stets jedoch mit dem Vermerk „oft abwertend" (ebd.) versehen (vgl. dazu auch: *Duden* 1999: 3332f).

[138] Stadler, Ulrich: *Schaulust und Voyeurismus. Ein Abgrenzungsversuch. Mit einer Skizze zur Geschichte des verpönten Blicks in Literatur und Kunst.* In: Ulrich Stadler und Karl Wagner (Hrsg.): *Schaulust. Heimliche und verpönte Blicke in der Literatur und Kunst.* München 2005: 9–38, hier: 14

[139] Stadler 2005: 23

[140] ebd.

[141] vgl. Stierle 2003: 304

[142] ebd.

Gemälden dieser Zeit, entweder in religiösen Bezügen, wie die zahlreichen Abbildungen der Versuchung Christi auf dem Berg zeigen, oder aber in weltlicher Hinsicht, wenn der Blick aus der Höhe der von Machthabern und Feldherren wird.[143] Bei Petrarca jedoch beginnt sich diese Metapher laut Stierle zu wandeln: „Der Blick der Macht wird zur Macht des Blicks“[144]. Der Panoramablick steht damit nicht mehr stellvertretend für eine bestimmte Machtposition, sondern entfaltet seine eigene Autorität, vermag es, „die Vielheit in eine momentane Einheit zu entheben und der erscheinenden Welt einen Horizont zu setzen“[145]. Die „Begierde der Augen“ erhält hier also eine Umwertung: aus dem im Dienste der „Machtlust“ stehenden Blick wird tatsächlich eine Lust am Schauen.

In diesem Sinne lassen sich auch Ortheils Liebesromane in den zuvor geschilderten Diskurs der Schaulust einordnen, spielt die Lust am Schauen in ihnen doch eine zentrale Rolle. So erscheint Giovanni bereits Francas Führung durch das meeresbiologische Institut wie „ein begeistertes Sehen“ (GL 35), in dem sich die Gegenstände der Forschung in „rein ästhetische Reize“ (ebd.) verwandeln. Sein Besuch im Museum wird damit zu einem „Grundkurs in Aufmerksamkeit“ (GL 36), der in der freien Natur eine Fortsetzung findet: Immer wieder weist Franca ihn mit ihrem „Schauen Sie“ (GL 91) auf die Schönheit der Welt hin. Sie besitzt ganz offensichtlich eine besondere Fähigkeit, Dinge zu entdecken, die anderen nicht auffallen: Sie filtert „aus den blassen Strandbildern lauter Details“, erkennt „Spuren von Möven [sic!], Reihern und sogar Kormoranen“ und liest die „seltsamsten Muscheln auf, die sich im Geröll der Kiesel verstecken“ (GL 160). Die Welt verliert so jede Zufälligkeit, verwandelt sich in „ein Museum, ein[en] Tempel der Anschauung“ (GL 92). Die gemeinsamen Ausflüge werden für Giovanni daher zu wahren Lehrkursen des Sehens:

> Ich war dazu bestimmt, ihr zuzuhören, wie im Museum war es wieder ihre Führung und ganz ihr Stil, sie verwandelte selbst dieses Bergnest in eine attraktive homogene Kulisse, der nichts anderes zugrunde lag als eine geheime Ästhetik, eine Summe von bestimmten Regeln der Darstellung und des Sich-Zeigens. (GL 92)

[143] vgl. Stadler 2003: 304ff
[144] ebd.: 307
[145] ebd.

Auf eine ganz ähnliche Weise gibt auch Judith Johannes' Welt eine Ordnung – wie Franca weist sie ihn mir einem ständigen „Schau mal" (VL 53) auf die Zusammenhänge der Dinge hin: „Wenn sie einen auf etwas aufmerksam machte, leuchteten die Dinge plötzlich in all ihrer Buntheit und Eigentümlichkeit vor einem auf [...]." (ebd.) Dies ist für Johannes besonders deswegen so wichtig, da er selbst sich der Welt auf eine andere Weise annähert:

> [...] das Visuelle trat in meinem Fall zunächst einmal zurück, ja, die genaue und intensive Beobachtung stand mir anfänglich sogar im Weg, weil ich mich in fremden Städten zunächst fallen und treiben ließ, um tief drinnen in mir jene Musik zu finden, die den neuen Eindrücken entsprach. (VL 26)

Während Judith als Kunstwissenschaftlerin die Welt also schon aufgrund ihres Berufs vor allem visuell wahrnimmt, ist Johannes' „ureigenes Medium" (VL 79) die Musik: An die Stelle der genauen Beobachtung rückt bei ihm die Hingabe, ein „unkontrollierte[s] und daher auch oft ungebremste[s] Empfinden" (ebd.). Erst in seiner Beziehung mit Judith gelingt es ihm daher, „den Weg in die Welt hinaus" (VL 304) zu finden, sodass die gemeinsame Liebe für ihn zu einer „einzige[n] Welt-Eroberung" (VL 305) wird: „Judith [...] hatte begonnen, Dir die Welt zu übersetzen [...]: alles Wahrgenommene und bloß undeutlich Empfundene wurde sortiert, benannt und bestimmt und dadurch tiefer und klarer empfunden." (VL 212)

Die weiblichen Protagonisten spielen also eine wichtige Rolle in den Romanen: Sie führen ihre Partner hinaus in die Welt, weisen sie auf deren Schönheit hin und übersetzen sie in Wort und Bild. Entsprechend sind es auch die Frauen, die den Gang in die Höhe initiieren: Franca schlägt Giovanni bereits bei ihrem ersten gemeinsamen Ausflug vor, „hinauf in die Berge" (GL 88) zu fahren, während Johannes von Judith sowohl „hinauf zum Lindenhof" (VL 101) als auch „auf den Zürichberg" (VL 225) geführt wird, um „dort hoch oben auf einer großen Terrasse mit Blick auf die Alpenspitzen" (ebd.) zu frühstücken. In der Höhe verwirklicht sich die Schaulust ganz offensichtlich auf besondere Weise: Im Blick vom Berg rückt die Welt in die Distanz – bereits die Position des Betrachters macht aus der Umgebung einen Raum der Anschauung. Folgerichtig nimmt auch Judiths Ausstellung auf dem Zürichberg ihren Anfang: Indem Judith „das Ganze von oben" (VL 226) überschaut, bringt sie die Umgebung in eine Ordnung, die schließlich im Museumsraum ihren ästhetischen Ausdruck finden kann.

Die Ausstellung erscheint damit wie eine Übersetzung des Panoramablicks in die Kunst und tatsächlich liegt ihr nichts anderes zugrunde, als das „Suchen, Abtasten und Erkunden" (VL 228) der Augen, das Judith auch auf ihren Reisen mit Johannes erlebt. Im Rahmen des Ausstellungskonzepts formt sich diese Wahrnehmung zu einer wahren Theorie der Schaulust: So werden die einzelnen Gemälde von Judith durch Fotografien ergänzt, die das jeweilige Bild in Segmente zerlegen – der „fotografische Blick" schneidet Details aus den Bildern (vgl. VL 61) und verweist so auf die „Hartnäckigkeit des Sehens, die Lust am Mikroskopischen, die Freude am Innehalten" (VL 228), die Judith zur Voraussetzung der Rezeption erhebt. Auch der Museumsbesucher soll zu einem Schaulustigen werden, der immer wieder stehen bleibt und sich „in die kleinsten Feinheiten eines Bildes" vertieft (ebd.) – denn „[w]enn man nicht innehält, wird man mit den Dingen erst gar nicht vertraut" (ebd.).

Die Ausstellung hat also letztlich nichts anderes zum Thema als die Macht des Blicks, der die jeweiligen Gemälde in „Ländereien der Malerei" verwandelt. Als solche bezeichnet Judith nicht nur Monets Seerosen-Bilder oder Hodlers Gemälde des Zürchersees, sondern auch Stauffers Porträt von Gottfried Keller: Es sind „kleine, geschlossene Bezirke, Inseln oder abgesteckte Terrains, es sind Szenen eines Bildes, mehr oder minder große Ausschnitte, fokussiert durch einen Blick, der ganz nahe an ein Bild herangeht." (VL 60). Ihre eigentliche Bedeutung erhalten die Gemälde also in ihrer Eigenschaft als Anschauungsräume, womit sie unmittelbar auf die Welt jenseits des Museumssaals verweisen (vgl. S. 69f).

Tatsächlich formt sich auch die Zürcher Seenlandschaft immer wieder zu einem ästhetischen Gesamtbild – bereits in Johannes' erstem Blick auf den See rückt dieser in die Nähe eines Gemäldes, mit „matte[n], breite[n] Pinselstriche[n]" (VL 5) vor seine Augen gemalt. Ganz explizit wird dieser Zusammenhang beim „weiten Panorama-Blick" (VL 150) von der Quaibrücke: Der See erscheint Johannes hier „deutlich und klar bis in jedes Detail, [...] *wie auf einem Bild* von Ferdinand Hodler" (VL 151, Hervorhebung der Verfasserin). Ein ums andere Mal wird die Welt der Liebesromane auf diese Weise zum „Stilleben" (vgl. GL 16, GL 63, LN 57), selbst „bescheidene

Meeresbewohner“, so Kopp-Marx in ihrer Untersuchung von *Die große Liebe*, „verwandeln sich in unübertreffliche Meisterwerke“[146].

Eine Reflexion findet dieses Bildersehen in den visuellen Hilfsmitteln, mit denen die Protagonisten ausgestattet sind. So bedient sich Johannes bei seiner zunächst rein visuellen Annäherung an Judith vor allem zweier Gegenstände: Mit dem Fernglas gelingt es ihm, sie „aus der Nähe, in allen Details“ (VL 8) zu betrachten, und auch die Kamera erlaubt den genauen Blick aus der Distanz. Beide Geräte erweitern den Blick, rahmen ihn zugleich aber auch ein und verstärken so seinen Ausschnittscharakter – durch das Fernglas und auf dem Display der Kamera wird auch Judith zu einem Bild, das Johannes beliebig vergrößern und verkleinern und immer wieder betrachten kann (vgl. VL 10). In *Die große Liebe* wiederum gelingt es Giovanni mithilfe seiner Filmkamera, Francas „Mienenspiel so nahe wie möglich zu kommen“ und es „bis ins Detail“ (GL 61) nachzuzeichnen: „[...] die fokussierte Blickweise lässt das Filmbild konzentrierter erscheinen, wie eine kompakte Verdichtung“ (GL 171).

Nicht zuletzt sein Beruf als Filmregisseur verlangt von Giovanni einen solchen Blick auf die Welt – immer wieder wird die Umgebung in dem Roman dahingehend betrachtet, ob sie sich in gefilmte Bilder umwandeln lässt, zur „Sequenz in dem späteren Film“ (GL 24) werden könnte. Doch auch unabhängig von diesem Filmprojekt hat Giovanni einen „Bild-Blick“ (VL 266), wie ihm sein Kameramann bescheinigt. Kamera, Fotoapparat und Fernglas werden damit keineswegs zur Voraussetzung einer solchen Wahrnehmung, sie übersetzen vielmehr das „Suchen, Abtasten und Erkunden“ (VL 228) der Augen in einen technischen Prozess und verweisen damit auf das schöpferische Potential der Schaulust: Wie der Maler vor seiner Leinwand, aber auch der Fotograf hinter der Kamera, lösen die Protagonisten die Dinge im Blick aus ihren ursprünglichen Bezügen und unterstellen sie einer neuen Ordnung.

Die Schaulust und mit ihr der Gang in die Höhe rekurrieren also nicht zuletzt auf die Kunst, worauf bereits Stierle bei seiner Untersuchung von Petrarcas Panoramablick hinweist. Zu dessen Voraussetzung erklärt er nämlich eine ganz bestimmte „Weise des In-der-Welt-Seins“[147]: Anders als der Hirte, dem er am Fuße des Berges

[146] Kopp-Marx 2009: 254
[147] Stierle 2003: 307

begegnet und der nur nach der Funktion der Natur fragt, findet Petrarca auf dem Gipfel zur notwendigen Distanz und Übersicht, womit er laut Stierle „der neuzeitlichen ästhetischen Weltwahrnehmung ein großes Paradigma bereitstellt"[148] – die Erfahrung der Natur als Landschaft. Der Landschaftsbegriff verweist zudem bereits von seiner Wort- und Bedeutungsgeschichte her auf den Bereich der Kunst, diente er doch lange Zeit ausschließlich als „terminus technicus der spätmittelalterlichen Malerei"[149].

Entsprechend stellt Simmel in seiner *Philosophie der Landschaft* gleich zu Beginn zwei Begriffe kontrastierend gegenüber: Während er unter der Natur „den endlosen Zusammenhang der Dinge" und „das ununterbrochene Gebären und Vernichten von Formen"[150] versteht, sei für die Landschaft gerade die Abgrenzung, die „singuläre, charakterisierende Enthobenheit aus jener unzerteilbaren Einheit der Natur"[151] wesentlich. Die Landschaft wird bei ihm daher zu einem „Kunstwerk in statu nascendi"[152]:

> Eben das, was der Künstler tut: daß er aus der chaotischen Strömung und Endlosigkeit der unmittelbar gegebenen Welt ein Stück herausgrenzt, es als Einheit faßt und formt [...] – eben dies tun wir [...], sobald wir statt einer Wiese und eines Hauses und eines Baches und eines Wolkenzuges nun eine ‚Landschaft' schauen.[153]

In der für den Blick aus der Höhe charakteristischen „absoluten Gegenüberstellung des Subjekts zur Welt" drückt sich also nicht zuletzt die „Verhaltensweise des Künstlers [...] in seinem jeweiligen Raum"[154]

[148] Stierle 2003: 311

[149] Gruenter, Rainer: *Landschaft. Bemerkungen zur Wort- und Bedeutungsgeschichte* (1953). In: Alexander Ritter (Hrsg.): *Landschaft und Raum in der Erzählkunst*. Darmstadt 1975: 192–207, hier: 193

[150] Simmel, Georg: *Philosophie der Landschaft* (1913). In. Ders.: *Brücke und Tür. Essays des Philosophen zur Geschichte, Religion, Kunst und Gesellschaft*. Stuttgart 1957: 141–152, hier: 141

[151] Simmel 1957: 141

[152] ebd.: 147

[153] ebd.: 144

[154] Bronfen, Elisabeth: *Der literarische Raum*. Tübingen 1986: 83

aus und so überrascht es nicht, dass auch Ortheil im Kontext der Schaulust immer wieder auf den Landschaftsbegriff verweist[155].

Besonders deutlich wird dieser Zusammenhang in einem Aufsatz aus dem Jahr 1990, der den bezeichnenden Titel *Schaulust* trägt. Mit diesem Titel ordnet der Autor seine Überlegungen nicht nur ganz explizit in den bereits etablierten Diskurs der Augenlust ein, sondern offenbart auch das ästhetische Potential der Schaulust, die hier zur Grundlage einer *Ästhetik der Beschreibung*[156] wird. Am Anfang steht dabei erneut der Panoramablick: Ortheil beschreibt, wie es ihm als kleiner Junge erst durch die genaue Betrachtung gelingt, die fremde Umgebung vertraut und zugänglich zu machen. Erscheint ihm die Welt jenseits des Heimatterrains zunächst „verdorben“ und „widerständig“,[157] verliert sie in der Rückschau nach und nach ihren bedrohlichen Charakter: Der Blick sammelt „die Details zu Landschaftsbildern“, zu einem „geschlossenen, festen Dasein, für sich und doch erst durch meinen Blick glücklich zusammengehalten“[158].

Auch hier ist das Sehen also mit einer gewissen Macht verbunden: Die Macht des Blick gibt dem Ungeordneten und Chaotischen eine klare Form, verwandelt die „verhaßte Stadtlandschaft“[159] in eine „Zone des Vertrauten“[160]:

> [...] jeder Schritt brachte mich weiter weg von diesen verhaßten Schlünden, den zugebauten und scheinlebendigen Talstraßen, die ausgestorben umso bedrohlicher wirkten. Manchmal drehte ich mich um, und der Blick zurück war meist ein siegesgewisser; ich hatte es

[155] vgl. Ortheil, Hanns-Josef: *Schaulust. Zur Ästhetik der Beschreibung* (1990). In: Ders.: *Schauprozesse*. München 1990b: 63–81, hier: 65f: „Was riefen dies Blicke hervor? Sie sammelten die Details zu Landschaftsbildern, sie ließen einen zur Ruhe kommen, und in dieser ruhigen Beobachtung bildete sich so etwas wie geronnene Erfahrung.“ Auf die Landschaft verweisen aber auch Judiths Ländereien als „kleine, geschlossene Bezirke, Inseln oder abgesteckte Terrains, es sind Szenen eines Bildes, mehr oder minder große Ausschnitte, fokussiert durch einen Blick, der ganz nahe an ein Bild herangeht “ (VL 60).

[156] so der Untertitel des Aufsatzes (vgl. Ortheil 1990b)

[157] vgl. Ortheil 1990b: 64

[158] ebd.: 65f

[159] ebd.: 64

[160] ebd.: 65

> wieder geschafft, bald würde das Tal weit unter mir liegen, schmalspurverkleinert, harmlos geworden durch die Entfernung ...[161]

Indem Ortheil die Schaulust vor dem Hintergrund des Panoramablicks inszeniert, liest sich diese Szene wie ein Kommentar zu den Romanen. Zugleich erinnert sie aber noch an einen anderen Text. Denn auch in dem Essay *Das Element des Elephanten* schildert Ortheil die existenzielle Angst vor der Fremde – isoliert im stillen Reich der Mutter verwandelt sich die Außenwelt für das Kind in eine „gefürchtete[ ] Kältezone[ ]“ (EE 16), in die kein Weg hinausführt. Erst beim Spaziergang mit dem Vaters gelingen ihm die ersten Schritte in die Natur, wobei die Annäherung an die Welt hier ebenfalls „unter der Aufsicht des Sehens“ (EE 64) steht: Immer wieder macht der Vater den kleinen Jungen auf die Ordnung der Welt aufmerksam, zeigt ihm „erregt [...] darauf hinweisend“ (EE 62) die Dinge, die ihnen begegnen. So wird die Welt auch hier zu einem „Demonstrationsobjekt“ (EE 62), wie beim Blick aus der Höhe sieht der Junge die Umgebung mit einem Mal „in anderem Licht: kleiner, beinahe geschrumpft“ (EE 62f) – aus der „gefürchteten Kältezone[ ]“ (EE 16) wird eine Zone des Vertrauten:

> Die Fremdheit der Dinge, die mich früher erschreckt hatte, hatte damit zu tun gehabt, daß ich die Dinge nicht gekannt hatte und daß sie in erschreckender Vielzahl und Vereinzelung vor mir erschienen waren. Jetzt aber waren sie miteinander verbunden [...]. (EE 66)

Obwohl der Weg von Vater und Sohn nicht in die Höhe führt, ähnelt er doch in auffälliger Weise dem Panoramablick aus *Schaulust*. Entsprechend verweist die Lust am Schauen auch hier auf die Kunst, wird zum initialen Moment des Schreibens. Denn als eigentliches Ziel des väterlichen Spaziergangs erweist sich die „Kunst der Benennung“ (EE 59): Jeder betrachtete Gegenstand wird in „kraftvoll und übergenau artikulierte Dingwörter“ (ebd.) überführt, die schließlich am Abend in Form von „kleine[n] Schaubildern“ (EE 65) und „große[n], mächtige[n] Wortkörpern“ (ebd.) in einem Notizbuch fixiert werden: „All die weiten Landschaften, die ich bisher nur mit Furcht zu betrachten gewagt hatte, all die Höhenweg und Talschluchten [...] verloren durch die Zeich-

[161] Ortheil 1990b: 65

nungen und die Wortschöpfungen meines Vaters an Bedrohung." (EE 66)

Die Schaulust rückt also in eine unmittelbare Nähe zum Akt des Sprechens und Schreibens, der in dem Essay zum einzigen Ausweg aus der Stille und den „Zonen der Innenwendung" (EE 56) erhoben wird. Dieser Gedanke lebt ganz offensichtlich auch in den Spaziergängen der ortheilschen Protagonisten weiter. So werden die männlichen Helden nicht nur – ähnlich wie der kleine Junge von seinem Vater – in die Höhe geführt und auf die Schönheit der Welt hingewiesen. Das „Schau mal" von Franca und Judith wird zudem von einem ständigen „Sag mal" begleitet, einer „feste[n] Formel" (VL 51) in ihrem Vokabular. Der Gang in die Höhe führt also im doppelten Sinne aus der Stille: Topologisch gesehen erweist sich das Gebirge als weitmöglichste Distanz zum Wasser, das als gestimmter Raum zum Inbegriff von Regression und Innenwendung wird. Semantisch gesehen wird der Blick vom Berg aber auch zum initialen Moment der Kunst und deutet so auf die ästhetische Bannung der Welt hin, die bereits in Ortheils Essay den Status einer Lebensnotwendigkeit erhält.

2.4 Topographie als Biographie

Wie die vorangegangene Untersuchung zeigte, verbirgt sich hinter der Topographie der Romane eine zentrale Dialektik, die die Texte in eine unmittelbare Nähe zu dem Essay *Das Element des Elephanten* rücken lässt: Mit ihr entwirft Ortheil letztlich erneut den Gegensatz von Ursprung und Welt, von Innen und Außen, von Regression und Sozialisation – Wasser und Berg werden auch hier zu topographischen Entsprechungen biographischer Konstellationen.

Wie bei Lotman verweisen die räumlichen Relationen der Liebesromane also tatsächlich auf nicht-räumliche Beziehungen und damit auf ein über die Topographie hinausreichendes „Modell[ ] der Welt"[162]. Eine Bestätigung findet dieses Modell nicht nur innerhalb des Liebesroman-Zyklus', bereits in seinem Frühwerk entwirft Ortheil entsprechende Welten und gibt seinen autobiographischen Romanen damit den passenden Rahmen. So spielt das Wasser nicht nur in *Fermer*

[162] Lotman 1989: 313

eine wichtige Rolle (vgl. Kapitel 2.2), auch in anderen Texten tauchen die Protagonisten immer wieder unter die Wasseroberfläche und erleben hier „das beglückende Gefühl, in einem Element zu verschwinden" (S 249). „Sich im Wasser auflösen wäre das Beste" (A 126) erklärt daher auch Meynard aus *Agenten*: „Schwimmen bedeutet doch immer Freude, woher das wohl rührt. Wie ein freies Fallen, nur ohne Panik." (A 125)

Etwas anderes erlebt dagegen der Erzähler aus *Abschied von den Kriegsteilnehmern*, das – wie Siblewski es formuliert – „mit Abstand nasseste[ ] Buch des Autors"[163]. Er fliegt nach dem Tod seines Vaters nach Amerika und strandet schließlich in New Orleans, einer Stadt, in die er sich ganz „hineinträumen" (AK 160) möchte, „eins werden mit [ihr]" (AK 161). Und tatsächlich: Während der Regen unaufhörlich vom Himmel fällt, alles aufweicht und verschlingt (vgl. AK 163), verschwindet der Erzähler in der Stadt, in diesem „Zwischenbereich zwischen Phantasie und Wirklichkeit" (AK 167). Er geht nicht mehr ans Telefon, hat sich „von allem verabschiedet, von der Zeit, den Verabredungen, auch von den anderen Menschen" (AK 191). Stattdessen beginnt er schon früh morgens Whisky zu trinken und verfällt immer mehr in eine Persönlichkeitsspaltung, in der sich sein zunehmender Abstieg spiegelt. Während ein Teil von ihm im Hotelzimmer bleibt, ist der andere unterwegs, durchstreift das Viertel und sucht die Nähe zum Wasser – seine Nahrung besteht nur noch aus Austern, bei deren Verzehr er für einen Moment „eins [ist] mit dem Meer" (AK 164), und in der Nacht will er hinausfahren in die Bayous, die Seitenarme des Mississippi, „in das Gegurgel und Gewälze der Schlammassen [...], dorthin, wo die Süßwasserfluten auf das Salzwasser trafen und sich weit ins Meer hinausschoben" (AK 203).

Wie Fermer verliert er dabei nach und nach seine Sprache, „den genauen Text zu all diesen Szenen" (AK 195) und damit jeglichen Halt: „[...] es war ein einziges Fluten intensiv nachwirkender Eindrücke gewesen, eine mich immer ohnmächtiger machende Fahrt ins Vergessen." (AK 191) Zur Begleitmusik dieses Verfalls wird der Jazz, in dessen „Kultus des Schweigens" (AK 202) der Erzähler ganz aufgehen kann: „[...] so hatte ich manchmal die Augen geschlossen, und dann war es einen steilen Hang bergabwärts gegangen, wie im Sturzflug war ich die abschüssige Fläche hinabgeglitten." (AK 201). Schließlich ist er

[163] Siblewski 2009: 268

jedoch so weit „hinabgeglitten“ in sein bewusstloses Treiben, dass es ihm erst mit fremder Hilfe gelingt, einen Weg aus der Krise zu finden: Die Worte eines Fremden drängen den „Nebel der letzten Wochen“ (AK 205) endlich zur Seite und bringen den Erzähler dazu, New Orleans zu verlassen: „[...] denn ich [hatte] jetzt ein Ziel, die Stadt Santo Domingo in der Dominikanischen Republik.“ (AK 207) (vgl. dazu Kapitel 3.4).

Einen anderen Ausweg gibt Ortheil dagegen seiner 1988 erschienenen Erzählung *Stromabwärts*[164], die deutliche Parallelen zu dem Roman hat, vor allem zu einer der Krise des Erzählers vorangehenden Passage (vgl. AK 124–160). So gerät auch der Protagonist der Erzählung nach dem Tod seines Vaters in eine Existenzkrise, aus der er jedoch nicht mehr hinausfindet. Nach der Beerdigung verliert er mehr und mehr den Kontakt zu seiner Umwelt, sein vermeintlich glückliches Familienleben ist „jäh zerfallen“ (St 130) und er findet keinen Halt mehr. Stattdessen ergreift ihn eine „tiefe Gleichgültigkeit“ (ebd.), er wird immer dicker und trinkt schon am Morgen Alkohol. Wie der Erzähler des Romans verliert er zudem mehr und mehr seine Sprache, kommuniziert „mit den anderen nur noch in kurzen, schwer verständlichen Brocken, manchmal bereits unwillig darüber, ein einziges Wort lallen zu müssen“ (ebd.).

Auch in diesem Text wird die Krise von einer immer stärkeren Dominanz des Wassers begleitet: Der Erzähler nimmt eine Arbeit in einer Austernbar an, wo er den Geschmack des Meeres bereits in sich aufsaugen kann. Nach einer schweren Erkrankung macht er sich schließlich auf die Reise, den Mississippi stromabwärts nach New Orleans. Auf dem Schiff zeigt sich, dass seine Besserung nur vorübergehend war, das „langsame[ ] Gleiten“ (St 132) lässt ihn endgültig den Bezug zur Wirklichkeit verlieren: Er verfällt immer mehr er in Fieberträume, in denen er Berge von Austern öffnen muss, deren Fleisch zu einem ihn an sein Gehirn erinnernden „molluskenartigen Gebilde“ (ebd.) zusammengleitet. Sein Ziel ist nun das Meer, das ihm zu einem Bild für sein „Verstummen gegenüber den Menschen“ (St 133) wird und in dem er verschwinden will: „[...] nun hatte ich endlich das Steuer übernommen, das Schiff gehorchte mir, wir beschleunigten die Fahrt, und bald würde das Meer uns aufnehmen [...].“ (ebd.) So endet die Geschichte schließlich mit dem völligen Absturz: Der Erzähler lässt

[164] Ortheil, Hanns-Josef: *Stromabwärts. Erzählung*. In: *Manuskripte* 100 (1988a): 130–133, im Weiteren: St

sich der Meeresoberfläche entgegenfallen, „bis ich aufgeschlagen war nicht weit von der Stelle, [...] wo mein Vater aufgeschlagen war und wo ich seinen Leichnam gesehen hatte, aufgeweicht schon vom graugrünen Brackwasser des Flusses“ (ebd.). Der Sturz aus der Höhe rahmt also das Geschehen ein, am Anfang steht der Fall des Vaters, den der Sohn am Ende mit der Absicht wiederholt, im Meer das endgültige Verstummen und Verschwinden zu finden.

Stromabwärts erscheint damit nicht nur wie ein Intertext von *Abschied von den Kriegsteilnehmern*, sondern liest sich auch wie eine erste Variante der ein Jahr später erschienenen Erzählung *Badesaison*, die ebenfalls im Verstummen des Protagonisten mündet. Auch hier fehlt die positive Konnotation des Wassers als inspirierendes und regenerierendes Element – der Erzähler greift diese Wirkung zwar auf, lässt sie jedoch zum Klischee werden: Das Schwimmbad verwandelt sich in seinen Augen in einen „zum Kitsch erstarrten Jungbrunnen[ ]“ (B 53), den er am Ende in sein Gegenteil verkehrt, zur Stätte von Vernichtung und Auflösung werden lässt. (vgl. Kapitel 1.5)

Der direkte Vergleich von Roman und Erzählung weist also auf eine Bewegung hin, die bei Ortheil ganz offensichtlich zur Voraussetzung des glücklichen Ausgangs wird: das Auftauchen aus dem Wasser, das auch im Frühwerk eine Entsprechung im Blick aus der Höhe findet. Tatsächlich ist Meynard, der Protagonist aus *Agenten*, den ganzen Roman hindurch auf der Suche nach einer solchen Perspektive. Dass ihm diese aber zunächst verwehrt bleibt, zeigt sein Blick aus dem Bürofenster: Anstatt das Gesehene zu ordnen und umgrenzen, eröffnet der Fensterrahmen lediglich die Sicht auf einen Großstadtdschungel, „wie ein Gewächs, aufbrechend, narkotisierend“ (A 175).

Ähnlich ergeht es Meynard auch in seinen eigenen vier Wänden. Wie auf der Suche nach Überblick hat er eine Wohnung „hoch oben, im vierten Stock“ bezogen, von der aus er „dem Geschehen unten entrückt genug war, um es wie ein Spektakel betrachten zu können.“ (ebd.). Dennoch gelingt es ihm nicht, die Beobachterposition einzunehmen: „Das Tempo ist zu überreizt. Ich habe nie das Gefühl, ich stehe auch mal draußen.“ (A 251) Erst am Ende des Romans gewinnt Meynard die Kontrolle über sein Leben zurück, folgerichtig schließt der Text mit der Schilderung eines Panoramablicks:

> Ich würde diesen Tag nichts anderes mehr tun, nur gehen, vielleicht bis hinauf auf die Höhen über der Stadt. Ich würde die weite Rheinebene sehen, Mainz jenseits, und die Hügel des Rheingaus. Ich würde gehen und schauen, nicht mehr, für lange Zeit nicht mehr als nur das. (A 323)

Obwohl Meynard anders als die meisten Protagonisten Ortheils nicht zur Kunst findet[165], weist dieses Ende auf die Notwendigkeit einer ganz bestimmten Romanbewegung hin: Zum eigentlichen Ziel wird das Auffinden einer ästhetischen Distanz zur Welt, die im finalen Panoramablick ihre Entsprechung findet. Andernfalls, so suggerieren zumindest die ein Jahr vor bzw. im gleichen Jahr wie *Agenten* erschienenen Erzählungen *Stromabwärts* und *Badesaison*, drohen Untergang und Verstummen.

Tatsächlich legt Schmitz in seiner Untersuchung der ersten fünf Romane[166] eine entsprechende Erzählbewegung für das gesamte Frühwerk offen: Die Suche nach einem Zugang zur Welt wird von ihm zum zentralen Thema dieser Texte erhoben. Auch bei ihm wird „die Möglichkeit eines distanzschaffenden Blickes, der sich die Phänomene vom Leibe hält und der dem Subjekt ermöglicht, den Raum visuell und symbolisch zu strukturieren“[167], daher zum konstitutiven Bestandteil der Romane. Dieser Blick deutet auf ihr Ende hin, denn erst im künstlerischen Diskurs kommen die Protagonisten des Nachkriegszyklus’ zu sich selbst und ihrer Geschichte, entsprechend erweisen sie sich allesamt als „Künstler oder zur Kunst neigende Figuren“[168]. Dabei findet diese Entwicklung auch bei Schmitz eine Entsprechung in der topographischen Struktur der Romane: So bezeichnet er das ortheilsche Personal als „im wahrsten Sinne ‚unbehaust‘“[169], weswegen das Motiv der Reise wie auch die „Sehnsucht nach Heimkehr“[170] den ganzen Nachkriegszyklus durchziehe (vgl. dazu Kapitel 5.3).

Nicht nur die einzelnen Räume der Romane sind also semantisch codiert, auch die Bewegung der Protagonisten durch diese Räume

[165] Der Roman spielt allerdings mit diesem Motiv, weist doch die Erzählschleife am Ende darauf hin, dass die ganze Geschichte letztlich nichts anderes ist als eine Erzählung Meynards (vgl. dazu Kapitel 3.4).
[166] vgl. Schmitz 1995, 1997, 2005, 2009
[167] Schmitz 2009: 34
[168] Schmitz 1995: 21
[169] Schmitz 1997: 54
[170] ebd.: 263

verweist auf eine tiefere Bedeutungsschicht. Hier lassen sich erneut Parallelen zu Lotmans Raumsemantik ziehen, die die Topographie eines Textes vor allem in dynamischer Hinsicht betrachtet: Laut Lotman findet innerhalb einer Erzählung immer dann ein Ereignis statt, wenn der Held die Grenze zwischen den komplementären Teilbereichen des Textes überwindet. Denn die „Überschreitung der grundlegenden topologischen Grenze in der Raumstruktur“[171] verweise letztlich auf die „*Versetzung einer Figur über die Grenze eines semantischen Feldes*“[172].

Ortheil selbst deutet auf eine solche Erzählbewegung hin, wenn er in einem Gespräch von einigen „verblüffende[n] Entdeckungen“[173] berichtet, die er beim Rückblick auf sein Romanwerk gemacht habe. So beginne sein Debütroman *Fermer* „mit dem Aufbruch eines jungen Mannes, der vom Wehrdienst desertiert und danach relativ ziellos durch ganz Deutschland“ zöge, bis er schließlich den Entschluss fasse, nach Italien zu reisen: „Es ist der Roman einer Initiation, der Initiation ins Erwachsenen-Dasein“[174]. Aber auch *Faustinas Küsse*, der Roman „der 1998 dann so etwas wie eine zweite, andere Phase meines Roman-Schreibens einleitete“ beginne „wiederum mit einem Aufbruch und einer Reise [...] nach Italien“[175]: „Die erste Szene von *Faustinas Küsse* erzählt von Goethes Ankunft in Rom, der Roman erzählt also, könnte man sagen, von Goethes ‚Desertion‘ aus Weimar“[176]. Und auch die dritte Phase seines Schreibens habe mit einem Aufbruch nach Italien zu tun: „Zu Beginn des Romans *Die große Liebe* sitzt der Ich-Erzähler in einem Zug nach Süden ..., es ist ja beinahe nicht zu fassen.“[177]

Was Ortheil hier als etwas ganz und gar „Verblüffende[s] und Seltsame[s]“[178] beschreibt, kann vor dem Hintergrund der vorangegangenen Untersuchung kaum überraschen – die räumliche Bewegung der Protagonisten verweist auf eine biographische Bewegung, die ganz offensichtlich zum Kern aller ortheilschen Texte wird: die Distanzierung von den stummen und dunklen Räumen der Kindheit,

[171] Lotman 1989: 338
[172] ebd.: 332
[173] Catani/Marx/Schöll 2009b: 15
[174] vgl. ebd.
[175] ebd.: 16
[176] ebd.
[177] ebd.: 19
[178] ebd.

die in der Reise von Deutschland nach Italien ihren erneuten Ausdruck findet. Tatsächlich weist Ortheil diesen Aufbruch in dem Gespräch als Teil seiner eigenen Biographie aus: So sei er nicht nur selbst nach dem Abitur nach Rom „desertiert“[179], auch später habe es ihn immer wieder nach Italien gezogen und er habe dabei immer wieder das Gleiche verspürt: „[...] ich fühlte mich zurückverwandelt in den jungen Mann, der mit siebzehn, achtzehn Jahren nach Italien reiste und mit diesem Aufbruch vorerst einmal vieles von dem hinter sich ließ, was ihn die halbe Jugend gequält hatte.“[180]

Italien wird damit zum ästhetischen Raum par excellence – bereits Fermer bezeichnet dieses Land als „von der Kunst [...] durchfurchte[ ] Natur“ (F 32), als Ort der schönen Geselligkeit und des ästhetischen Genusses, wo „wir [...] italienischen Wein trinken und wie Schumann in die Scala gehen“ (F 303). Erneut wird der künstlerisch ausgedeutete Raum also zu einem idealen Lebensraum erhoben, worauf vor allem das Ende von Ortheils Debütroman hinweist. Denn der Wunsch, in den Raum einzudringen und zu verschwinden, findet hier eine Modifikation, wird ins Ästhetische überführt: An die Stelle des rauschhaften Aufgehens im freien Raum tritt die Verortung im arrangierten und ausgedeuteten Raum Italiens – aus der „participation mystique“ wird eine „participation esthétique“.

Auch die Liebesromane weisen auf eine solche Verortung hin: Bereits in ihren Eingangsszenen spielen sie mit diesem Gedanken, ist es doch letztlich der im Blick gebannte Raum, in dem die Protagonisten ankommen wollen. So betrachtet Giovanni die italienische Küstenlandschaft zunächst ausschließlich aus dem Zugabteil heraus – eingefasst im Fensterrahmen wird die Umgebung zu einem stimmigen Bild, in dem er am liebsten sofort „verschwinden[ ]“ (GL 6) würde. Und auch Johannes erlebt einen solchen Moment beim Anblick des Zürcher Sees. Dieser formt sich vor seinen Augen zu einer Szenerie, in die er hineinlaufen, „langsam eindringen“ (VL 5) möchte. Ganz explizit wird dieses Verlangen schließlich bei seinem Blick von der Quaibrücke, bei dem ihm die Umgebung „wie [...] ein[ ] Bild von Ferdinand Hodler“ (VL 151) erscheint (vgl. S. 99):

179 vgl. Catani/Marx/Schöll 2009b: 17
180 ebd.

> Ich fühlte mich so wohl und so voller Tatendrang, daß ich am liebsten ein Boot gemietet hätte, um hinaus auf den See zu rudern, auf irgendeine Weise wollte ich mich diesem gewaltigen Bild nähern und am liebsten *wie eine kleine Statistenfigur in ihm verschwinden.* (VL 151, Hervorhebung von der Verfasserin)

Während das Dasein in Italien in Ortheils erstem Roman aber nur Wunsch bleibt – er bricht in dem Moment ab, in dem Fermer die Grenze Deutschlands überschreitet – setzt *Die große Liebe* mit der Ankunft im italienischen San Benedetto ein. Die eigentliche Grenzüberschreitung ist dem Text also vorgelagert, womit sich der Übergang in die Kunst keineswegs als ein solch einmaliges und revolutionäres Ereignis erweist, wie in Lotmans Raumsemantik beschrieben und in *Fermer* literarisch ausgestaltet. Ortheil macht seine Protagonisten vielmehr von Anfang an zu Grenzgängern: Indem er sie zwischen Gebirge und Wasser verortet, lässt er beide Räume zu festen Bestandteilen der Romantopographie werden, die von den Protagonisten ein ums andere Mal durchlaufen und aktualisiert wird. Die Bewegung der Protagonisten durch den Roman scheint also vor allem der „Bestätigung einer bestimmten *Ordnung* der inneren Organisation ihrer Welt“[181] zu dienen, was Lotman eigentlich zum Merkmal sujetloser Texte erklärt. Tatsächlich spielen die Romane zwar mit dem Motiv der Heimatlosigkeit (vgl. Kapitel 2.1), an die Stelle der verzweifelten Suche nach Überblick tritt jedoch eine genussvolle Flanerie, die die Romanwelt zu einem einzigen Raum der Kunst macht.

Dies zeigt vor allem das Museum, in dem der Kosmos der Liebenden ihr ästhetisches Abbild findet: Nicht nur Zürich und die Küstenlandschaft San Benedetto werden hier ein zweites Mal erschaffen, indem die Protagonisten diesen Raum betreten, werden sie selbst zu einem Teil des kunstvollen Arrangements. So verwandelt sich Johannes bei seinem Gang durch das Museum tatsächlich in einen „professionellen Flaneur“ (VL 112), wird – ganz nach Vorgabe der Ausstellungskonzeption – zum „Zürcher Spaziergänger“ (VL 228). Zugleich deutet die Analogie von Innen- und Außenraum aber auch auf die Ästhetik der Welt jenseits des Museums hin, die sich in den Romanen ebenfalls als ein „Tempel der Anschauung“ erweist, als „eine attraktive, homogene Kulisse, der nichts anderes zugrunde lag als eine geheime Ästhetik, eine Summe von bestimmten Regeln der Darstellung und des Sich-Zeigens“ (GL 92).

[181] Lotman 1989: 337

Das Dasein in der Kunst, von dem Fermer nur träumen kann, wird hier also zum dauerhaften Zustand (vgl. dazu Kapitel 5) – die Erzählbewegung der früheren Romane hat sich zum Moment verkürzt, der von den Romanen jedoch immer wieder und auf allen Ebenen wiederholt wird. Diese rücken damit tatsächlich in eine Nähe zu Lotmans sujetlosen Texten: Wie schon Ortheils Essay umkreisen sie letztlich unaufhörlich und ausschließlich denselben zentralen Moment – den Eintritt in die Kunst.

Besonders deutlich wird dies in Ortheils drittem Liebesroman *Liebesnähe*, der die allmähliche Annäherung seiner Hauptfiguren als ein einziges großes Kunstprojekt gestaltet[182]. Folgerichtig wird hier selbst das Wasser zur Möglichkeit der „participation esthétique", verweist sogar ganz explizit auf die ortheilsche Urszene einer Wiedergeburt in der Schrift: Im Rahmen ihres Kunstprojekts projiziert die Protagonistin Jule das Buchcover eines alten japanischen Textes auf die Wasseroberfläche des Hotelpools. Das Schwimmen erweist sich damit nicht nur als eine Vereinigung mit dem Wasser, sondern auch mit dem Text: Mit ihrem Körper zerteilt Jule das auf dem Wasser abgebildete Cover, im Schwimmen wird sie „zu einem lebendigen Organ des Buches, das sich in seinem Innern bewegt, um es zu erkunden" (LN 121).

[182] vgl. dazu den Klappentext des Romans: „‚Liebesnähe' ist die Geschichte einer Frau und eines Mannes, die sich zufällig in einem einsam gelegenen Hotel irgendwo in den Bergen treffen. Vom ersten Augenblick dieser Begegnung an erleben beide eine rasch wachsende Anziehung. Sie sind zu vorsichtig, um miteinander zu sprechen, und verlegen sich stattdessen auf ein virtuoses Spiel von Zeichen und Andeutungen. Im Hintergrund dieser Annäherung zieht die Besitzerin der Hotelbuchhandlung als geheime Mittlerin ihre eigenen Fäden: Sie ‚füttert' die beiden Liebenden mit Büchern, die – wie der Liebestrank in ‚Tristan und Isolde' – eine ganz eigene, magische Wirkung entfalten und aus dem Liebesspiel schließlich ein kaum noch durchschaubares Labyrinth aus Erlebtem, Geträumtem und Gelesenem machen." (Ortheil, *Liebesnähe* 2011)

3 Schreibannäherungen

Bereits in seinem Essay *Das Element des Elephanten* nutzt Ortheil das Schreiben über das Schreiben nicht zuletzt als Möglichkeit für das Schreiben über das Leben – die poetologischen Überlegungen umkreisen allesamt den Moment der Sprachwerdung und lesen sich wie immer neue Variationen der eigenen Wiedergeburt in der Schrift (vgl. Kapitel 1). Doch nicht nur in seinen zahlreichen, das Romanwerk begleitenden und kommentierenden Texten beschäftigt sich der Autor mit den Anfängen und Prozessen des Schreibens: Die Verwandlung in einen homo poetus, in einen notierenden und schließlich auch schöpferischen Menschen zieht sich wie ein roter Faden durch sein ganzes Romanwerk. Zehn der bisher 15 Romane gründen auf dem „Motiv des Schriftstellers als zentrale[ ] Figur"[1], wobei es, wie Ortheil selbst sagt, „das Moment [...] der Selbstreflexion [ist], das mich interessiert. Im Text wird eine Nahtstelle eingebaut, in der der Text über sich selbst spricht und seine eigene Entstehung noch einmal vorführt. "[2]

Ein solches Schreiben wird in der Forschung auch als metafiktionales Schreiben bezeichnet. Dieses beruht letztlich auf einem Sonderfall von Referenz: Anstatt sich auf eine außersprachliche Welt zu beziehen und diese entsprechend dem Mimesiskonzept abzubilden, reflektiert der Text das sprachliche System selbst. Darauf verweist bereits der Name „Metafiktion", deutet das griechische „metá" – „hinter, nach" – doch auf eine hinter dem Geschriebenen stehende „kognitive Reflexionsebene, von der aus Phänomene der Objektebene kommentiert und/oder beschrieben werden"[3]. Auch wenn diese Form des Erzählens häufig zu einem entscheidenden Kennzeichen postmoderner Literatur

[1] Steinecke 1995: 214

[2] ebd.

[3] Hauthal et al.: *Metaisierung in der Literatur und anderen Medien: Begriffserklärungen, Typologien, Funktionspotentiale und Forschungsdesiderate.* In: Dies. (Hrsg.): *Metaisierung in der Literatur und anderen Medien. Theoretische Grundlagen – Historische Perspektiven – Metagattungen – Funktionen. Berlin* 2007: 1–21, hier: 4

erklärt wird, reicht die Geschichte selbstreflexiver Darstellungsweisen bis in die Antike zurück und umfasst die verschiedensten Gattungen und Medien – entsprechend gibt es eine Vielzahl von Bezeichnungen und nicht weniger viele Definitionen dieses Phänomens.[4]

Als Fachbegriff hat sich die Metafiktion zunächst im englischsprachigen Raum etabliert, wo sie als „metafiction" am Beispiel und auf der Grundlage von literarischen Texten der 1960er und 70er Jahre untersucht und beschrieben wurde.[5] Eine Konsequenz dieser Ausgangslage ist neben der Historisierung des Begriffs auch das Fehlen einer einheitlichen Definition im deutschen Sprachraum, was vor allem in dem differierenden Verständnis des englischen „fiction" begründet liegt.[6] So bezieht Werner Wolf den Fiktionsbegriff auf den Ort der Metaisierung, entsprechend bezeichnet er die Metafiktion als ein selbstreflexives Darstellungsverfahren innerhalb der Prosa (im Gegensatz zur Metalyrik oder dem Metadrama).[7] Ansgar Nünning dagegen differenziert in diesem Zusammenhang nicht auf der Grundlage der Gattungsfrage, sondern des Inhalts der Metaisierung: Während er die bloße Thematisierung des Erzählens bzw. des Erzählvorgangs innerhalb von Texten als Metanarration bezeichnet, zielt die Metafiktion bei ihm auf die bewusste Bloßlegung der Fiktionalität und so auf einen Bruch mit der Erzählillusion.[8]

[4] vgl. dazu Hauthal et al. 2007

[5] vgl. dazu die immer wieder zitierte Definition von Patricia Waugh: „‚Metafiction' has been defined as a fictional writing which self-consciously and systematically draws attention to its status as an artefact in order to pose questions about the relationship between fiction and reality. In providing a critique of their own methods of construction, such writings not only examine the fundamental structures of narrative fiction, they also explore the possible fictionality of the world outside the literary fictional text. [...] they all explore a *theory* of fiction through the *practice* of writing fiction." (Waugh, Patricia: *Metafiction. The Theory and Practice of Self-Conscious Fiction*. London 1984: 2)

[6] vgl. dazu Wolf, Werner: *Metaisierung als transgenerisches und transmediales Phänomen: Ein Systematisierungsversuch metareferentieller Formen und Begriffe in der Literatur und anderen Medien*. In: Janina Hauthal et al. (Hrsg.): *Metaisierung in der Literatur und anderen Medien*. Berlin 2007: 25–126, hier: 37

[7] vgl. Wolf 2007: 36ff

[8] vgl. Nünning, Ansgar: *Mimesis des Erzählens. Prolegomena zu einer Wirkungsästhetik, Typologie und Funktionsgeschichte des Akts des Erzählens*

Damit spricht Nünning ein Merkmal der Metafiktion an, das in vielen Definitionen eine zentrale Rolle spielt. Vor allem die verbreitete Einschränkung des Phänomens auf postmoderne Texte fördert die Gleichsetzung metafiktionalen und illusionsstörenden Erzählens, tritt die Metafiktion hier doch häufig in den Dienst des poststrukturalistischen Zweifels am Mimesiskonzept und der Vorstellung einer universalen Fiktionalität. So weist auch Wolf auf eine anti-mimetische Wirkung metafiktionalen Erzählens hin, betont jedoch, dass sie nicht zwangsweise mit diesem einhergeht. Er beruft sich in diesem Zusammenhang vielmehr auf die zwei Bedeutungen des Fiktionalitätsbegriff, der gemäß seiner Herkunft vom lateinischen „fingere" sowohl auf den Aspekt der „Gemachtheit" (fictio), als auch auf den der „Erfundenheit" (fictum) rekurriert. Thematisiert ein Text also Aspekte wie Form, Gestalt, Rezeption, Produktion, Wirkung oder Funktion von Literatur, muss dies keineswegs die Erzählillusion zerstören. Anders liegt der Fall dagegen, wenn er mit der Frage nach der Wahrheit oder Erfundenheit des Erzählten spielt.[9]

Grundlegendes Merkmal metafiktionalen Erzählens ist also zunächst allein seine Selbstreflexivität und damit die Prämisse, dass die Texte „sich selbst zum Gegenstand ihrer Betrachtung machen, indem sie neben einer oder mehreren kohärenten Geschichten eine Metaebene einrichten"[10] und diese Metaebene schließlich „zum Hauptthema avanciert"[11]. Darauf deuten auch die eingangs zitierten Worte Ortheils hin: Die in das Geschriebene eingebaute „Nahtstelle", von der er spricht,

und der Metanarration. In: Jörg Helbig (Hrsg.): *Erzählen und Erzähltheorie im 20. Jahrhundert.* Heidelberg 2001: 13–47, hier: 32ff sowie die Definitionen in Fluderniks *Einführung in die Erzähltheorie* (Darmstadt 2006). Als metanarrativ werden hier „Kommentare des Erzählers, deren Thema die (Erfindung der) Geschichte, die Aufbereitung des Erzähldiskurses oder sein eigener Akt des Erzählens sind" bezeichnet (Fludernik 2006: 17). Metanarrative Äußerungen des Erzählers „können sowohl illusionsfördernd wie illusionszerstörend" sein (ebd.). Metafiktionale Erzählungen dagegen erheben „die Fiktionalität (Erfundenheit bzw. Willkürlichkeit) der Geschichte und des Erzähldiskurses explizit oder implizit" (ebd.) zum Thema und sind laut Fludernik daher stets illusionszerstörend (vgl. ebd.).

[9] vgl. Wolf 2007: 43

[10] Setzkorn, Sylvia: *Vom Erzählen erzählen. Metafiktion im französischen und italienischen Roman der Gegenwart.* Tübingen 2003: 28

[11] Setzkorn 2003: 28

verweist auf eben die Metaebene, von der aus der metafiktionale Text „über sich selbst spricht und seine eigene Entstehung noch einmal vorführt".

Dass das Schreiben über das Schreiben in Ortheils Romanen aber einen ganz eigenen Stellenwert einnimmt, wird die Untersuchung des Romans *Faustinas Küsse* (1998) zeigen. Als historischer Roman scheint dieser dem Autobiographischen zunächst entgegenzustehen, spielt er doch nicht nur in einer anderen Zeit als der des Autors, sondern stellt mit Goethe auch eine historisch belegte Person in seinen Mittelpunkt. Eine andere Perspektive auf den Text eröffnet sich jedoch, bezieht man dessen Entstehungszusammenhang mit ein. Denn was sich in den Liebesromanen zwischen den Zeilen versteckt, rückt in der Trilogie der historischen Romane ganz explizit in den Mittelpunkt: Diese haben nicht nur allesamt das ausgehende 18. Jahrhundert als gemeinsame Zeit, sondern auch das Thema der Kunst, das sich in ihnen auf dem Feld der Malerei (*Im Licht der Lagune*), der Musik (*Die Nacht des Don Juan*) und schließlich auch der Literatur entfaltet. So zeichnet *Faustinas Küsse* erneut einen Weg in die Kunst ab, ja beschreibt diesen Weg sogar ganz explizit als eine Initiation ins Schreiben und entwirft so ein weiteres Mal die Konstellationen eines Lebens durch und in der Schrift.

3.1 Der Weg in den Roman: *Faustinas Küsse*

> Am frühen Abend des 29. Oktober 1786 sah der junge Giovanni Beri, der eben auf einem herbeigerollten Stein Platz genommen hatte, um in Ruhe einen Teller Makkaroni zu verzehren, einen Fremden dem aus nördlicher Richtung auf der Piazza del Popolo eingetroffenen Reisewagen entsteigen. (FK 7)

In diesem ersten Satz des Romans *Faustinas Küsse* tauchen bereits die für die Handlung zentralen Charaktere auf: Der „junge Giovanni Beri" beobachtet die Ankunft eines „Fremden". Dass sich der Reisewagen dabei „aus nördlicher Richtung" der Piazza del Popolo nähert, ist keineswegs Zufall, sondern weist auf einen elementaren Gegensatz der beiden Figuren hin: Es ist der zwischen dem in Rom lebenden Südländer und dem aus dem kalten Norden angereisten

Fremden, die sich hier zum ersten Mal begegnen als ein „sehr gegensätzliches, aber auch aufeinander bezogenes Paar“[12].

Tatsächlich unterscheiden sich die beiden Hauptfiguren vor allem durch ihre Herkunft: Während der Neuankömmling fremd in der Stadt ist, ist Giovanni Beri in Rom geboren und aufgewachsen. Anders als die Reisenden, die Tag für Tag in die Ewige Stadt strömen und in der Fremde ihr Glück suchen, würde er Rom niemals verlassen, „den Hafen, wo schon sein Vater gearbeitet hatte, die Barken und Schiffe, deren hölzerne Planken seine nackten Kinderfüße bis in die letzten Winkel ertastet hatten“ (FK 74f). Denn wer sein Viertel verlässt, wird selbst zum Fremden, er jedoch „war gerade an diese Bilder und Szenen gebunden, festgebunden wie mit Stricken, das wußte er“ (FK 75). Dies gilt in besonderer Weise für den Tiber, der seit seiner Kindheit sein Leben bestimmt:

> [...] nichts liebte er auf der Welt so wie das Wasser! Als Kind hatte er viele Tage im Wasser zugebracht, mit den Füßen im Wasser, und später hatte er auf den Planken der Barke des Vaters gelegen, in der Sonne, auf Kundschaft wartend, manchmal auch nachts, versteckt, um dort zu schlafen. [...] er hatte in der tiefen Dunkelheit allein in der Barke des Vaters geschlummert, von den Tiberwellen leicht auf und ab geschaukelt, in einem wunderbaren Versteck, ganz für ihn gemacht! (FK 22)

Im und am Wasser erlebt Giovanni also die Rückkehr zu seinen Ursprüngen – er kann wieder zum Kind werden, zum „kleine[n] Giovanni, der sich vor den Eltern versteckt[ ]“ (FK 348). Der vor seinem Fenster schweigsam vorbeiströmende Fluss, „sein Rauschen, Schwappen, Sprudeln und sein unheimlich andauerndes Fließen“ (FK 75), wird daher zu einer zentralen Gewalt seines Lebens, zum Teil seines ganz eigenen Glaubensbekenntnisses, das ihn auf den richtigen Weg bringen soll: „[...] auf den Weg des Vaters und des Sohnes und des Heiligen Geistes. Die da leben in der Luft, der Erde und in den Wassern, und in den Wassern ...“ (FK 77)

Der Tiber ist aber nicht nur Essenz seiner Kindheit, sondern bildet auch den Urgrund der Stadt: Er verweist auf „Roms Wasser[ ] und

[12] Ortheil, Hanns-Josef: *Selbstversuch am offenen Herzen. Nachforschungen zum Thema „Literarische Kreativität“.* In: Rainer M. Holm-Hadulla (Hrsg.): *Kreativität.* Berlin, Heidelberg 2000: 227–244, hier: 239

Brunnen und unterirdische[ ] Verstecke[ ]“ sowie auf seine „Meeresnähe, die ihm, Beri, in die Kinderseele eingebrannt worden war“ (FK 23). Am liebsten würde er daher „die ganze Stadt für eine Woche im Wasser ertränk[en]“ (FK 34), um sie von ihrem Schmutz zu befreien, ihr wahres Wesen frei zu spülen. Aber auch die Fremden müssten ein zweites Mal getauft werden: „Hinab, den Kopf ins römische Wasser [...]!“ (FK 41). Denn der wahre Römer hat mit dem Tiberwasser auch den „rechten Glauben“ getrunken, die Rituale und Mythen der Heiligen Stadt verinnerlicht, „in saecula saeculorum“ (FK 42).

In der Nähe zum Wasser drückt sich also nicht zuletzt Beris Verbundenheit mit der Stadt aus – die Vereinigung mit dem nassen Element wird für ihn zu einer Vereinigung mit Rom. Hier liegt der eigentliche Grund des unstillbaren Hungers verborgen, der Beri bereits auf den ersten Seiten des Romans charakterisiert[13]: Er möchte sich die Stadt einverleiben, sie in sich aufsaugen, eins mit ihr werden – ein Verlangen, das er auch über die Befriedigung leiblicher Bedürfnisse zu stillen sucht. Dies gelingt ihm nicht nur beim genussvollen Essen und Trinken, sondern ebenso über seine Liebe zu der Römerin Faustina: Wie das Wasser steht sie für das Weibliche, für den Ursprung und damit auch für „die Zauberin Roma [...], die Göttin der Stadt, verführerisch und schön seit ewigen Zeiten“ (FK 260). Entsprechend erinnert Beris Gang durch die Stadt nach seiner ersten Nacht mit Faustina an einen erneuten Liebesakt:

> Hinaus also! Was für ein Morgen! Die ganze Stadt schien sich im Sonnenflackern zu aalen, die Häuser machten sich breit und blätterten ihre Farbe dem Himmel entgegen. Er lief los, mit jedem Schritt schien er einzudringen in diesen weichen, betäubenden Körper, der jetzt all seine Düfte entströmte [...]. (FK 172)

Vereinigung und Auflösung sind damit die zentralen Aspekte von Beris Raumwahrnehmung, worauf nicht zuletzt seine Wasseraffinität hinweist (vgl. dazu Kapitel 2.2). Bereits die Eröffnungsszene des Romans deutet jedoch auf eine entscheidende Veränderung hin: Die

[13] Denn Beri wählt seinen Platz am Rande des Geschehens zunächst nicht etwa als Beobachtungsposten aus, sondern um „in Ruhe einen Teller Makkaroni“ (FK 7) zu verschlingen. Gierig und mit sichtlichem Genuss taucht er die Finger in die noch heißen Nudeln, „um sie bündelweise, wie weiße Würmer, in den Mund zu schieben“ (ebd.) und auf diese Weise seinen Hunger zu stillen.

Makkaroni landen statt in seinem Magen auf dem Boden, der Teller zerspringt und auch Beris Leben scheint einen Sprung in eine neue Richtung zu machen. Zum Auslöser dieser Verwandlung wird die Begegnung mit dem Neuankömmling. Anders als Beri verkörpert er mit Reisemantel und Reisehut das Fremde geradezu, entsprechend erhält er erst im Verlauf des Romans einen Namen, wird von Beri zunächst nur als „der Fremde" bezeichnet (vgl. FK 7ff). Zugleich muss Beri aber auch feststellen, dass dieser Unbekannte „einen noch schlummernden Teil seiner Seele berührte" (FK 8). Nicht zuletzt aufgrund dieser seltsamen Verbundenheit fühlt er sich dazu bestimmt, dem geheimnisvollen Menschen zu folgen – er begibt sich als Spion in die Dienste des Vatikans, wo er aus seiner Berufung einen Beruf machen kann.

Bald wird ihm jedoch klar: Der Unbekannte muss krank sein, denn „[n]ur ein vom Furor Gepackter lief so durch Rom" (FK 57). Schon bei der Ankunft des Fremden fällt Beri seine Unruhe auf – ein ums andere Mal läuft er los, um dann plötzlich innezuhalten und „mit seinem seltsamen Minutenblick" (FK 56) die Umgebung zu betrachten:

> Er starrte hinüber auf das über den Wassern aufschimmernde Bild, ohne sich zu regen. Die Lippen waren straff zusammengespannt, der Kopf lag beinahe im Nacken, und die Augenbrauen schienen ein wenig zu zucken, als müßten sie eine aufdringliche Erscheinung verscheuchen und abwehren. (FK 14)

Obwohl Beri immer wieder versucht, sich in den anderen hineinzuversetzen, bleibt ihm dessen Raumverhalten völlig unverständlich: Anstatt die Düfte der Stadt in sich aufzusaugen, die italienischen Speisen zu verschlingen und sich die Aromen des Weins auf der Zunge zergehen zu lassen, durchwühlt er die Stadt nur mit den Augen – „er frißt sich voll mit Straßen, Treppen, Kirchen und Plätzen" (FK 34) und hortet die Eindrücke, ohne einmal Luft zu holen, „in seinem großen Kopf" (FK 57). Der Fremde nähert sich der Stadt also vor allem über den Blick, der sich an allem festhaftet und es bis ins Detail erforscht, sodass von ihm „[e]twas Scharfes, Unruhiges" (FK 206) ausgeht. Als Fernsinn ist mit dem Sehen aber auch immer eine gewisse Distanz verbunden – aus Rom wird ein Raum der Anschauung (vgl. dazu Kapitel 2.3), was Beris Vorstellung einer gelungenen Annäherung gänzlich entgegensteht.

Die besondere Hinwendung des Fremden zu seiner Umgebung zeigt sich nicht zuletzt in seinem künstlerischen Schaffen. Denn obwohl er, wie Beri mittlerweile herausgefunden hat, ein berühmter Dichter namens Goethe ist, widmet er sich in Rom zunächst vor allem der Malerei. In ihrem Aufsatz *Auf Goethes Spuren in Rom* liest Kopp-Marx diese Malversuche als „Sehübungen, die damit spielen, alte Gewohnheiten durch den Blick auf das belanglose Detail aufzubrechen und die eigene Wahrnehmung zu verfeinern“[14] – im Bild lässt sich das Gesehene fixieren, die noch unbekannte Stadt in eine Ordnung bringen. Beri allerdings glaubt nicht daran, dass die Malerei Goethe das wahre Rom näher bringen kann. Die Landschaftsmalerei ist für ihn vielmehr etwas für „Tüftler und Blätterzähler“ (FK 199), die die Bäume und Gräser so auf das Papier bringen, als hätten sie sie durchnummeriert (vgl. ebd.), und die Ewige Stadt auf dem Blatt in unsinnliche Geometrie verwandeln. Seiner Meinung nach bedarf es eines ganz anderen Vorgehens, um Goethe in das Herz der Stadt zu führen – ein Vorhaben, das entgegen der Absichten des Vatikans zum eigentlichen Ziel von Beris Spionage wird: „Das Leben des Herrn von Goethe sollte sich ändern!“ (FK 128)

Vor allem beim Fest von Sankt Peter und Paul wird Beris Gegenprogramm zu Goethes asketischem Leben deutlich. Beri hat diesen Abend bis in jedes Detail geplant, denn er wird hier nicht nur Goethe endlich wieder begegnen, es soll darüber hinaus auch ein Abend werden, „der Goethe im Gedächtnis blieb und ihn nicht mehr losließ“ (FK 202). Entsprechend inszeniert er ihm ein wahres Fest der Genüsse: Er lässt Platten voller köstlicher Speisen und Getränke herbeibringen – „gegrillte Fische, in Öl gedünstetes Fleisch und Gemüse, dazu Karaffen mit weißem und rotem Wein, helles, duftendes Brot in kleinen Körben, Schalen mit Obst“ (FK 205) und versucht so, Goethes Begierden zum Leben zu erwecken (vgl. FK 207f). Auch der Malerei weiß er etwas entgegenzuhalten: Er weist Goethe auf die von der Straße zum Fenster hineinströmenden Geräusche hin, die eigentliche Essenz seiner Stadt, die nicht zuletzt in Rosinas Gesang alter römischer Weisen ihren Ausdruck findet (vgl. FK 204ff). Mit seiner Bekannten Rosina ist aber

[14] Kopp-Marx, Michaela: *Auf Goethes Spuren in Rom. Hanns-Josef Ortheils Roman „Faustinas Küsse“*. In: Christian von Zimmermann (Hrsg.): *Fakten und Fiktionen: Strategien fiktionalbiographischer Dichterdarstellungen in Roman, Drama und Film seit 1970*. Tübingen 2000: 167–191, hier: 179

noch eine weitere Karte im Spiel – denn erst die Liebe zu einer Frau wird Goethe, so ist Beri sicher, wirklich in die Geheimnisse Roms einführen: „Weil in Rom Dein Glück ohne die Liebe ein Nichts bleiben wird!“ (FK 274)

Obwohl sämtliche Verkupplungspläne fehlschlagen, kann Beri bald erste Veränderungen an dem Fremden ausmachen. Vor allem dessen allmähliche Wiederannäherung an das Dichtertum ist für ihn ein Zeichen des Wandels, ist der wahre Dichter doch „nicht so beflissen und eifrig, nicht so unermüdlich hinter den Altertümern und Kunstwerken her“, sondern „träumerischer, freier und leidenschaftlicher“ (FK 89). Nur wer genießt, kann laut Beri auch dichten, die leiblichen Genüsse werden zu den Musen seiner Kunst. Aber auch Goethes Annäherung an Rom ändert sich immer mehr: „wie einer, der mehr Zeit hatte“ (FK 196) schlendert er durch die Stadt, bleibt „überall [...] stehen, schaut[ ] an den Balkonen hinauf, horcht[ ] den Gesängen in einer Kirche und blickt[ ] sogar den Kindern nach, als könnte deren Spiel ihm etwas sagen“ (FK 196f) – „[f]ast hätte man denken können, es mit einem Römer zu tun zu haben“ (FK 106). Als Goethe schließlich auch der Malerei abschwört, hat sie doch „überhaupt nie viel getaugt“ (FK 270), bleibt für Beri nur noch eines zu tun: „[...] es fehlte [...] die letzte Vollendung, der Vorstoß zum Herzen!“ (FK 259) Denn noch hat Goethe nicht zu seinem Dichtertum zurückgefunden. Dieses, so ist sich Beri sicher, würde sich erst einstellen, „wenn Rom seine Seele auf noch ganz andere Weise ergriff“ (FK 260):

> Man müßte ihn fortzerren von den Kunstgegenständen, man müßte ihn befreien von der Betrachtung der alten Ruinen und Bilder und ihm einen gleißenden Spiegel vorhalten, in dessen Bild an seiner Seite die Zauberin Roma erschien, die Göttin der Stadt, verführerisch schön seit ewigen Zeiten und doch jünger und lebendiger als alle Kunst! (ebd.)

Und wirklich: Die leidenschaftliche Vereinigung mit einer Römerin macht aus dem ehemals grüblerischen Nordländer endgültig einen sinnenfrohen Italiener, dem die Lust „beinah aus den Poren [quoll]“ (FK 301). Dennoch bleibt Beris Triumph am Ende aus, denn es ist ausgerechnet seine Faustina, mit der Goethe sein höchstes Glück erlebt. So muss Beri schließlich erkennen, dass nicht nur er Goethes Leben verändert hat, die Bekanntschaft mit dem Dichter hat vielmehr sein eigenes Leben ganz maßgeblich beeinflusst und auch aus ihm einen anderen Menschen gemacht.

Tatsächlich tritt Beri bereits in der Eröffnungsszene des Romans als ein Grenzgänger zwischen zwei Welten auf. Die Welt des Genusses, der er bisher verfallen war, und die sich ihm in Form der „noch heißen Nudeln“ (FK 7) auf seinem Teller offenbart, wird durch die Ankunft des Fremden aus dem Gleichgewicht gebracht: Anstatt weiter zu essen, beginnt Beri den Neuankömmling zu beobachten und tritt so in eine neue Ordnung ein.[15] Denn während er beim genüsslichen Essen und Trinken die Augen immer wieder schließt und sich von seiner Nase durch die Stadt leiten lässt (vgl. FK 21), muss er sich als Spion unter die Vorherrschaft des Sehens begeben – nicht von ungefähr hat das Wort eine etymologische Verwandtschaft mit dem Verb „spähen“[16]. Tatsächlich sind „Beobachtungsgabe und Scharfsinn“ (FK 25) die entscheidenden Voraussetzungen für einen guten Spion und prägen Beris Leben von nun an so sehr, dass er schließlich zu einem wahren Experten wird:

> Ich habe scharfe Augen, Filippo, ich bin ein guter Beobachter, vielleicht bin ich sogar ganz exzellent in diesem Metier, einer der besten überhaupt, vielleicht ... [...] Es sind meine Augen, ich bin Auge, nichts als Auge, aber was für ein Auge! (FK 272f)

Doch das Leben als Spion hat noch weitere Auswirkungen auf Beris Alltag. Um den Fremden zu beobachten, muss er sich von nun an an dessen Fersen heften, ihm auf Schritt und Tritt folgen. Eilt Goethe blindlings durch die Stadt, den Corso entlang, auf die Höhen des Kapitolhügels, über Straßen und Treppen, zu Kirchen und Plätzen, muss ihm Beri als ein heimlicher Schatten hinterherlaufen (vgl. FK 33). Bleibt er stehen und betrachtet mit seinem „seltsamen Minutenblick“ (FK 56) die Gegend, muss auch Beri innehalten und verweilen, bis das Spiel von Neuem losgeht. Beri beginnt also seine Bewegungen denen des Verfolgten anzupassen, nimmt unweigerlich dessen Verhalten im Raum

[15] vgl. dazu auch Holzheimer, Sandro: *Identität durch Genuss. Oppositionen und Koalitionen in „Faustinas Küsse“*. In. Stephanie Catani, Friedhelm Marx und Julia Schöll (Hrsg.): *Kunst der Erinnerung, Poetik der Liebe*. Göttingen 2009: 169–184

[16] vgl. *Kluge* 2002: 867 („Spion“)

an und verliert so „beinahe alles eigene Leben“: „Nirgends durfte man verweilen, nirgends sich besinnen. Zur Hälfte lebte man mit Körper und Seele auch in einem anderen Menschen, man nahm schon beinahe seine Gedanken an!“ (FK 35)

Tatsächlich büßt Beri immer mehr von seinem früheren Leben ein, was sich besonders während des Karnevals zeigt. Dieser war für ihn bisher stets eine Zeit der Ausschweifungen, in der sich die Stadt in ein klingendes und überschäumendes Meer verwandelt, „als bräche die Musik sich endlich überall Bahn und drängte durch jede Ritze, in jedes Haus!“ (FK 125). In dieser „wilden Zeit“ (FK 129) wird getrunken, gegessen und gelacht – Rom befindet sich in einem Ausnahmezustand, und auch Beri „hatten diese Tage [...] fortgerissen in einen einzigen Taumel“ (ebd.). Doch in diesem Jahr ist „alles anders“ (ebd.). Der Wein, an dem er sich zu berauschen versucht, schmeckt ihm nicht mehr, und auch die Späße seiner Kumpanen kommen ihm mit einem Mal ganz befremdlich vor: „Ungebildet waren sie und lebten nur für den Tag!“ (FK 131) In einem unbeobachteten Moment trennt er sich daher von ihnen und „setzt[ ] seinen Weg allein fort, unruhig und ungeduldig, weil mit diesem Karneval nichts mehr anzufangen war“ (ebd.). Nur noch ein Mittel bleibt ihm, um an sein früheres Erleben anzuknüpfen – der Alkohol. Wenn er ihm schon keinen Genuss mehr bereitete, dann doch wenigstens den Rausch:

> So begann Giovanni Beri zu trinken. [...] Er trank mehrere Tage, längst hatte er kein Empfinden mehr für die Zeit, er verwechselte Morgen und Mittag, nichts paßte in seinem Kopf noch zusammen, aber er spürte, wie der angestaute Kummer erträglicher wurde, auch unscheinbarer und schließlich davonglitt wie eine schwere Last auf einer alles fortreißenden Woge. (FK 131f)

Nur indem Beri Goethe für einige Tage vergisst, glaubt er „das alles noch zu ertragen“ (FK 131), im Rausch versucht er, sein altes Leben wiederzufinden. Dass dieses aber längst der Vergangenheit angehört, wird spätestens beim zweiten römischen Karneval deutlich, den Beri an der Seite von Goethe erlebt. Anders als noch vor einem Jahr, als sich der Dichter an Karneval in seinem Zimmer verkroch, plant er nun, eine Schrift über das Fest zu verfassen: „Nichts Trockenes, Langweiliges, sondern eine muntere, lebendige Erzählung, etwas Anschauliches und Heiteres!“ (FK 308) Beri soll ihn als Freund und Rom-Experte durch das Getümmel begleiten, „um jederzeit aufklärend zur Seite zu sein" (ebd.). Dem Anlass entsprechend sind beide verkleidet, Giovanni im „Habit eines Zeichners" (FK 309), Goethe als Fremder mit Reisehut und -mantel. Die Kleidung des Fremden ist dem Dichter allerdings mittlerweile zu einem Kostüm geworden, das Fremdsein zu einer Rolle, in die er nach Belieben hineinschlüpfen kann, und auch Giovannis Kostüm weist darauf hin, dass er nicht (mehr) der ist, als der er sich ausgibt. Der Karneval passt also „auf beinahe unheimliche Weise" (FK 308) zu ihrem Schicksal, ist er doch das Fest der Verwandlung, der vertauschten Identitäten, ein „verdrehte[s], verkehrte[s] Spiel" (ebd.).

Zunächst verhalten sich die beiden ihren Kostümen entsprechend: Goethe – als der Fremde – stellt Fragen zu dem Gesehenen, Beri – als Einheimischer – gibt die Antwort. Dabei fällt Beri auf, wie genau Goethe alles beobachtet: „Es ist, als malten seine Augen das, was er sieht, in Sekundenschnelle hinein in sein Herz, so unruhig und schnell wandern sie alles ab." (FK 310) Anders als früher würde er es ihm jetzt am liebsten gleichtun: „Er hätte etwas darum gegeben, mit den Augen Filippos zu schauen und mit seinen Gefühlen zu dichten, er hätte letzt all sein Vermögen geopfert, um für einen Tag im Kopf dieses Menschen zu nisten [...]." (FK 311) Dazu aber muss er Rom mit neuen Augen betrachten, aus der Distanz – als „[d]as Fremde" (ebd.). Folgerichtig kommt es an dieser Stelle zum Tausch der Kostüme, stellt Goethe doch fest, dass er sich bei ihrem gemeinsamen Gang weniger wie ein Dichter, sondern vielmehr wie ein Maler verhält, „der all diese Szenen mit wachem Auge studiert" (ebd.). Er wechselt also mit Beri die Kleidung, womit dieser wirklich zum Fremden wird, der von nun an die Fragen stellen muss:

> „Jetzt bin ich der Fremde", dachte Beri, „ich verstehe nichts von dem allem um mich herum, ich betrachte alles so, als sähe ich es zum ersten Mal! Ein merkwürdiges Empfinden! Ganz wohl fühlt man sich nicht in dieser Rolle, für fremde Augen und Ohren ist vielleicht alles zu grell und zu laut!" (FK 312)

Die Stadt ist für Beri also mit einem Mal nicht mehr das Vertraute, sondern etwas, das er „zum ersten Mal" (ebd.) sieht – anstatt sich wie ein Römer über das „allzu bekannte[ ] Bild" (ebd.) des Fruchtbarkeitsgottes zu freuen, stößt ihn dieses nun ab: „‚Wie häßlich!' entfuhr es Beri, doch er bemerkte sofort, daß er sprach wie ein Fremder." (ebd.)

War er früher Teil der Menge, vereint im bunten Treiben des Karnevals, glaubt er nun, in ihr zu ersticken. Unendlich müde von dem ständigen „Rupfen, Stoßen, Schlagen und Schreien“ (FK 315) versucht er, den „schiebenden, pressenden, hin und her wogenden Massen“ (ebd.) zu entkommen: „[...] er hielt es nicht aus, keinen Schritt ließ er sich noch inmitten dieses Strudels treiben [...].“ (FK 317)

Goethe und Beri scheinen mit dem Kostüm also weitaus mehr als nur ein paar Kleidungsstücke getauscht zu haben: Mit Reisehut und -mantel legt Goethe endgültig seine Rolle als Fremder ab, wird zu einem lustvollen Südländer, der die Taten des Fruchtbarkeitsgottes preist (vgl. FK 312f) und sich über die Moral der scheuen Nordländer amüsiert (FK 313). Für Beri dagegen wird Rom zur fremden Stadt, die er nur noch aus der Distanz betrachten kann: „Jetzt war er der Zuschauer! Jetzt stand er, Giovanni Beri, Römer von Geburt, als Fremder vor der Haustür dieses zum Römer gewordenen Fremden [...].“ (FK 319) Als Fremder aber wird die rauschhafte Auflösung zu einer Bedrohung – die feiernde Menge verwandelt sich in einen wütenden Mob, gegen den er mit aller Kraft ankämpft (vgl. FK 322ff). Selbst das Wasser wird nun zur Gefahr, denn im kalten Nass des Brunnens bedeutet Auflösung vor allem eines – den Tod:

> Er ruderte mit den Armen und versuchte, etwas zu fassen, aber alles glitt ihm aus den Fingern, als wollte es sich ihm entziehen. Mit letzter Kraft zog er sich am Beckenrand hoch und ließ den Leib hinüberfallen. Er schlug auf und zuckte vor Schmerz, überall blutete er. Dann rollte er sich zusammen, stöhnte auf und verlor das Bewußtsein. (FK 324)

Auch wenn Beri glaubt, sein Ziel erreicht zu haben, als ihn Goethe kurz vor dem Karneval das erste Mal mit „Freund“ anspricht[17], ist dies also weniger der Endpunkt als ein Wendepunkt in ihrer Beziehung. Denn Beris Nähe zu Goethe löst sich immer mehr in einen erneuten Gegensatz auf, in einen Rollentausch, den die beiden nicht nur symbolisch beim Karneval vollziehen. So wird Beri von nun an zum rastlosen Fremden, der sich nicht mehr unter die Menschen wagt und

[17] vgl. FK 269: „Was hatte er gerade gesagt? ‚Freund ...‘, hatte er ihn wahrhaftig so angesprochen? Er hatte es ernst gemeint, das merkte er, Beri, an seiner Stimme, die etwas Ruhiges, Tiefes hatte, wie immer, wenn Gefühle sein Sprechen begleiteten.“

durch die Gegend läuft, als sei er auf der Suche nach etwas (vgl. FK 329f). Er isst kaum etwas, trinkt nur noch Wasser (vgl. FK 325) und auch seine Beziehung zu Faustina bereitet ihm keinen Genuss mehr. Denn obwohl er die „Liebe zu ein und derselben Frau" (FK 292) zunächst als einen Beweis für seine Seelenverwandtschaft mit Goethe interpretiert[18], wird sie ihm doch immer mehr zum Leid – Faustina, die als „Göttin der Stadt" (FK 260) nicht zuletzt auch zu einer Verkörperung Roms wird, hat die Seiten gewechselt, Beri aber bleibt alleine zurück.

Tatsächlich verschwindet Goethe immer mehr aus dem Text, folgerichtig endet der Roman zwar so, wie er beginnt – mit einer Ankunft in Rom[19] – dieses Mal aber ist es Beri, der sich als ein Anderer, als Fremder den Toren der Stadt nähert und auf den Weg macht, „die Stadt Rom kennenzulernen" (FK 351). Seine Verwandlung ist damit perfekt: Mit Reisemantel und Reisehut nähert er sich seiner alten Heimat, stellt sich wie Goethe als „Filippo Miller. [...] Maler aus Deutschland" (ebd.) vor und erwählt wie dieser die „Locanda dell' orso" als erste Unterkunft (vgl. ebd.). Diese finale Übernahme von Goethes Identität bildet jedoch nur den Endpunkt von Beris Weg in die Sprache und die Schrift. Denn bereits mit den ersten Schritten, die er auf Goethe zumacht, begibt Beri sich auf eine Spurensuche, die auch als ein Lesen von Zeichen und somit als sprachlicher Akt verstanden werden kann.

So entpuppt er sich bei seiner Spionagearbeit, wie Kopp-Marx in ihrer Untersuchung des Romans feststellt, als ein „ausgeprägter Strukturalist"[20], der die Dinge auf ihren Zeichencharakter hin prüft. Seine Spurenlese gilt dabei nicht nur Goethes Zimmer, in dem er seine Schlüsse aus „einer Reihe von Gipsköpfen [...], einem in Erde eingegrabenen Dattelkern, der umfänglichen Privatbibliothek, dem Konvolut von Zeichnungen, [...] verworfener Gedichtversuche [...] und aus

[18] vgl. FK 292: „[...] sie fühlten gleich, sie waren in diesem Fühlen ein und dieselbe Person, Filippo war ein Giovanni und Giovanni war ein Filippo, nur so war es ja zu begreifen, daß sie beide Faustina für sich entdeckt hatten!"

[19] vgl. FK 351 („Am frühen Abend durchfuhren sie die Porta del Popolo [...]") und FK 7 („Am frühen Abend des 29. Oktober 1786 sah der junge Giovanni Beri [...] einen Fremden dem aus nördlicher Richtung auf der Piazza del Popolo eingetroffenen Reisewagen entsteigen.")

[20] Kopp-Marx 2000: 172

Briefen"[21] ziehen muss, sie erstreckt sich ebenso auf Goethes Roman *Die Leiden des jungen Werther*. Hier wird das Lesen zur wirklichen Lektüre, bei der die Schriftzeichen auf ihren möglichen Sinn hin befragt werden, denn Beri glaubt in der Figur des Werther eine literarische Spiegelung Goethes gefunden zu haben: „Die beiden ergänzten einander, nein, im Grunde waren sie ja eine Gestalt, auch dieser Goethe hatte etwas Überhebliches, Schwärmerisches, und anscheinend behielt auch er alle Leidenschaften für sich [...]." (FK 156) Kopp-Marx bezeichnet Beris Zugang zum Buch daher als „ausgesprochen modern": Nicht die Identifikation mit dem Gelesenen wird angestrebt, sondern die Einfühlung in den Autor.[22] In Wirklichkeit aber bleibt Beri von dem Gelesenen nicht unberührt und so offenbart sich in seinem wandelnden Leseverhalten nicht nur seine fortschreitende Veränderung, das Lesen wird vielmehr selbst zum Anstoß der Verwandlung, zur Möglichkeit, „sich selbst als ein anderer zu entwerfen"[23] (vgl. dazu auch S. 153f).

Tatsächlich erfindet sich Beri „nach Goethes literarischer Vorgabe neu, bildet lesend eine empfindsame Seele aus"[24] und nimmt so nicht zuletzt über die Romanlektüre eine „neue nordische Identität"[25] an: „er aß und trank nicht mehr, er wurde schwächer und winselte um Vergebung und Gnade, er las in zerfahrenen Büchern, er schlitterte nur noch durchs Leben" (FK 166). Die Identifikation geht sogar so weit, dass sich Beri schließlich aus Werther sprechen hört, „als habe er seine Stimme diesem unruhigen Menschen geliehen" (FK 328). Wie Kopp-Marx feststellt, gibt es jedoch einen entscheidenden Unterschied zwischen Beri und seinem literarischen Vorbild: Nicht der Selbstmord wird zum Ausweg aus dem Liebesunglück, sondern das Vorhaben, das Erlebte in Schrift zu überführen, die Literarisierung.[26]

Bereits bei Beris Spionagearbeit spielt das Notieren eine wichtige Rolle, erhält er doch den Auftrag, alles, was er sieht, aufzuzeichnen, „damit Dir nichts Wichtiges entfällt" (FK 30). Indem er sich an die Fersen des Fremden heftet, bahnt sich also auch die Schrift ihren Weg in sein Leben: „Beri rutschte auf dem Stuhl nach vorn. Er nahm die Feder

[21] Kopp-Marx 2000: 173
[22] vgl. ebd.: 175
[23] Kopp-Marx 2005: 42
[24] ebd.: 41
[25] ebd.: 42
[26] vgl. Kopp-Marx 2000: 187; Dies. 2005: 41f

aus dem Tintenfaß und versuchte, ganz ruhig zu blieben. Er notierte [...].“ (ebd.) Bald jedoch stößt Beri auf ungeahnte Schwierigkeiten: Goethe ist in Rom „ein Minister ohne Amt“ (FK 118), sein Aufenthalt keineswegs mit konspirativen Absichten verbunden. Da Beri weiß, dass ihn die Wahrheit über Goethes Leben seine Stelle als Spion kosten würde, bleibt ihm also nur eine Möglichkeit – er muss „lügen, ganz dreist“ (FK 97), oder anders ausgedrückt: Er muss auf die Fiktion zurückgreifen:

> Er würde gute, ausführliche Berichte für den Heiligen Vater verfassen! Der Padre glaubte gewiß, daß dieser Goethe in Rom seinen Ministerpflichten nachging, jeder glaubte das, der den Fall so von außen betrachtete, ohne genaue Kenntnis, ohne Spurensuche, ohne das Spürnasenwissen von den Details! Also würde er, Beri, Herrn von Goethe ein abwechslungsreiches Leben verschaffen, auf dem Papier! (FK 121)

Das reine Dokumentieren verwandelt sich so nach und nach in ein Erzählen, der Bericht in eine Geschichte. Bereits bei der mündlichen Präsentation der bloßen Fakten setzt Beri Techniken der Literarisierung ein, denn er will seine Beobachtungen so auftischen, „daß sie in jedem Augenblick Appetit machten auf mehr“ (FK 45).[27] Droht schon hier die Gefahr, „zu dick auf[zu]tragen“ (FK 46), wird die Übertreibung schließlich zum Grundprinzip seiner Berichte, denn Beri muss Goethe eine Biographie schreiben, die das Interesse des Vatikans wach hält. Die Notizen werden daher immer mehr zu Schreibübungen – er streicht, ergänzt, ordnet um, erfindet: „So etwas machte Hunger auf mehr: ein wenig Privates, ein wenig Politik, genau die richtige Masse an Klatsch, um auf solche Leute wie den Padre Eindruck zu machen.“ (FK 202)

[27] vgl. FK 45f: „Er begann mit einigen präzis wirkenden Angaben, schilderte, wo der Fremde sich seit einer Woche aufhielt, kam auf seine Lebensumstände zu sprechen, erwähnte freundlich, ohne seinen Ärger zu verraten, die treue Fürsorge der Familie Collina, blendete die Katze ein, streifte die Aufenthaltsorte des Fremden und näherte sich langsam dem fernen Fluchtpunkt all dieser Linien, dem vor seinem inneren Auge in der Ferne immer deutlicher auftauchenden Bild Seiner Heiligkeit.“

Auf diese Weise entstehen Texte, die, wie Beri selbst meint, so gut erfunden sind, dass sie ebenso gut wahr sein könnten,[28] zugleich wird das Schreiben für ihn aber auch zu einer „lästige[n] [...] Pflicht“ (FK 202). Viel lieber als diese „Lügenberichte“ (FK 282) würde er seine eigene Geschichte von Goethes Aufenthalt in Rom schreiben, nicht mehr im Auftrag des Vatikans, sondern „zu seinem eigenen Ruhme“ (ebd.). An die Stelle der Berichterstattung tritt also nach und nach ein Romanprojekt, aus dem Spion soll ein freier Autor werden, der von der Geschichte einer besonderen Freundschaft erzählt: „Noch in Jahrhunderten würde man nachlesen, wie der Römer Giovanni Beri sich den berühmten Dichter aus dem Norden zum Freund gemacht [...] hatte [...].“ (ebd.)

Die Arbeit als Spion verändert also nicht nur Beris Gehen und Sehen, sie eröffnet ihm über das Schreiben auch einen neuen Zugang zur Sprache. Dabei ist es nicht zuletzt die Nähe zu Goethe, die ihn den ihm bisher fremden Zauber der Sprache entdecken lässt. Bereits bei dessen Aufnahme in die Gesellschaft der Arkadier beginnt Beri, sich über die Wirkung von Worten Gedanken zu machen, verwandelt sich seine Stadt doch in Goethes Rede in die „schönsten Bilder“ (FK 110). Den einfachen Worten das Besondere zu entlocken, „ein wenig Klang, eine überraschende Wendung, ein nie gehörter Gedanke“ (FK 107), das ist für Beri die Kunst der Poesie, „so hätte er, Beri, gerne auch einmal gesungen und gedichtet!“ (FK 108):

> Er, Beri, ein Dichter?! Gott, diese Versammlung brachte ihn auf die seltsamsten, fernsten Gedanken, so etwas hätte er vor Monaten nicht einmal im Traum zu denken gewagt! Jetzt aber, jetzt ... – sein Vergnügen an diesen Dingen hatte mit dem Fremden, hatte mit Goethe zu tun, der hatte etwas in ihm geweckt, keine Kunst, kein Talent, aber doch eine Spur von Interesse! (ebd.)

Seine zunehmende Annäherung an Goethe lässt sich also auch als eine sprachliche Annäherung lesen. Die Späße seiner Freunde vom

[28] vgl. FK 228f: „Beri grinste. Manchmal wußte er selbst nicht mehr, was er noch glauben sollte. [...] Gut, er glaubte längst nicht mehr an Goethes politische Mission, aber er hatte dafür keine endgültigen Beweise. Wem konnte man schon erklären, daß sich dieser Mensch nur in Rom aufhielt, um eine alte Liebe zu vergessen und wieder zum Dichten zurückzufinden? Er, Beri, zweifelt in manchen Augenblicken ja beinahe selbst an seinem Wissen.“

Tiberufer verwandeln sich für Beri immer mehr in „Geschwätz", in einfältiges Geplapper: „Wer von ihnen hatte je nachgedacht über das Sprechen, über die Worte oder gar über den Klang, der aus ihnen hervorzulocken war?" (FK 131) Genau das aber macht Beri, denn um mit Goethe in Kontakt zu treten, muss er sich dessen Sprache verinnerlichen: Er beschafft sich ein Wörterbuch und beginnt, die „schwierige[ ] deutsche[ ] Sprache" (FK 151) zu lernen. Immer mehr wird diese zu einem Teil von ihm, bis er Faustina bei ihrer ersten Begegnung sogar aus Versehen auf Deutsch anspricht: „[...] ‚das ist fein', sagte er, aber warum sprach er Deutsch, warum redete er plötzlich diese schlimme, knarrende Sprache, was war bloß in ihn gefahren?" (FK 161)

So erlangt er nach und nach eine neue Stimme, obwohl diese zunächst noch nicht seine eigene ist. Beim Erlernen der fremden Sprache geht es ihm nämlich weniger darum, eigene Sätze zu sprechen, als vielmehr um das Auswendiglernen von Wendungen, „gut gebaute, vorbereitete Bruchstücke, so daß er sich nie Gedanken machen mußte, sondern sich nur noch zu erinnern brauchte!" (FK 152) Und am Karneval ist es zwar Beri, der das Gesehene beschreibt und in Worte verwandelt, noch aber ist er „Filippos Erzähler [...], *seine* römische Stimme" (FK 310, Hervorhebung der Verfasserin): Beri übersetzt, worauf Goethe ihn hinweist, was sich vor dessen Augen zu Szenen und Bildern formt. Erst mit dem Hineinschlüpfen in das Kostüm des Fremden wird Beri selbst zum Fremden und so erhält auch seine Stimme einen „besonderen Klang, den Giovanni Beri vorher noch nie von sich gehört" (FK 314) hat.

Der Wechsel der Gewänder lässt sich damit tatsächlich als ein „symbolischer Tauschakt" lesen, als „Zeichen für Beris Initiation zum Künstler"[29], ist es doch eine notwendige Bedingung jeder künstlerischen Produktion, „das vormals Bekannte als das eigentlich Fremde zu realisieren"[30]. Auch wenn die Umwandlung des Erlebten in Schrift von Beri auf den unbestimmten Zeitpunkt „irgendwann" verschoben wird[31], wird der Karneval somit zur „Geburtsstunde des Dichters Giovanni

[29] Kopp-Marx 2000: 186

[30] ebd.

[31] vgl. FK 346: „Irgendwann würde er etwas aufschreiben von dieser Geschichte, irgendwann, wenn sich seine Aufregung gelegt hatte und die Sache begann, in Vergessenheit zu geraten."

Beri"[32] – nicht zuletzt auch darum, weil der Leser mit *Faustinas Küsse* vor allem eines in den Händen hält: Beris Sichtweise von Goethes Romaufenthalt (vgl. dazu Kapitel 3.3). Der Roman erweist sich also als hochgradig metafiktional, macht aus Beris Weg durch Rom einen Weg in die Schrift – die Raumbewegung wird zur Schreibbewegung.

3.2 Der poetologische Spaziergang

Obwohl der Umschlagtext des Romans Goethes Aufenthalt in Rom in seinen Mittelpunkt stellt,[33] erweist sich *Faustinas Küsse* nur vordergründig als eine fiktive Biographie Goethes. Wie gezeigt wählt Ortheil in seinem Text vielmehr eine ganz bestimmte Perspektive und legt damit einen deutlichen Schwerpunkt: Es ist Beris Geschichte, die sich vor dem Leser ausbreitet, während ihm Goethes Romaufenthalt nur indirekt, durch Beris Augen präsentiert wird – wodurch er letztlich mehr über den jungen Italiener als über den Dichter selbst erfährt[34]. *Faustinas Küsse* erzählt daher vor allem von Beris Initiation ins Künstlertum, von seinem Weg in die Welt der Sprache und der Schrift, der sich bereits in seiner Arbeit als Spion abzeichnet: Beri heftet sich an Goethes Fersen, lässt ihn nicht mehr aus den Augen und schreibt seine Beobachtungen schließlich auf, bis er nicht nur zu Goethes unsichtbarem Begleiter, seinem „römische[n] Geist" (FK 94), sondern auch zum „Auge" (FK 273) und schließlich zur „römische[n] Stimme" (FK 310) wird.

Die zentrale, Beris Leben nun zugrunde liegende Bewegung ist also die Verfolgung, und das gleich in mehrerlei Hinsicht. Zunächst einmal

[32] Kopp-Marx 2000: 187

[33] vgl. Ortheil, *Faustinas Küsse* 2003: „Goethe in Rom: Sucht er die Liebe, das Leben, den Kunstgenuß?"

[34] vgl. Kopp-Marx 2000: 172f: „Dabei hat Ortheils Vereinheitlichung der Agentenperspektive [...] erzähltechnisch zur Folge, daß von Goethe nur die äußerlich wahrnehmbare Oberfläche zu haben ist [...]. Lieber läßt der Autor Beri für ihn sprechen, der immer wieder Einblicke in die psychische Befindlichkeit seines Beobachtungsobjektes gewährt, indem er über dessen Verhaltensweisen und Reaktionen unentwegt Vermutungen anstellt. Der indirekten Charakterisierung Goethes steht somit eine dezidiert psychologische Erzählhaltung im Fall Beris gegenüber, die kaum einen Winkel seiner Seele unausgeleuchtet läßt und den Leser zum unmittelbaren Zeugen seiner zunehmenden inneren Beunruhigung macht."

in der im grimmschen Wörterbuch aufgeführten Grundbedeutung *„das nachfolgen, nachgehen"*[35]: Indem sich Beri zu Beginn des Romans von seinem Sitzplatz erhebt und in Goethes Richtung aufmacht, setzt auch eine Gehbewegung ein, die sich durch den ganzen Roman zieht: Beri folgt Goethe. Diese Bewegung beschränkt sich aber nicht nur auf Beris Füße, sondern schließt die visuellen Sinne mit ein – auch mit den Augen verfolgt Beri von nun an den anderen. „Verfolgen" kann jedoch auch abstrakter als ein *„nachgehen auf geistigem gebiete"*[36] verstanden werden, in dieser Bedeutung beschreibt das Wort laut grimmsches Wörterbuch das Befassen mit einer bestimmten Sache, *„um etwas zu erreichen"*, aber auch *„um etwas zu erforschen, genau kennen zu lernen"*[37]. In Beris Fall ist diese Nachverfolgung nicht zuletzt eine schriftliche, eine Übertragung in Wort und Text. Dabei lässt sich auch hier ein etymologischer Bezug zum Ausgangswort herstellen: So führen die Brüder Grimm das Verb „verfolgen" auf das lateinische „persequi" zurück[38], das sich wiederum nicht nur mit „verfolgen" oder „nachgehen" übersetzen lässt, sondern ebenso mit „erzählen", „darstellen" oder „beschreiben"[39].

Somit vereint die Verfolgung die Trias des Gehens, Sehens und Notierens. Darüber hinaus weist das Wort jedoch noch auf einen weiteren wichtigen Aspekt hin: Indem Beri Goethe nachgeht, folgt er auch dessen Raumverhalten – das Verfolgen wird zu einem Nachfolgen, einem Nachahmen. Goethe wird so zu einer Spiegelfigur, deren Auftreten für Beri einerseits ganz fremd ist und daher seine Ablehnung findet, ihm aber andererseits auch immer mehr zum Vorbild wird. Diese Ambivalenz drückt sich nicht nur in Beris Verhalten aus[40], sondern ebenso in der Semantik des Wortes. So schwingt in der Verfolgung auch die Bedeutung des feindlichen Nachsetzens mit, und zwar *„entweder um*

[35] *Deutsches Wörterbuch von Jacob und Wilhelm Grimm.* Bd. 25 (1984): 351 („Verfolgung")

[36] ebd.

[37] *Deutsches Wörterbuch von Jacob und Wilhelm Grimm.* Bd. 25 (1984): 349 („verfolgen")

[38] vgl. ebd.: 348

[39] *Stowasser* 1923: 573 („persequor")

[40] Beri will Goethe einerseits für sich gewinnen, sein Freund werden, andererseits glaubt er nur zu seinem früheren Genussleben zurückkehren zu können, indem er Goethe aus seinen Gedanken vertreibt (vgl. FK 131f).

des objectes habhaft zu werden" oder aber *„um es zu verjagen"*[41]. Damit lässt es sich in den Themenbereich der Jagd einordnen, ein Milieu, in dem Thomas Schestag in einem Aufsatz noch ein weiteres Bewegungsverb verortet: das französische „promener", das sich im Deutschen in der „Promenade", der Spaziermeile, niederschlägt. Das Wort geht, so Schestag, auf das Verb „mener" zurück, das der Promenade eine weitaus weniger idyllische Umgebung bietet, als sie vermuten lässt:

> Die ineinandergleitenden Bedeutungen des behutsamen Leitens, Anleitens und Geleits, meist von Tieren durch Menschen, und der Verfolgung als Hetzjagd, wenn Hunde die Spur des Wilds aufnehmen, haben Spuren auch in dem abgeleiteten Verb *pormener, pourmener* und *promener* gelassen [...].[42]

Erst mit der Zeit, so weist Schestag nach, hat sich das Wort vom Vorgang der Verfolgung losgelöst und abgeschwächtere Bedeutungen des Leitens und Lenkens angenommen, um schließlich im gerichteten, aber auch ziellosen Gehen einzumünden.[43]

Auch im Spaziergang lassen sich also – wenn auch verwischte – Spuren der Verfolgung erkennen und tatsächlich beschreibt Ortheil den Spaziergang mit seinem Vater in *Das Element des Elephanten* auf ganz ähnliche Weise wie Beris und Goethes Gang durch Rom: „Auf unseren langen *Wegen* standen die Worte unter der Aufsicht des *Sehens*, nur die betrachteten Gegenstände erhielten einen *Namen* [...]." (EE 64, Hervorhebung von der Verfasserin) Der Spaziergang steht hier also ebenfalls unter dem Gebot des Gehens (der Be*weg*ung), des *Sehens* und des Benennens (der *Namen*gebung). In *Blauer Weg*, einer Sammlung privater wie zeitkritischer Beobachtungen und Notizen, knüpft Ortheil an diese Überlegungen an: Auch als Erwachsener betrachte er die Welt aus der Perspektive des Spaziergängers – er erlebe sie als „Landschaft", als „gekrümmten oder sich windenden Weg", „als Entfernung vom Haus

[41] *Deutsches Wörterbuch von Jacob und Wilhelm Grimm.* Bd. 25 (1984): 348 („verfolgen")

[42] Schestag, Thomas: *Promenaden. Rousseau – Schiller – Hölderlin.* In: Axel Gelhaus, Christian Moser und Helmut J. Schneider (Hrsg.): *Kopflandschaften – Landschaftsgänge. Kulturgeschichte und Poetik des Spaziergangs.* Köln, Weimar, Wien 2007: 99–118, hier: 99

[43] vgl. Schestag 2007: 99

und als Rückweg“ (BW 257). So werde selbst die Stadt, „wider aller Stadtvernunft“ (ebd.), zur Landschaft: „das Gehen“ löse sich „sofort [...] in ein Vermessen und das Vermessen in ein Benennen“ (ebd.) auf.

Der Spaziergang kann also als eigentliche Grundbewegung von *Faustinas Küsse* verstanden werden, auch wenn die Protagonisten des Romans nicht wirklich gemeinsam unterwegs sind: Da Beri Goethe verfolgt, befindet er sich nicht neben, sondern hinter ihm, wodurch beide zu einsamen Spaziergängern werden. Damit rücken sie allerdings weniger in die Nähe von Rousseaus in sich gekehrtem „promeneur solitaire“[44], sondern vielmehr in die des Flaneurs. Auf das Phänomen des Flanierens geht Ortheil bereits in einem 1986 erschienenen Aufsatz ein, in dem er es als eine spezifische Großstadterscheinung identifiziert. Während der „beliebige Passant“[45] in der Szenerie verschwinden will, dabei aber weder sich noch etwas anderes zu fassen bekommt, bringt der Flaneur „die Dinge durch seinen Blick zum Stillstand“[46]:

> Der Flaneur reiht die durch Betrachtungen gedehnten Augenblicke aneinander; er will die Gegenwart beleben, durch den fest eingenommenen Platz und die Stellung, die er den Dingen zu geben weiß. Er muß sich ihrer bemächtigen, aber nicht, um sie zu beherrschen, sondern um sie auszufüllen. Ohne seinen widerständigen Halt würden die Dinge gewissermaßen in sich zusammenfallen; niemand wüßte dann ihre Bedeutung zu transportieren.[47]

Der Flaneur erweist sich also als „Schaulustiger“ (vgl. Kapitel 2.3): Im Gehen und Sehen gibt er den Dingen eine Ordnung und macht aus ihnen signifikante Zeichen. Tatsächlich lässt er sich als ein aus der Natur in die Großstadt versetzter Spaziergänger beschreiben[48], wobei „nicht nur eine bestimmte Gehbewegung, sondern zugleich eine damit

[44] vgl. Rousseau, Jean-Jacques: *Les rêveries du promeneur solitaire*. Paris 1999

[45] Ortheil, Hanns-Josef: *Der lange Abschied vom Flaneur* (1986). In: Ders.: Schauprozesse. München 1990e: 214–233, hier: 214

[46] Ortheil 1990e: 215

[47] ebd.

[48] vgl. Neumeyer, Harald: *Der Flaneur. Konzeptionen der Moderne*. Würzburg 1999: 11: „Folglich hat der Flaneur, was seinen Bewegungsrhythmus betrifft, im Spaziergänger seinen historischen ‚Vor-Gänger‘. Die Differenz zwischen Spazieren und Flanieren besteht im Raum, der begangen wird [...].“

verknüpfte Wahrnehmungsdisposition“[49] auf den städtischen Raum übertragen wird. Entsprechend bezeichnet Andrea Bartl den Flaneur in einem Aufsatz als „Archetypus des Ortheil'schen Schreibens“[50], wobei *Faustinas Küsse* die Genese dieser Figur paradigmatisch nachvollziehe: Mit den Figuren Beris und Goethes seien nicht nur die Diskurse des Gehens, Sehens und Notierens verbunden, die auch den Flaneur charakterisieren[51], sondern auch die Thematik der Fremdheit, die zur Grundbedingung einer solchen Wahrnehmung werde[52].

Allerdings müssen sowohl Goethe als auch Beri zunächst noch in die „Schule des Flanierens“[53] gehen. So eilt Goethe zu Beginn zwar unaufhörlich durch die Stadt und „durchwühlt [sie] mit seinen Augen“ (FK 49), er kann die Eindrücke jedoch nicht ordnen oder zum Stillstand bringen. Stattdessen hortet er sie „in seinem großen Kopf“ und brütet in den Nächten darüber: „Er sammelte sie, aber er lebte nicht mit ihnen.“ (FK 57) Aber auch Beris Flanieren ist noch nicht ausgereift: Sein Gehen und Sehen ist zunächst vor allem ein Nachahmen – als Verfolger Goethes wird er zu dessen Echo, erst als die Stadt auch ihm fremd geworden ist, findet er zu einem eigenen Blick und einer eigenen Stimme. Beide sind also weit davon entfernt, ein „perfekter Flaneur“ zu sein. Einen solchen stellt nicht nur Baudelaire in seinem Essay *Le Peintre de la vie moderne*[54] vor, sondern auch Ortheil in seinem literarischen Reiseführer *Rom. Eine Ekstase*. Denn F., den er hier auf seinem Weg durch Rom begleitet, ist „ein Experte darin, es mit den verschiedensten römischen Stimmungen und Atmosphären aufzunehmen“ (R 94) und wird so zum Flaneur par excellence:

[49] Neumeyer 1999: 11

[50] Bartl, Andrea: *Gehen, Sehen, Notieren. Der Künstler als Flaneur im Werk Hanns-Josef Ortheils.* In: Stephanie Catani, Friedhelm Marx und Julia Schöll (Hrsg.): *Kunst der Erinnerung, Poetik der Liebe.* Göttingen 2009: 141–168, hier: 142

[51] vgl. Bartl 2009: 161: „Beri und Goethe lernen sich die Stadt zu erschreiten, die Stadt wahrzunehmen und ihre Beobachtungen konstruktivistisch künstlerisch umzusetzen.“

[52] Bartl weist in diesem Zusammenhang auf Walter Benjamin hin und erklärt die „Verwandlung des bekannten Raums in den fremden“ zur Grundvoraussetzung des „erfolgreichen Flanierens“ (vgl. Bartl 2009: 147).

[53] ebd.: 160

[54] vgl. Baudelaire, Charles: *Le Peintre de la vie moderne.* Paris 1992

> Bezeichnet wird damit ein Spaziergänger, der sich allein durch die großen Städte treiben lässt, ausschließlich seinen eigenen Passionen und Interessen folgt und immer dort verweilt, wo die Umgebung diesen Passionen und Interessen etwas zum Genuss offeriert. (R 75)

Die Flanerie erweist sich hier als eine Art Lebenskunst, eine lustvolle Verwandlung der Welt in ein Gesamtkunstwerk (vgl. R 75–111), bei der selbst das Essen zu einer wahren „Genuss-Komposition" (R 90) wird. So verwundert es nicht, dass nicht nur Baudelaires „parfait flâneur" immer auch ein „artiste"[55] ist, sondern auch Ortheils römischer Flaneur „natürlich ein Schriftsteller" (R 76), der immer dann ein Interesse für seine Umgebung aufbringt, wenn diese ihm ein „poetisches Motiv" (ebd.) anbietet:

> Plötzlich verwandeln der Alltag und die Umgebung sich für einen kurzen Augenblick, und ein beliebiges Detail wirkt auf überraschende Weise so, als gehöre es nicht in die reale Welt, sondern in die Welt der subjektiven Phantasien und Vorstellungen und damit in die Welt des Imaginären. (ebd.)

Die Welt des Imaginären ist aber nichts anderes als „die ‚poetisierte' Welt, deren Elemente nur darauf warten, bearbeitet, gestaltet, ‚erzählt' zu werden" (ebd.), und entsprechend zückt auch der römische Flaneur das für die ortheilschen Protagonisten charakteristische Notizbuch, um das Gesehene schließlich aufzuschreiben (vgl. R 85f).

Das Flanieren wird also zum initialen Moment des Künstlertums, worauf auch *Faustinas Küsse* hinweist. Denn es scheint eben dieses „poetische Motiv" zu sein, nach dem Goethe auf der Suche ist, dessentwegen er „so angestrengt von Hügel zu Hügel" (FK 90) läuft und die Umgebung mit seinem „seltsamen Minutenblick" (FK 56) zu bannen versucht. Im Panoramablick vom Palatin fügt sich der Raum endlich zu einem Bild zusammen: „Wie schön war dieser abendliche Glanz, die Farbigkeit all dieser Erscheinungen hier [...]! Es ist eine Abstufung und eine Harmonie in dem Ganzen, wovon man bei uns im Norden gar

[55] vgl. Neumeyer, der sich hier auf Baudelaires Schriften *Les foules* und *Le peintre de la vie moderne* bezieht: „Baudelaire bestimmt Flaneur und Künstler wechselweise aneinander, der Flaneur wird mit Qualitäten eines Künstlers angereichert, der Künstler mit Attributen eines Flaneurs versehen, so daß sie in der Figur eines Künstler-Flaneurs verschmelzen." (Neumeyer 1999: 70)

keinen Begriff hat ...“ (FK 270). Der Weg zur Gestaltung, zur „Erzählung“ des poetisierten Raumes ist nun nicht mehr weit, und so fängt Goethe am Ende des Romans an, Rom zu bedichten.

Ähnliches lässt sich bei Beri beobachten: Auch in ihm regt sich immer mehr der Wunsch, aus den vielen Eindrücken Roms einen „großen Gesang“ (FK 311) zu machen, folgerichtig endet sein zweiter Karnevalsbesuch in einem ununterbrochenen Erzählen und Sprechen[56]. In Beris Fall offenbart sich jedoch noch eine weitere Analogie zum Schriftstellertum. Während seiner Arbeit als Spion entsteht nämlich ein echtes Romanprojekt, dessen Sujet schon sehr früh feststeht: Es ist Goethe, dem Beri „ein abwechslungsreiches Leben [...] auf dem Papier“ (FK 121) verschaffen will. Um dieses Meisterwerk zu bewältigen, muss Beri ebenfalls unterwegs sein, sein Gehen ist hier allerdings keine ziellose Flanerie mehr, sondern eine fokussierte Spurensuche, die aus dem Spion einen Autor macht.

Die Bewegung durch den Raum wird damit endgültig zu einem „Ausdruck des schöpferischen Prozesses“[57] und damit zu einem metafiktionalen Mittel. Tatsächlich dient der Spaziergang in zahlreichen Texten der Literaturgeschichte als Schreibmetapher. Die „abstrakte Analogie“[58] zwischen Gehen und Denken, Gehen und Schreiben oder Gehen und Lesen kennt schon die Antike[59] und so erweisen sich Texte, in denen die Thematik des Spazierengehens im Zentrum steht, als ein „Fundus poetologischer Aussagen“[60]: Von Rousseaus *Rêveries* über Büchners *Lenz* bis hin zu Robert Walsers *Spaziergang* und Thomas

[56] vgl. FK 314: „Und so setzte Beri, um sich ganz zu beruhigen, seine Erzählungen fort und sprach von den Frauen, die sich im Carneval als Männer verkleideten, und von den Männern, die mit entblößter Brust schöne Frauen nachäfften. Er sprach ununterbrochen [...].“

[57] Niccolini, Elisabetta: *Der Spaziergang des Schriftstellers: „Lenz“ von Georg Büchner, „Der Spaziergang“ von Robert Walser, „Gehen“ von Thomas Bernhard.* Stuttgart 2000: 14

[58] Moser, Christian und Helmut J. Schneider: *Einleitung. Zur Kulturgeschichte und Poetik des Spaziergangs.* In: Axel Gelhaus, Christian Moser und Helmut J. Schneider (Hrsg.): *Kopflandschaften – Landschaftsgänge. Kulturgeschichte und Poetik des Spaziergangs.* Köln, Weimar, Wien 2007: 7–27, hier: 16

[59] vgl. Niccolini 2000: 40: „Bereits in den ersten literarischen Dokumenten einer Poetik des Gehens steht also die poetologische Frage nach der Herkunft, modern gesagt nach der Transzendenz des Schreibaktes, an zentraler Stelle [...].“

[60] ebd.: 15

Bernhards *Gehen* – überall wird aus dem Spaziergang durch den Raum ein Spaziergang auf dem Papier[61], erweist sich die Suche nach dem richtigen Weg als eine Suche nach dem richtigen Wort.[62] Entsprechend schreibt Niccolini in ihrer Untersuchung *Der Spaziergang des Schriftstellers*:

> Meiner Meinung nach steckt in den meisten Ausführungen, Notizen und Erzählungen über das Spazierengehen eine mehr oder weniger deutliche, mehr oder weniger bewußte ästhetische Auseinandersetzung des Autors mit dem eigenen Schreiben, mit dessen Sinn.[63]

Bei Ortheil wird diese Analogie ganz explizit, macht er den Spaziergang doch auch in seinem poetologischen Text *Wie Romane entstehen* zur Grundlage seiner Überlegungen. So beschreibt er in diesem gemeinsam mit seinem Lektor Klaus Siblewski herausgegebenen Werk eine ganz bestimmte, dem Prozess der Romanentstehung zugrundeliegende Form der Wahrnehmung, die er als *„Roman-Disposition“* (WR 18) bezeichnet. Sie wird für ihn zur Voraussetzung des literarischen Schreibens, bedingt sie doch sowohl einen „besonderen Hang zum Notieren und Skizzieren“ als auch „spezifische Eigenarten des Sehens und Begreifens“ (ebd.). Ortheil verweist an dieser Stelle ganz explizit auf seine eigene „Roman-Disposition“ und bezieht sich dabei erneut auf die Spaziergänge mit seinem Vater, die er zu einem *„Studium der Welt“* (WR 24) erklärt:

> Vater und Sohn bewegen sich auf ihren Wanderungen und Reisen ununterbrochen in einem großen Raum, den sie Detail für Detail zu *studieren* versuchen. Dabei entsteht eine die einzelnen Beobachtungen fixierende, schriftlich festgehaltene Detail-Sammlung, in der ein Detail neben dem anderen steht. (ebd.)

Auf diese Weise werde der „die Gehenden und Wandernden umgebende Kosmos in der Sprache noch einmal geboren, er wird

[61] vgl. Niccolini 2000 sowie Albes, Claudia: *Der Spaziergang als Erzählmodell. Studien zu Jean-Jacques Rousseau, Adalbert Stifter, Robert Walser und Thomas Bernhard*. Tübingen, Basel 1999

[62] vgl. Wellmann, Angelika: *Der Spaziergang. Stationen eines poetischen Codes*. Würzburg 1991: 12

[63] Niccolini 2000: 48

gleichsam sprachlich neu erschaffen und dem Erinnerungsvermögen des Notierenden anheimgegeben“ (WR 25). Es entstehe eine neue Welt, ein enzyklopädisch angelegtes Archiv der Notizen und Erinnerungen, das nicht zwangsweise auf ein Romanprojekt abzielt. Allerdings drängen diese „*Welt-Folien*“ geradezu dahin, „in längere Erzählwerke überführt zu werden“ (WR 35) und so ein „poetische[s] Universum[ ]“ (WR 48) zu erschaffen.

Der Schriftsteller rückt also erneut in eine unmittelbare Nähe zum Flaneur: An die Stelle des „poetischen Motivs“ tritt hier das „*Faszinosum*“ (WR 54), das zur Keimzelle des Romans wird und immer dann entsteht, wenn sich mit einem Mal „mehrere konkrete Details zu einer Szene oder einem Bild verdichten, die von nun an eine hohe Suggestion ausüben“ (WR 54f). Es ist die „*Aufforderung* oder *Lockung* [...] eine bestimmte Figur zu begleiten, einen bestimmten Raum zu betreten oder einen noch offenen Text weiterzuschreiben“ (WR 77) – die Einladung zur erneuten Spurensuche also, die jetzt aber gezielter ist als bisher und bereits unter der Herrschaft des Roman-Projekts steht: „Das anfänglich intuitiv entstandene *Faszinosum* des Romans verwandelt sich auf dem Weg eines immer weiter entwickelten *Ausphantasierens* in eine dem Romanautor *nahe* Welt [...]“ (WR 87), bis die Spurensuche des Autors schließlich nicht mehr im eigenen Auftrag erfolgt, sondern *„im Auftrag des Romans“* (WR 104).

Der Spaziergang generiert also nicht nur den Flaneur, sondern auch den Autor, der sich bei Ortheil als ein Experte des Flanierens, als „parfait flâneur“ herausstellt. Immer wieder weist Ortheil auf diese Analogie von Gehbewegung und Schreibbewegung hin, nicht zuletzt im Zusammenhang mit der Entstehungsgeschichte von *Faustinas Küsse*. So beschreibt er in mehreren Texten[64], wie es ihn 1991 selbst nach Rom verschlagen habe, im Gepäck zwei Romanprojekte, die im späten 18. Jahrhundert spielen. Um in diese Zeit einzutauchen, sei er durch die Stadt flaniert, schließlich sei das historische Zentrum Roms noch beinahe im gleichen Zustand wie vor zwei Jahrhunderten. Bei dieser Sammlung von „Material und ‚Welthaltige[m]‘“ (WR 95) habe sich aber

[64] vgl. dazu WR 94–100 sowie die beiden Aufsätze *Die Geheimnisse des Herrn von Goethe in Rom. Zur Entstehung des Romans Faustinas Küsse* (in: Gerd Herholz (Hrsg.): *Experiment Wirklichkeit. Poetikvorlesungen und Vorträge zum Erzählen in den 90er Jahren*. Essen 1998: 18–34) und *Selbstversuch am offenen Herzen* (Ortheil 2000)

mit einem Mal eine ganz neue Romanidee entzündet. Zum „Faszinosum“ wird Ortheil ein offener Text: Es ist Goethes *Italienische Reise*, in der er einerseits seine eigene Rom-Begeisterung gespiegelt sieht, die für ihn andererseits aber auch „voller blinder Stellen“[65] ist und so zu „eine[r] einzige[n] Enttäuschung“[66] wird. Doch gerade diese Enttäuschung setzt sich schließlich in ein Verlangen um, „die Leere der blinden Stellen zu füllen“[67] und damit in ein neues Romanprojekt.

Als hilfreich erweisen sich dabei nicht nur die Kupferstiche Giovanni Piranesis, die „das alte Rom aus dem Blickwinkel des beeindruckten Wanderers und Spaziergängers“ (WR 95) zeigen, sondern auch ein Stadtplan des Italieners Nolli aus dem Jahr 1748, der „das weite Panorama der Stadt aus der Vogelperspektive“ entwirft (ebd.). Mit diesen beiden Quellen erforscht Ortheil das Rom der Vergangenheit, doch auch in der Gegenwart erweist sich die Stadt als ein ergiebiges Terrain – er wird zum professionellen Flaneur, seine Gänge zu einer Spurensuche:

> In den nächsten Tagen und Wochen durchstreifte ich genau jenen Raum, in dem sich auch Goethe während seines römischen Aufenthalts bewegt hatte. Ich begann meine Spaziergänge und Wanderungen vor dem Haus, in dem er zusammen mit einigen deutschen Malerfreunden gewohnt hatte, ich folgte den Wegen und Straßen, die er zu den römischen Sehenswürdigkeiten eingeschlagen hatte, ich schaute mir die Wohnungen und Häuser all der Freunde und Bekannten an, in denen er seine Tage und Nächte verbracht hatte, ja ich folgte selbst den unauffälligsten *Spuren*, die in der *Italienischen Reise* auftauchten. (WR 99)

Mit Goethes Tagebüchern und Briefen bietet sich ihm darüber hinaus noch weiteres Material, das er – wenn auch nicht zu Fuß, dann doch mit den Augen – auf Hinweise nach Goethes eigentlichem Aufenthalt in Rom durchsucht.[68] So werden nach und nach die Lücken in der *Italienischen Reise* gefüllt, mit Hilfe der Quellen „las und entdeckte ich Goethes Rom-Aufenthalt plötzlich neu, ich las und entdeckte ihn mit *neuen Augen* [...].“ (WR 99) Dieser „Gedanke, Goethes römischen

[65] Ortheil 2000: 231
[66] Ortheil 1998: 19
[67] Ortheil 2000: 231
[68] vgl. Ortheil 1998: 20f

Aufenthalt gleichsam mit meinen eigenen Augen zu betrachten“[69] wird ihm dabei zugleich auch zum „Gedanke[n] einer neuen Autorschaft“: „[...] nicht Goethe schreibt für mich seine ‚Italienische Reise‘, sondern ich schreibe die Szenen einer ‚Italienischen Reise‘ für Goethe.“[70] Statt sich also mit den „meist nichtssagenden, knappen und trockenen Kommentaren Goethes zu begnügen“, schlüpft er in die Rolle eines Betrachters: „Diese kopernikanische Wende, dieser Grundgedanke, Goethe aus der Perspektive eines geheimen Beobachters zu verfolgen, war das zentrale Motiv eines Romans: Ich wollte zu Goethes Spion werden ...[71]

Spätestens hier fallen die Parallelen zu *Faustinas Küsse* auf: Ortheil beschreibt Beris wie auch sein eigenes Erleben von Goethes Ankunft als Faszinosum – Beri beobachtet sie vom Rande der Piazza del Popolo aus, Ortheil von demselben Platz, allerdings mit Blick auf Goethes *Italienische Reise*, als eine „literarisierte Ankunft“ also[72]. Vereint sind beide zudem in ihrem Unverständnis gegenüber diesem seltsamen Reisenden: Für Beri ist er eine schillernde Gestalt, die er nicht einordnen kann (vgl. FK 7ff), und auch in Ortheils Augen bleibt Goethe in seinem Bericht seltsam unkonkret. In Autor wie Romanfigur erwächst daher der Wunsch, sich diesem Fremden anzunähern, seinem Geheimnis auf den Grund zu kommen: „So wie Giovanni Beri das Dunkel um Goethes Rom-Aufenthalt aufklären will, möchte ich zu der geheimnisvolleren, tieferen Lesart von Goethes Rom-Aufenthalt vordringen [...].“[73]

Beide heften sich also von nun an an Goethes Fersen: Beri verfolgt ihn durch die Straßen des Roms Ende des 18. Jahrhunderts, Ortheil sucht nach seinen Spuren in schriftlichen Quellen, auf alten Karten und in der römischen Gegenwart, verwandelt sich so aber, wie er schreibt, zunehmend in einen Mann, „der Goethes Spuren im späten achtzehnten Jahrhundert Schritt für Schritt folgte, der ihn beobachtete und studierte [...]“ (WR 100). Dabei fügen sich die Zeichen und Spuren für ihn immer

[69] Ortheil 1998: 21
[70] ebd.
[71] ebd.
[72] vgl. Ortheil 2000: 230: „Ich sitze im Sommer 1991 auf der römischen Piazza del Popolo, etwas abseits, im Schatten, ich lese in Berichten, die Rom-Ankömmlinge aus dem Norden in vergangenen Jahrhunderten über ihre Ankunft auf genau diesem Platz geschrieben haben.“
[73] ebd.: 241

mehr zu einer Geschichte zusammen, zu einem „Gegen-Text“[74], der Goethe ebenfalls „ein abwechslungsreiches Leben [...] auf dem Papier“ (FK 107) verschaffen will. Was Ortheil über Beris Flanerie durch Rom notiert, wird damit zur Spiegelung seines eigenen Wegs durch die Stadt:

> Giovanni Beri machte sich auf den Weg, er *ging* hinter Goethe her [...]. Legte Goethe eine Vielzahl von Spuren, so verfolgte Beri diese Spuren, um aus ihrer Vielzahl eine *Geschichte* zu machen. Jede *Spur* erschien ihm wie ein *möglicher Baustein* zu einer möglichen *Gesamt-Architektur*, und so setzte er auf seinen Wegen immer aufs Neue die bereits gefundenen *Elemente des Baus* zusammen, indem er laufend neue *Bauskizzen* und *Baupläne* entwarf. (WR 102f)

Der Weg durch Rom wird also zu einem Weg in den Roman und das gleich in doppelter Hinsicht: Nicht nur Beris Raumbewegung mündet im Schreiben, auch *Faustinas Küsse* wird zum Ergebnis einer künstlerischen Flanerie.

Folgt man den poetologischen Kommentaren des Autors, handelt der Roman also von nichts anderem als von seiner eigenen Entstehung. Diese Engführung von Romanentstehung und Romanhandlung macht den Text endgültig zur Metafiktion, reflektiert er doch ganz offensichtlich nicht nur das Schreiben, sondern sogar den ihm selbst zugrunde liegenden Schreibakt. Als Spiegelung seiner eigenen Entstehung erweist sich der Roman aber noch in einem ganz anderen Sinne als selbstreflexiv: Indem er seinen eigenen Gang durch Rom zum Hintergrund von Beris Spurensuche macht, gibt Ortheil dem Roman eine autobiographische Prägung.

Dass dies durchaus beabsichtigt ist, wird in dem Essay *Selbstversuch am offenen Herzen* deutlich. Hier schreibt Ortheil, Goethes *Italienische Reise* habe keineswegs nur aufgrund ihrer Lückenhaftigkeit einen Reiz auf ihn ausgeübt, sondern auch aus einem autobiographischen Reflex heraus: Das „Dunkel, in das Goethes römische Wege führen“ sei auch „ein Teil jenes Dunkels, in dem für mich meine eigene römische ‚Frühzeit‘ verborgen ist“[75]. Wie Goethe habe auch er nach seinem Abitur zum neuen Menschen werden wollen und sich daher bei seinem ersten Romaufenthalt ebenfalls einen anderen Namen gegeben:

[74] Ortheil 2000: 243
[75] ebd.: 236

„‚Giovanni‘ ist das Phantasma einer Figur, der Gestalt eines jungen Deutschen, der römische Züge annehmen will“[76]. Doch nicht nur Goethe, auch Beri wird für ihn zu einer Spiegelfigur, in die „Momente [d]er eigenen Wünsche und Sehnsüchte eingegangen“[77] seien, folgerichtig gibt er ihm seinen „eigenen römischen Vornamen“[78].

Ortheil weist hier also ganz explizit auf das Spiel mit dem Namen hin, das er auch in anderen Romanen betreibt – Giovanni erhält seinen römischen Namen, der wiederum eine Übersetzung des deutschen „Johannes“ ist, welcher nicht nur auf Goethes Vornamen hindeutet, sondern sich auch in dem des Autors versteckt: Hanns-Josef. Dieses Sich-Einschreiben in den Text findet eine Entsprechung in dem Wunsch, Goethes „erste[ ] Bewegungen [...] mit eigenen Augen“[79] zu sehen. Dieser scheint in Ortheils Erschaffung eines „Ersatzobjekt[s]“[80] zumindest eine partielle Verwirklichung zu finden – nicht er selbst habe zwar Goethes Spuren folgen können, ein anderer jedoch habe die Rolle des Spions für ihn übernommen: „Und wer konnte dieser Doppelgänger und Bruder sein, wenn nicht jener junge Römer mit Namen Giovanni Beri [...]?“ (WR 100)

Auch hinter der vermeintlichen Künstlerbiographie steht also ganz offensichtlich ein „*Spiel mit dem Selbst*“[81], womit sie in eine unmittelbare Nähe zu dem Essay *Das Element des Elephanten* rückt: Wie der Essay handelt der Roman von den Anfängen des Schreibens und wie dieser inszeniert er dieses Ereignis als räumliche Bewegung. Der Spaziergang macht aus dem Schreibakt eine Vermessung der Welt, eine existenzielle Notwendigkeit, die das Fremde auf dem Papier ordnet und bannt. Er verweist darüber hinaus aber auch ganz explizit auf die Urszene des Essays, den Austritt aus der Stille, den der kleine Junge an der Hand des Vaters erlebt.

In der Tat wiederholt sich in Beris und Goethes Gang durch Rom letztlich der Spaziergang von Vater und Sohn. Denn auch wenn die beiden meist alleine unterwegs sind, empfindet Beri doch von Beginn an eine seltsame Verbundenheit mit dem Fremden: „Denn, richtig, ja, in

[76] Ortheil 2000: 236
[77] ebd.: 241
[78] ebd.: 239
[79] ebd.: 232
[80] ebd.: 241
[81] ebd.: 243

einem ganz bestimmten Sinn fühlte er, Beri, sich mit diesem Goethe verwandt!" (FK 120) So sieht er sich bald nicht mehr als Verfolger Goethes, sondern als dessen römischen Begleiter, der den Fremden in Rom heimisch und ihn so wieder ins Dichtertum führen will. In diesem Wunsch, Goethes Begleiter zu werden, ihn quasi an die Hand zu nehmen und ihm seine Stadt näherzubringen, lebt der Gedanke des gemeinsamen Gangs durch die Natur weiter. Dass Beri dabei selbst über das Gehen, Sehen und Notieren zur Sprache findet, lässt diese Bewegung nicht nur zu einem autobiographischen Motiv, sondern sogar zur Grundlage des Romans werden: Die ästhetische Vermessung der Welt wird zu einer zentralen Erzählbewegung, mit der sich Ortheil erneut in den Text einschreibt.

Der Spaziergang erweist sich also nicht nur als Schreib- sondern auch als Lebensmetapher und erhält als solche schließlich selbst in den dezidiert poetologischen Texten eine Bedeutung. So kann zwar kaum überraschen, dass sich ein Text wie *Selbstversuch am offenen Herzen* als Autopoetik erweist, spricht Ortheil in ihm doch von der Entstehung des eigenen Romans. Der Aufsatz nimmt diesen Schreibakt jedoch keineswegs zum Ausgangspunkt, sondern stellt die Entstehung von *Faustinas Küsse* in den Kontext einiger grundsätzlicher *Nachforschungen zum Thema „Literarische Kreativität*" – so der Untertitel des Textes. Interessanterweise erinnert der Kreativitätsprozess, der in Anlehnung an Henri Poincaré als eine Abfolge von Materialsammlung (Präparation), Verarbeitung (Inkubation), plötzlicher Erkenntnis (Illumination) und Ausarbeitung (Verifikation) beschrieben wird,[82] ebenfalls an die Spurensuche des römischen Flaneurs: Die „Ideensammlung" und die „Materialbeschaffung"[83] finden ihre Entsprechung im ständigen Gehen und Sehen, der „erhellende Blitz"[84] in der plötzlichen Inspiration durch ein Detail der Umgebung, die „ästhetische Bändigung und Organisation"[85] im Weiterdenken und Notieren.

Der Spaziergang wird hier also erneut zum Hintergrund des künstlerischen Prozesses, was auch den theoretischen Ausführungen eine persönliche Prägung gibt. Folgerichtig bildet der Spaziergang mit

[82] vgl. Ortheil 2000: 237
[83] ebd.
[84] ebd.
[85] ebd.

der Tochter – als unmittelbare Variante des eigenen Spaziergangs mit dem Vater – den Anfangs- und Endpunkt des Aufsatzes: „Ich gehe mit meiner bald vierjährigen Tochter spazieren, ich erkläre ihr den Wald [...].“[86]

3.3 Der Eintritt in die Schrift

Wie im vorangegangenen Kapitel beschrieben, verbirgt sich hinter der Grundbewegung des Romans nicht zuletzt eine Schreibbewegung: Zwischen den Zeilen liest sich Beris Weg durch den Roman als ein Weg ins Künstlertum. Auch wenn die eigentliche Verschriftlichung des Erlebten nur als zukünftiges Projekt thematisiert wird, spielt der Akt des Schreibens daher eine wichtige Rolle innerhalb des Romans. So ist nicht nur Beris Arbeit als Spion von einem ständigen Notieren begleitet, auch das Romanende weist auf die finale Literarisierung des Erlebten hin: Goethe ist endgültig aus dem Roman verschwunden, an seiner Stelle kommt Beri in der ehemals so vertrauten Stadt Rom an: „Am frühen Abend durchfuhren sie die Porta del Popolo [...]“ (FK 351) heißt es hier – eine deutliche Reminiszenz an den Romanbeginn, wird dieser doch ebenfalls mit den Worten „Am frühen Abend [...]“ (FK 7) eingeleitet.

Dieses Eigenzitat kann nicht nur als Hinweis auf Beris Übernahme von Goethes Identität gelesen werden (vgl. S. 126ff), es gibt dem Roman auch eine Kreisförmigkeit und rückt Anfang und Ende in eine unmittelbare Nähe zueinander: Indem der Roman in seiner finalen Szene an den Anfang zurückkehrt, spielt er darauf an, dass der gesamte Text letztlich aus der Perspektive Giovanni Beris erzählt ist und damit weniger eine Künstlerbiographie, als vielmehr Beris ganz eigene „Wahrheit über diesen seltsamen Menschen“ (FK 265) darstellt. Beris Romanprojekt – die Geschichte, „wie der Römer Giovanni Beri sich den berühmten Dichter aus dem Norden zum Freunde gemacht und ihm dadurch geholfen hatte, dem Norden ganz zu entkommen“ (FK 282) – ist also letztlich nichts anderes, als der Roman *Faustinas Küsse* selbst.

Eine solche Erzählschleife lässt sich in zahlreichen Romanen Ortheils finden: Immer wieder überführen seine Protagonisten das Erlebte in die Schrift und beginnen am Ende eben die Geschichte zu

[86] Ortheil 2000: 227

erzählen, die der Leser gerade in den Händen hält. *Die große Liebe* etwa führt ganz explizit aus, worauf *Faustinas Küsse* nur anspielt. So steht Giovanni nicht nur aufgrund seines Namens und seiner Reise nach Italien in einer unmittelbaren Nachfolge zu Giovanni Beri. Er wird vielmehr im Verlauf des Romans ebenfalls vom bloßen Texter zum Autor: Sein Notizbuch, das ihm eigentlich für seine Arbeitsnotizen dienen soll, verwandelt sich immer mehr in einen Text über seine Liebe zu Franca, der im Roman durch seine kursive Schrift von den restlichen Passagen abgesetzt ist. Nach und nach wird so aus dem Notieren ein Schreiben, aus flüchtigen Beobachtungen Poesie – Stichworte genügen ihm nicht mehr: „[...] ich wollte so etwas wie Präzision, Klarheit, ja sogar Schönheit, eine exakte, anschauliche Schrift, die das Gesehene nicht nur streifte, sondern vor dem inneren Augen noch einmal entstehen ließ." (GL 264)

Immer noch sind es Szenen, Bilder, Momentaufnahmen, die in dem Notizbuch ihren Niederschlag finden, doch beginnen sie Gestalt anzunehmen und sich aneinanderzureihen, wie Perlen an einer Kette. Und so verschwindet allmählich die Trennlinie zwischen dem, was kursiv und dem, was gerade abgedruckt ist, zwischen Gesehenem und Geschriebenem – die Welt beginnt, sich ganz in Literatur aufzulösen:

> [...] es machte mir immer mehr Vergnügen, solche Beobachtungen festzuhalten, am liebsten hätte ich noch weiter ausgeholt, die eine Beobachtung mit der nächsten zu verbinden, das würde dann, dachte ich plötzlich, eine Erzählung der letzten Tage ergeben, und auf diese Weise entstünde am Ende vielleicht sogar ein Roman. (GL 265)

Bereits im Gespräch mit Francas Verlobtem Gianni Alberti spielt Giovanni auf diesen Zusammenhang an: Auf seine Beziehung zu Franca angesprochen, antwortet er nämlich, diese sei letztlich nichts anderes als *„Die große Liebe"* (GL 234): „Wir befinden uns [...] in einem Roman, [...] Franca und ich – wir schreiben gleichsam an einem Roman, es ist ein beinahe klassischer Liebesroman [...]." (ebd.)

Der Einwand von Gianni Alberti, solche Gedanken seien „etwas für Romane und poetische Abhandlungen" (ebd.), trägt also durchaus einen wahren Kern: Wie *Faustinas Küsse* ist der Liebesroman letztlich nichts anderes als Giovannis Geschichte seiner Begegnung mit Franca, die zugleich ihre eigene Entstehung miterzählt, sich also als hochgradig metafiktional erweist. Eben darauf rekurriert die Erzähltechnik des

Textes, denn auch dieser Roman wiederholt am Ende die Worte, mit denen er beginnt: „*‚Plötzlich das Meer, ganz nah' – mit diesem Satz habe ich zu schreiben begonnen, meine Notizen liegen neben mir, ich schreibe,* [...] *ich reise, ich bin erneut unterwegs ...*" (GL 315) Diese Zirkelschleife weist die Geschichte endgültig als (den Roman) *Die große Liebe* aus und macht Giovanni zu seiner eigenen Romanfigur.

Genette bezeichnet eine solche Erzähltechnik als Metalepse, als unerlaubte Transgression narrativer Ebenen: Die „bewegliche, aber heilige Grenze zwischen zwei Welten: zwischen der, in der man erzählt und der, von der erzählt wird"[87], wird überschritten. Tatsächlich widerspricht dieser Übertritt der eigentlichen Logik eines Textes, geht diese doch grundsätzlich von der Abgeschlossenheit diegetischer Welten aus. Eben diesen „Autonomiestatus der Kommunikationsebenen"[88] unterläuft jedoch das metaleptische Erzählen: Der Autor wird zur Figur seiner eigenen Geschichte oder die Protagonisten treten in das Leben ihres Autors ein, ja wenden sich sogar an den Leser des Romans und überschreiten so letztlich die Grenze des Buches. Genette führt mehrere Beispiele für ein solches Eindringen „des extradiegetischen Erzählers oder narrativen Adressaten ins diegetische Universum [...] oder auch [...] das Umgekehrte"[89] an – etwa wenn Diderot in *Jacques le Fataliste* darüber sinniert, wie die Geschichte zu Ende geführt werden soll oder aber Sterne in *Tristram Shandy* den Leser dazu auffordert, die Tür zu schließen[90]. Folgenreicher erweist sich die Transgression allerdings bei dem argentinischen Schriftsteller Julio Cortázar: In dessen Erzählung *Park ohne Ende* wird der lesende Protagonist von einer aus seiner eigenen Lektüre stammenden Figur ermordet[91] – eine extreme Form der Metalepse und daher eines der prominentesten Beispiele für eine solche Erzählweise.

Bei Ortheil lässt sich jedoch eine gegenläufige Bewegung feststellen: Die Protagonisten werden zum Teil ihrer eigenen Narration und verwandeln sich auf diesem Weg vom Autor in eine Romanfigur. Die Metalepse kann so als eine zweite Erzählbewegung verstanden werden,

[87] Genette, Gérard: *Die Erzählung*. München 1998: 168f

[88] Mahne, Nicole: *Transmediale Erzählmodelle: Eine Einführung*. Göttingen 2007: 31

[89] Genette 1998: 168

[90] vgl. ebd.: 168f

[91] vgl. ebd.: 168

die wie der Spaziergang die ortheilschen Texte prägt: Während dieser das Schreiben vor allem als ein unablässiges Gehen, Sehen und Notieren und damit als ästhetische Vermessungsarbeit ausweist, deutet die Erzähltechnik der Metalepse auf ein Schwellenereignis hin. In der Tat erinnert Genettes Theorie der Metalepse in mancherlei Hinsicht an Lotmans Raumsemantik (vgl. Kapitel 2). So verweist auch Lotman auf eine Art „heilige Grenze zwischen zwei Welten“[92], deren Unüberwindbarkeit eigentlich vorausgesetzt wird. Die Überschreitung der „grundlegenden topologischen Grenzen in der Raumstruktur“ erweist sich laut ihm daher stets als ein Akt der Rebellion: „Die Bewegung des Sujets, das *Ereignis*, ist die Überwindung jener Verbotsgrenze, die von der sujetlosen Struktur festgelegt ist.“[93] Obwohl es bei Genette nicht um die Grenze zwischen den räumlichen, sondern den narrativen Ebenen eines Textes geht, lassen sich hier deutliche Parallelen ausmachen – nicht ohne Grund benutzt er bei seiner Beschreibung die Begriffe der „Transgression“ und „Grenze“[94]: Der Übergang in die Schrift wird zu einer räumlichen Bewegung, einem Wechsel zwischen verschiedenen Welten.

Tatsächlich findet sich in *Die große Liebe* das entsprechende Bild für eine solche Schreibbewegung. So begeben sich Franca und Giovanni an einer Stelle des Romans auf die Hochebene des *Piano Grande*, einem „geheimnisvollen, entrückten Ort“ (GL 251) in den Bergen. Diese „Gegenwelt zu den Tiefenfarben des Meeres“ (GL 255) erweist sich als eine ganz und gar verlassene Gegend, „als habe sie niemals ein Mensch betreten“ (GL 254). Nur eine kleine Ortschaft befindet sich hier, eine „bloße Ansammlung von einigen Wänden, ins Nichts verlaufenden Treppen und wenigen Häusern“ (GL 256):

> Das Sonderbarste aber waren die frei stehenden, von der Witterung längst gebleichten, kurz vor dem Zerfall stehenden Mauern, die mit weißen, prunkenden Schriftzeichen bedeckt waren, sie begannen wie auf rarem Pergament ganz oben links und schmückten in engen Zeilen die Mauern dann ganz lückenlos, es waren Gedichte oder eine Art hymnische Prosa, [...] ein Schriftgestöber über die Liebe, Liebesregeln und Liebeszauber [...]. (ebd.)

[92] Genette 1998: 168.

[93] Lotman 1989: 338

[94] vgl. Genette 1998: 167f

Gemeinsam gehen die Protagonisten durch diese „grauen Kulissen" (GL 257) aus Worten, bis sie sich „[m]itten in einem zum Himmel offenen Raum mit solch engbeschriebenen Wänden" (ebd.) niederlegen: „[...] wir lagen wie festgeschnürt oder zusammengewachsen, aus Vorzeiten übriggebliebene Menschengebilde in diesem sonst kahlen Raum [...]." (ebd.) Bei all seiner Kargheit erweist sich der Raum aber auch als kunstvoll gestaltetes Terrain, sind seine Wände doch bedeckt mit Literatur, mit „Mauerlieder[n]" und „Volkspoesie" (GL 258). Er wird also zu einem Text-Raum, in den die Protagonisten eintreten und zu dessen Teil sie werden, bis Giovanni schließlich nicht mehr weiß, ob er die Buchstaben von den Wänden abliest oder ob sie ihn bereits durchdrungen haben, „es in mir [sang]" (ebd.).

Die „participation esthétique", auf die die Liebesromane auf vielfältige Weise anspielen (vgl. Kapitel 2.4.) findet hier also eine poetologische Zuspitzung: Das Eintauchen in den Raum der Buchstaben und Schriftzeichen deutet nicht zuletzt auf das Romanende hin, überführt Giovanni dort doch das Erlebte in die Schrift und macht aus seiner Liebe zu Franca Literatur. Tatsächlich verweist Ortheil auch in seinen poetologischen Texten auf eine entsprechende Schreibbewegung. So erklärt er in *Wie Romane entstehen* den Wunsch, den eigenen Roman zu betreten, zu einem klassischen Stadium der Textentstehung:

> In diesem Stadium [...] *verwächst* der Autor mit der Romanwelt, er geht Verbindungen zu Figuren und Räumen ein und wird dadurch allmählich zu einem lebendigen *Teil des Romans* [...]. So gesehen, *lebt* der Autor in seiner Geschichte und wird gleichzeitig von ihr *erlebt* [...]. (WR 89)

Dies führt Ortheil am Beispiel seines Schriftstellerkollegen Jean Paul weiter aus, der sich bei der Arbeit an dem Roman *Flegeljahre* immer mehr an seine Hauptfigur angenähert habe, bis er in ihr „nicht nur einen Freund, sondern ein ihm beinahe verwandtes Wesen, ja sogar einen Teil seiner selbst" (WR 84) erkannt habe: „Schließlich ist Jean Paul seine eigene Romanfigur derart nahe, dass er sie am liebsten ein Stück ihres Romanwegs begleiten und mit ihr in seiner eigenen Dichtung verschwinden würde [...]." (WR 84f) Den Plan, sich selbst unter seinem Jugendnamen zu einer Figur des Romans zu machen, verwirft er zwar, der Wunsch, „eine Art *Romanleben*" (WR 88) zu führen, wird laut Ortheil jedoch zu einem geheimen Motor seines Schreibens.

Bereits hier lassen sich deutliche Parallelen zu Ortheils Autopoetik ziehen. So spricht er im Zusammenhang mit *Faustinas Küsse* ebenfalls von dem Wunsch, zu einer Figur seines eigenen Romans zu werden, was ihm jedoch wie Jean Paul verwehrt bleibt. Stattdessen erschafft Ortheil sich in der Romanfigur Giovanni Beri ein Ersatzobjekt, das sich an seiner Stelle an die Fersen Goethes heften soll (vgl. S. 143). Noch deutlicher wird er in *Das Element des Elephanten*, wenn er davon erzählt, wie er schon als kleiner Junge die Veröffentlichung seiner Texte als einen „Abdruck meines Selbst" (EE 113f) und damit als eine Verdoppelung des eigenen Ich erlebt habe:

> [...] ich existierte nicht mehr allein, die gedruckten Buchstaben hatten einen doppelten Menschen aus mir gemacht, ich existierte zu zweit, in meinem vertrauten, pulsierenden Leib und in den fremden Buchstaben des Drucks. (EE 119f)

Mit der Zeit treten neben den „Doppelgänger" (EE 120), der „ohne meine Begleitung" im „Dschungel der Schrift" (ebd.) herumspaziert, weitere Textgestalten: „[...] ich lebte gleich mehrfach, [...] irgend etwas nahm einen Teil von mir auf den Buckel und trug diesen Teil wie einen Rucksack durch die Welt des Gedruckten!" (EE 121) So wird der Wunsch, sich selbst zu erleben „in fernen, fremden Gestalten, den Gestalten des unheimlich erscheinenden Umtauschs meines Rufnamens in die Namen der Vielen" (EE 125), zum Ausgangspunkt der literarischen Produktion:

> Man schreibt, um das Geschriebene, Private umzutauschen in eine andere Gestalt, die der öffentlichen Rede. Die Verwandlung des privaten Textes in einen öffentlichen entbindet den Text, sie macht ihn frei, sie schickt ihn hinaus in die Welt, mit dem Auftrag, herumzustreunen und sich an möglichst viele andere Sprecher zu wenden. (EE 125f)

Veröffentlichen heißt also, „sich in solche künstlichen, gebrochenen und flüchtigen Bilder und Gestalten zu vervielfachen" (EE 126). Während die private Gestalt des Autors „mit den Jahren allmählich abnimmt und verschwindet" (ebd.), triumphieren schließlich die Textgestalten als die „ewigen Hinterbliebenen" (ebd.), bis sich schließlich „alles Private, Intime [...] aufgelöst [hat] in der Herrschaft der Schrift" (EE 127).

Auch der Essay inszeniert das Schreiben also in doppelter Hinsicht als eine räumliche Bewegung: Während der Spaziergang mit dem Vater den Schreibakt vor allem als Mittel der Ordnung und Beherrschung ausweist (vgl. Kapitel 3.2), wird dieser hier zu einem Eindringen in den Raum der Kunst. Eben darauf rekurriert die Kreisstruktur der Romane, die aus den Texten eine „unendlich zirkulierende Schrift" (EE 35) macht und den Protagonisten einen Spalt eröffnet, in den sie „schreibend und singend [...] hineinschlüpfen" (EE 40). Das Schreiben drängt also zu einer Art „participation poétique", zum Verschwinden in der Schrift, entsprechend verortet es der Essay nicht nur im Reich des Vaters, sondern führt es auch mit den autistischen Zuständen der Kindheit eng: Es ähnele diesem „allmählichen Verschwinden und Kleinerwerden" (EE 134), „[d]enn auch beim Schreiben habe ich diese Erfahrung der Leiblosigkeit gemacht, die man in den Kindheitsjahren als ‚Abwesenheit' bezeichnete" (ebd.). Schmitz spricht daher im Zusammenhang mit dem Essay von einer „Doppeltcodierung" der Schrift: Diese werde nicht nur zum symbolischen „Bändigungs- und Ordnungssystem"[95], sondern verweise auch auf die „ersehnte Wiederherstellung des symbiotischen Urzustandes"[96] und damit auf das Reich der Mutter (vgl. Kapitel 1.4).

Wie sich noch zeigen wird, beschreibt Ortheil hier nicht zuletzt seine eigene Poetik und damit ein autofiktionales Schreibvorhaben (vgl. dazu vor allem Kapitel 5). Zugleich wird die Metalepse bei ihm aber wie der Spaziergang nicht nur zu einer Schreib- sondern vor allem zu einer Lebensbewegung und das sogar im doppelten Sinne: Sie rekurriert auf das regressive Erleben der Kindheit, überführt dieses Erleben aber zugleich ins Ästhetische und macht es zu einem Eindringen in die Kunst. Ortheils Urszene – die Wiedergeburt in der Schrift – ist damit perfekt: Die Welt wird von den Protagonisten auf ihrem Weg durch den Roman in Text verwandelt, in den sie am Ende schließlich eindringen und verschwinden.

Damit unterscheidet sich diese Bewegung deutlich von Genettes Überlegungen, in denen die Metalepse vor allem zum Teil eines erzähltechnischen Spiels wird. Denn indem sie „mit allen Mitteln und selbst um den Preis der Unglaubwürdigkeit"[97] die Trennung von

[95] Schmitz 2005: 108
[96] ebd.
[97] Genette 1998: 168

diegetischer und extradiegetischer Ebene negiert, legt sie nicht zuletzt den illusionären Charakter alles Geschriebenen offen:

> Das Verwirrendste an der Metalepse liegt sicherlich in dieser inakzeptablen und doch so schwer abweisbaren Hypothese, wonach das Extradiegetische vielleicht immer schon diegetisch ist und der Erzähler und seine Adressaten, d. h. Sie und ich, vielleicht auch noch zu irgendeiner Erzählung gehören.[98]

Tatsächlich kommt die Metalepse häufig dann in Texten zum Einsatz, wenn auf deren Erfundenheit bzw. Gemachtheit hingewiesen werden soll: Werner Wolf bezeichnet sie auch als „narrativen Kurzschluss“[99], bei dem die Illusion der erzählten Welt wenn nicht zerstört, so doch zumindest gestört wird. Denn wie andere metafiktionale Erzähltechniken lenkt sie die Aufmerksamkeit auf den Status des Textes als Artefakt und kann daher dazu genutzt werden, das komplexe Verhältnis von Fiktion und Wirklichkeit zu problematisieren.[100] Vor allem in postmodernen Texten finden sich daher Metalepsen, stellen jene doch immer wieder den Zweifel an einer unverstellten und außersprachlichen Wirklichkeit in ihren Mittelpunkt: Spätestens wenn der Akt des Schreibens zum Thema des Geschriebenen wird, erweist sich die zuvor als Erzählrealität etablierte Welt als reine Fiktion.[101]

[98] Genette 1998: 169

[99] Wolf, Werner: *Ästhetische Illusion und Illusionsdurchbrechung in der Erzählkunst. Theorie und Geschichte mit Schwerpunkt auf englischem illusionsstörenden Erzählen*. Tübingen 1993: 357f

[100] vgl. Setzkorn 2003: 46: „Der Ebenenwechsel gestattet die Vermischung der Welten. Vom Standpunkt der empirischen Realität aus betrachtet widerspricht die Transgression der Ebenen jedoch einer logischen Hierarchie der Ebenen, so daß der Fiktionscharakter des Textes offenbar wird, der jeden Authentizitätsanspruch der erzählten Geschichte verneint. Die Metalepse nimmt damit eine wichtige Rolle im Spiel zwischen Realität und Fiktion ein.“

[101] vgl. dazu Malina, Debra: *Breaking the Frame: Metalepsis and Construction of the Subject*. Ohio 2002: 2: „Metalepsis dramatizes the problematization of the boundary between fiction and reality endemic to the postmodern condition. More specifically, because it disrupts narrative hierarchy in order either to reinforce or undermine the ontological status of fictional subjects or selves, it provides a model of the dynamics of subjects construction in an age that has witnessed both the deconstruction of the essential self in favor of a subject

Dieses Nur-Zeichenhafte, Nur-Konstruierte der Welt ist in Ortheils Texten jedoch ganz offensichtlich kein Problem. Indem er die Erzählschleife ans Ende stellt, bleiben ihre Auswirkungen auf die Zweitlektüre beschränkt – erst vor dem Hintergrund des Romanendes kommt es zu einem Bruch mit der Erzählillusion. Dieser scheint bei ihm zudem von vornherein nicht Anlass des metaleptischen Erzählens zu sein, wird die Welt für die Protagonisten doch gerade in der sprachlich ausgedeuteten Form zugänglich und vertraut. Insofern erweist sich die Metalepse hier weniger als ein Übertritt im Sinne Genettes als vielmehr im lotmanschen Sinne: Nicht als Mittel der Illusionsdurchbrechung oder als postmoderne Spielerei erhält sie eine Bedeutung, in ihr drückt sich vielmehr das eigentliche Sujet der Texte aus: der Eintritt in die Schrift.

Darauf verweist auch der Roman *Faustinas Küsse*, bei dem nicht nur das Ende als versteckte Metalepse gelesen werden kann: Immer wieder spielt der Text mit dem Übergang in die Fiktion, handelt er doch nicht zuletzt davon, „was passieren kann, wenn ein Romanheld in eine andere Erzählung eindringt und die Grenzen zwischen eigener und fremder Geschichte fließend werden“[102]. Besonders deutlich wird dies im Zusammenhang mit Beris Werther-Lektüre, auch wenn hier nicht der eigene Text zum Gegenstand der Transgression wird, sondern der berühmte Roman Goethes. Werther erscheint Beri als aufdringlicher, schwärmerischer Mensch, „ein eitler Schwätzer und Redner“ (FK 153), den es in seine Schranken zu weisen gilt. Denn obwohl er in der literarischen Figur vor allem den Nordmenschen Goethe zu erkennen glaubt, hat sie auch Auswirkungen auf sein eigenes Befinden: Es geht von ihr etwas „Niederziehendes, Trauriges“ (FK 154) aus, das ihm die Laune verdirbt und ihn „manchmal sogar an seine kaum vergangenen, schwächeren Tage“ (ebd.) erinnert. Das Lesen wird daher zu einem Kampf, der Roman zum „Teufelszeug“ (FK 157), das er sich vom Leib halten muss. Zugleich würde Beri jedoch am liebsten in das Buch hineinspringen, „um das schlimme Ende noch abzuwenden“: „Ihm wäre so etwa gelungen, denn er hätte aus diesem Werther einen Römer gemacht, einen wirklich leidenschaftlichen Menschen [...].“ (FK 156)

constituted in and by narrative and the complication of a simple, teleological model of narrative with an emphasis in the form's repetitive self-undermining, and even violent aspects.“

[102] Kopp-Marx 2005: 40

Tatsächlich ist es aber schließlich das Buch, das in Beris Leben eindringt und sein Handeln bestimmt: Die Verführung Faustinas wird nicht zuletzt zu einem „imaginären Kräftemessen“[103], bei dem Beri erreichen will, woran Werther scheitert: „[...] er würde ihm zeigen, wie man es besser machte [...].“ (FK 165) So tritt ihm Faustina bei ihrer ersten Begegnung als eine zweite Lotte entgegen, die wie ihr literarisches Vorbild den Geschwistern ihrem Sohn das Brot schneidet (vgl. FK 158f). Folgerichtig versucht Beri von nun an, sie zu erobern: „[...] er mußte dem toten Werther beweisen, wie ein Mann handelte, der sich von einer Frau nicht beschämen lassen wollte.“ (FK 167) Als deutlicher Hinweis darauf, dass der Identifizierungsprozess trotz aller Distanzierungsversuche im vollem Gang ist, lässt sich seine Übernahme der Werther-Tracht lesen: Mit dem Vorhaben, „sein Leben gegen ein Buch zu setzen“ (ebd.) tritt er in blauem Rock und gelber Weste die Verführung Faustinas an.

Diese Verführung erweist sich also vor allem als „Gegenmaßnahme zum Liebesunglück Werthers“ und weniger als „akute Verliebtheit“[104]. Dass Beri schließlich wirklich zu einem zweiten Werther wird, zeigt das Ende des Romans, wo es erneut zu einem Überstreifen des Werther-Kostüms kommt: Von Goethe und Faustina verraten erscheint Beri diese Kleidung nun als einzig richtige Wahl – nicht etwa zum Zeichen des Triumphs über Werther wie beim ersten Mal, sondern vielmehr als Hinweis auf das gemeinsame Schicksal: „Jetzt, ja, jetzt glich er dem armseligen Werther, dieser von den beiden Liebenden verbannten Gestalt, jetzt war er ein Ausgestoßener, der ihre Liebe nur umkreiste.“ (FK 320)

Obwohl Beris Sprung in den Roman also in einer gegenläufigen Bewegung mündet, deutet sein Lektüreverhalten auf eine Offenheit der narrativen Grenzen hin, die sich schließlich auch in seinen schriftstellerischen Ambitionen ausdrückt. So sieht sich Beri im Verlauf des Romans immer mehr als einen Teil von Goethes Schreibversuchen, als seine „römische Stimme“ (vgl. FK 310), bis er seine eigenen Gedanken sogar mit Goethes Notizen engführt:

> Was waren das denn für Sätze? Wer dachte diese Sätze denn in seinem, Beris, unruhigem Kopf? Das ging wohl zu weit, jetzt begann er bereits,

[103] Kopp-Marx 2000: 176
[104] ebd.: 188

> mit Filippos Worten zu denken, es fehlte nicht viel, und er schrieb diesem Filippo ein römisches Tagebuch, wie er es selbst nicht besser hätte schreiben können! (FK 284)

Wie in Goethes *Werther* dringt Giovanni also auch in dessen Romnotizen ein, glaubt, gemeinsam mit dem großen Dichter das Erlebte aufzuschreiben: „Schreib für uns auf, was wir heute zusammen erlebt, an anderen Tagen, wenn ich nicht so müde sein werde wie jetzt, bin ich an der Reihe!“ (FK 285) Besonders deutlich wird diese Vorstellung eines gemeinsamen Schreibprojekts beim zweiten Karneval, bei dem Beri tatsächlich zu Goethes Stimme wird, worauf der Roman mit einem ausgeprägten intertextuellen Spiel verweist. So ist nicht nur die gesamte Beschreibung des Karnevals an Goethes Bericht in der *Italienischen Reise* angelehnt[105], der Roman übernimmt an einigen Stellen auch ganze Passagen aus dem *Römischen Karneval* und legt sie Beri in den Mund.

Bereits Goethes einleitende Worte erscheinen wie eine Vorlage zu Beris Erkenntnis, dass beim Karneval „für fremde Augen und Ohren [...] vielleicht alles zu grell und zu laut“ (FK 312) sei. So heißt es in der *Italienischen Reise*,

> daß das Römische Karneval einem fremden Zuschauer, der es zum erstenmal sieht und nur sehen will und kann, weder einen ganzen noch einen erfreulichen Eindruck gebe, weder das Auge sonderlich ergötze, noch das Gemüt befriedige.[106]

Ganz explizit wird der Zusammenhang beider Texte aber bei der Beschreibung der Karnevalskostüme. So erinnern nicht nur Goethes „Nordländer“ mit ihren „langen Kleider[n]“ und den „wunderlichen runden Hüte[n]“[107] an die ortheilschen Romanfiguren mit ihrem „langen Rock“ und dem „Reisehut“ (FK 309), auch der Advokat, der „einem jeden mit einem Prozeß [droht]“[108] tritt in *Faustinas Küsse* auf und droht hier „jedem, der ihm in die Quere kommt, mit einem Prozeß“ (FK 309f). Gleiches gilt für den Pulcinell, „dem ein großes Horn an bunten

[105] vgl. FK 308–324 und Goethe, Johann Wolfgang von: *Italienische Reise* (1829). Hamburger Ausgabe. Band 3. München 1988: 484–515
[106] Goethe 1988: 484
[107] ebd.: 494
[108] ebd.: 491

Schnüren um die Hüften gaukelt“[109], begegnen doch Ortheils Protagonisten ebenfalls „einem Maskierten, dem ein großes Horn an bunten Schnüren um die Hüften tanzte“ (FK 312). Und auch nach den Malern, die in Goethes Bericht „kolossalische[ ] Reißfedern“[110] tragen, befragt Beri schließlich seinen Begleiter. Er hat mittlerweile mit diesem das Kostüm getauscht und ist so selbst zum Fremden geworden, der nicht genau weiß, was „diese Männer da drüben mit ihren kolossialischen Federn“ (FK 312) darstellen. Indem Beri hier die Rolle Goethes nicht nur über den Kleidertausch vollzieht, sondern auch „Filippos tiefere Stimme nachzuahmen“ (FK 312) versucht, wird der intertextuelle Bezug zwischen Roman und Reisebericht besonders deutlich: Dieses Nachahmen verweist darauf, dass Beris Äußerungen tatsächlich nichts anderes sind, als Zitate aus der *Italienischen Reise*.

Letztlich ist es also auch hier Goethes Werk, das in den Roman eindringt, zu seinem Intertext wird. Indem Ortheil die Stellen aus der *Italienischen Reise* jedoch Beri in den Mund legt, spielt er mit dem Gedanken der Urheberschaft. So kommt selbst seine Romanfigur Goethe schließlich zur Erkenntnis, dass Beri mit an seiner Erzählung schreibt: „Stimmt, ja das stimmt! Im Grunde bist Du der Dichter, und im Grunde bin ich jetzt der Maler, der all diese Szenen mit wachem Auge studiert!“ (FK 311) Vor diesem Hintergrund wird Beri ebenso zu einem Teil der *Italienischen Reise* wie diese zum Teil von *Faustinas Küsse* wird – ein deutlicher Verweis auf den Roman selbst, der ja laut Ortheil eben davon angetrieben ist, die Lücken von Goethes Reisebericht zu schließen und sich so ebenfalls in diesen einzuschreiben: „[...] nicht Goethe schreibt für mich seine ‚Italienische Reise‘, sondern ich schreibe die Szenen einer ‚Italienischen Reise‘ für Goethe.“[111]

Kopp-Marx sieht in dieser intertextuellen Erzählweise vor allem einen Hinweis auf die Gattung der Künstlerbiographie: In postmoderner Manier spiele der Roman mit Wirklichkeit und Fiktion und deute damit auf die Unmöglichkeit hin, authentisch von einer Person zu erzählen.[112] Vor dem Hintergrund der vorangegangenen Untersuchung lässt sich dieses Spiel aber auch und vor allem als eine erneute Variante des

[109] Goethe 1988: 491
[110] ebd.: 494
[111] Ortheil 1998: 21
[112] vgl. Kopp-Marx 2005: 42

Eintritts in die Schrift lesen, den Beri am Ende des Romans schließlich wie die anderen ortheilschen Protagonisten wirklich vollzieht.

3.4 Metafiktion als Autofiktion

Die Untersuchung von *Faustinas Küsse* zeigt, dass sich ganz offensichtlich auch in Ortheils Romanen das Schreiben über das Schreiben und das Schreiben über das Leben verbinden, ja letztlich ineinander aufgehen. Auf eine solche Nähe von Metafiktion und Autofiktion weist Ortheil selbst hin, wenn er in der eingangs zitierten Äußerung über die Selbstreflexivität seiner Texte (vgl. S. 113) diese auf eine ganz bestimmte Schreibweise zurückführt: „[...] dieser Gestus ist mir vertraut, er hängt mit meiner eigenen Vision von Schreiben zusammen: Selbstgeburt sozusagen, Selbstzeugung ...“[113] Die Metafiktion wird hier also ganz dezidiert in den Dienst der Autogenese gestellt und tatsächlich weist *Faustinas Küsse* zwar klassische metafiktionale Techniken auf[114], diese deuten aber nicht zuletzt auf eine Symbiose von Leben und Schreiben hin, die das ganze ortheilsche Werk durchzieht.

Dass das ge- und erschriebene Leben dabei keineswegs als Mangel oder bloße Illusion verstanden wird, zeigt vor allem das Frühwerk, in dem das Schreiben geradezu zur Voraussetzung des Lebens erhoben wird. Schmitz bezeichnet die Figur des Landvermessers daher als „zentrale[ ] Metapher“[115] des Nachkriegszyklus’ und verweist so ebenfalls auf die räumlichen Konstellationen der Romane: Wie im Motiv des Spaziergangs drückt sich auch in dem des Landvermessers das Bedürfnis aus, den Raum im Blick zu bannen und zu ordnen, sowie die Notwendigkeit, diese Ordnung schließlich auf dem Papier zu fixieren.

[113] Steinecke 1995: 214

[114] vgl. Kopp-Marx 2005: 42: „So verwischt der Roman sämtliche Sphären: einmal innerhalb der Narration, wenn der lesende Held sich in Goethes ‚Werther‘ einschreibt, überdies eliminiert der Roman die Grenzen zwischen den Gattungen Historien-/Künstlerroman und Detektivgeschichte, und schließlich hebt er als fiktionale Künstlerbiographie die obligatorische Trennung zwischen Fiktion und Historie auf.“ Wie die vorangegangene Untersuchung zeigte, werden in *Faustinas Küsse* zudem der Spaziergang (als Schreibmetapher) und die Metalepse (als Erzähltechnik) zu metafiktionalen Mitteln.

[115] Schmitz 2005: 108

So gründet Fermers Faszination für die Arbeit seines Vaters vor allem in der Tatsache, dass durch diese „genauen, mit dünnen Bleistiften aufgetragenen Striche und Linien“ (F 181) „Ordnung in die Landschaft kam“ (F 224). Ähnlich ergeht es dem Erzähler aus *Abschied von den Kriegsteilnehmern*, dessen Vater ebenfalls als Geodät arbeitete. Im Keller lagern noch immer die „rotweißen Meßlatten [...], mit denen mein Vater oft in der Frühe zu einer Vermessung losgezogen war“ (AK 42), ebenso wie der „gewissenhaft gesäuberte Theodolit“, zahlreiche Fachzeitschriften und Messtischblätter (vgl. AK 43): „Mit solchen Messtischblättern waren Vater und ich gereist, mit Hilfe solcher Blätter hatten wir ganze Landstriche erkundet, ich mit dem Blick auf die Karte, er mit dem Blick auf den Kompaß.“ (ebd.) Wie Fermer, für den sich die einzelnen Linien auf dem Papier zu einem „geheimnisvolle[n] Netz von Zeichen“ (F 181) zusammenfügen, ist ihm daher schon als kleiner Junge bewusst, dass das Abstecken von Linien immer auch ein „Begrenzen“, ein „Zuschreiben“ und „Belegen“ ist (vgl. AK 44).

Neben das Gehen und Sehen tritt also auch hier das Notieren – fast alle Protagonisten der auf *Fermer* folgenden Romane beginnen zu schreiben, vermessen in der Schrift die eigene Biographie. Vor allem in *Hecke* stellt sich dieser Schreibprozess als eine Vergegenwärtigung der Vergangenheit und somit als ein hochgradig „identitätsstiftende[r]“[116] Diskurs heraus: Der Protagonist des Romans versucht, die Geschichte der Mutter im Dritten Reich zu rekonstruieren. In sieben Schreibanläufen – die Zahl erinnert nicht zufällig an die Schöpfungstage[117] – entsteht so aus Briefen, Tagebucheintragungen und Gesprächen eine lange Erzählung. Die Reflexion über das Schreiben ist dabei ständig präsent: Neben der Geschichte der Mutter und der eigenen Biographie wird im Notieren auch der Akt des Schreibens immer wieder thematisiert, hinkt der Protagonist seinen Recherchearbeiten doch stets um einen Tag hinterher[118]. Beim nächtlichen Schreibakt wird also nicht das am selben Tag Erlebte notiert, sondern vor allem das Geschehen vom Vortag, das auch das damalige Schreiben beinhaltet.

[116] Schmitz 1995: 21

[117] vgl. ebd.: 215: „Die Entstehung eines Werkes ist ja ein elementarer Schöpfungsakt. Und darauf spiele ich an.“

[118] vgl. H 149: „Seltsam, daß es mir nie gelang, die Ereignisse eines Tages am Abend festzuhalten. Noch immer lag ich mit meinen Aufzeichnungen um einen ganzen Tag zurück.“

Im Schreiben – und in der nachträglichen Reflexion darüber – wird dem Protagonisten die große Bedeutung dieses Akts immer mehr bewusst. Zunächst verbindet er mit dem Vorhaben, die Geschichte der Mutter aufzuschreiben, vor allem den Aspekt des Ordnens und Verstehens, was ihn in eine Nähe zum Landvermesser rückt: „[...] ich wollte alle Mühe der nächsten Tage daran setzen, dieses Gespinst zu entwirren, von dem ich oft nur Bruchstücke kannte, zu denen mir jede Verbindung fehlte." (H 51) Aus dem Schreiben als einem „Auftrag, den Verbindungen zwischen den Katastrophen nachzugehen" (H 67), wird jedoch schon bald ein existenzieller Schreibdrang: In der Rekonstruktion der Muttergeschichte verortet der Protagonist auch sich selbst, schafft sich schreibend eine Identität. Denn die Geschichte der Mutter ist auch die eigene, der Erzähler wird „zu einem Fluchtpunkt von Linien" (H 173), die für ihn bisher ins Dunkle verliefen und mit denen er nichts zu tun haben wollte, vor denen er aber – „innerlich wußte ich [es] längst" (ebd.) – nicht davonlaufen kann.

Damit hat das Schreiben nicht zuletzt auch die Funktion der Selbstvergewisserung: Der Sohn, so Schmitz, erlangt „sein Ich im täglichen Schreibprozeß"[119]. Die Erzählung wird daher nicht nur von der Wortfolge „ich schreibe" (H 12) bzw. „ich schrieb" (H 304) eingerahmt, konsequenterweise endet auch jedes Kapitel mit einem triumphalen „Ich schrieb" als „fundamentale Bestätigung des eigenen Daseins"[120]. So entsteht ein geradezu obsessives Schreib-Bedürfnis[121], verankert dieser Akt doch erst die Tätigkeiten im Bewusstsein des Erzählers (vgl. H 17). Entsprechend konstatiert er in einem bereits fortgeschrittenen Stadium seiner Notizen:

> „Ich schrieb" – seltsam, wie sehr mich diese Wendung, die ich nun schon mehrmals gebrauchte, beruhigt! Die Nächte ähneln immer mehr Expeditionen, und die Tagesarbeit hat – mit diesen intensiven Stunden verglichen – keinerlei Bedeutung, ja ich erinnerte mich nicht einmal mehr an sie, wäre sie nicht ein unumgänglicher Teil der nächtlichen Studien. (H 233)

[119] Schmitz 1997: 97

[120] Schmitz 1995: 21

[121] vgl. H 136: „Ich mußte es festhalten, es aufzeichnen! Es war keine Zeit zu verlieren. [...] Ich wollte schreiben, ja schreiben!"

Die Recherchen werden zu einer Vorarbeit, einem bloßen Sammeln, das erst in der schriftlichen Bearbeitung Sinn und Bedeutung erhält. In seinem Aufsatz *Was aber fehlte, war der Text* nimmt Allkemper auf diesen Zusammenhang von Text und Identität, von Schreiben und Existieren in Ortheils Texten Bezug und fasst ihn als „Scheherezade"-Motiv zusammen: „[...] das Schreiben wird zum Vollzug und Erhalt des Lebens selbst; der Erzählfaden wird zum Lebensfaden – reißt er, herrscht Schweigen und Todesstille."[122] Auch Ortheil selbst spricht diesen „Scheherezade-Effekt"[123] in einem Kommentar zu seinem Roman *Schwerenöter* an, in dem er beschreibt, wie der Erzähler

> rasend gegen die Angst an[schreibt], er könne seinen Lebensfaden für immer verlieren, ihm bleibt keine andere Wahl, als gleich zu beginnen, ununterbrochen fortzufahren, jede Unterbrechung hätte etwas Bedrohliches. Schreibend will er sich gleichsam wieder als Person zusammensetzen [...].[124]

Besonders deutlich wird diese existenzielle Notwendigkeit der Schrift aber in dem Roman *Abschied von den Kriegsteilnehmern*, der nicht nur thematisch in eine unmittelbare Nähe zur neun Jahre zuvor erschienenen Muttergeschichte rückt. Denn auch für dessen Erzähler gibt es „nur im Schreiben [...] Dauer" und so erscheint es ihm bereits als Kind, als „erhalte und bezeuge sich das Leben [nur durch das Schreiben] in der vollständigsten Weise" (AK 47). Nach dem Tod des Vaters jedoch verfällt er in eine tiefe Identitätskrise, die – hier wird der Zusammenhang von Schrift und Ich ganz offensichtlich – mit dem Verlust des „genauen Text[es] zu all diesen Szenen" (AK 195), einer „ordnenden Sprache" (AK 199) einhergeht (vgl. Kapitel 2.4). Im tiefsten Hinterland der Dominikanischen Republik sucht er daher vor allem eines: „etwas Endgültiges" (AK 230) – den Tod (vgl. AK 229f).

Tatsächlich droht ihm im Regenwald zunächst einmal „das Verschwinden, das Untertauchen, die Abwesenheit" (AK 225), ja die

[122] Allkemper, Alo: *„Was aber fehlte, das war der Text." Über Ordnung und Unordnung des Schreibens*. In: Manfred Durzak und Hartmut Steinecke (Hrsg.): *Hanns-Josef Ortheil – Im Innern seiner Texte*. München 1995: 167–188, hier: 176

[123] Ortheil, Hanns-Josef: *Schwerenöter. Eine Nachbemerkung* (1988). In: Ders.: *Schauprozesse*. München 1990a: 37–46, hier: 40

[124] Ortheil 1990a: 38f

vollständige Auflösung, nach der er sich sehnt. Ein Unwetter verwandelt den Dschungel in ein „tiefschwarze[s] Dunkel, das alle Farben in meiner Nähe auslöschte“ (AK 237), die Wassermengen ziehen dem Erzähler den Boden unter den Füßen weg, lassen ihn zu Schlamm werden, in dem er zu versinken droht. Doch anstatt unterzugehen, beginnt der Protagonist zu schreiben und rettet sich damit in eine neue Ordnung: „Ich hatte begonnen zu schreiben, ich hatte mit meinen Notizen begonnen.“ (AK 248). Schreibend findet er zu seinen eigenen Bildern, zu seiner Geschichte, schreibend erschafft er sich ein eigenes Ich:

> Ich hatte viele Seiten mit Notaten gefüllt. Mit der Zeit hatte ich immer seltener nur über meinen Vater geschrieben, langsam hatte ich mich von diesen Erinnerungen gelöst und mit ersten Aufzeichnungen über mein eigenes Leben begonnen. (AK 260)

Über das Aufschreiben der Geschichte des Vaters, die eben auch die eigene Geschichte ist, erlebt er wie der Erzähler aus *Hecke* – hier ist es die Geschichte der Mutter, die rekonstruiert wird – die Selbstvergewisserung durch die Schrift, macht die Erkenntnis, „daß ich nur noch leben kann, indem ich schreibe“ (AK 264). Der Ausruf „Papier her! Papier her!“, wird also tatsächlich zum „Rettungsruf“[125] aller Protagonisten des Nachkriegszyklus': „Ich brauche Papier! [...] Hunderte von Seiten“ (S 642), so Johannes im letzten Kapitel von *Schwerenöter*, das nicht von ungefähr den Titel „Die Wiedergeburt“ trägt: „Ich beugte mich über den leeren Bogen. Meine Hand zitterte vor Aufregung. Ich setzte an ... Ich schrieb ...“ (S 643)

Auch hier beginnt der Protagonist also schließlich das Erlebte in Schrift zu überführen: Das bereits aus anderen Romanen – vor allem *Hecke* – bekannte „Ich schrieb“ markiert das Ende des Textes, es folgen nur noch die ersten Worte der Niederschrift: *„Adenauer erwartete mich ...“* (S 643). Diese Worte bilden jedoch nicht nur das Ende, sondern ebenso den Anfang des Romans, denn „Adenauer erwartete mich“ ist zugleich auch sein erster Satz (vgl. S 7). Mit dieser selbstreflexiven „Endlosschleife“[126] betont der Text die Notwendigkeit der Schrift auch auf der erzähltechnischen Ebene: Wie in *Faustinas Küsse* und *Die große Liebe* entsteht der Roman vor den Augen des Lesers, womit nicht nur

[125] Ortheil 1990a: 38
[126] Schmitz 2005: 118

die Text-Werdung, sondern auch das „Scheherezade-Motiv“ in den Vordergrund rückt – der obsessive Drang des unaufhörlichen und ununterbrochenen Erzählens und Schreibens findet in der Kreisform seine Entsprechung, die eine ständige Rückkehr zum Anfang ermöglicht und das Reißen des Erzählfadens verhindert, der für die ortheilschen Protagonisten immer auch ein Lebensfaden zu sein scheint.

Das Schreiben erweist sich im ortheilschen Frühwerk also im wahrsten Sinne des Wortes als finaler Akt der Ästhetisierung: Drei der fünf Romane münden im Schreibakt, in *Fermer* und *Agenten* finden sich zumindest Varianten einer solchen Erzählbewegung. So erlangt Meynard am Ende des Romans nicht nur im gelingenden Panoramablick den lange ersehnten Überblick (vgl. S. 107f), der Text endet zudem erneut mit einer Metalepse: Auch er schließt mit den gleichen Worten, mit denen er beginnt[127], und deutet so darauf hin, dass Meynard ebenfalls zu erzählen beginnt und der Roman nichts anderes darstellt, als eben diese Geschichte. Am Ende von *Fermer* steht dagegen der Aufbruch nach Italien, das hier zum ästhetischen Raum par excellence erhoben wird (vgl. dazu Kapitel 2.4). Auch in dieser Grenzüberschreitung lassen sich aber Parallelen zum Akt des Schreibens finden: Wie bereits ausgeführt, erweist sich die Metalepse als eine Transgression, als Übertritt in eine andere Welt. Ebenso wie Fermer also im ästhetisch ausgedeuteten Raum Italiens ein ideales Dasein zu finden glaubt, wird den Protagonisten der folgenden Romane die Schrift zum Ort der Identität und zur „poetischen Heimat“ (vgl. Einleitung dieser Arbeit). Tatsächlich stellt Schmitz bei seiner Untersuchung fest, dass, je weniger es den Protagonisten gelingt, sich in der sozialen Wirklichkeit zu verorten, „[m]ehr und mehr […] die Ortheilschen Texte zur Heimat ihrer Erzähler, zur Sprachheimat [werden], in der sie durch das Erzählen ihre lebensweltliche Heimatlosigkeit kompensieren“[128].

Der Akt des Schreibens wird also zum zentralen Thema des ortheilschen Frühwerks, das den Grund für seine Metafiktionalität gleich mitliefert: Die Romane entwerfen eine so enge Symbiose von Leben und Schreiben, dass sie als autobiographisch geprägte Texte zwangsweise

[127] vgl. A 324 („Es war dieser matte Sommer, lauter lausige Tage, und niemand von uns ließ hören, wie man Druck hätte machen können …“) und A 5 („Es war ein matter Sommer, lauter lausige Tage, und niemand von uns ließ hören, wie man Druck hätte machen können.“)
[128] Schmitz 1997: 267

auch poetologisch werden müssen. Dass dies auch in umgekehrte Weise gilt, zeigt der Roman *Faustinas Küsse*. So weist Preußer bei seiner Untersuchung der historischen Romane zwar zu Recht darauf hin, dass an die Stelle der „Schreibwut" eine „Eloquenz des leichten Stils" gerückt sei – die Texte erzählen „heiter, gelassen, leicht und elegant, ja fast schon süffig von der Autonomie des Schreibens und des Malens, die nach dem gesellschaftlichen Bezug des künstlerischen Schaffensprozess nicht mehr zu fragen braucht."[129] Doch obwohl scheinbar alle autobiographischen Bezüge aus dem Roman verschwunden sind, verbirgt sich, wie die vorangegangene Untersuchung zeigte, auch hinter *Faustinas Küsse* nichts anderes als die Notwendigkeit des Schreibens, der Wunsch, im „Satz als Gestalt zu erscheinen" (F 238). Die Symbiose von Leben und Schreiben durchdringt damit auch diesen Roman und lässt ihn zur Autofiktion werden: Ebenso wie jedes autobiographische Schreiben bei Ortheil zugleich poetologische Züge annimmt, handelt jeder Text über das Schreiben auch vom Leben.

Selbst die theoretischen Texte lassen sich vor diesem Hintergrund lesen: Mögen sie vordergründig davon handeln, „wie Romane entstehen", erzählen sie doch immer auch die Entstehung des eigenen Lebens mit – im Motiv des Spaziergangs, über die Vorstellungen vom Schreiben als ein Vermessen der Welt und ein Eindringen in der Schrift, aber auch allein schon in ihrer Funktion als poetologische Texte, haben diese doch stets die Anfänge des Schreibens zum Thema und geben der ortheilschen Urszene damit den passenden Rahmen. Dies zeigte sich bereits in den *Faustinas Küsse* begleitenden Texten (vgl. S. 139ff), ganz explizit wird dieser Zusammenhang aber in Ortheils Essay *Das Element des Elephanten*. Die Zwischenstellung dieses Textes zwischen Poetik und Autobiographie wurde schon ausführlich thematisiert (vgl. Kapitel 1), an dieser Stelle sei daher lediglich auf den Untertitel der dem Essay zugrunde liegenden Poetikvorlesung hingewiesen, der Ich und Schrift in eins setzt: „Autobiographie der Schrift"[130]. Die Beschreibung (griechisch gráphein: beschreiben) wird sowohl zum Text über das eigene Leben (griechisch autós: selbst, bios: Leben)[131] als auch zum Text „der Schrift".

[129] Preußer 2000: 159
[130] vgl. Steinecke 1995: 205
[131] vgl. Schweikle 1990: 34

Auch wenn der Essay diesen Titel schließlich nicht mehr aufgreift, weist er auf den doppelten Bezug von Leben und Schreiben hin, der alle Texte Ortheils bestimmt: Ebenso wie die eigene Biographie zum Thema des Schreibens wird, wird sie von Ortheil auch als eigentlicher „Antrieb zum Schreiben“[132] gedeutet – die Schrift wird zu einer existenziellen Notwendigkeit, mithilfe derer es dem Autor gelingt, die Welt zu bannen und zu bewältigen. So suggeriert Ortheil in dem Text, dass auch er nur lebt, indem er schreibt:

> Ich wurde zum zweiten Mal geboren in der Sprache, die Sprache hat mich wiedergeboren, und als sie mich ausgespuckt hatte als Sprechenden, war das Schreiben da, das alles besiegelnde und dadurch triumphierende Schreiben, mit dem ich jede Silbe, jedes Wort, jeden Satz festhalten konnte für immer, auf daß ich die Sprache nie mehr verlöre. (EE 15)

Das Schreiben wird also auch hier als ein Anschreiben gegen das Trauma der Kindheit geschildert, als ein Ausweg aus dem „dichten, kompakten und unveränderlichen Raum meines autistischen Schweigens“ (EE 16) und damit als Grundbewegung des eigenen Lebens: „Zehntausende von Seiten habe ich seit meiner Kindheit beschrieben“ (EE 97). Festzuhalten, „was ich gesehen und gehört habe“ (EE 98) und „wie ich mein Leben verbracht habe“ (EE 97), wird zu einer Lebensaufgabe, die auch in den Romanen ihren Niederschlag findet und die, so suggeriert Ortheil, erst im Tod ein Ende finden wird (vgl. EE 98).

Auch in der Poetik wird der Erzählfaden also zum Lebensfaden, dessen Abreißen als Ende der Existenz gedeutet wird – denn Geschichten, und damit auch die eigene Geschichte, „waren in meiner Vorstellung unendlich, ein Ende ließ den Faden lediglich irgendwo liegen, der von einem Erzähler erneut aufgegriffen und fortgesponnen werden konnte“ (EE 68).

[132] Steinecke 1995: 206

4 Lebensannäherungen

Wenn Ortheil in seinem Essay *Das Element des Elephanten* die Poetik seiner ersten fünf Romane entwirft, legt er nicht zuletzt den poetologischen Grundstein seines gesamten Werks: Wie in Kapitel 1 ausgeführt, deutet der Essay auf eine unabgeschlossene Schreibpraktik hin, die sich in jedem Text neu bestätigt und aktualisiert. Tatsächlich verweist der Autor auch im Anschluss an seinen Nachkriegszyklus immer wieder auf eine Poetik der Autofiktion. Diese wird zur – mehr oder weniger versteckten – Tiefenschicht der Romane, die immer auch ihre eigenen Entstehungszusammenhänge miterzählen (vgl. Kapitel 3). Sie wird zugleich aber auch zum Thema der zahlreichen die Romane begleitenden und kommentierenden Texte – etwa in *Selbstversuch am offenen Herzen*, wo Giovanni Beri zu einem Ersatz-Objekt erhoben wird, mit dessen Hilfe sich der Autor in seinen eigenen Text einschreibt (vgl. Kapitel 3.2).

In dem für Ortheil charakteristischen Schreiben über das Schreiben drückt sich also gleich im doppelten Sinne ein autofiktionales Schreibvorhaben aus: Die Autofiktion ist zugleich Poetik und Vollzug, lässt sie sich doch selbst als eine Wiedergeburt in der Schrift bezeichnen. Nicht zuletzt hier könnte ein Grund für Ortheils ständige Auseinandersetzung mit dem eigenen Schreiben liegen, erweist sich diese doch als eine erneute Möglichkeit, die zentrale Dialektik des eigenen Lebens zu entwerfen. Besonders deutlich wird dies in dem 2009 erschienenen Roman *Die Erfindung des Lebens*, der bereits mit seinem Titel auf ein entsprechendes Schreibkonzept verweist.

Thematisch knüpft der Text an das Frühwerk an, entwirft erneut die Konstellationen einer stummen Kindheit und einer Initiation ins Schreiben: Die *Erfindung des Lebens* ist die Geschichte des kleinen Johannes und seines mühevollen Wegs in die Sprache und die Welt, es ist aber auch die Geschichte des Schriftstellers Johannes Catt, der nach Rom gereist ist, um hier aus der Distanz auf sein Leben zurückzuschauen und „an einem Roman über meine Biographie" (EL 245) zu schreiben. Und so ist es schließlich auch Ortheils eigene

Geschichte, der als Kind ebenfalls erst spät zur Sprache fand und über diese Zeit wie sein Protagonist einen Roman verfasst.

An mehreren Stellen weist Ortheil auf diesen autobiographischen Gehalt des Romans hin, vor allem die Rahmenhandlung rückt er in eine unmittelbare Nähe zu seinem Schreiben. Tatsächlich erinnern bereits die ersten Worte von Johannes' Debütroman an das eigene Erstlingswerk: *„Um den Vollmond flogen eilend Wolkenfetzen, die sich sofort wieder zerstreuten ...“* (EL 583), so setzt nicht nur der Text ein, den der Protagonist gegen Ende des Romans bei einem Literaturwettbewerb vorliest, der Satz findet sich auch zu Beginn von *Fermer*[1]. Über das Zitat aus seinem eigenen Roman stellt Ortheil also einen autobiographischen Bezug her – Johannes ist zwar nicht Hanns-Josef, ihr Schreiben aber ist das Gleiche und rückt Autor und Protagonist in eine unmittelbare Nähe zueinander. Obwohl der Roman den autobiographischen Pakt nur unvollständig einlöst[2], erweist er sich damit zumindest als autobiographischer Roman. Denn als solchen bezeichnet Lejeune

> alle fiktionalen Texte [...], bei denen der Leser aufgrund von Ähnlichkeiten, die er zu erraten glaubt, Grund zur Annahme hat, daß eine Identität von Autor und *Protagonist* besteht, während der Autor jedoch beschlossen hat, diese Identität zu leugnen oder zumindest nicht zu behaupten.[3]

Tatsächlich leugnet Ortheil zwar die Identität mit seinem Protagonisten indem er ihn „Johannes Catt“ nennt und den Text als „Roman“ bezeichnet, zugleich aber legt er dem Leser immer wieder Spuren und Fährten, die auf sein eigenes Leben verweisen. So deutet auch hier der Name des Protagonisten nicht zuletzt auf ihn selbst hin und daher erstaunt es nicht, dass es Ortheil ebenfalls immer wieder zum Schreiben nach Rom zieht, er Johannes' Schreibprojekt – das *„Buch über die römische Ekstase“* (EL 495) – bereits veröffentlicht hat[4]. Und auch die Liebesromane, denen sich der Autor Johannes Catt in den

[1] vgl. F 9: „Um den Vollmond flogen eilend Wolkenfetzen, die sich sofort wieder zerstreuten; die sonst fahle Himmelsdecke war an einigen Stellen weit aufgerissen und Fermer konnte die leuchtenden Sterne erkennen.“

[2] vgl. dazu Lejeune 1994, v. a. 13–51

[3] ebd.: 26

[4] vgl. Ortheil, *Rom. Eine Ekstase* 2009

letzten Jahren gewidmet hat – „zwei oder sogar drei hintereinander" (EL 492) – tauchen in seinem Werk auf. Die Überraschung über ein solches Projekt wird so nicht nur zum Teil des Romans, sondern auch eines Gesprächs, das Ortheil 2009 führt. Wie Johannes, der sich „überhaupt nicht vorgenommen [hatte], einen Liebesroman nach dem andern zu schreiben" (ebd.), erzählt er dort, dass er *Die große Liebe* ganz „ins Offene hinein" geschrieben habe, „ohne einen Plan, ohne lange vorausgehende Überlegungen"[5]: „[...] ich hatte nämlich überhaupt nicht vor, einen Liebesroman zu schreiben [...]."[6]

Auch die Binnengeschichte, die Johannes in Rom aufzuschreiben beginnt, rückt so in eine unmittelbare Nähe zur eigenen Biographie – die Idee, das Leben zu verschriftlichen, wird zum Hintergrund des Textes selbst. Dennoch gibt Ortheil dem Roman den Titel *Erfindung des Lebens* und spielt so darauf an, dass auch diese Geschichte nichts anderes ist als eine Fiktion, die Variante einer Biographie, die ganz offensichtlich nur in dieser Form zum Ausdruck kommen kann. Das Erfinden des Lebens durchdringt also den ganzen Roman – es wird nicht nur zum Thema von Johannes' Kindheitsgeschichte, sondern auch zum Ausgangspunkt seines späteren Schreibens. Zugleich macht die Struktur des Textes die „Erfindung des Lebens" aber auch zur Grundlage des Romans selbst und weist so auf eine ganz wörtliche Bedeutung des autofiktionalen Schreibens hin: die Autofiktion als Selbst- (auto) Erfindung (fiktion).

4.1 Der Roman *Die Erfindung des Lebens*

Der erste Teil des Romans *Die Erfindung des Lebens* ist mit „Das stumme Kind" betitelt. Der Ich-Erzähler Johannes Catt beschreibt darin seine ersten Kindheitsjahre, die sich bereits in der Eröffnungsszene als eine von Sprachlosigkeit und Isolation geprägte Zeit erweisen:

> Damals, in meinen frühen Kindertagen, saß ich am Nachmittag oft mit hoch gezogenen Knien auf dem Fensterbrett, den Kopf dicht an die Scheibe gelehnt, und schaute hinunter auf den großen, ovalen Platz vor unserem Kölner Wohnhaus. (EL 9)

[5] Catani/Marx/Schöll 2009b: 19
[6] ebd.: 20

Der Blick nach draußen durch die Fensterscheiben stellt den einzigen Kontakt zur Außenwelt dar, anstatt mit den Kindern „[u]nten auf dem Platz“ (ebd.) zu spielen, bleibt der Junge bei seiner Mutter in der Wohnung. Diese aber sitzt stumm in ihrem Sessel und liest – ein Bild, das sich dem Erzähler für immer eingeprägt hat:

> Mutter hat den schweren Sessel schräg vor das Fenster gerückt und die helle Gardine beiseite geschoben. Neben dem Sessel steht ein rundes, samtbezogenes Tischchen, darauf eine Kanne mit Tee und eine winzige Tasse, Mutter liest. (EL 10)

Mutter und Sohn bilden eine eng aufeinander bezogene Gemeinschaft, sie gehören zusammen „wie sonst kaum zwei andere Menschen“ (EL 11). Denn wie der Titel des Kapitels bereits erahnen lässt, spricht auch das Kind kein Wort: „Mutter und ich – wir bildeten damals ein vollkommen stummes Paar, das so fest zusammenhielt, wie es nur ging.“ (EL 14) Erst mit der Rückkehr des Vaters von der Arbeit kehrt auch etwas von der Welt vor den Fenstern in die Wohnung ein. Der Vater aber ist „der Dritte im Bunde“ (EL 11), er ergänzt und erweitert das Beisammensein von Mutter und Sohn zu einem „verschwiegenen Geheimbund mit nur den notwendigsten Außenkontakten“ (EL 38). Obwohl er der einzige Sprecher der Familie ist, bleibt ihm doch nur die stumme Kommunikation: Als Antwort auf seine Fragen erhält er ein „kleines, fest geschnürtes Paket“ (EL 12) von Zetteln, die die Mutter während des Tages beschrieben hat und die er in einem festen Ritual allabendlich vorliest. Das Stummsein der Mutter vereint also die Familie, eröffnet einen Raum der Stille, in den sich das Kind völlig zurückzieht:

> So war die Welt der Kleinfamilie Catt damals, in den frühen fünfziger Jahren des vergangenen Jahrhunderts, auf eine beinahe unheimliche Weise geschlossen, und jeder von uns wachte mit allen Sinnen darüber, dass sich daran nichts änderte. (EL 15)

Immer wieder werden zu Beginn des Romans Szenen dieser Familienkonstellation evoziert, als habe es für das Kind „außerhalb dieses Lebens zu dritt keine andere Welt gegeben“ (EL 38). Tatsächlich verbannt die Geschlossenheit des heimatlichen Terrains alle Einflüsse von außen hinter seine Grenzen, macht den Kontakt zu anderen Menschen fast unmöglich. Selbst jenseits der Wohnung bleibt das

Mutterreich eine Zone, die das Kind „auf keinen Fall je verlassen“ (EL 21) darf: „Mutter war der Mittelpunkt von allem um mich herum, den Mittelpunkt durfte ich nie aus den Augen verlieren, ja noch mehr, ich durfte auch die körperliche Verbindung zu Mutter niemals abreißen lassen.“ (EL 22) So wird das gemeinsame Schweigen für Johannes zu einem Kokon, in dem er sich von der Außenwelt zurückziehen und abtauchen kann. Die Sehnsucht nach einem solchen Rückzug drückt sich daher auch in seinem Wunsch aus, „schwimmen zu können“ – „ich hätte sehr tief getaucht, um in der Tiefe des Flusses und damit in seinen dunkelsten, schattigsten Zonen für eine kleine Weile ganz und gar zu verschwinden und vollständig unsichtbar zu werden“ (EL 98).

Dieses Dunkel, das er in den tiefsten Zonen des Flusses verborgen glaubt, ist aber – so geschützt ihm die kleine Welt seiner Kindheit erscheint – auch Teil des familiären Schweigens. Denn in diesem Schweigen ist die Vergangenheit ununterbrochen gegenwärtig, eine Vergangenheit, die jedoch nicht thematisiert wird: das Geheimnis des mütterlichen Verstummens. Erst mit der Zeit erfährt das Kind von dem Trauma, das das Leben seiner Eltern überschattet und auch seinem eigenen Leben eine unwiderrufliche Richtung geben wird: Er ist das fünfte Kind seiner Eltern – vier Kinder sind vor ihm bereits gestorben, er ist der letzte und erste Sohn der Familie. Diese Vergangenheit wird das Kind sein Leben lang begleiten – sie hat ihn, so der Erzähler, „bis heute nicht losgelassen“: „[...] sie steckt in meinem Körper als Schrecken erregende, Angst machende, überdimensionale Erzählung, die mich unablässig verfolgt.“ (EL 112) Sie wird zugleich aber zum Anstoß, die autistischen Zustände der Kindheit hinter sich zu lassen und in die Welt hinauszutreten, im Namen der vier verstummten Brüder zu handeln und zu sprechen (vgl. EL 114).

Der erste Schritt hinaus aus der Stille ermöglicht sich für Johannes durch das Klavier, das mit einem Mal in der Wohnung auftaucht, denn dieses geheimnisvolle Instrument entlockt Mutter und Sohn die ersten Töne. Als das Kind die Mutter spielen hört, scheinen „die Mauern des Schweigens plötzlich durchbrochen“ (EL 70), die lange ausgesperrte Außenwelt dringt „endlich triumphal und mächtig“ (ebd.) herein:

> Von einem Moment zu dem anderen verwandelte sich alles: Jetzt spürte ich plötzlich das Leben, da war es, frisch, überwältigend, hinreißend, als wollte es einen mit Gewalt packen und von den bloßen Träumereien befreien! (EL 70f)

Die Musik wird zu einem „Ausweg ins Freie“ (EL 71), denn was Johannes schon beim Spiel der Mutter empfindet, gilt noch in gesteigertem Maße für das eigene Musizieren: „[...] ich hörte und achtete auf nichts mehr als auf die Musik, es war meine Musik, ich machte Musik, ich hatte endlich etwas gefunden, mit dem ich mich bemerkbar machen konnte.“ (EL 76) So erschafft er sich im Klavierspiel ein neues Leben, es übersetzt seine Gefühle und Gedanken in Klang, eröffnet ihm „jene schönere Welt“ (EL 71), von der er bisher nur eine schwache Ahnung hatte: Aus dem „stumme[n], hilflose[n] Idiot[en]“ (EL 77) wird ein Pianist.

Doch es ist ein einsames Leben, das sich Johannes mit Hilfe des Klaviers zusammenkomponiert: Das Klavierspielen bleibt ein Monolog, es erweitert sich nicht zur tatsächlichen Kommunikation mit der Außenwelt, wird vielmehr zu einem einseitigen Ersatz des fehlenden Sprechens. So tritt das Musizieren in Konkurrenz zum Sprachunterricht und zur Schule – beides empfindet der Junge als Zeitverschwendung, die ihn nur vom Klavier und seiner eigentlichen Berufung fernhält. Die Sprachlehrerin ignoriert er daher, bis sie schließlich aufgibt (vgl. EL 81ff), und auch die ersten Wochen in der Schule werden für Johannes zu einem einzigen großen Scheitern. Denn die Schule trennt ihn nicht nur vom Klavier, sondern auch von der Mutter – bereits am Tag der Einschulung erscheint ihm dies als Unmöglichkeit, weswegen er noch vor der ersten Stunde nach Hause flieht (vgl. EL 106).

Verbinden ihn mit seiner Familie die Rituale der wortlosen Interaktion, wird er in der Schule schließlich wirklich zum stummen Kind, zum Außenseiter, der anders als die anderen ist und in die letzte Reihe verbannt wird. Die am Klavier erschaffene Welt trägt hier nicht, ihre Mauern werden brüchig und stürzen schließlich ein – und so wird die Schulzeit im Rückblick zu einem stummen Schwarz-Weiß-Film (vgl. EL 135):

> Im Grunde befand ich mich – wie in der Zeit vor dem Beginn meines Klavierspiels, als ich mich beinahe vollständig auf meine autistischen Spielereien zurückgezogen hatte – wieder am Anfang [...], denn anstatt zu lernen, hatte ich mich in ein Niemandsland begeben, in dem einzig und allein meine Phantasien das Sagen hatten. (EL 140f)

Am Ende des ersten Romanteils ist Johannes’ Leben also „an einem Nullpunkt angekommen“, im „Niemandsland“ (EL 141). Die letzten

Sätze verweisen jedoch auf einen Ausweg aus der Krise – es sind die Worte des Vaters, die Rettung versprechen: „*Wir verreisen aufs Land, da gibt es die große Natur, und die Natur ist die beste Schule, die es überhaupt gibt.*" (EL 130)

Der zweite Romanteil wird so zu einem Gegenentwurf zum Leben des „stumme[n] Kind[s]": Das „Lesen und Schreiben", so der Titel, erweist sich für Johannes als ein „Rettungsprogramm für mein ganzes Leben" (EL 142). An der Seite des Vaters reist er in den Westerwald und tritt dort erstmals der freien Natur entgegen. Im Rückblick fügt sich diese Zeit auf dem Land zu Bildern von „großer und nachhaltiger Schönheit" (EL 151) zusammen, die „etwas Weites und Strahlendes haben, ohne jede Beimischung von Trauer oder Unbehagen" (ebd.). Diese Zeit des Glücks aber erwächst aus den Spaziergängen mit dem Vater. Dieser, von Beruf Landvermesser, verlässt sich ganz auf sein Credo, dass *„die große Natur die beste Schule ist"* (EL 143):

> Die Natur zu vermessen – das bedeutete für ihn [...] mehr als nur eine Vertiefung in exakte Rechenarbeit. Im Grunde bedeutete es nämlich, sich dem gesamten Naturraum beobachtend zu nähern, ihn in seiner Eigenart zu erschließen, ihn in Segmente und Bruchstücke zu zerlegen und wieder zusammenzusetzen, all seine Eigenheiten und Atmosphären zu studieren. (EL 144)

„Sich in der Natur aufhalten, in der Natur gehen" (EL 146) wird daher zur Grundidee seines Rettungsplans, der dem stummen Jungen endlich die Außenwelt erschließen soll. Und tatsächlich sind es die stundenlangen Wanderungen durch die Natur, auf denen Johannes über das Zeichnen und Schreiben endlich einen Zugang zur Welt findet und schließlich auch zu sprechen beginnt. Indem er seinen Vater beobachtet, lernt er nach und nach, die fremde Umgebung im Bild zusammenzufassen und in der Benennung zu bannen. So wird der große Wald zu einer Ansammlung von einzelnen Bäumen, die wiederum auf dem Papier ihr Abbild in der Zeichnung einer Eiche mit ihrem „besonderen, etwas verrenkten, schräg nach hier und dort ausholenden Wuchs" (EL 175) finden. Durch die unter das Bild gesetzten Worte *„Das ist eine Eiche"* (ebd.) wird aus dem Zeichnen schließlich ein Be-Zeichnen – die Weite der Welt ist auf dem Papier eingefangen. Das Schreiben, das Johannes in der Schule unmöglich ist, wird ihm auf diese Weise zur Selbstverständlichkeit:

> Wenn ich die Dinge so vor mir sehe und sie mir ganz aus der Nähe genau anschaue, sehe ich deutlich ihr Bild. Ich präge mir dieses Bild ein, und wenn ich es mir eingeprägt habe, kann ich es mit den Buchstaben und Worten verbinden. In dieser Reihenfolge bringt mein Gehirn etwas zustande [...]. (EL 184)

Im fortwährenden Anschauen, Zeichnen und Benennen beginnt er, die Welt zu erkennen und zu verstehen – er überträgt sie in Bild und Wort, lässt sie auf den Seiten seines schwarzen Notizbuchs noch einmal erstehen: Ihr Abbild finden die Dinge auf der linken Seite des Notizbuchs, während auf der rechten die zu den Zeichnungen gehörenden Worte fixiert werden – das Buch wird zu einer Abschrift der Welt. An die Stelle des teilnahmslosen Abtauchens im Raum der Stille rückt damit das aktive Erschaffen einer eigenen Welt, die zwischen den sich immer weiter anfüllenden Seiten seines Notizbuchs langsam Gestalt annimmt:

> Hatte ich die Welt zuvor auf, wie man sagen könnte, blöde und einfache Weise als ein passives Medium erfasst, das alles aufsaugt, was man ihm vorsetzt, so begriff ich sie jetzt als eine Summe von kleinen Details, die zueinander gehörten. (EL 192)

Schritt für Schritt führen die Spaziergänge den stummen Jungen aus der Isolation und entfernen ihn damit auch immer mehr vom stillen Raum der Mutter. Das Mutterreich bleibt zwar eine großen Verlockung, ermöglicht es doch ein Leben abgeschirmt von allen fremden Eindrücken und „vollkommen fixiert auf die Nähe zu einer einzigen Person, von der ich mir alles Glück und alle Freude versprach“ (EL 197). Es birgt jedoch, so wird dem Erzähler in der Rückschau klar, eine Gefahr: das Auslöschen des eigenen Willens und der eigenen Gefühle, „die Verführung zu einer vollkommenen Passivität, zu einem Dahindämmern bei einigen Tassen Tee [...]“ (EL 198): „Sich nicht mehr zu rühren, dabei aber die Nähe das anderen ununterbrochen zu wittern und zu spüren – darin bestand das *Programm* meiner Mutter, das mir das Leben auf Dauer verführerisch leicht gemacht hätte.“ (ebd.) Aus der westerwäldischen Distanz aber verwandelt sich dieser bergende Schutzraum in ein „Versteck oder, schlimmer noch, in ein[ ] Gefängnis, aus dem es irgendwann keinen Weg ins Freie geben würde“ (EL 195). Er verbindet sich mit dem Familientrauma, das in der „dunkle[n], stille[n] und meist etwas unheimliche[n] Wohnung in Köln“ (EL 152) weiterlebt und die Erinnerung zu einem Erschrecken werden lässt, „als krampfte sich in meinem Innern etwas zusammen“ (ebd.).

Das Mutterreich erweist sich also gleichermaßen als Verlockung und Gefahr, eine Ambivalenz, die Johannes selbst noch auf dem Land verspürt und die sich hier in seinem erneuten Wunsch ausdrückt, im Wasser zu verschwinden. Vor allem ein Weiher, tief in einem kleinen Wäldchen versteckt, übt eine starke Faszination auf ihn aus. Ein ums andere Mal sucht er ihn auf, bis er sich schließlich ins Wasser wagt:

> [...] langsam ließ ich mich sinken und fallen und schloss unter Wasser die Augen. Es war ein unglaublich schöner, dichter und schwereloser Moment, keine aufdringlichen Geräusche waren zu hören, vielmehr befand ich mich in einer schalldichten Welt, einer Welt des herrlichen Schweigens, wie ich es mir intensiver nicht hätte vorstellen können. (EL 166)

Johannes erlebt das Wasser also ganz in seiner Gestimmtheit: Wie die anderen Protagonisten versucht er, so lange wie möglich unten zu bleiben, schwebt regungslos durchs Wasser, bis er sich auf den Rücken dreht und langsam, mit ausgebreiteten Armen, an die Oberfläche zurücktreibt (vgl. Kapitel 2.2). Doch als er aus dem Wasser steigt, durchzuckt ihn ein Gedanke: Unten in der Tiefe des Sees, so wird ihm bewusst, gibt es nicht nur „die vollkommene Schönheit des Schweigens“ (EL 168), sondern „da lauerte auch die Schönheit des Todes“ (ebd.):

> Nur einige Minuten länger dort unten in der Tiefe des Wassers geblieben – und schon wäre alles vorüber gewesen! So leicht konnte man sich also das Leben nehmen, mühe- und schwerelos, ganz ohne großen Aufwand! (ebd.)

Die Faszination des Wassers verbindet sich also auch hier mit der Faszination des Todes, der Möglichkeit des endgültigen Untergehens und Verstummens (vgl. S. 84ff). Wie groß diese Verlockung für Johannes zu dem Zeitpunkt ist, zeigt sich einige Seiten später. In einer Art innerem Monolog beschwört der Junge sich selbst: *„Ich werde mir niemals das Leben nehmen, nein, das werde ich nicht. Ich werde nicht einmal daran denken, ob ich mir das Leben nehmen sollte. Es gibt keinen Grund, sich das Leben zu nehmen* [...].“ (EL 186) Tatsächlich gibt es keinen Grund mehr, denn Johannes hat mittlerweile einen neuen Zugang zur Welt gefunden: „Ich musste unterwegs sein, ununterbrochen, ich durfte nicht nachlassen, die Welt zu verstehen und zu begreifen." (EL 199) Der Schritt vom Zeichnen und Bezeichnen zum Sprechen ist nun nicht mehr weit – er ist die logische Konsequenz, ist das Sprechen doch *das* Gegenmittel gegen das Schweigen. Tatsächlich spricht das stumme Kind schon bald seine ersten Worte: *„Gebt mal her!"* (EL 218) ruft er zwei spielenden Kindern zu, und schon fliegt der Ball in seine Richtung. Dieser Ballwechsel verbindet sich mit dem Wortwechsel zur Grundidee von Kommunikation – Frage und Antwort, das Hin und Her von Worten.

Am Ende des zweiten Romanteils steht also das Gelingen, die Wiedergeburt in der Sprache, die bei einem großen Familienfest auch vor Publikum präsentiert und zelebriert wird (vgl. EL 236ff). Dass Johannes dem Dunkel tatsächlich entkommen ist, zeigt sich in der Abschlussszene: Er springt von einer hohen Klippe ins Wasser. Erneut erfährt er das „Eintauchen in die Kälte, das Verschwinden in der Tiefe" und „die sekundenlange Zugehörigkeit zu den Bewohnern des Wasserreichs" (EL 258) als einen „wunderbare[n] Moment" (ebd.). Doch auch das „langsame, verzögerte Auftauchen" wird zum Teil dieses Moments und, „am schönsten: das stolze Herausstrecken des Kopfes aus dem Wasser, wie nach einer zweiten Geburt! ..." (ebd.). Dass in diesem Moment auch die Mutter die ersten Worte nach ihrem Verstummen herausschreit, lässt ihn endgültig zu einem Triumph der Sprache werden.

Die ersten beiden Teile des Romans entwerfen also erneut die aus dem Essay *Das Element des Elephanten* bekannten Konstellationen: Im Gegenüber von Köln und Westerwald, von Mutterreich und Vaterreich, von Innen und Außen, Abtauchen und Auftauchen inszeniert der Roman die Dialektik von Stille und Sprache, die es zu überwinden gilt – erst im Sprechen und Schreiben findet der kleine Junge zur Welt. So erzählt auch *Die Erfindung des Lebens* eine Künstlerbiographie, beschreibt den Weg von den ersten Schreibversuchen bis hin zum Debütroman. Erneut verbirgt sich hinter dieser Lebensgeschichte aber eine analytische Struktur, in der die zentrale Dialektik des Textes eine immerneue Wiederholung und Bestätigung findet. Denn obwohl sich Johannes im Westerwald ein neues Leben in der Sprache erschafft, stellt sich dieses Glück im weiteren Verlauf des Romans als brüchig heraus: Immer wieder scheitert der Protagonist an seinem Leben, das er sich ein ums andere Mal neu zusammensetzen muss.

So beginnt für die Familie nach ihrer Rückkehr nach Köln zwar eine neue Zeit, aus der hilflosen Familie wird „ein inzwischen stark gewordenes Trio, dessen Mitglieder jetzt ihre jeweils eigenen, aber durchaus auch gemeinsamen Ziele verfolgten“ (EL 277). Doch als Johannes in ein Musikinternat geht, um seine Fähigkeiten auf dem Klavier weiter zu schulen und schließlich im Dasein als Pianist enden zu lassen, droht alles wieder zusammenzubrechen. Von den Eltern getrennt und am ständigen Notieren gehindert, fällt Johannes nach und nach in seine früheren Zustände zurück, wird wieder zu „einem meist schweigenden, ja manchmal sogar sprachlosen Kind“ (EL 356). Die Angst davor, in die Dunkelheit und das Verstummen der frühen Kindertage zurückzukehren, wird erneut in einen Zusammenhang mit dem Versinken im Wasser gebracht: „Noch einmal würde ich das alles nicht mitmachen, noch einmal nicht! Lieber würde ich irgendwo abtauchen, in die Tiefe eines Flusses, um in dieser Tiefe für immer zu verschwinden ...“ (EL 376). Doch auch hier gelingt ihm gerade noch rechtzeitig der Absprung, auf „Die Flucht“ (so der Titel des dritten Romanteils) aus dem Internat folgt die glücklichste Zeit seines Lebens: „Roma“ (Teil vier des Romans).

Weit entfernt vom kalten Deutschland und den dunklen Tagen seiner Kindheit erlebt Johannes die Ankunft in Rom als eine „einzige[ ], große[ ] Befreiung“ (EL 452), als unendliches Glück. Die Stadt scheint wie für ihn geschaffen, alles was er braucht „ist einfach vorhanden, an jeder Ecke, es steht da zur freien Verfügung“ (EL 458). So gelingt es ihm, sich in Rom ein neues Leben zu schaffen, das „mit dem Leben, das er zuvor in Deutschland geführt hat, nicht mehr zu vergleichen“ (EL 496) ist. In Rom ist es unmöglich, einsam zu sein, schnell hat er das Gefühl, „mit allen Menschen und Dingen um ihn herum in einem direkten Austausch, ja sogar einem engen Kontakt zu stehen“ (ebd.). Dieser Kontakt verdrängt jegliches Gefühl der Bedrohung oder Gefahr, wird von ihm als eine „innere und äußere Wärme, eine Geborgenheit, ein Vertrauen“ (ebd.) empfunden.

Selbst das Klavierspiel führt ihn nicht mehr in die Einsamkeit, stattdessen erlebt er es gemeinsam mit anderen: Er spielt „vierhändige Kompositionen oder Kompositionen für zwei Klaviere“ (EL 499f) und auch die Liebe zu Clara fängt die überwältigende Wirkung der Musik auf und verstärkt sie zugleich (vgl. EL 504). Das Spielen wird so – neben den Aufzeichnungen und Notizen, „mit deren Hilfe ich das Leben um mich herum festhielt“ (EL 439) – zum stärksten Mittel gegen das Dunkle, gegen „all diese[ ] schlimmen Vergangenheiten [...], die ich erst allmählich hatte abstreifen und zumindest in ihren gefährlichsten Momenten hatte zurücklassen können“ (ebd.). Wie schon im zweiten Teil des Romans gipfelt dieses Glück des Gelingens in einem Fest: Gemeinsam mit all seinen Freunden feiert Johannes seinen Geburtstag – es ist die große Feier der Liebe und der Musik, Johannes scheint endlich angekommen in der Welt, „vermählt“ mit „*Roma*, [...] der Ewigen Stadt“ (EL 514).

Doch auch hier folgt auf das Glück das Scheitern: Eine Krankheit macht das Klavierspiel unmöglich, zwingt Johannes zur „Rückkehr“ (Teil fünf des Romans) nach Deutschland und in sein altes Leben. Seine in Rom erschaffene Welt bricht in sich zusammen, er ist wieder am Nullpunkt, im absoluten Stillstand angekommen: „Ich werde von nun an zusammen mit meinen Eltern leben und mich nie mehr von ihnen entfernen. [...] nichts anderes werde ich tun, als genau das [...].“ (EL 559) So sitzt er „wie in meinen Kindertagen“ (EL 563) bei der Mutter und trinkt Tee, träumt beim Anblick des Rheins vom endgültigen Verschwinden: „*Es ist ganz leicht, sich das Leben zu nehmen ...*“ (EL 572) Doch auch dieser Romanteil bietet einen Ausweg aus dem Dunkel, erneut gelingt es Johannes, sich ein neues Leben zu erfinden: Während der Lektüre seiner alten Notizbücher beginnt er, einzelne Passagen als Erzählstoff zu nutzen, sie umzuschreiben und die Eintragungen zu kleinen Erzählungen zu komponieren: „Insgeheim [...] bin ich dabei, dem jungen Mann, der ich war, eine andere, zweite Geschichte zu schreiben.“ (EL 569) So rettet er sich „vom Dasein als Pianist hinüber [...] in ein Dasein als Schriftsteller“ (EL 586) – auf die Wiedergeburt in der Sprache folgt nun die Wiedergeburt in der Literatur:

> *Im Grunde warst Du nicht nur ein Pianist, sondern seit Deiner Kindheit auch ein Schriftsteller. Du hast gelebt wie ein Schriftsteller und Du hast gearbeitet wie ein Schriftsteller! Dein ganzes Leben war eine Erziehung zum Schreiben und ein Eintauchen in die Schrift!* (EL 579)

Auch dieser Roman endet also mit der Initiation ins Künstlertum. Damit erinnert er nicht nur an den Essay *Das Element des Elephanten*, sondern auch an die anderen Texte des Autors, die auf ganz ähnliche

Weise von den Anfängen und Voraussetzungen der Kunst, vor allem aber des Schreibens erzählen. Tatsächlich tauchen zahlreiche Szenen und Motive der vorangegangenen Romane in Johannes' Lebenserzählung auf: der Gang ins Wasser, die Annäherung an die Welt über den Spaziergang, die Reise nach Italien, die Initiation ins Schreiben. Der Roman reiht sich also in eine Vielzahl von Texten ein, die letztlich immer wieder die gleichen Konstellationen entwerfen – sei es im Gewand des Künstlerromans, als Liebesgeschichte oder autobiographischer Roman. Innerhalb des Einzeltextes erweisen sich diese Motive aber allesamt als Variationen einer Urszenerie, als ständiger Kampf gegen das Verstummen über die ästhetische Bannung. *Die Erfindung des Lebens* setzt die Struktur des Gesamtwerks also gleich in zweifacher Weise fort: Der Roman wird nicht nur zu einer abermaligen Variante eines zentralen Entwurfs, er macht den Austritt aus der Stille auch zu seiner eigenen Erzählbewegung und umkreist so selbst immer wieder die auf den ersten Seiten entworfenen Konstellationen.

Ließen sich die ersten vier Romanteile aber jeweils als Entsprechungen verstehen – auf „Das stumme Kind" folgt in „Lesen und Schreiben" ein neues Leben in der Sprache, die Internatszeit in „Die Flucht" findet ein Gegenbild in der glücklichen Zeit in „Roma" – fehlt eine solche Beschreibung des Daseins als Schriftsteller, der Roman endet nach dem fünften Teil. Allerdings weist die Initiation Johannes' ins Literatentum auf eine zweite Erzählebene des Romans hin: So lässt sich die Rahmengeschichte des Romans – der Schriftsteller Johannes Catt schreibt in Rom die Geschichte seines Lebens – im Prinzip als sechster Teil des Romans und so als weitere Antwort auf die Stille und das Dunkel in Johannes' Leben lesen. Die Offenlegung des Schreibprozesses deutet damit nicht nur auf die hinter dem Roman stehende Poetik hin, sondern weist diese auch als eine erneute Variante der „Erfindung des Lebens" aus.

4.2 Die Poetik der Lebenserfindung

Dass der ganze Roman in der Rückschau geschrieben ist, wird schon bei seinem ersten Wort deutlich: „Damals" (EL 9). Dieses „Damals" rückt das Erzählte in eine weit entfernte Vergangenheit, stellt es in eine Distanz zur Schreibgegenwart, zum „Heute" (EL 15), das die Dinge ordnen und deuten kann. So durchdringt die Ahnung eines „späteren Leben[s]" (EL 24) bereits die ersten Seiten des Romans, erst am Ende des zweiten Kapitels allerdings wendet er sich der Erzählgegenwart, dem Präsens zu: „Das schönste Bild [...], das ich kenne, ist eine bunte Fotografie, die meine Mutter und mich auf einer Bruchsteinmauer am Rhein zeigt." (EL 25) Die Erzählung verdichtet sich hier in einem Bild, das in der Rahmengeschichte, „in meinem römischen Arbeitszimmer" (ebd.), seinen Platz findet. Im dritten Kapitel findet dieser Prozess der Übersetzung von Vergangenem in die Gegenwart schließlich seine Grundlegung:

> Ich erzählte bereits, dass ich diese Geschichte meiner Jugend in Rom schreibe. [...] Mein jetziger Aufenthalt hat damit zu tun, dass ich zu Hause nicht mit meiner Arbeit vorankam. Ich setzte immer wieder von Neuem an, aber ich hatte nicht genügend Abstand zu dem, was ich erzählen will. (EL 26)

Diese Worte errichten eine zweite Ebene in dem Roman: Die Geschichte des kleinen Johannes wird zur Binnengeschichte, die von den Schreibversuchen des Schriftstellers Johannes in Rom eingerahmt ist. Aus diesem Schreiben erst geht die Erzählung hervor, es entfaltet die Vergangenheit vor den Augen des Lesers, übersetzt sie in Text. Dass der Roman jedoch nicht im „Jetzt" beginnt, sondern zunächst die vergangenen Tage im „Damals" präsentiert, weist bereits zu Beginn auf die große Bedeutung der Kindheit für Johannes' Schriftstellertum hin, das sich erst aus den Geschehnissen der Vergangenheit wirklich erschließt.

Tatsächlich prägt die Kindheit Johannes' ganzes Leben, was sich nicht nur an seinem Projekt zeigt, einen Roman über diese Zeit zu schreiben, sondern auch an den Schwierigkeiten, die ihm dieses Vorhaben bereitet: Immer wieder muss er sich ermahnen, nichts zu übereilen, die Dinge chronologisch zu erzählen und sich nicht von der Vergangenheit überrollen zu lassen.[7] Die Flucht nach Rom soll vor allem Distanz herstellen zu den Erinnerungen, um „ihrem gefährlichen

[7] vgl. EL 142 („Doch nicht so voreilig, lieber der Reihe nach ..."), EL 234 („Nun gut, lassen wir es vorerst dabei bewenden, von Chopins Kompositionen wird später noch ausführlicher die Rede sein ..."), EL 350 („Ich sage gleich noch etwas zu diesem Thema, möchte vorerst aber nur andeuten [...]")

Sog durch ein Leben in der Fremde zu entgehen“ (EL 154), bald muss Johannes jedoch feststellen, „dass diese Erinnerungen mich gefangen hielten und Unterwerfung verlangten“ (EL 155).

Neben die eigentliche Erzählung rückt also die Reflexion über das Schreiben und damit über die Entstehung des Textes selbst. Einen ersten Hinweis auf die Hintergründe dieses Schreibens bot bereits das letzte Kapitel. Liest man die Rahmengeschichte nämlich wie dort vorgeschlagen als sechsten Romanteil und somit als einen neuen Abschnitt in Johannes' Leben, dann ordnet sich auch das literarische Schreiben dem Großprojekt seiner Existenz zu: der „Erfindung des Lebens“, mit der sich der Erzähler vor dem Verstummen und Verschwinden zu retten versucht. Tatsächlich wird Johannes bei seinem Aufenthalt in Rom bewusst, dass das Schreiben zum „ausdauerndste[n] und längste[n] Kampf“ (EL 400) gegen die Nachwirkungen seiner Kindheit geworden ist: „All mein ewiges Schreiben, könnte man nämlich behaupten, besteht letztlich nur darin, aus mir einen anderen Menschen als den zu machen, der ich in meiner Kindheit gewesen bin.“ (EL 400f) Es wird so zu einem Anschreiben gegen die Vergangenheit, gegen die Wortlosigkeit und das Trauma der Familie, die erst in der literarischen Form für Johannes kommunizierbar werden.

Wie das ständige Notieren dem kleinen Jungen einen Zugang zur Welt eröffnet, ermöglicht das Schreiben dem erwachsenen Mann also einen Zugang zu seinem Leben – denn nur indem er schreibt, kann er von seinem Leben erzählen, kann er sich seiner eigenen Existenz vergewissern:

> Wenn ich [...] doch einmal von mir erzähle, tue ich das in schriftlicher Form wie zum Beispiel in einem Roman, der von mir handelt. Auch in Briefen und Mails kann ich, wenn auch nicht so gut wie in der Romanform, von mir erzählen. In all diesen Fällen habe ich nämlich das Gefühl, die Steuerung und die Herrschaft über mein Erzählen zu behalten. (EL 400)

Die Literarisierung hat damit eine zweifache Funktion: Sie ordnet die Gedanken, gibt der Erinnerung „Klarheit und Struktur“ (EL 404), verwandelt die Lebensgeschichte zugleich aber auch in einzelne „Erzähl-Versionen“ (ebd.), die die Unmittelbarkeit des Erlebens in die Distanz rücken und unter Kontrolle bringen. So bricht Johannes im Gespräch mit seiner römischen Freundin Antonia die meisten Anläufe,

„etwas von mir zu erzählen“ (EL 403), wieder ab, vor allem dann, wenn es um Geschichten und Themen seiner Kindheit geht: „Ich umging diese Kindheit um jeden Preis und konnte anscheinend nur von Zeiten und Zusammenhängen erzählen, bei denen ich keine Verbindung zu meiner Kindheit herstellen musste.“ (ebd.) Geht er jedoch dazu über, „Ausschnitte aus meinem Roman so zu erzählen, als fielen mir diese Geschichten gerade erst ein“ (EL 404), kann er durchaus von sich und seinem Leben berichten: „Der Trick, den ich anwenden musste, bestand also darin, mich an die Schriftfassung einzelner Lebensgeschichten zu erinnern. Wenn mir das gelang, erzählte ich flüssig und ohne Hemmungen.“ (ebd.)

Johannes ersetzt also seine Lebensgeschichte durch die Geschichte seines Lebens, spricht Antonia gegenüber nicht von sich, sondern von seinem Roman, in dem das Dunkle seiner Kindheit bereits literarisch ausgedeutet und gebannt ist. Diese Distanzierungsfunktion der Sprache wird auch in seinem Schreiben deutlich: Die Zeiten des Glücks vergegenwärtigt sich der Erzähler gerne, rückt sie immer wieder in eine unmittelbare Nähe. So steht die Schilderung seiner ersten Ankunft in Rom im Präsens, als wollte er sie noch einmal auferstehen lassen: „Ich sitze eine Weile auf dem Brunnenrand und frage mich, wann ich jemals so glücklich gewesen bin wie gerade jetzt.“ (EL 464) Anderes lässt sich dagegen nicht so leicht erzählen. Von dem Brief der Mutter, in dem diese den kleinen Johannes aus der engen Bindung des Mutterreichs entlässt, kann er nur in der Distanz erzählen, obwohl er ihn doch Wort für Wort auswendig kennt: „Ich muss meine Erzählung hier kurz unterbrechen, denn ich muss zugeben, dass es mir nicht leichtfällt, diesen Brief, den ich [...] sogar hierher, mit nach Rom genommen habe, wiederzugeben.“ (EL 201) So rettet er sich in die Erzählgegenwart, entflieht dem Sog der Erinnerung und bannt sie schließlich in eine distanzierende Sprache, die ihn vom eigenen Erleben ausschließt: „Ich soll meinem Vater den Brief aus der Hand genommen, ihn zusammengefaltet und dann in meine Tasche gesteckt haben, ich soll einmal kräftig genickt haben und dann aufgestanden sein.“ (EL 206)

Die „Erfindung des Lebens“ steht also tatsächlich hinter Johannes’ Schreiben, ja scheint im poetologischen Konzept ihren Kerngedanken gefunden zu haben: Das Leben wird zum Erzählstoff, wird in der Literatur neu erfunden und so erst aussprechbar. Johannes’ Vorhaben, in Rom „Schritt für Schritt“ das eigene Leben „noch einmal [zu] ergründen“ (EL 220), wird so zu einem Wiederholen im doppelten Sinne: einem wieder Einholen ins Gedächtnis, einem Bewusstmachen und Aneignen der eigenen Lebensgeschichte in der Distanz zum Erlebten und einer Wiederholung, einer Übersetzung von Leben in Literatur in der distanzierenden Schrift.

Schon als kleiner Junge erfährt Johannes diese Verdoppelung des Lebens in der ästhetischen Form: So erscheint ihm Schumanns C-Dur-Fantasie als „eine große Erzählung, die [...] ausschließlich mit meinem eigenen Leben zu tun hatte“ (EL 331), sie übersetzt die Bilder und Sehnsüchte seiner Vergangenheit in Klänge. Ganz ähnlich ergeht es ihm aber auch bei der Lesung seines ersten Romans:

> [...] ich bin vollkommen mit der Geschichte beschäftigt, ich sehe Bild für Bild, ich sehe all meine Bilder, meine Flucht, mein häufiges Unterwegssein, ich sehe die Menschen, Räume und Dinge in der Geschichte so vor mir, als bewegte ich mich gerade in ihnen. Ich bin eine Figur meiner Geschichte, ich lebe in ihr [...]. (EL 584)

Dies lässt sich als deutlicher Hinweis auf das Schreibprojekt des Erzählers lesen, der sich das Leben neu erfindet, um über es sprechen zu können und die Erfindung schließlich – zumindest im Gespräch mit Antonia – ganz an die Stelle seines eigentlichen Lebens stellt.

Dieses Ineinssetzen von Leben und Erzählung wird in der Rahmengeschichte noch auf eine andere Weise deutlich. Diese beschränkt sich nämlich nicht nur auf gelegentliche Erzählerkommentare und poetologische Überlegungen, sondern entfaltet eine eigene Handlung, die schließlich der Binnengeschichte zur Seite steht, ja diese immer mehr zu ersetzen scheint. Denn Johannes lebt sich nach und nach in Rom ein, lernt seine Nachbarin kennen, unterrichtet ihre Tochter auf dem Klavier und entwickelt so zunehmend ein Leben jenseits des Schreibens und der Vergangenheitsbewältigung. So erscheint es am Ende fast so, als habe er sich von dieser Vergangenheit tatsächlich freigeschrieben, könne sich nach beinahe 600 Seiten endlich von ihr lösen und ein neues Leben beginnen. Bei der näheren Betrachtung seines römischen Lebens wird allerdings deutlich, dass sich dieses – wie bereits im vorangegangenen Kapitel angedeutet – eher als eine Variation und so als Fortsetzung seiner Vergangenheit deuten lässt, das Leben also nicht an die Stelle der Erzählung rückt, sondern vielmehr selbst zum Erzählstoff wird.

Schon die erste Stelle, in der sich Johannes als Erzähler der in den ersten beiden Romankapiteln entworfenen Kindheits-Szenen offenbart, legt Parallelen zwischen Rahmen- und Binnengeschichte, zwischen gegenwärtigem Leben und Erzähltem offen: Johannes hat sich in Rom „eine kleine Wohnung im ersten Stock eines fünfstöckigen Hauses" (EL 26) gemietet, die ganz in der Nähe der Piazza di Santa Maria Liberatrice liegt, „einem für römische Verhältnisse ungewöhnlich weiträumigen Wohnplatz" (EL 27). Die Wohnungswahl scheint kein Zufall zu sein: „Natürlich ist mir nicht entgangen, wie sehr die Piazza [...] dem weiten und ovalen Platz vor dem Kölner Wohnhaus gleicht, in dem ich aufgewachsen bin." (EL 29)

Wie damals öffnet er „die dunkelgrünen Holzläden vor den Fenstern und schau[t] hinunter auf den lang gestreckten, an allen Seiten von gleich hohen Häusern umsäumten Platz" (EL 28) und obwohl diese Ähnlichkeiten seiner Meinung nach gerade auf die „Unterschiede zwischen der Gegenwart und meinen stummen, früheren Kindertagen" (EL 29) hinweisen, verhält er sich zunächst doch ganz wie in seiner Kindheit. Beim Anblick des morgendlichen Platzes vor seinem Fenster möchte er zwar am liebsten „sofort hinuntergehen und den ersten Sonnenspuren folgen" (EL 28), stattdessen geht er jedoch hinüber an seinen Schreibtisch und beginnt mit der Arbeit. Ist er tatsächlich in Rom unterwegs, scheut er den Kontakt mit anderen Menschen, wie früher bleibt er der „stumme Beobachter" (EL 135), der „in das Land der Handelnden und Sprechenden" (ebd.) hinüberstarrt.

Dies ändert sich, als er über seine Wiedergeburt in der Sprache schreibt, über die Spaziergänge mit dem Vater, die ihm Schritt für Schritt die Welt eröffnen und den Kontakt mit anderen ermöglichen. Plötzlich wächst auch in der Erzählgegenwart das Bedürfnis nach Gesellschaft, „danach, endlich nicht mehr allein durch Rom und seine Straßen zu gehen" (EL 154):

> Wie hatte ich denn in all der Zeit gelebt, in der ich den ersten Teil dieses Buches geschrieben und von meinem stummen Dasein erzählt hatte? Ich hatte mich in einer römischen Wohnung vergraben, zu niemandem richtig Kontakt aufgenommen, einzelgängerische weite Spaziergänge gemacht und letztlich an nichts anderes gedacht als an die bedrohlichen Szenarien meiner Kindheit. Innerlich und äußerlich war ich erstarrt, wie ein Mensch, der wochenlang unter einem Schock steht. (EL 155)

Jetzt aber, als er von seinem „zweiten Leben" und „von der Gemeinschaft mit den Verwandten auf dem Land" zu erzählen beginnt, wird ihm dieses erstarrte Dasein mit einem mal „unheimlich und fremd": „Verblüfft beobachtete ich, dass ich mich nach Menschen, gemeinsamen Spaziergängen und Musik sehnte." (EL 155) Anstatt sich also jeden Morgen dem Schreiben zu widmen, geht er mit dieser Zeit „geradezu verschwenderisch" (EL 248) um, flaniert durch Rom – ein kleiner Abstecher in eine Buchhandlung, ein *caffè* in einer Bar – und freundet sich schließlich auch mit seiner Nachbarin an. Dies hat zur Folge, dass der zweite Teil des Romans nicht nur für den kleinen Johannes mit einem Triumph endet: Bei Johannes' erstem Besuch in Antonias Wohnung begegnet er ihrer Tochter, Marietta. Auch sie spielt Klavier, übt wie er als Kind auf dem westerwäldischen Hof an einem „halbwegs gestimmten" Instrument (vgl. EL 262 bzw. EL 273) Bachs *Italienisches Konzert.* Als er sie hört, fühlt er sich in die Vergangenheit zurückversetzt, sehnt sich wieder danach zu spielen und setzt sich schließlich auch nach *„verdammt lang[er]"* (EL 269) Zeit ans Klavier:

> Und so spielte ich den ersten Satz des *Italienischen Konzerts* von Johann Sebastian Bach [...] und empfand dieses Spiel sogar als ein großes, wiedergefundenes Glück [...]. [...] ich spielte wieder Klavier und indem ich spielte, lockte ich die Bilder des kleinen Knaben wieder an, der damals ..., damals zum Schluss des langen Landaufenthalts auf dem Klavier [...] einmal Bachs *Italienisches Konzert* gespielt hatte. (EL 272)

Die Erzählebenen vermischen sich, wenn der kleine Johannes in der Vergangenheit zur Sprache und der große Johannes in der Gegenwart wieder zur Musik finden, das Fest der Sprache auf dem westerwäldischen Hof zu einem Fest der Musik, einem „Fest dieses glücklichen Moments" (EL 273) in Rom wird.

Immer wieder spiegeln sich Rahmen- und Binnengeschichte auf diese Weise: Während Johannes von seiner zunehmenden Annäherung an die Welt schreibt, nähert er sich auch Rom an, nimmt nicht nur „Kontakt zu meiner römischen Umgebung auf[ ]" (EL 300), sondern ist sogar „Teil von ihr geworden" (EL 301). Die ersten Klavierstunden in Köln wiederum finden ihre Entsprechung in seiner eigenen Tätigkeit als Klavierlehrer für Marietta in Rom. Wie in seiner Erzählung wird Rom so zu einer Stadt der Musik – und der Liebe. Denn während er von seiner ersten Liebe in der Ewigen Stadt schreibt, lernt er auch Antonia immer besser kennen, läuft gemeinsam mit ihr die Stationen vergangener Tage ab und erlebt an ihrer Seite noch einmal „die alte, vertraute Empfindung, eine Mischung aus starker Wollust und verhaltener, noch kontrollierter Gier, eine starke Sehnsucht, ein extremes Verlangen" (EL 492).

So rücken Leben und Erzählung immer näher aneinander, bis sich die Grenzen zwischen Gegenwart und Vergangenheit ganz auflösen: Die Luft, die durch das Fenster in Johannes' römische Wohnung strömt, riecht nach der „alte[n] Gewitterschwüle" (EL 207) des Westerwalds und die Klänge des Klaviers versetzen ihn „in jene[n] lang gestreckten Flur einer Kölner Mietwohnung, in der ich dieses Chanson zum ersten Mal [...] gehört hatte" (EL 325). Als er schließlich mit Antonia das Haus aufsucht, in dem er bei seinem ersten römischen Aufenthalt wohnte, begegnet er seinem vergangenen Ich: „Ich blickte [...] hinab in den Innenhof und sah, wie ich den Hof durchquerte und mich mit dem früheren Portiere unterhielt." (EL 470)

Dieses Durcheinander von Geschichte und Rahmenerzählung findet seine Entsprechung in Johannes' Zeitempfinden, gerät er doch selbst allmählich mit dem *„Hier und Jetzt"* durcheinander:

> Ich schaute auf, *hier und jetzt,* richtig, wir befanden uns ... – ja, wo eigentlich? Wir befanden uns in einem *Hier und Jetzt.* War dieses *Hier und Jetzt* das *Hier und Jetzt* meiner Erzählung, oder war es das *Hier und Jetzt* meines Lebens? *Ich bin etwas durcheinander, Antonia,* sagte ich [...]. (EL 484)

Dass sich dieses Durcheinander schließlich ganz in ein Ineinander von „meiner Erzählung" und „meine[m] Leben[ ]" auflöst, führt das Ende des Romans vor: Im letzten Kapitel steht Johannes am Fenster seiner römischen Wohnung und schaut hinunter auf den Platz. Dort wird gerade alles vorbereitet für das Konzert, das Marietta als Abschluss der gemeinsamen Klavierstunden halten wird: „Die Bühne, der Flügel, die Sitzreihen – alles wirkte auf mich wie eine alte Szene aus meinem früheren römischen Leben." (EL 577) Noch viel seltsamer erscheint ihm jedoch, dass dieses Konzert gerade jetzt stattfinden soll, wo er mit seiner Erzählung „an jenem Punkt angekommen war, den ich mir als vorläufiges Ende vorgenommen hatte": „Gerade [...] zu dem Zeitpunkt, da Marietta ihr Konzert geben wollte, schrieb ich am Schlussstück meiner Lebensgeschichte und damit davon, wie aus einem jungen Pianisten ein junger Schriftsteller geworden war ..." (ebd.)

Während er in seiner Erzählung die Anfangssätze seines ersten Romans schreibt, spielt er im Rom der Gegenwart seine ersten Töne auf dem Klavier nach einer langen Zeit des pianistischen Verstummens – eigentlich, um das geeignete Instrument für Mariettas Auftritt zu finden, tatsächlich aber, weil ihn wieder die Lust am Proben packt. Und so gipfeln Vergangenheit und Gegenwart schließlich in einem triumphalen Auftritt: Der junge Schriftsteller Johannes liest den Anfang seiner Geschichte bei einem Literaturwettbewerb und erlebt diese Lesung zu seiner großen Freude wie eine Darbietung auf dem Klavier: „[...] dieses Vorlesen ist ein guter Ersatz, es ersetzt mir meine pianistischen Auftritte, es erlaubt mir die Vorstellung, auf einem Klavierhocker zu sitzen, um dem Publikum etwas vorzuspielen." (EL 584) So rettet er sich aus dem Dasein als Pianist in das Dasein als Schriftsteller hinüber – es ist eine zweite Wiedergeburt in der Sprache, die Johannes erneut vor dem Untergang bewahrt[8].

Während Johannes aber davon erzählt, wie „[a]us einem jungen Pianisten [...] ein junger Schriftsteller geworden [ist]" (EL 578), erlebt er selbst die umgekehrte Entwicklung: Das Konzert auf der Piazza ist zwar Mariettas Konzert, *„aber ein klein wenig ist es auch mein Konzert"* (EL 550), schließlich hat er sie eine ganze Weile unterrichtet. So erfasst ihn bereits beim Klavierspiel seiner Schülerin eine starke Rührung: „Monatelang hatte ich das alles mit Marietta geübt, [...] deshalb hörte ich nicht nur ihr Spiel, sondern auch seine Geschichte. Ich selbst war Teil dieses Spiels, meine Geschichte war ein Teil von ihrer Geschichte." (EL 587) Dann aber holt ihn Marietta auf die Bühne: *„Giovanni, nun kommt Dein Auftritt!"* (EL 589) Und so kehrt Johannes am Ende des Romans ins Dasein als Pianist zurück, gibt sein „römisches

[8] vgl. EL 588 (*„Es gibt also wieder schöne, sehr schöne Tage, an denen man kein bisschen traurig ist. Es gibt auch wieder Tage ohne Traurigkeit, die gibt es wieder. Heute ist so ein Tag. Ich freue mich. Ich werde mir nicht das Leben nehmen, nein, das werde ich nicht.* [...] *Es gibt keinen Grund mehr, sich das Leben zu nehmen. Ich freue mich, ich freue mich sehr ...*) und EL 186 (*„Es gibt auch schöne Tage, sehr schöne Tage, an denen man kein bisschen traurig ist. Es gibt auch Tage ohne Traurigkeit, die gibt es. Heute ist so ein Tag. Ich freue mich. Ich werde mir niemals das Leben nehmen, nein, das werde ich nicht.* [...] *Es gibt keinen Grund, sich das Leben zu nehmen, wenn man gesund ist und wenn die andren einen mögen.* [...] *Ich freue mich sehr, ich freue mich."*)

Konzert“, das ihm als junger Mann verwehrt geblieben ist, „also doch noch“ (EL 590). Als er sich schließlich vor dem begeisterten Publikum verbeugt, sieht er nicht nur Antonia und Marietta in der klatschenden Menschenmenge stehen, sondern auch seine Eltern:

> Dann sehe ich meinen Vater, er winkt zu mir hinauf. Und ich sehe meine schöne Mutter, sie schaut mich regungslos an. Wir drei verstehen uns gut, wir haben uns immer verstanden, ein Leben lang. Ich verbeuge mich vor den beiden, ich verbeuge mich tief. (ebd.)

Mit dieser Verbeugung vor den Eltern, ihrem Hinüberholen in die Gegenwart des Erlebens, ist der Kreis geschlossen – die Erzählung hat das Erzählen eingeholt. Johannes’ Leben in Rom erweist sich am Ende des Romans also tatsächlich als eine Weiterführung seiner Geschichte, eine Beschreibung seines Daseins als Schriftsteller, der sein Leben schließlich ein weiteres Mal neu erfindet und zum Klavierspielen zurückkehrt.

Die „Erfindung des Lebens“ – das Übersetzen des Lebens in eine ästhetische Form, in Erzählstoff – ist damit nicht nur Thema und poetologische Grundlage der Erzählung, sie wird auch auf der Darstellungsebene vorgeführt, findet in dem Übergang der Rahmengeschichte in die Binnengeschichte ihre erzähltechnische Entsprechung. Indem nämlich die Erzählgegenwart des Protagonisten zum Teil seiner Lebenserzählung wird, zu einem weiteren Versuch des Ankämpfens gegen das Verstummen, wird die Rahmengeschichte zu einem sechsten Romanteil, wird selbst zur Binnengeschichte und hört damit auf zu existieren. Folgerichtig verabschiedet sich Johannes am Ende in seiner Funktion als Erzähler aus dem Roman, lässt das Dasein, das er in der Rahmengeschichte führte, hinter sich: „Dann winke ich ein letztes Mal und verabschiede mich. Ich gehe die kleine Treppe wieder hinab und betrete den Boden der Ewigen Stadt.“ (EL 590) Obwohl der Roman nicht in einer Metalepse mündet, steht also auch hier am Ende die Transgression in den Text – Johannes wird vom Erzähler zur Romanfigur, der poetologische Rahmen wird zur Fiktion.

4.3 Zur Autofiktion II

Obwohl der Roman Johannes' Geschichte in einen autobiographischen Kontext stellt, verweist *Die Erfindung des Lebens* sowohl inhaltlich als auch strukturell auf eine Poetik, die das Schreiben zu einer Lebenserfindung macht und die eigene Biographie in eine ästhetische Distanz rücken lässt. Ortheil selbst deutet in einem Interview auf diese besondere Form des Schreibens hin und macht sie zur Grundlage des Romans. Denn auch wenn er einzelne Motive und Erzählteile seines Romans als „rein autobiographisch“[9] ausweist, ist der Text für ihn „keine klassische Autobiographie“, sondern „ein autobiographisch inspirierter Roman“[10]. Nicht das ganze faktische Material seines Lebens habe er wiedergeben wollen, sondern das Wesentliche herausheben und „in eine Kunstform bringen, die es mir ermöglicht, über dieses Material hinauszugehen, Abstand dazu zu gewinnen“[11]:

> Und das tut natürlich die Romanform, d. h. ich habe mir eigentlich mein Leben [...] von seinen wesentlichen Momenten her selbst erzählt, [...] und so habe ich die Möglichkeit, auch aus der Distanz und aus der Weite auf dieses Leben [...] zu blicken. Darauf kam es mir sehr an, dass ich es nicht eins zu eins übersetze, dass es nur noch meine Biographie ist, sondern dass das Erzählte mein erzähltes Leben ist.[12]

Tatsächlich wird das „Erzählen vom erzählten Leben“ zum eigentlichen Hintergrund des Romans: Über die Rahmengeschichte und damit eine zweite Erzählebene rückt der Romanstoff in die Distanz, erweist sich nicht als Leben, sondern als „erzähltes Leben“. Erst in dieser Form wird die eigene Geschichte ganz offensichtlich nicht nur für Johannes, sondern auch für Ortheil kommunizierbar – nicht als Biographie und damit als Lebensbeschreibung, sondern vielmehr als Fiktion, als Lebens-Umschreibung.

Von einem ganz ähnlichen Schreibvorhaben berichtet Philippe Derivière in seinem Essay *Paul Nizon – Das Leben am Werk*. Er bietet darin nicht nur einen umfassenden Einblick in die Arbeit des Schweizer

[9] Hanns-Josef Ortheil im Gespräch mit Jörg Lengersdorf (WDR 3 TonArt, Sendung vom 28.10.2009)

[10] ebd.

[11] ebd.

[12] ebd.

Schriftstellers, sondern entwirft auch eine Theorie der Autofiktion, die sich von der Doubrovskys deutlich unterscheidet (vgl. Kapitel 1.3). Ausgangspunkt ist sein Vorhaben, „das Aufschreiben des Ichs, seiner Möglichkeit und der verschiedenen Formen, die es in der Arbeit des Schriftstellers einnimmt“[13] zu erforschen. Denn Nizon, der sich selbst als „vorbeistationierender Autobiographie-Fiktionär“[14] bezeichnet, umkreist ganz offensichtlich ebenfalls mit jedem seiner Texte die eigene Biographie:

> Im Grunde befinde ich mich mit meinem Schreiben auf der Jagd nach dem eignen Ich. Das Ich ist das Unbekannte. In diesem Sinne bin ich einer, der mit dem ihm gegebenen Förderwerkzeug und der Stirnlampe in den Stollen, Dunkelheiten, Gefilden des eigenen Lebens herumkriecht.[15]

Diese Suche stellt sich für Derivière jedoch als ein „Gemisch von Wahrheit und Vermischung, Realität und Fiktion“[16] heraus, für das sich der Begriff der Autofiktion „besser als jeder andere“[17] eigne. Dabei versteht er diesen Begriff aber nicht etwa als erzähltechnischen Kunstgriff, mit dessen Hilfe die Fiktionalität der Texte aufgedeckt werden kann, sondern im ganz wörtlichen Sinn als „Selbsterdichtung“[18]. Denn was in Nizons ersten Romanen noch „wie ein Spiegelbild oder die Verdoppelung autobiographischer Eingebung erscheint“, werde immer mehr zu einer „Form der Autogenesis (oder Selbsterschaffung)“[19]: „Der Schriftsteller verbirgt niemals, daß er weniger sein Leben lebt als es unaufhörlich aufzuschreiben bemüht ist und daß er nur durch sein Schreiben leben kann.“[20] Nizons Werk erweise sich damit nicht etwa als

[13] Derivière, Philippe: *Paul Nizon – das Leben am Werk*. Frankfurt am Main 2003: 9

[14] Nizon, Paul: *Am Schreiben gehen. Frankfurter Vorlesungen*. Frankfurt am Main 1985: 133

[15] Nizon 1985: 120

[16] Derivière 2003: 14

[17] ebd.

[18] ebd.

[19] ebd.: 21

[20] ebd.: 55

„Widerschein seiner privaten Existenz", vielmehr bilde sich diese Existenz erst und vor allem „als Abglanz des Werkes selbst"[21].

Für Derivière wird die Autofiktion also zu einer Selbsterdichtung, bei der Leben und Werk miteinander verschmelzen – nicht das Leben wird zur Vorlage des Schreibens, das Schreiben wird vielmehr zur Voraussetzung eines Lebens, das erst im und durch den Schreibakt Gültigkeit erhält. Die Autofiktion rekurriert damit zwar auf die Autobiographie, da sie „direkt dem ‚Leben' des Autors entlehnt wird"[22], zugleich löst sie sich aber von dieser Vorlage: Das im Mittelpunkt der Autofiktion stehende Ich hat mit dem psychologischen Ich des Autors „nur noch einen entfernten Bezug"[23]. Laut Derivière kommt es vielmehr zu einer Metamorphose:

> Die Autofiktion geht durch Tod und Wiedergeburt, durch diesen Kreis, wo das Ich sich verliert, um sich als ein neues Ich zu erschaffen. […] Die Autofiktion ist also nicht Analyse, Selbstbetrachtung oder Wiedererinnern des Ichs wie in der Autobiographie, sondern dessen Verwandlung in ein dichterisches Ich, Selbsterzeugung des schöpferischen Ego, kurz *Erfindung* des Ichs.[24]

Eben dies führt auch Ortheils Roman *Die Erfindung des Lebens* vor, der Johannes' literarische Erinnerungsarbeit letztlich zu einer erneuten „Erfindung des Lebens" macht. Aber auch die in dem Essay *Das Element des Elephanten* beschriebene und inszenierte Poetik erweist sich in diesem Sinne als Autofiktion, als eine Selbstgenese im Moment des Schreibens (vgl. Kapitel 1).

Tatsächlich besteht durchaus Anlass dafür, die poetologische Praxis der beiden Autoren zu vergleichen. So deutet Derivière in seinem Text auf Motive und Details aus Nizons Biographie hin, die sich so oder so ähnlich auch in Ortheils Essay finden lassen: eine einsame Kindheit, zu deren Konsequenz das Schriftstellerdasein wird, eine gescheiterte Initiationsreise nach Italien, an deren Stelle das Studium rückt, die Arbeit als Journalist und Kunstkritiker und schließlich der Rückzug ins gelobte Land (bei Nizon Paris, bei Ortheil Rom, bei Nizon dauerhaft, bei

[21] Derivière 2003: 56
[22] ebd.: 45
[23] ebd.: 46
[24] ebd.: 48

Ortheil immer wieder).[25] Aber auch ein Romanwerk, das vor allem zu Beginn „die Unfähigkeit des Individuums, in der Wirklichkeit Fuß zu fassen"[26] als eine „Suche nach dem Leben"[27] beschreibt, um diese „Angst vor dem Verschwinden"[28] schließlich in einer Feier des Lebens münden zu lassen, das aber stets nur ein erschriebenes sein kann. Und schließlich eine permanente Kommentierung und Deutung des eigenen Schreibens, eine Autopoetik, die das Schreiben zur Lebensnotwendigkeit erhebt. Ortheils Vorstellung einer Wiedergeburt in der Schrift findet so eine unmittelbare Entsprechung bei Nizon, der sein Werk wie folgt kommentiert: „Ich erschreibe mir mein Leben. Ich erschreibe es mir von Buch zu Buch – wäre eine knappe Quittung auf mein schriftstellerisches Tun."[29]

Obwohl Derivière seinen Autofiktionsbegriff auf der Grundlage von Nizons Schaffen entwirft und als ganz individuelle Poetik beschreibt, lassen sich seine Überlegungen also durchaus auch auf das ortheilsche Werk übertragen. Tatsächlich bieten die von ihm vorgestellten Begrifflichkeiten diesem Schreiben einen weitaus geeigneteren Rahmen als etwa Doubrovskys Theorie der Autofiktion. Denn wie in Kapitel 1.3 beschrieben, gründet diese auf dem poststrukturalistischen Zweifel an einer außersprachlichen Wirklichkeit: Das Leben scheint immer schon durch die Sprache vorgeformt, weswegen jegliche Identität zu einer reinen Konstruktion wird – anstatt die Sprache zu nutzen und zu beherrschen, wird der Mensch selbst zu einem Zeichen, zum Spielball sprachlicher Strukturen. Diese Vorstellung einer rein sprachlichen Existenz wird zu einem wesentlichen Element von Doubrovskys Überlegungen, die ohne diesen postmodernen Hintergrund kaum denkbar sind.

Dass das autofiktionale Schreiben mittlerweile aber von neuen Formen der Selbstdarstellung ergänzt, wenn nicht gar abgelöst wurde, legt der Kulturwissenschaftler Ivan Farron in einem Artikel in der Neuen Zürcher Zeitung dar. Ausgangspunkt seiner Überlegungen ist die Feststellung eines wahren Booms autobiographischen Schreibens, das „[a]llem Anschein nach [...] dem Roman den Rang ab[läuft]": „Von den

[25] vgl. dazu Derivière 2003: 11–30
[26] ebd.: 93
[27] ebd.
[28] ebd.: 95
[29] Nizon 1985: 133

Bekenntnissen eines Industriellen oder Politikers bis zu den Versuchen anerkannter Schriftsteller: Der Lebensbericht verdrängt die reine Erfindung."[30] Anders als Doubrovsky, Barthes oder Robbe-Grillet verfalle die Literatur der Gegenwart dabei aber zunehmend dem idealisierten Entwurf von sich selbst:

> [...] die Jahre der Theorie [liegen] hinter uns (jene von Lacan, Barthes, Derrida . . .); die Gegenwart, der narzisstischen Selbstgefälligkeit ohnehin zugetan, gibt sich wieder ganz und gar dem Subjekt hin. Diese Konjunktur verführt jedermann zum Glauben, er besitze ein einzigartiges und unersetzbares Ich, das auch, wieso nicht, schriftlich dokumentiert oder im Fernsehen vorgeführt werden müsse.[31]

Die Autoren tappen also in eben die „narzisstische Falle"[32], die Doubrovsky mit seiner Autofiktion zu umgehen, ja aufzudecken suchte. Denn wie bei Lacan erweist sich das Subjekt bei ihm als reine Konstruktion, als Fiktion – „unabdingbar zur Bildung der Persönlichkeit, aber sofort als Täuschung entlarvt"[33]. Entsprechend ist es die Offenlegung dieses fiktiven Gehalts, die bei Doubrovsky zum Anlass und zur Aufgabe der Autofiktion wird: Indem sie den Text und damit auch das in ihm entworfene Subjekt als Fiktion entlarvt, gelingt es ihr, das den Strukturen der Sprache unterworfene Ich in authentischer Weise abzubilden (vgl. dazu Kapitel 1.3).

Eben dieser Anspruch ist laut Farron in den Selbstdarstellungen der Gegenwartsautoren verloren gegangen.[34] Diese stürzen sich vielmehr immer wieder und ohne Zögern in die narzisstische Falle, was weitreichende Folgen habe:

> Wenn ich einen ausgefallenen Familienroman erfinde oder eine fiktive Identität, welche animierender ist als meine wirkliche, wenn ich mit zu viel Selbstgefälligkeit dem Mythos von mir selbst fröne – was vielen

[30] Farron, Ivan: *Die Fallen der Vorstellungskraft*. In: *Neue Zürcher Zeitung* 124 (2003): 77

[31] Farron 2003: 77

[32] ebd.

[33] ebd.

[34] Der Romanist Farron bezieht sich hier vor allem auf die französische Schriftstellerin Christine Angot und ihre Romane *Inceste* und *Sujet Angot* (vgl. Farron 2003: 77).

> autofiktionalen Autoren passiert –, besteht große Gefahr, dass ich verwachse mit einer Imago, die mich einkerkert.[35]

Folgt man Farrons Ausführungen, wird die Autofiktion der Gegenwart also selbst zur narzisstischen Falle – aus dem im Dienste eines kritischen Postmodernismus stehenden Werkzeug wird reiner Selbstzweck, Selbsterfindung. Es kann daher nicht erstaunen, dass der Schweizer Wissenschaftler in diesem Zusammenhang auch auf seinen Landsmann Nizon verweist. Doch obwohl er in dessen Texten eine eben solche narzisstische Umwandlung des Autofiktionsbegriffs konstatiert, hebt er sie letztlich doch von den populären Tendenzen der Selbstinszenierung ab: „Sein Werk nervt aufgrund eines Hangs zum Narzissmus, und zugleich fasziniert es durch das, was es in Szene setzt: Ein herbeiphantasiertes Schriftstellerbild, dem der Autor sich mit Leib und Seele anzupassen befleißigt."[36]

Statt von einer narzisstischen Falle spricht Farron im Zusammenhang mit Nizon daher von einem „narzisstischen Idealismus": Sein Vorhaben, Leben und Buch engzuführen, werde zu einer Utopie, zu einer „dank ihrer Radikalität interessante[n] literarische[n] Verkleidung"[37]. Entsprechend verweist auch er darauf, dass bei Nizon „die literarische Suche mit der nach dem Leben"[38] verschmelze, ein Unternehmen, das von einem „felsenfesten Ernst" bestimmt sei und das der reale Paul Nizon letztlich mit seiner Person bezahlen müsse: „[...] gar nicht leicht, der eigenen Vorstellung zu genügen."[39] Nizons Autofiktion erweist sich für ihn damit als ein Sonderfall: Sie steht im Gegensatz zu Doubrovskys postmodernem Schreibvorhaben, unterscheidet sich aber auch von einem nur auf die Inszenierung, den öffentlichen Skandal angelegtem Schreiben: „Nizon bleibt in der Literatur, wohingegen heute viele autofiktionale Autoren sie verlassen, um sich der reinen Performance hinzugeben."[40]

Vor diesem Hintergrund lässt sich auch Ortheils Werk lesen, worauf nicht zuletzt die Kritik an seinem Essay *Das Element des Elephanten*

[35] Farron 2003: 77
[36] ebd.
[37] ebd.
[38] ebd.
[39] ebd.
[40] ebd.

hinweist. Denn dieser wird in dem Sammelband *Die Kunst der Benennung* nicht nur als gescheiterte Autobiographie gelesen (vgl. Kapitel 1), sondern auch in unmittelbare Nähe zu einer rein auf öffentliche Wirkung zielenden Selbstinszenierung gerückt. Zum Ausgangspunkt wird dabei der mangelnde Außenbezug des Essays, der sich letztlich aus sich selbst heraus generiere. Eben darin sieht die Autorengruppe um Morten Brandt und Peter Alheit „eine überraschende Parallele"[41] zu einem anderen Text: Dieter Bohlens Trivialbiographie *Nichts als die Wahrheit.* Während bei Ortheil das „Außen" fehle, fehle bei Bohlen das „Innen", womit auch hier die Dialektik von Nähe und Distanz zerfalle:

> Für Fragen der Selbstlegitimation oder Selbstprüfung, die für viele moderne Autobiographien konstitutiv sind, findet sich weder bei Ortheil noch bei Bohlen ein Ort – bei Ortheil nicht, weil für solche Fragen der Absender fehlt, bei Bohlen nicht, weil für sie kein Adressat vorhanden ist.[42]

Letztlich entwerfen die Autoren damit ein ganz ähnliches Bild wie Farron, der ebenfalls eine Unterscheidung trifft zwischen den populären Formen der Selbstinszenierung, die vor allem auf den öffentlichen Skandal hin ausgerichtet sind, und der konsequenten Engführung von Leben und Werk des Schriftstellers Nizon, der ganz „in der Literatur" bleibe.

Unterschiedlich fällt dagegen die Beurteilung eines solches Schreibvorhabens aus. So weist Farron weniger auf die Parallelen als vielmehr auf die Unterschiede zwischen den Trivialbiographien und Nizons Werk hin: Letzteres steht bei ihm für einen dritten Weg, der sich sowohl von dem autofiktionalen Schreiben der Postmoderne als auch von den Selbstinszenierungen der Gegenwart unterscheidet. Der Sammelband dagegen erhebt nicht die Autofiktion, sondern die Autobiographie zum Maßstab und distanziert sich daher von jedem Schreiben, das Abstand nimmt „von einer Reflexion auf den sozialen Kontext der autobiographischen Erfahrungen"[43]. Entsprechend rücken die Autoren den Essay in die Nähe eines Selbstgesprächs, bei dem die

[41] Brandt et al. 2005: 63, Anmerkung 30
[42] ebd.
[43] ebd.: 47

Perspektiven anderer Beteiligter gelöscht und abweichende Perspektiven „systematisch ausgegrenzt“[44] würden. Gemessen an der modernen Autobiographie mit ihrem Anspruch auf Zivilität und gesellschaftlicher Bildung erscheint ihnen ein solches Schreibprojekt widersprüchlich, allenfalls als „neues [...] ‚postmodernes‘ [...] Format der Autobiographie“[45] kann es im Rahmen ihrer Untersuchung Platz finden.

Tatsächlich birgt die konsequente Rückführung des Lebens aufs Schreiben in gewisser Weise einen postmodernen Kern. Ortheil selbst spielt auf diesen Zusammenhang an, wenn er die Erkenntnis eines fehlenden Textes an den Anfang seines Schriftstellerdaseins rückt. Denn auch die postmoderne Ästhetik postuliert ein Ende der „großen Erzählungen“, den Zerfall der Meta-Erzählungen[46], den Ortheil schließlich mit seinem eigenen Verstummen engführt: „Immer, wenn ich versuche, an den Anfang meines Schreibens zurückzukehren, treffe ich auf das Schweigen, die pure Absenz“[47], so heißt es in einem Aufsatz von 1989. Dieses Schweigen wird von ihm aber nicht nur auf eine biographisch bedingte subjektive Not zurückgeführt, sondern auch in historischer Hinsicht für bedeutsam erklärt: Es erweise sich nicht zuletzt als Symptom einer vom Faschismus geprägten Nachkriegszeit, die die „wankelmütigen Posen der Großschriftsteller früherer Tage“[48] nur noch in Frage stellen kann.

Das eigenen Verstummen verweist laut Ortheil also auf den „Zusammenbruch der Schrift, die Elementarlehre des Schweigens, die

[44] Brandt et al. 2005: 62

[45] ebd.: 47

[46] vgl. Lyotard, Jean-François: *Das postmoderne Wissen. Ein Bericht.* Wien 1993: 14: „In äußerster Vereinfachung kann man sagen: ‚Postmoderne‘ bedeutet, daß man den Meta-Erzählungen keinen Glauben mehr schenkt.“ Vgl. dazu auch Allkemper, der diesen Zusammenhang vor dem Hintergrund von Ortheils Aufsatzsammlung *Schauprozesse* aus dem Jahr 1990 untersucht, in der er ebenfalls ein „Fehlen des Textes“ konstatiert: „Diese Unfähigkeit zum Text ist für Ortheil nicht subjektives Unvermögen, sondern Symptom: nicht länger lassen sich gesellschaftliche Ereignisse, subjektive Eindrücke, individuelle Erfahrungen auf den Begriff bringen, in dessen Allgemeinheit sie aufgehoben und verstanden sind.“ (Allkemper 1995: 167)

[47] Ortheil, Hanns-Josef: *Weiterschreiben* (1989). In: Ders.: *Schauprozesse.* München 1990c: 89–103, hier: 89

[48] Ortheil 1990c: 89

Metaphorik der puren Absenz"[49], die Roland Barthes in seiner Schrift *Am Nullpunkt der Literatur* auf eine Formel bringt. Nicht von ungefähr erzählt daher auch der Roman *Die Erfindung des Lebens* von einem Nullpunkt, an den der stumme Junge nach seinem Scheitern in der Schule zurückkehrt (vgl. EL 141): Die literarischen Tendenzen der Nachkriegszeit werden mit dem eigenen Erleben enggeführt, wirken laut Ortheil vor allem darum so stark, „weil ich sie auf einen existentiellen Rahmen zu spannen vermochte, die Biographie meines eigenen Existierens"[50]. Vor diesem Hintergrund wird das Schreiben tatsächlich zum „Lebensakt"[51], geht doch auch die postmoderne Ästhetik von einer Dominanz sprachlicher Strukturen aus, der letztlich das ganze Dasein unterworfen ist.

Das eigene Trauma erschafft also ganz offensichtlich einen „postmodernen Schreibperspektivismus"[52], auf den Ortheil in seinem Aufsatz ganz dezidiert hinweist. Dennoch unterliegt dieses Schreiben zugleich einem unerschütterlichen Glauben an die Universalität der Schrift, die an geradezu vormoderne Traditionen wie die des bürgerlichen Romans gemahnt[53]: Immer wieder evozieren die theoretischen wie literarischen Texte Ortheils eine Vorstellung vom Schreiben als Akt des Ordnens und Benennens – nicht Willkür, Brüchigkeit und Pluralismus drücken sich in der Schrift aus, diese wird vielmehr zum Ort der Sinnstiftung, zum Repräsentant großer Ordnung. An die Stelle der postmodernen Offenheit und des ästhetischen Spiels mit Möglichkeiten[54] rückt ein existenzielles Programm, das auf dem Glaube beruht, im Text Sinn und Identität zu finden.

[49] Ortheil 1990c: 94

[50] ebd.: 95

[51] ebd.: 99

[52] Allkemper 1995: 182

[53] vgl. dazu Schmitz 1995: 13ff

[54] vgl. dazu Ortheil in einem Aufsatz zur Frage *Was ist postmoderne Literatur?* (in: Ders.: *Schauprozesse*. München 1990d: 106–115): „Die postmoderne Literatur ist die Literatur des kybernetischen Zeitalters. Sie verabschiedet nicht die ästhetischen Projekte der Moderne, sondern verfügt über diese als Modelle, die in Spiele höherer Ordnung überführt werden können. [...] Die postmoderne Literatur setzt den universellen Leser voraus [...]. Statt ihn mit Theorien und Welterklärungen zu befriedigen, erzählt sie ununterbrochen Spielvorschläge, die variiert, abgebrochen, aber auch erweitert werden können." (Ortheil 1990d: 107)

Hinter der Sprachlichkeit der ortheilschen Subjekte steht also eine doppelte Perspektivierung: Das Ich wird nicht nur zum geschriebenen, sondern auch zum schreibenden Ich, zum Schöpfer des eigenen Lebens. Zwar erweist es sich damit wie bei Doubrovsky und Lacan als ein rein sprachliches Wesen, dies wird jedoch keineswegs als Mangel verstanden, sondern in vollster Konsequenz vorgeführt und beschrieben – der literarische Akt wird zu einer Form des In-der-Welt-Seins. Derivière bezeichnet ein solches Schreiben daher auch als „künstlerischen Existenzialismus“ – losgelöst von allen ästhetischen Grundsätzen richte es sich nur nach den eigenen „poetisch-existentielle[n] Grundregeln“:

> Diese Regeln setzen zuallererst voraus, daß das Ich des Künstlers wahrhaftig nur in der Sprache, die es zum Ausdruck bringt, und in der Metaphorik des Werkes besteht. Wenn das Ich des Schöpfers in sozialen oder psychologischen Belangen die Erfahrung eines gewissen Ausgelöschtwerdens kennt, findet es erst im Werk voll und ganz die Bestätigung seiner Existenz und seines Vermögens.[55]

Wie gezeigt folgt auch Ortheils Werk einem solchen „Solipsismus“[56], obwohl er dies vor allem zu Beginn seines Schreibens immer wieder zu verschleiern sucht. So führt er nicht nur seine Poetik mit den ästhetischen Tendenzen der Nachkriegszeit eng (vgl. S. 194f), auch die ersten fünf Romane werden von ihm als Zeitromane zum Spiegel der Gesellschaft erhoben. In einem Interview nimmt er auf dieses „Moment des Allgemeinen“[57] Bezug: Lange Zeit habe er „den Zwang gespürt, in meinen Erzählungen das Autobiographische durch den Blick auf das Allgemeine zu ergänzen“[58]. Vor allem in den früheren Jahren sei dieser „Verallgemeinerungszwang“ sehr stark gewesen, „denn ich wollte aus der eigenen Autobiographie herauskommen, indem ich so tat, als schaute ich über die Autobiographie auch gleich auf kollektive Zusammenhänge“[59].[60]

[55] Derivière 2003: 61
[56] vgl. ebd.: 87ff
[57] Steinecke 1995: 207
[58] ebd.
[59] ebd.
[60] vgl. ebd.: „Der Roman *Schwerenöter* zum Beispiel leidet sehr darunter, daß die konkrete Geschichte des Erzählers zugleich auch wieder zu einer

Von diesem Zwang glaubt sich der Autor aber geheilt und tatsächlich löst er sich schließlich vom Zeitroman, erzählt von den Anfängen der Kunst am Ende des 18. Jahrhundert und von den Anfängen der Liebe, die er als geradezu zeitloses Dasein inszeniert[61]. Wie die vorangegangene Untersuchung zeigt, steht aber auch dieses Schreiben in der Tradition des Frühwerks – Vergangenheitsbezug und Liebesthematik werden ebenso wie die Anbindung an die Gegenwart zu Umwegen, hinter denen sich letztlich das immer gleiche Thema verbirgt: das eigene Leben.

Die große Geschichte, die Meta-Erzählung Ortheils ist also letztlich seine eigene Geschichte, die Überzeugung, nur im Schreiben leben zu können. Damit unterscheidet sich sein Autofiktionskonzept von dem Doubrovskys, das in erster Linie auf die dreifache Grundproblematik der Postmoderne reagiert: den Verlust eines sich selbst bewussten Subjekts, einer universalen Sprache und Meta-Erzählung sowie eines mimetischen Bezugs zwischen Subjekt und Welt. Zwar stellt Ortheil eine solche Erfahrung an den Anfang seines Schreibens, sie wird jedoch im Schreiben überwunden und bleibt im Text so eine Leerstelle.

Weniger die Vorstellung einer „postmodernen Selbstkonstruktion“[62] erweist sich daher als geeignete Beschreibung seiner Poetik als vielmehr die des „Selbstgesprächs“[63]: Die Sprache wird zum sinn- und existenzstiftenden Medium – die Frage danach, ob sie die Welt „wie sie ist“ abzubilden vermag, stellt sich letztlich nicht. Ortheil umgeht vielmehr das Problem der Referenz: Der fehlende Kontakt zum „Außen“, der für die Autoren des Sammelbands zum Merkmal einer gescheiterten Autobiographie wird, erweist sich im Rahmen seines Autofiktionsvorhabens als bewusste Strategie.

allgemeinen Geschichte werden soll. Oder nehmen Sie *Fermer*, den ersten Roman; ich habe nach seiner Fertigstellung einen poetologischen Text geschrieben, der sich gleich um die Verallgemeinerung dieses Stoffes mühte. Ich wollte zeigen, daß die Figur Fermers für eine Generation steht, für bestimmte Erfahrungen dieser Generation.“

[61] vgl. dazu Klemenz, Carolin: *Liebe als Kunst. Hanns-Josef Ortheils Roman „Das Verlangen nach Liebe“*. In: Stephanie Catani, Friedhelm Marx und Julia Schöll (Hrsg.): *Kunst der Erinnerung, Poetik der Liebe*. Göttingen 2009: 187–203

[62] vgl. Brandt et al. 2005

[63] ebd.: 61

Dies zeigt nicht zuletzt der Roman *Die Erfindung des Lebens*, in dem jeder Romanteil zu einer Wiederholung des Vorangegangenen wird und Johannes' Lebensgeschichte schließlich zum Resultat einzelner Erzählversionen. Zum Maßstab dieser Lebensgeschichte wird also der Text selbst und nicht die außersprachliche Wirklichkeit, womit der Roman erneut in eine unmittelbare Nähe zu dem Essay *Das Element des Elephanten* rückt. Dieser weist nicht nur eine ähnliche Struktur auf, sondern zitiert darüber hinaus ganz explizit aus dem Frühwerk und rückt diese Eigenzitate an die Stelle einer außersprachlichen Referenz (vgl. Kapitel 1.4). Auch in *Die Erfindung des Lebens* finden sich nicht nur zahlreiche Motive der vorangegangenen Romane (vgl. Kapitel 4.1), sondern auch Konstellationen der nicht-fiktiven Texte, die ganz explizit auf die eigene Biographie verweisen. Zum Intertext wird so neben dem Essay *Das Element des Elephanten* auch ein Zeitungsartikel von 1988, in dem Ortheil das erste Mal die Ausgangsbedingungen seines Lebens und Schreibens entwirft:

> Soweit ich mich erinnern kann, habe ich in der Sprache gelebt. Als Einzelkind behauptete ich mich mit ihrer Hilfe in einem Raum, der voll war von Vergangenem. Vier Brüder hatten vor mir gelebt, sie alle waren ums Leben gekommen, ich war die „Letztgeburt", später Nachkömmling einer durch das Dritte Reich um ihre Existenz gebrachten Schar.[64]

Nicht nur das hier beschriebene Dasein als letzter und erster von fünf Söhnen entspricht den Konstellationen der cattschen Kleinfamilie, auch die Folgen dieses Familientraumas erinnern an den Roman: „Ich trug meine Brüder auf meinem Rücken"[65], so schreibt Ortheil in dem Artikel, „ich konnte dem Verhängnis, das aus dieser Last hätte wachsen können, nur entkommen, indem ich sprach"[66]. Die „Anforderung, sich auszudrücken um jeden Preis"[67], bezeichnet er also auch hier als eine Lebensnotwendigkeit, die in einem Schreiben als „schmerzhafte, aber heftige Flucht aus der Familie"[68] mündet. Wie im Roman erklärt er die

[64] Ortheil, Hanns-Josef: *Vom Glück des Wachstums.* In: *Rheinischer Merkur* 34 (1988b): 17
[65] Ortheil 1988b: 17
[66] ebd.
[67] ebd.
[68] ebd.

„Erfindung des Lebens“ daher zur Grundmaxime seiner Existenz: „Ich hatte kein Leben, ich mußte mir eines entwerfen.“[69]

Auch der Text *Meine Eltern und ich*, den Ortheil in seiner Aufsatzsammlung *Die weißen Inseln der Zeit* veröffentlicht, erzählt von dem Trauma der Mutter und von dem Vater, einem Geodäten mit einer „Leidenschaft fürs Detail, fürs Exakte, für die ästhetische Zeichnung, für Millimeterpapier, Zirkelkästen und gut gespitzte Bleistifte“ (WI 9). Dieser Satz steht aber auch fast wörtlich in dem Essay *Das Element des Elephanten*[70], der zudem mit den gleichen Worten beginnt wie *Meine Eltern und ich*: „Ich wurde am 5. November 1951 in Köln geboren“ (EE 7 bzw. WI 9). Und auch der letzte Absatz des Aufsatzes findet eine unmittelbare Entsprechung in dem Essay, entwirft er doch erneut die zentralen Konstellationen einer stummen Kindheit:

> Zum Zeitpunkt meiner Geburt war ich der Letzte und Erste zugleich. Ich war der Letzte einer ausgestorbenen Sippe, der Gemeinschaft meiner vier toten Brüder [...]. Und ich war der Erste, der meinen aus dem Himmel mit Wohlgefallen auf mich blickenden Brüdern zu beweisen hatte daß sie weiterlebten in mir, daß sie wuchsen mit meinem Wachstum, daß ich sie wiedergebar. (WI 12)[71]

Die beiden Texten stehen also in einem engen Verweisungszusammenhang, worauf Ortheil im Nachwort zu dem Sammelband *Die Kunst der Benennung* selbst hinweist. Mit *Die weißen Inseln der Zeit* habe er „einige der vielen Lücken, die in den biographischen Mitteilungen der Poetik ‚Das Element des Elephanten‘ noch vorhanden waren“[72] füllen wollen, womit die Aufsatzsammlung zu einer „Er-

[69] Ortheil 1988b: 17

[70] vgl. EE 7: „[...] er hatte eine Leidenschaft fürs Detail, fürs Exakte, für die saubere Zeichnung, für Millimeterpapier, Zirkelkästen und gut gespitzte Bleistifte.“

[71] vgl. EE 21: „Bei meiner Geburt war ich der Letzte und Erste zugleich. Ich war der Letzte einer ausgestorbenen Sippe, der Gemeinschaft meiner vier toten Brüder [...]. Und ich war der Erste, der meinen aus dem Himmel angeblich auf mich mit Wohlgefallen herabschauenden Brüdern zu beweisen hatte, daß sie weiterlebten in mir, daß sie wuchsen mit meinem Wachsen, daß ich sie wiedergebar, indem ich größer wurde.“

[72] Ortheil 2005: 200

weiterung der genau zehn Jahre früher erschienenen peotologischen Schrift“[73] geworden sei.

Während das Frühwerk also zum Bezugspunkt des Essays wird, erweist sich dieser hier selbst als Referenz, wird zur Grundlage einer erneuten Lebenserzählung. In diese Reihe lässt sich aber noch ein weiterer Text stellen, findet sich in *Die weißen Inseln der Zeit* doch auch eine erste Variante der Eingangsszene aus *Die Erfindung des Lebens*. Die Kette führt also ins Unendliche – die Schrift wird zum Intertext des Lebens:

> Deine frühsten Erinnerungsbilder bestehen aus Blicken aus dem Fenster des ersten Stocks hinunter auf den Platz, Du siehst kleine Gruppen von Kindern, die Murmeln und Ball spielen und sich jagen und davoneilen in alle Windrichtungen, und Du drückst Deine Nase gegen das Fensterglas, weil Du auf den Vater wartest, der am frühen Abend die Schillstraße hinauf heimkommt und beim Einbiegen auf den Erzbergerplatz zu Deinem Fenster hinaufschauen wird, um Dir zu winken. (WI 13)

4.4 Inszenierung als Automythologisierung

Nicht nur *Die Erfindung des Lebens* kann als eine Variante von *Das Element des Elephanten* gelesen werden und damit als eine versteckte Autopoetik, auch in anderen Romanen Ortheils finden sich solche poetologischen Hinweise, handeln sie doch immer wieder von den Voraussetzungen und Anfängen des Schreibens (vgl. dazu Kapitel 3). Dies gilt auch für den Roman *Die Nacht des Don Juan* (2000) obwohl dieser wie *Faustinas Küsse* zunächst keineswegs auf autobiographische Grundlagen verweist. Denn auch er spielt im ausgehenden 18. Jahrhundert und hat gleich mehrere historische Figuren zum Personal: Im Kontext der Erstaufführung von Mozarts Oper „Don Giovanni“ treffen Mozart, Casanova und da Ponte in Prag aufeinander.

Bereits das Sujet des Romans – die Entstehung einer Oper – rekurriert aber auf die Kunst und dabei vor allem auf die Genese von Kunst. Tatsächlich umkreist der Roman immer wieder die Initiation ins

[73] Ortheil 2005: 200

Künstlertum[74], wobei auch hier die Schrift zur finalen Inszenierungskraft wird. So steht am Ende des Romans sogar ganz explizit ein autobiographisches Projekt: „[I]m Grunde", wird Casanova hier bewusst, „war sein Leben der schönste und packendste Stoff, packender als alle künstlich erfundenen Geschichten, ein großer Roman, der vor zweiundsechzig Jahren in Venedig begann [...]." (ND 163) Dieses Vorhaben, das „bloße, sich verflüchtigende Erzählen" (ND 373) in die Schrift zu überführen und schließlich zum Erfinder des eigenen Lebens zu werden, erweist sich als eigentlicher Hintergrund des Romans, der nicht nur selbst zu einer erneuten Autofiktion wird, sondern zugleich auf eine entsprechende Poetik hindeutet.

Bereits bei seinem ersten Auftritt im Roman zeigt sich, dass Casanova „ein Mann des Theaters" (ND 258) ist: Am Morgen seiner Ankunft erwacht er in Prag und beginnt sofort damit, das Leben im Palais seines Gastgebers von Grund auf zu verändern. Da ihm Prag im Vergleich zu Paris oder Venedig wie eine „Provinzstadt" (ND 14) und seine Unterkunft dunkel und farblos erscheint, nimmt er sich vor, „langsam und unauffällig [...] in diesem Palais die Regie [zu] übernehmen" und aus ihm „ein wahrhaft herrschaftliches und sogar gastfreundliches Haus zu machen" (ND 15). Der Plan, die Regie an sich zu reißen, steht also bereits auf den ersten Seiten des Romans fest, auch wenn Casanova schon bald ein Konkurrent an die Seite gestellt wird. Denn auch der erste Auftritt da Pontes präsentiert diesen während einer Inszenierung: Er sitzt im Theater, wo er den Proben zu Mozarts „Don Giovanni" beiwohnt, für dessen Libretto er verantwortlich ist.

Er selbst schätzt seinen Einfluss jedoch noch weitaus höher ein, sieht sich als den eigentlichen Schöpfer dieser Oper, die so zu *„sein[em]* Meisterstück" wird (ND 19). Doch es sind gerade die Zweifel an da Pontes Fähigkeiten, die Casanovas Inszenierungslust vom Palais zunehmend auf die Bühne des Ständetheaters lenken. Er stellt da Pontes Interpretation des Opernstoffs seine eigene Variante entgegen, die den Vergewaltiger Don Juan in den Verführer Don Giovanni verwandelt. Damit lässt sich *Die Nacht des Don Juan* nicht zuletzt als ein Spiel mit verschiedenen Formen der Inszenierung lesen, das zunächst aus dem

[74] So wird parallel zur Entstehung der Oper die Romanfigur Casanova zum Regisseur und Autor, der junge Luigi Bassi zum gefeierten Don Giovanni-Darsteller, die Zofe Johanna zur Sängerin und der Diener Paolo zum talentierten Hornisten.

Wettstreit zwischen Casanova und da Ponte um die geeignete Opern-Umsetzung hervorzugehen scheint, sich bei genauerer Untersuchung aber als eine weitere „Erfindung des Lebens“ herausstellt.

Es sind vor allem zwei Romanstellen, an denen Casanovas Lust, das Leben als ein großes Theaterstück zu inszenieren, deutlich wird. Bereits bei seiner Ankunft träumt er davon, im Palais „herrliche Feste [...] für eine kleine Schar sorgfältig ausgesuchter Menschen von Stand und mit Geschmack“ (ND 15) zu feiern – ein Vorhaben, das er schließlich mit der Einladung des gesamten Opernensembles auch verwirklicht. Als die Gäste eintreffen, ist alles verwandelt: „[h]underte kleiner Fackeln“ erhellen den Weg und auch das Palais strahlt „in der Dunkelheit wie ein Juwel“ (ND 205), während sich im Hintergrund das gedämpfte Murmeln der Gäste und die Musik einer Kapelle zu einem einzigen Klangteppich verbinden. Schon bei seiner Ankunft kommt es da Ponte daher vor, als befände er sich im Theater und nicht in einem Prager Palais, zumal alle – wie es sich für ein venezianisches Fest gehört – maskiert sind: „Sie trugen fremde, pittoreske Kostüme, sie hatten sich etwas einfallen lassen, Theaterrollen, kleine Anspielungen auf bekannte Stücke, man hätte glauben können, sich auf einer Bühne zu befinden.“ (ebd.)

Tatsächlich unterliegt das Fest einer durchdachten Inszenierung. Jeder Gang wird in einem anderen Zimmer serviert, die Gäste nach dem Losverfahren in immer neuen Zweierkombinationen zusammengebracht: „Insgesamt wird es vier Gänge geben, jeder Gang mit acht Gerichten, das macht insgesamt zweiunddreißig Gerichte, also die doppelte Zahl unserer Gäste. Ich habe alles bedacht, bis ins Kleinste.“ (ND 200) In der Tat überlässt Casanova nichts dem Zufall – denn auch das Losglück ist nur eine Illusion: „[...] ich selbst werde nach jedem Gang neu entscheiden, welche Gäste den nächsten Akt miteinander verbringen.“ (ebd.) Wie in Casanovas Worten deutlich wird, orientiert sich die durchdachte Speisenfolge also an der Struktur der Oper, die einzelnen Gänge machen aus dem Fest eine Abfolge von Akten, während die immer neuen Paarkonstellationen an die Form des Duetts erinnern.

Schon Casanovas Überlegungen vor dem Fest rekurrieren auf eine solche Bühnen-Inszenierung, speisen sie sich doch aus einem „kleine[n], böse[n] Theater-Gedanke[n]“ (ND 87):

> [...] jetzt kam es darauf an, ihn zu einem *Stück* auszuarbeiten, zu einer sich im Stillen entwickelnden *Komposition*, zu einer *Dramaturgie*, so fein, so delikat, daß sie vielleicht am Ende noch nicht einmal jemand bemerken würde. Er mußte Stillschweigen bewahren, und er mußte fieberhaft nachdenken, wie das *Werk in Szene zu setzen* wäre! (ebd., Hervorhebungen von der Verfasserin)

Dem ganzen Fest liegt also – wie es sich für eine richtige Inszenierung gehört – ein Drehbuch zugrunde, mit letztlich nur einem Ziel: die Vernichtung da Pontes – denn erst durch sie kann Casanova selbst „die Herrschaft [...] über die Oper" (ND 170) antreten und zu ihrem alleinigen Regisseur werden. Und tatsächlich verläuft alles nach Plan. Der Librettist findet sich mit einem Mal in den „Szenen eines grausamen Stücks" (ND 247) wieder: „[...] er hatte sich in dieses Stück gegen seinen Willen verlaufen, irgendwer hatte ihm diese Rolle aufgedrängt, und nun stand das Publikum da und klatschte nicht einmal." (ND 247f) Vor allen Gästen als Vergewaltiger bloßgestellt bleibt ihm nichts anderes übrig, als die Stadt zu verlassen und damit Casanova den Weg frei zu machen für seine ganz eigene Bühnenversion des „Don Giovanni".

Doch nicht nur in seiner Zielsetzung – die Vertreibung da Pontes und die Übertragung der Inszenierung in Casanovas Hände – nimmt das Szenario Bezug auf die Oper, die enge Verbindung zwischen beiden wird vor allem durch eine ausgeprägte Zitiertechnik hergestellt, die das Geschehen immer wieder in ein Spiegelbild der Bühnenhandlung verwandelt. Bereits die Idee des Fests speist sich aus dem Opern-Stoff, ist das Fest, das da Ponte für das Finale des ersten Akts plant, doch so gar nicht nach Casanovas Geschmack: „[...] denn was sich dieser Halunke für seinen Don Juan ausgedacht hatte, war ja im Grunde kein Fest, sondern ein zügelloses, wildes und erbärmliches Treiben [...]." (ND 195) Diesem „Chaos eines [...] Gelages" (ND 196) will Casanova daher seine eigene Variante gegenüberstellen: „die erotische Komposition, das Fest als Theaterstück in mehreren Akten, mit wechselnden Hauptdarstellern" (ebd.). Die Idee, das Fest als venezianischen Maskenball zu gestalten, übernimmt Casanova dagegen gerne aus dem Libretto – ist diese Idee doch „so gut, als wäre sie seine eigene" (ND 153).

Auch auf andere Weise wird die Oper zum Vorbild des Fests, selbst die Musik wird zu einer Art Intertext der Inszenierung. Nicht nur lässt

Casanova die Kapelle zur Begrüßung der Gäste ein Menuett spielen und wählt damit eine Musikform, die auch das Finale des ersten Akts der Mozart-Oper einleitet, es erklingen auch ganz explizit Melodien aus der Oper, von Paolo auf dem Horn nachgespielt: „Du wirst spielen, und diese Töne werden alle an ihr Spiel im Theater erinnern, an die Oper, und es wird ihnen vorkommen, als sei ihr Leben plötzlich eine Szene der Oper.“ (ND 169) Einen vorläufigen Höhepunkt hat die Vermischung von Leben und Oper schließlich, als da Ponte auf Casanovas Bühne ohne es zu wissen die Rolle seiner eigenen Don Juan-Figur übernimmt[75]. Dass beide untrennbar miteinander verbunden sind, ist Casanova schon nach seinem ersten Theaterbesuch klar, schließlich porträtiert für ihn da Ponte in Don Juan nur seine eigene „unruhige[ ] Lust, seine[n] Willen, die schönen Frauen zu besitzen, allesamt“ (ND 115). Ein solcher Don Juan versteht sich, so Casanova, auf nichts anderes, „als darauf, den Frauen Gewalt anzutun“ (ND 83), was nicht zuletzt der Opern-Stoff beweist: Da Ponte lässt seinen Don Juan am Ende des ersten Akts ein großes Fest feiern, bei dem er versucht, die junge Zerlina zu verführen. Diese rettet sich vor seinen Aufdringlichkeiten durch einen lauten Schrei, womit Don Juans Missetat aufgedeckt ist und er von seinen eigenen Festgästen in die Flucht geschlagen wird. Soweit die Geschichte des Don Juan – unter der Regie Casanovas wird sie jedoch zur Geschichte da Pontes:

> [...] es würde ihm gerade so ergehen wie seinem Don Juan, er würde tanzen und trinken, bis die gesteigerte Lust ihn herausreißen würde aus diesem festlichen Wirbel. Er würde alles daran setzen, Johanna zu erobern, er würde sie verfolgen, durch das ganze Palais, [...] dann wäre er im ganzen Palais zu hören ...: der Schrei einer Frau, ihre gepeinigte Stimme ... (ND 170)

Da Ponte scheitert mithin an seiner eigenen Geschichte – Casanovas Plan aber ist aufgegangen: Oper und Leben, Bühne und Wirklichkeit haben sich bei seinem Fest so eng miteinander verknüpft, dass mit dem Verschwinden da Pontes aus Prag auch die Don Juan-Figur von der

[75] Schon die Wahl seines Kostüms rückt da Ponte in die Nähe des Don Juan (vgl. ND 205: „Natürlich gehörte der Mantel zur Kostümierung, ebenso wie die langen Handschuhe und die Reitstiefel, er schaute aus wie ein spanischer Grande [...].“).

Bühne abgehen muss und einer neuen Version Platz macht: Don Giovanni.

Damit aber hat das Inszenierungsspiel seinen Höhepunkt erreicht – mit dem Regiewechsel verlagert es sich nicht nur endgültig auf die Bühne, auch der Verweisungszusammenhang ist von nun an ein doppelter: Ebenso wie das Leben aus dem Ideenreichtum der Oper schöpft, wird es nun selbst zur Vorlage der Opern-Inszenierung. So fügt Casanova aufgrund von Mozarts Vorlieben für Fasan und Schinken dem Menü Don Giovannis eben diese Speisen hinzu (vgl. ND 272). Und um das „lästige Warten" (ND 273), das da Ponte in die letzte Szene hineingeschrieben hat, zu überbrücken, nutzt er einen Regie-Einfall seines eigenen Fests: Paolos „unsichtbares Spiel" (ebd.) wird zum Vorbild für das Finale, in dem zur Überraschung des Publikums die Tafelmusik aus dem Hintergrund der Bühne ertönt (vgl. ND 274). Dass sich damit Leben und Oper immer mehr zu einem ästhetischen Gesamtkunstwerk vereinen, wird schließlich auch dem Opernensemble bewusst, wiederholt die Festszene auf der Bühne doch „auf [...] wunderbare Weise [...] die vergangene Nacht [...], so als wäre die Oper ein Abbild des Lebens oder das Leben ein Abbild der Oper, es war kaum noch zu verstehen" (ND 304).

Sogar im Bühnenbild verwirklicht sich diese ästhetische Umsetzung – Casanovas Verwandlung des Palais in ein Theater findet hier ihre Entsprechung und zugleich eine Umkehr: Hielt sich Casanova im ersten Teil des Romans fast ausschließlich im Haus des Grafen Pachta auf, lässt er nun sogar die Mahlzeiten im Theater servieren, „damit die Mitglieder des Ensembles den ganzen Tag in seiner Nähe blieben und sich nie allzu lange aus dem Theater entfernten" (ND 309). Doch damit nicht genug: Da ihm Don Giovannis Schloss nicht gefällt, lässt er Spiegel, Leuchter, Sessel und Porzellan aus dem Palais kommen, die so zu „Requisiten" (ND 310) werden und das Palais auf der Bühne neu entstehen lassen. Auch die restliche Bühnen-Kulisse wird von Casanova erweitert, verändert oder ganz abgerissen, bis sich die Bühne „mit Prager Gassen und Plätzen" belebt und das Theater schließlich in ein „Spiegelbild Prags" (ND 313) verwandelt.[76]

[76] vgl. ND 309f: „Statt der ländlichen Szenen entstanden städtische Bilder, und an Stelle der von da Ponte noch vorgesehenen Landbevölkerung zogen nun Prager Milchweiber und Bürstenbinder, Rauchfangkehrer und Ziegeldecker durch die Straßen."

Nicht nur da Ponte, auch Casanova entwirft auf der Bühne also „Bilder seines eigenen [...] Lebens“ (ND 79), erneut wird das eigene Dasein zum Erzählstoff. So gipfelt die Opern-Inszenierung schließlich in der totalen Selbst-Inszenierung, in der die Hauptfigur nach dem eigenen Ich gestaltet wird – nicht umsonst feiert Casanova wie Don Juan ein rauschendes Fest, wenn auch in der sublimierten Form des Verführers, als Don Giovanni. Die Umbenennung der Opernfigur ist für ihn also nicht nur eine Spielerei, sie schreibt dieser vielmehr eine völlig neue Rolle zu: „Don Juan ..., ach nennen wir ihn ab jetzt doch lieber Don Giovanni ..., Don Giovanni muß mehr sein als ein finsterer, haltloser Bösewicht.“ (ND 271) So wie Casanova selbst die Frauen immer geliebt hat (vgl. ND 249) soll auch die Opernfigur zu einem vollendeten Liebhaber der Frauen werden, er „muß ihnen schmeicheln, er muß um sie werben, seine starke Anziehungskraft muß so fühlbar werden, daß man sich fragt, ob nicht auch seine Verfolgerinnen sich immer noch nach ihm sehnen“ (ND 271).

Die niederen Triebe des Don Juan werden in Casanovas Regietheater also zu einer „Lebensmaxime delikater Verfeinerung“ (ND 265) erhoben – zum „hohe[n] Genuß“, zum „erotische[n] Spiel“ und zur „mit aller Finesse organisierte[n] Intrige“ (ebd.): Wie sich selbst präsentiert Casanova Don Giovanni als Genießer[77] – denn „nur ein Genießender liebt“ (ND 273) – und als Meister der Inszenierung. So ist seine Verblüffung nur vordergründig, als er bemerkt, dass der Sänger Luigi Bassi ihn in seiner Rolle als Don Giovanni zu imitieren beginnt (vgl. ND 314) – erfüllt sich darin doch gerade sein Wunsch, sich selbst auf der Bühne noch einmal erstehen zu lassen.

Indem Ortheil seinen Roman als ein ständiges Inszenierungsspiel gestaltet, wiederholt er also ein weiteres Mal das Grundthema seines Schreibens: die ästhetische Übersetzung des eigenen Daseins, die in Casanovas „künstliche[m] Paradies“[78] zu einer wahren Feier der „das Leben gestaltende[n] Kunst“[79] wird. So verwandelt sich unter seiner Regie ein gewöhnliches Frühstück in ein ästhetisches Gesamtkunst-

[77] vgl. ND 272: „Aber was können wir tun, um aus Don Juan jenen Don Giovanni zu machen, den wir uns wünschen?‘ ‚Lassen wir ihn zunächst essen und trinken, lieber Maestro, lassen wir ihn das Leben genießen [...].“

[78] vgl. Finsen, Hans Carl: *Das künstliche Paradies. Zu Hanns-Josef Ortheils „Die Nacht des Don Juan“*. In: *AUGIAS* 60 (2001): 33–55

[79] Finsen 2001: 54

werk[80], das Fest im Palais in eine „erotische[ ] Komposition" und ein „Theaterstück mit mehreren Akten" (ND 196) und das eigene Leben schließlich in eine Opern-Inszenierung. Zwar ist der existenzielle Kampf gegen das Verstummen und Verschwinden damit weitgehend einer Freude am Inszenieren und Zelebrieren des Lebens gewichen, dennoch verbirgt sich hinter Casanovas Inszenierungslust ebenfalls ein Kindheitstrauma, beginnt auch sein Leben erst mit acht Jahren:

> Vor dieser Zeit lebte ich nämlich nicht, als kleines Kind dämmerte ich nur dahin, man hielt mich für stumpfsinnig und blöde. Ich habe nicht die geringste Erinnerung mehr an diese Zeit vor meinem geistigen und sinnlichen Erwachen, ich lebte in einer dumpfen, geschlossenen Welt, in einem Kokon [...]. (ND 367)

Auch Casanova plant daher noch eine letzte Inszenierung, die dem eigenen Ich im Medium der Kunst tatsächlich zu einer „ästhetische[n] Existenz"[81] verhilft: Es ist die Schrift, die es Casanova erlaubt, seine Biographie endgültig „in den fiktionalen Raum"[82] zu überführen:

> Denn all diese Zaubereien hier auf der Bühne, sie reichen nicht heran an die wahre und erlebte Geschichte eines anderen Don Giovanni, eines Mannes aus Venedig, der sich in frühstem Alter auf den Weg gemacht hat, die Frauen dieser Welt glücklich zu machen. (ND 373)

Damit steht am Ende des Roman erneut der unendliche Drang zu schreiben: „Er durfte nicht länger warten, er mußte mit dem Schreiben beginnen, es war höchste Zeit, ja, es war an der Zeit ..." (ND 370)

[80] vgl. ND 16f: „Mit der Rechten tunkte er das Brot kurz in den Kaffee, bestrich es mit der Linken mit Butter, schleifte es mit der Rechten durch etwas Eigelb und setzte dem kleinen Bau einen Käsespan auf. Noch während er kaute und schluckte, ließ er das Eigelb auf einem Teller zerlaufen, bröselte das Brot hinein, wälzte die Sardellen, goß etwas Wein dazu und löffelte alles in den Mund, jeden Happen mit einem Schluck Kaffee versetzend."
[81] Catani, Stephanie: *„Vorbei war die Zeit!". Zur Mythisierung der Casanovafigur bei Arthur Schnitzler und Hanns-Josef Ortheil*. In: Stephanie Catani, Friedhelm Marx und Julia Schöll (Hrsg.): *Kunst der Erinnerung, Poetik der Liebe*. Göttingen 2009: 123–140, hier: 140
[82] Catani 2009: 140

Auf diesen „finale[n] Akt der Inszenierung“[83] nimmt auch Stephanie Catani in einem Aufsatz über die *Mythisierung der Casanovafigur* Bezug und diskutiert ihn vor dem Hintergrund von Schnitzlers Novelle *Casanovas Heimfahrt*. Wie diese Novelle präsentiere auch Ortheils Roman seinen Protagonisten als einen in die Jahre gekommenen Mann, die Ehrenrettung des Don Giovanni sei für Casanova daher vor allem eins: die Rettung seiner eigenen Existenz. Im Ästhetischen, in der Kunst, kann er den Genießer und Frauenverführer, der er einst selbst war, wieder zum Leben erwecken, Don Giovanni zu seinem Alter Ego werden lassen: „So entsteht die *Nacht des Don Juan*, in der Don Juan zum Don Giovanni [...] werden soll, aus dem Gedanken heraus, sich selbst noch einmal zu erfinden“[84].

Tatsächlich erhebt Casanova letztlich die Vergangenheit zur Fiktion – nicht nur auf der Bühne, sondern vor allem in dem „große[n] Roman“ (ND 163), den er über sein Leben zu schreiben plant. Denn bei der Uraufführung der Oper muss er feststellen, dass in dieser die eigene Existenz doch nicht wirklich zum Ausdruck kommt: Nicht „all diese Zaubereien hier auf der Bühne“ (ND 373), erst ein Text könnte der „wahre[n] und erlebte[n] Geschichte eines anderen Don Giovanni, eines Mannes aus Venedig“ (ebd.) gerecht werden: „[...] ich müßte von vorne beginnen und weit ausholen, da, wo eine andere Geschichte beginnt, meine eigene, lange Geschichte.“ (ND 367) Entsprechend bezeichnet Catani diese finale Inszenierung nicht etwa als ein Autobiographieprojekt, sondern als einen „Akt der Automythologisierung“[85] – mithilfe der Erinnerungen wird die Gegenwart „zum fiktiven Raum, zur Bühne einer konsequenten Selbstinszenierung“[86].

Der Roman legt laut Catani also „die Entstehungsbedingungen eines Mythos“[87] offen: Indem er die „Überführung von individueller biografischer Erinnerung in ein ästhetisches Modell“[88] vorführe, verweise er nicht zuletzt auf die eigentlichen Hintergründe der Casanova-Figur. Tatsächlich lässt sich die Figur des Giacomo Casanova als ein

[83] Catani 2009: 140
[84] ebd.: 139
[85] ebd.
[86] ebd.
[87] ebd.: 140
[88] ebd.

„literarisch generierte[r] und immer neu produzierte[r]“[89] Mythos verstehen, obwohl sie auf eine reale Person zurückgeht. Diese wurde jedoch, wie Catani mit Hinweis auf den Casanova-Forscher Helmut Watzlawick ausführt,[90] durch ihren eigenen Mythos völlig in den Hintergrund gedrängt. Als Grundlage ihres Ruhmes erweist sich nämlich ein literarischer Text, Casanovas *Memoiren*, mit denen dieser „die eigene Person in eine fiktive Gestalt verwandelt und die Grenzen zwischen Wirklichkeit, erinnerter Vergangenheit und Fiktion bereits zu Lebzeiten verwischt“[91]. Die vor allem um 1900 einsetzende Auseinandersetzung mit der Casanova-Figur kreist also um eine bereits literarisierte Gestalt, die auch nach Casanovas Tod weiterlebt und in der Kunst eine immer neue Variation und Bestätigung findet – nicht zuletzt in Schnitzlers Novelle *Casanovas Heimfahrt* und Ortheils Roman *Die Nacht des Don Juan*.

So bildet sich der Mythos Casanova letztlich auf der Grundlage einer Vielzahl einzelner Texte und damit einer „umfangreiche[n] stoffgeschichtliche[n] Tradition“[92], ohne dass er auf „einen zentralen Text“[93] zurückgeführt werden kann. Er lässt sich laut Catani vielmehr „erst durch die Gesamtheit seiner Fassungen [...] definieren“ und bleibt so ein „unendlich[ ] offene[r] Text“[94]. An diesem Text schreibt nicht nur der historische Casanova in seinen Memoiren, sondern ebenso der Protagonist des Romans *Die Nacht des Don Juan*, in dem das Autobiographieprojekt eine literarische Entsprechung findet. Und auch der – reale wie literarische – Mozart setzt Casanova mit seiner Oper „Don Giovanni“ ein Denkmal. Schließlich macht aber auch Ortheil seinen Roman zum Teil einer bereits vorhandenen Stofftradition, schreibt ebenfalls an dem Mythos Casanova weiter, auch wenn dieser hier mit seinem „lebensbejahenden Charme [...] ungleich sympathischer[ ]“[95] erscheint als in Schnitzlers Novelle.

Dass der Text dabei aber noch an einem ganz anderen Mythos weiterschreibt, bleibt bei Catani unerwähnt. Ihr Aufsatz legt vielmehr

[89] Catani 2009: 127
[90] vgl. ebd.
[91] vgl. ebd.
[92] ebd.
[93] ebd.: 128
[94] ebd.
[95] ebd.: 134

einen Schwerpunkt auf den Vergleich der beiden Casanova-Figuren und deutet deren Inszenierungsdrang daher als altersbedingte Identitätskrise:

> Sowohl Schnitzlers als auch Ortheils Casanova-Text reflektiert [...] die Überführung von individueller biografischer Erinnerung in ein ästhetisches Modell und erkennt darin die Entstehungsbedingungen eines Mythos, der das nunmehr ins Fiktionale transzendierte Ich vor dem Altern und der Auflösung bewahrt.[96]

In Ortheils Fall kann diese Selbstinszenierung aber auch und vor allem als eine weitere Variante des biographisch bedingten „Überlebens in der Schrift“[97] gelesen werden, worauf nicht nur das erneute Spiel mit dem Eigennamen hindeutet[98], sondern auch der Hinweis auf Casanovas stumme Kindheit. Casanovas „Akt der Automythologisierung“ beschreibt damit nicht zuletzt die dem Text zugrunde liegende Poetik, die Inszenierung des eigenen Lebens.

Tatsächlich lassen sich Ortheils Autofiktionen vor dem Hintergrund des Mythos lesen, worauf bereits die Untersuchung seines Essays *Das Element des Elephanten* hindeutete (vgl. Kapitel 1). Der Mythos erzählt, so Eliade, von einem „primordialen Ereignis, das am Anbeginn der Zeit, *ab initio*, stattgefunden hat“[99]. Er ist für ihn daher immer der Bericht einer „Schöpfung“[100], handelt von den Ursprüngen und ersten Geschichten der Welt und des Menschen. Eine wichtige Rolle spielt dabei seine Erzählstruktur: „*Mythen sind Geschichten*“[101], so heißt es bei Marquard – sie bringen die „vorhandene Wahrheit in die Reichweite unserer Lebensbegabung“, erzählen diese Wahrheiten „in unsere

[96] Catani 2009: 140

[97] Catani verweist zwar wie diese Arbeit (vgl. Einleitung und Schluss) auf den Aufsatz *Überleben im Text?* (Schmitz-Emans 1993), bezieht ihn jedoch nur auf Casanovas Schreiben und nicht auf die Poetik des Romans selbst.

[98] Auch in dem Operntitel „Don Giovanni“ versteckt sich letztlich der Name des Autors. Der Roman über die Entstehung der Oper kann also auch in dieser Hinsicht als eine Autogenese gelesen werden.

[99] Eliade, Mircea: *Das Heilige und das Profane. Vom Wesen des Religiösen* (1957). In: Wilfried Barner, Anke Detken und Jörg Wesche (Hrsg.): *Texte zur modernen Mythentheorie*. Stuttgart 2003: 78–86, hier: 78

[100] vgl. Eliade 2003: 78

[101] Marquard, Odo: *Lob des Polytheismus. Über Monomythie und Polymythie* (1979). In: Wilfried Barner, Anke Detken und Jörg Wesche (Hrsg.): *Texte zur modernen Mythentheorie*. Stuttgart 2003: 222–238, hier: 223

Lebenswelt herein“ bzw. halten sie in jener Distanz, „in der wir es mit ihnen aushalten“[102].

Diese Wirklichkeitsbewältigung durch das Erzählen ist auch für Blumenbergs Mythos-Verständnis zentral: Er bescheinigt dem Mythos einen „narrativen Kern“ mit einer hochgradigen Beständigkeit und einer marginalen Variationsfähigkeit. Diese beiden Eigenschaften machen Mythen für ihn erst traditionsgängig – „ihre Beständigkeit ergibt den Reiz, sie auch in bildnerischer oder ritueller Darstellung wiederzuerkennen, ihre Veränderbarkeit den Reiz der Erprobung neuer und eigener Mittel der Darbietung.“[103] Ob der Mythos dabei wie im heutigen Sprachgebrauch in erster Linie als bloß erfundene Geschichte verstanden wird oder „tatsächlich wahr“[104] ist, wird auf diese Weise nebensächlich – entscheidend ist die Hartnäckigkeit, mit der sich die Geschichte am Leben erhält und damit ihre ständige Neu-Erfindung und Re-Aktualisierung.[105]

Betrachtet man unter dieser Perspektive ein weiteres Mal Ortheils Werk, fallen deutliche Parallelen auf. So haben nicht nur alle seine Texte die Erschaffung des eigenen Daseins in der Schrift zum Thema und erweisen sich damit als Schöpfungsmythen, darüber hinaus wird auch jeder einzelne Text zum Teil eines größeren Stoffzusammenhangs, an dem der Autor mit äußerster Konsequenz und unaufhörlich weiterschreibt. Seine Romane kennzeichnet also ebenfalls eine „hochgradige[ ] Beständigkeit ihres narrativen Kerns“ sowie eine „ebenso ausgeprägte[ ] marginale[ ] Variationsfähigkeit“[106], erzählen sie doch letztlich immer wieder die gleiche Geschichte – sei es als poetologischer Essay, theoretischer Aufsatz, als Zeitroman, historische Künstlerbiographie, Liebesroman oder dezidiert autobiographischer Text.

[102] Marquard 2003: 223

[103] Blumenberg 2003: 194

[104] Segal, Robert A.: *Einleitung: Mythentheorie*. In: Ders.: *Mythos. Eine kleine Einführung*. Stuttgart 2007: 7–19, hier: 14

[105] für eine umfassende Darstellung des Begriffs und der Theorie des Mythos’ vgl. den entsprechenden Eintrag im *Handbuch religionswissenschaftlicher Grundbegriffe* (Assmann/Assmann 1998: 179–200) sowie Barner, Wilfried, Anke Detgen und Jörg Wesche (Hrsg.): *Texte zur modernen Mythentheorie*. Stuttgart 2003

[106] Blumenberg 2003: 194

Wenn Ortheil also 2005 erklärt, „Eine Autobiographie habe ich bis heute nicht geschrieben [...]“[107], entspricht dies trotz der stark autobiographischen Fundierung seines gesamten Werks den Tatsachen. Seine Biographie konstituiert sich vielmehr ganz offensichtlich über das Zusammenspiel unterschiedlichster Texte, ohne dass sie letztlich auf ein einziges Werk zurückgeführt werden kann. Dies gilt auch für den Roman *Die Erfindung des Lebens*, obwohl Ortheil diesen in einem Gespräch zum Höhepunkt seines autobiographischen Schreibens erklärt und damit suggeriert, endlich zum eigentlichen Kern seines Daseins vorgestoßen zu sein, den er in seinen anderen Werken immer nur gestreift oder unvollständig ausgeführt habe:

> Ich glaube, ich habe nie so eine große innere Befriedigung gehabt wie nach diesem Buch [...]. [...] bei diesem Buch war es glaube ich so, dass ich das Gefühl hatte, ich wollte das eigentlich immer schreiben, ich wollte vielleicht überhaupt [...] im Grunde gar nichts anderes schreiben in meinem Leben als dieses eine Buch.[108]

Die vorangegangene Untersuchung des Romans zeigt jedoch, dass sich das Dasein auch in diesem Text zur Fiktion formt und er so eine weitere Version des eigenen Lebens darstellt, das sich einer vollständigen Verschriftlichung letztlich entzieht. Dass diese Unmöglichkeit einer Autobiographie aber keineswegs als Mangel, sondern sogar als Voraussetzung des ortheilschen Schreibens verstanden werden kann, wird das abschließende Kapitel dieser Arbeit zeigen.

[107] Ortheil 2005: 200
[108] vgl. Hanns-Josef Ortheil im Gespräch mit Felicitas von Lovenberg (SWR-Fernsehen Literatur im Foyer, Sendung vom 27.11.2009)

5 Das Gartenheimweh

„Als wir zu dritt nach Köln zurückkehrten, war alles anders als zuvor“ (EL 277), so beginnt der dritte Teil des Romans *Die Erfindung des Lebens*. Nicht nur der kleine Johannes hat im Westerwald zur Sprache gefunden, auch die Mutter ist aus ihrem stummen Dasein erwacht – die „hilflose und beeinträchtigte Familie“ hat sich in ein „stark gewordenes Trio“ (ebd.) verwandelt. Doch das neue Leben steht auf unsicheren Füßen, die Hinwendung zur Welt wird immer wieder von Einbrüchen bedroht, die in die früheren Zeiten der Stille zurückführen: „Unter der Oberfläche waren wir also noch immer verwundet, beschädigt und nicht selten auch hilflos, nach außen hin aber wollten wir das nicht mehr zu erkennen geben.“ (EL 299)

Um gegen diese „Ängste und Sorgen und auch die Erinnerungen an die Vergangenheit“ (EL 298) anzukämpfen, erschafft sich die Familie daher einen „Schutzraum“ (ebd.), in den sie sich jederzeit zurückziehen kann. Dieser Raum entsteht fern der Stadt auf dem Land – einem Ort der „inneren Befriedigung“ und des „stabilen Glücks“ (EL 290), an dem der Erzähler die schönste Zeit seiner Kindheit erlebte. Hier, in gleicher Entfernung zur großelterlichen Gastwirtschaft, „vor der ich den ersten Satz meines Lebens sagte“ (EL 289), und zum Wohnhaus der mütterlichen Familie, plant Johannes’ Vater den Bau eines eigenen Zuhauses. Bereits in seiner Vorstellung verwandelt sich das Gelände in einen „großen Hanggarten“ (EL 296), die Wälder sollen gelichtet, die Äcker bepflanzt, kleine Gemüse- und Gewürz-Rabatten und auch ein Steingarten angelegt werden. So beginnen die Planungen für ein gemeinsames Familienprojekt, das sich nur wenige Jahre später in „eine[r] Art Feriendomizil“ verwirklicht:

> [...] der große Hanggarten, die Wälder, die Rabatten, ein kleines Haus für uns drei, dazu noch ein Blockhaus für meinen Vater und sein Büro, die schmalen Gehwege und Pfade und dazu von allen Seiten aus ein geradezu überwältigender Blick auf das umgebende Land. (EL 297)

Dieses Gelände wird zu dem Raum, „in den wir uns flüchten konnten, wenn uns danach war" (EL 298), zu einem Rückzugsort, aus dem das familiäre Trauma und die Gefahren des Alltags gebannt sind. Nur das Schöne findet hier seinen Platz[1], für alles andere ist diese „geplante[ ] und dann mit viel Energie aufgebaute[ ] Idylle" (ebd.) unzugänglich. So bleibt das Terrain auch nach seiner Fertigstellung ein „Märchenraum", der Johannes als Jugendlichem fast „zu schön und zu geschlossen" vorkommt, weswegen er ihm den Namen *„Die Familienphantasie"* gibt (vgl. ebd.).

Nicht nur in dem Roman *Die Erfindung des Lebens* spielt diese „Familienphantasie" eine wichtige Rolle, immer wieder taucht das Motiv des Gartens im ortheilschen Werk auf. Es soll daher im letzten Kapitel dieser Arbeit im Mittelpunkt stehen und vor dem Hintergrund von Ortheils Poetik gelesen werden. Einen ersten Hinweis darauf, wie eng sein Schreiben mit einem solchen Raum verbunden ist, gibt der Roman *Die Erfindung des Lebens*. Hier bewahrt der Erzähler seine gesamte Welt-Mitschrift auf dem Gelände des elterlichen Gartens auf: In einem Haus „[m]itten in dem weiten Terrain" (EL 299) stapeln sich „meine Schreibbücher und all das Material über meine Familie und mich, das ich seit Jahrzehnten gesammelt habe" (ebd.). So rückt an die Stelle des Familientraumas die *„Familienphantasie"* – das im Dunkel der eigenen Biographie gründende Schreiben wird neu verortet und zum Teil einer Gartenidylle, in der nur das Schöne Platz hat.

5.1 Die poetische Existenz

Im letzten Kapitel des Romans *Das Verlangen nach Liebe* bereitet sich Johannes auf sein am Abend stattfindendes Konzert vor, dessentwegen er eigentlich nach Zürich gekommen ist. Wie bereits Judith gegenüber angekündigt (vgl. VL 261f), beginnt er den Tag mit einer Fahrradfahrt am See, wobei er schon bald auf ein „asiatisch aussehendes Gelände" (VL 311) stößt, dessen hohe Mauern jeden Einblick verwehren. Eine Informationstafel am Eingangstor aber klärt ihn auf:

[1] vgl. EL 298: „Wenn wir in Köln etwas Schönes entdeckten, sagte daher oft einer von uns, dies sei etwas für unser *Domizil.*"

> Offensichtlich handelte es sich um einen chinesischen Garten mit vielen gewundenen Wegen sowie einem kleinen Wasserpalais und einem Teich, in der Mitte des Teichs gab es sogar eine Insel mit einem Pavillon, von dem aus man einen guten Überblick über das Ganze hatte. (ebd.)

Bereits in diesen theoretischen Ausführungen erhält das Gelände einige Zuschreibungen, die in der Forschung seit jeher mit der Idee des Gartens verbunden sind: Die hohen Mauern grenzen es von der restlichen Umgebung ab, fügen es zu einem weitläufigen, aber übersichtlichen Terrain zusammen. Nach außen hin erscheint der Raum also uneinsehbar und unzugänglich, im Inneren dagegen erwartet den Besucher ein kunstvoll angelegter und geordneter Raum.

Tatsächlich überschreitet, „[w]er einen Garten betritt, [...] eine Schwelle – oft im wörtlichen, immer im übertragenen Sinne“[2], so Jürgen Landwehr in seinen „[k]ulturwissenschaftliche[n] Anmerkungen zu Gartenbildern und Gartensymbolik“[3]: Er „tritt ein in einen Bezirk, der zugleich eingegrenzt *und* ausgegrenzt ist – eine Enklave von innen gesehen, eine Exklave in der ‚normalen‘ Umgebung“[4]. Entsprechend erlebt auch Johannes den Chinesischen Garten als einen aus der restlichen Welt herausgehobenen und geschlossenen Bereich, in den er sich für eine gewisse Zeit zurückziehen kann – er betritt ihn als einziger Besucher und verbringt zwei Stunden darin: „Ich ließ mir Zeit, ich durchstreifte das nicht allzu große, durch seine vielen beredten Details aber abwechslungsreiche Gelände sehr langsam [...].“ (VL 312) Innerhalb der hohen Mauern scheint nicht nur die Zeit stillzustehen, auch der Raum ist verwandelt, erweist sich wie auf dem Informationsschild angekündigt als ein bedeutungsvolles und durchdachtes Arrangement:

> Das Ganze war ein geschlossenes, bis in jede Einzelheit strukturiertes Terrain, dessen Wege, Bauten und Pflanzen einen engen Bezug zur

[2] Landwehr, Jürgen: *Von verlorenen und nachgeschaffenen Paradiesen. Kulturwissenschaftliche Anmerkungen zu Gartenbildern und Gartensymbolik.* In: Hans-Peter Eckert (Hrsg.): *Gärten als Spiegel der Seele*. Würzburg 2007: 13–38, hier: 33

[3] vgl. Landwehr 2007

[4] ebd.: 33

> chinesischen Literatur und Philosophie, hier und da aber auch zur unmittelbaren Umgebung aufwiesen. (ebd.)

Damit rückt das Terrain nicht nur in eine unmittelbare Nähe zur „Familienphantasie“ der Familie Catt, sondern reiht sich auch in die lange Kulturgeschichte des Gartens ein, die bis zu den Anfängen der Menschheit zurückführt.

Kienast bezeichnet den Garten als ein „komprimiertes Wunschbild der Welt und somit als Versuch der Annäherung an den ersten Garten, das Paradies“[5]. Tatsächlich wird er in Kunst und Literatur immer wieder auf dieses Ur-Bild zurückgeführt, wird zum Symbol und zur Projektion eines „verlorenen Paradies[es]“[6], das am Anfang fast aller großen Erzählungen der Menschheit steht:

> Der Garten Eden, das Dilnum der Sumerer, das Elysium und Arkadien der Griechen, das Avalon der Kelten, die Jenseitsgärten der Ägypter und des Koran – das sind Wunschgefilde, wo das Göttliche dem Menschen nahe ist, wo Nahrung für Leib und Seele niemals ausgeht.[7]

Das Wort Paradies geht zurück auf das altpersische Wort „paridaida“, das sich zu „palez“, „der Ummauerte, Umwallte“, weiterentwickelte und in dieser Bedeutung ins Griechische übernommen wurde.[8] Bereits mit dem Urtypus des Gartens verbindet sich also die Vorstellung der Abgeschiedenheit und Weltflucht: „eine Insel des Friedens, vom Weltlich-Allzuweltlichen ausgespart“[9]. Paradiesische Plätze, das sind geschlossene Terrains, die das Chaos der Welt hinter ihre Mauern bannen, sind „Orte gegen die Angst“[10], sei es die Angst vor der Natur oder vor anderen Menschen und Dämonen. Der aus dieser Vorstellung hervorgehende Garten steht also „für das schutz- und nahrungsgewährende Refugium, für Eigentum und Seßhaftigkeit, ver-

[5] Kienast, Dieter: *Die Poetik des Gartens. Über Chaos und Ordnung in der Landschaftsarchitektur*. Basel, Boston, Berlin 2002: 71

[6] Ecker, Hans-Peter: *Einführung*. In: Ders. (Hrsg.): *Gärten als Spiegel der Seele*. Würzburg 2007: 7–11, hier: 7

[7] Volkmann, Helga: *Unterwegs nach Eden. Von Gärtnern und Gärten in der Literatur*. Göttingen 2000: 7

[8] vgl. *Kluge* 2002: 679 („Paradies“)

[9] Volkmann 2000: 40

[10] ebd.: 7

spricht eine Oase der Geborgenheit zu sein"[11]. Entsprechend verbirgt sich auch in seiner Etymologie die Idee der Abgeschlossenheit: Wortgeschichtlich geht er auf das indogermanische „*g^{h}ortó" zurück[12], das sich mit „Umzäunung" übersetzen lässt.[13]

Nicht nur Zäune, Hecken und Mauern sind es aber, die diese Grenze ziehen – es ist vor allem die Andersartigkeit der Gartenwelt, die sie aus der „verwirrend-bedrohliche[n] Vielfalt der ungebändigten Natur"[14] heraushebt und zu einem besonderen Raum macht. Im Garten wird die Welt arrangiert und gebändigt, sie verwandelt sich in einen „locus amoenus", in eine Idylle mit Bäumen und Blumen, kleinen Wegen und „dem zu schön gefaßtem Quell und Lauf gebändigte[n] Wasser"[15]. Auch im Chinesischen Garten trifft Johannes auf eine solche Harmonie der einzelnen Elemente, auf ein kunstvolles Zusammenspiel von „gewundenen Wegen", einem „kleinen Wasserpalais" sowie einem Teich mit einer Insel (vgl. VL 311), während sich die „Familienphantasie" zu einer Idylle mit Gemüsebeeten, schmalen Pfaden und einem kleinen Steingarten formt.

Ähnliche Beschreibungen lassen sich in Ortheils Frühwerk finden: So umgibt Lottas Elternhaus, in dem sich Fermer bei seiner Flucht eine zeitlang aufhält, ein großes, durch hohe Hecken begrenztes Gelände. Hier, inmitten der „Obstbäume auf dem weiten Rasenstück" (F 124), dem wilden, aber „sorgfältig geschnitten[en]" Wein, den Blumen und dem „kleinen Brunnen am Rand des Gartens" (ebd.), kommt Fermer zur Ruhe. Auch in *Hecke* ist der elterliche Garten „verborgen zwischen den mächtigen Bäumen" (H 12) und wird dem Erzähler so zu einem fast unerreichbaren „Versteck" (ebd.). Wie die „Familienphantasie" ist dieses Gelände mit seinem großen Steingarten, den kleinen Treppen und Plätzen und den verschiedenen Pflanzen kunstvoll und „überlegt [...] gestaltet" (H 93): „[L]ange[ ], dunkle[ ] Tujareihen" (ebd.) schirmen den Blick vor Eindringlingen ab, „schmale Wege" (H 94) führen durch das Unterholz, in dessen schattiger Mitte das Haus steht, „um das sich die kleineren Gärten verbreiterten" (ebd.).

[11] Volkmann 2000: 7
[12] vgl. *Kluge* 2002: 331f („Garten")
[13] vgl. Landwehr 2007: 20
[14] Volkmann 2000: 42
[15] ebd.: 156

Erneut ist der Garten also eng mit der Familiengeschichte verbunden, steht für einen Neuanfang, von dem auch *Das Element des Elephanten* erzählt. Denn der Umzug aufs Land verweist hier ebenfalls auf den „Aufbruch aus der Zeit der finsteren Tage, [...] aus der dunklen Vergangenheit" (EE 115f) und auf die Wiederherstellung einer gestörten Ordnung, die in den architektonischen Entwürfen des Vaters ihren Ausdruck findet (vgl. EE 117f). Doch auch jenseits dieses autobiographisch grundierten „Paradies[es]" (H 95) fügt sich die Welt im ortheilschen Garten zu einem nach außen begrenzten und verschlossenen, im Inneren aber harmonisch geordneten und strukturierten Raum – sogar im Venedig des 18. Jahrhunderts. So ist der Palazzo des Conte in *Im Licht der Lagune* von einem großen Garten umgeben, für Venedig eine Seltenheit, wo „jede Erdkrume [...] eine Art Luxus" (LL 24) bedeutet, „weil alles in dieser Stadt dem Wasser entzogen oder mit Gewalt ins Wasser gerammt werden mußte" (ebd.). Das Gelände erscheint dem Conte daher wie ein „kostbare[r] Schatz" (ebd.), ein „blühende[s], schwere[s], sichere[s] und beständige[s] Land" (ebd.). Entsprechend ist es von hohen Mauern und Hecken umgeben, die „keinen Einblick von irgendeiner Seite" (ebd.) zulassen, erweist sich als eine „versteckte, für Fremde nicht zugängliche Pracht" (ebd.).

Der Garten verweist damit nicht zuletzt auf Venedig selbst, eine Stadt, die bei Ortheil immer wieder zu einem Ort mit seinen eigenen Regeln und seiner eigenen Zeit wird, der schon durch sein Inseldasein von der übrigen Welt losgelöst zu sein scheint.[16] In dieser Grundlegung folgt der Autor laut Rüdiger Görner einer Tradition, die der Stadt seit jeher die Funktion einer unbedingten „Kunstrealität"[17] gegeben hat und sie in einer „Welt des Funktionalismus und Utilitarismus"[18] zu einem „ästhetische[n] Gegenraum"[19] werden lässt. Auf eben diese Funktion rekurriert ganz offensichtlich der Garten, der zum ästhetischen Raum par excellence wird: Wie die Landschaft stellt er einen „Ausschnitt aus

[16] vgl. dazu u. a. die Erzählung *Die weißen Inseln der Zeit* aus dem gleichnamigen Sammelband (2004) sowie den literarischen Reiseführer *Venedig. Eine Verführung* (2004)

[17] Görner, Rüdiger: *In Flagranti – zur Erotik des Kunst-Körpers bei Hanns-Josef Ortheil*. In: Stephanie Catani, Friedhelm Marx und Julia Schöll (Hrsg.): *Kunst der Erinnerung, Poetik der Liebe*. Göttingen 2009: 111–122, hier: 116

[18] Görner 2009: 119

[19] ebd.: 116

der Natur“[20] dar, herausgehoben aus dem „endlosen Zusammenhang der Dinge“[21] und in der „singuläre[n], charakterisierende[n] Enthobenheit“[22] zur Einheit zusammengefasst (vgl. Kapitel 2.3). Die wahren „Traumgärten“ (LuL 71) formen sich für den Erzähler des Romans *Lo und Lu* daher ähnlich wie die Landschaft zu Räumen der Anschauung. In ihnen wird nicht gearbeitet, sie sind vielmehr „über die mühsamen Anfänge des Pflanzens, Umgrabens und Jätens hinaus“ (ebd.): „Es sind gewachsene Gärten, die von selber gedeihen und in denen sich die Bewohner beinahe wie unsichtbare Wesen kontemplativ, in der puren Anschauung des Gartens, verlieren.“ (ebd.)

Während die Landschaft allerdings nur „im Auge des Betrachters Realität hat“[23], tritt der Garten dem Besucher als tatsächliches Kunstwerk entgegen. Volkmann widmet ihre Untersuchung daher nicht nur dem Garten in der Literatur, sondern auch dem Gärtner. Dieser überführt „den ungebändigten Wildwuchs der Natur“ in eine „blühende[ ] Schönheit“[24] und rückt so in eine unmittelbare Nähe zum Künstler, setzt er doch bei seiner Arbeit wie dieser „ein statisches Prinzip gegen die natürliche Dynamik des ständigen Wandels“[25]. Der Garten ist damit keineswegs nur Produkt der inneren Anschauung, sondern ist „gemacht“: Anders als der Anschauungsraum kann er betreten werden, wird aufgrund seiner Dreidimensionalität wirklich zugänglich. Der Wunsch, den Johannes beim Anblick der Zürcher Umgebung verspürt, nämlich sich dem vor seinen Augen zu einem kunstvollen Bild formenden Panorama zu nähern und „wie eine kleine Statistenfigur in ihm [zu] verschwinden“ (VL 151, vgl. Kapitel 2.4), erfüllt sich also mit seinem Eintritt in den Chinesischen Garten.

Versteht man den Garten aber als eine Verräumlichung von Kunst, verwirklicht sich in ihm das Leben in der Kunst, von dem der Protagonist aus Ortheils Debütroman nur träumen kann: Auch hier wird Italien zu einem ästhetischen Gegenraum, in dem Fermer am Ende des Romans mit seinen Freunden Zuflucht finden will. Was in *Fermer* aber

[20] Simmel 1957: 141
[21] ebd.
[22] ebd.
[23] Schelling, Friedrich Wilhelm Joseph von: *Philosophie der Kunst*. Darmstadt 1966: 138
[24] Volkmann 2000: 12
[25] ebd.

noch Wunsch bleibt, gelingt in *Die Erfindung des Lebens*: Rom präsentiert sich hier nicht nur als durch und durch ästhetisches Terrain, es ermöglicht Johannes auch das einzigartige Glück, eine reine Künstlerexistenz zu führen, ein Dasein als Pianist. Tatsächlich erlebt Johannes die Stadt bereits bei seiner Ankunft als einen wahren locus amoenus: Eine „wohltuende Wärme" (EL 448) durchströmt die Straßen, unter Johannes' Füßen verwandeln die Pinien- und Kiefernnadeln den Boden in einen „römische[n] Teppich" (EL 454), während sich über ihm der Sternenhimmel spannt, „Leuchtsignale auf schwarzem Tuch" (EL 457).

Wie Venedig scheint also auch Rom seinen ganz eigenen Regeln der Ästhetik und der Harmonie zu folgen, sodass alles, was Johannes sieht, „so makellos schön und so stimmig [wirkt], als handelte es sich um einen Verkörperung der Schönheit selbst, um eine Verkörperung ihrer Idee, wie das Maß aller Dinge." (EL 456). Entsprechend bezeichnet der Erzähler aus *Schwerenöter* die Stadt als einen „Zaubergarten" (S 344) und verweist damit auf einen Ort, an dem „die Entfaltung einer durch und durch stilisierten Kunstform des Lebens"[26] möglich ist. Das „Leben im großen Garten" (EL 498) wird zu einem Bild für das Dasein in einer „geschlossene[n], harmonische[n] Welt", aus der „die alten Dunkelheiten verbannt" sind und man sich „nur mit den schönen Dingen des Lebens beschäftigt" (ebd.) – alles andere verschwindet hinter einem „Schutzwall aus Hecken und Wäldern" (ebd.).

Wonach Fermer aber noch auf der Suche ist und was Johannes erst in Italien findet, scheint in den Liebesromanen bereits Programm zu sein. Denn wie in Kapitel 2.3 beschrieben, ist das Dasein der Protagonisten von einer hochgradigen Ästhetisierung geprägt: Ein ums andere Mal verwandeln die Liebenden die Welt in einen „Tempel der Anschauung" (GL 92), in Szenen des Filmes, der Fotografie und der Malerei, bis schließlich ihre ganze Beziehung zu einer Erzählung mit dem Titel *Die große Liebe* wird. Und auch in *Das Verlangen nach Liebe* stellt Johannes nach seinem ersten Wiedersehen mit Judith fest:

> [...] ich [hatte] [...] alles getan, um den romantischen Reiz zu erhalten, ja ich hatte beinahe argwöhnisch darauf geachtet, daß unsere Begegnung verlaufen war wie eine Folge von vierhändig gespielten Moments musicaux: Derselbe Wein, dieselbe Suppe, die Hauptspeise geteilt ..., selbst der Kellner war am Ende so aufgetreten, als wäre er in meine

[26] Görner 2009: 116

romantischen Ideen eingeweiht und daher nichts anderes als eine zweite ferne, aber jederzeit auch passionierte Begleitstimme in, sagen wir, Schumanns Fantasie in C-Dur. (VL 82)

Auch wenn sich Johannes des „trügerischen Gefühl[s]“ einer solchen „Total-Harmonie“ (VL 78) durchaus bewusst ist, erweist sich diese erste Begegnung als symptomatisch für seine Beziehung mit Judith: Das Zusammensein mit der Geliebten wird nicht nur zum vierhändig gespielten Musikstück, auch die Reisen verwandeln sich in „Kompositionen aus gemeinsam und allein verbrachten Stunden“ (VL 226), das Glück zu zweit wird zum Zitat aus einem Hemingway-Roman (vgl. VL 318) und die Liebesbeziehung zur kreativen Zusammenarbeit.[27] Wenn aber selbst der Tag zu einem Projekt wird und jede Mahlzeit zum „sinnliche[n] Liebesritual“[28], wird schließlich das ganze Leben zur Kunst. Entsprechend erklärt Klemenz in ihrem Aufsatz mit dem bezeichnenden Titel *Liebe als Kunst* nicht etwa „die heutigen Möglichkeiten einer bedingungslosen Liebe“[29], sondern die „ästhetisierte[ ] und zur Kunstform erhobene[ ] Liebe“[30] zum eigentlichen Sujet des Romans.

Die für die Liebesromane zentrale Ästhetisierung des Lebens lässt sich also nicht zuletzt als eine Ausweitung der Gartenidylle auf die ganze Existenz lesen – das *„gemeinsame Dasein“* (VL 6) erweist sich

[27] Was sich zunächst als eine streng nach Metier und Wirkungsstätte getrennte Arbeit darstellt – Johannes übt „unten am See“ (VL 65) in der Tonhalle für sein Konzert, Judith bereitet „oben auf der Höhe“ (ebd.) im Kunsthaus ihre Ausstellung vor – wird schließlich zum Gemeinschaftsprojekt: Nicht nur Johannes nimmt Einfluss auf Judiths Ausstellung und fügt ihr musikalische Elemente hinzu (vgl. VL 266f), auch Judith ist „genau die Richtige“ (VL 244), um Johannes’ Konzertprojekt zu realisieren: Sein „Programm“ (ebd.) und ihre „Theorie“ (ebd.) – „daran könnten wir gemeinsam arbeiten“ (VL 245). Das *„gemeinsame Dasein“* konkretisiert sich hier also als künstlerische Tätigkeit, die zwei eigentlich getrennte Welten in einem Kunstwerk vereint. Judiths Aussage, sie wolle „nie mehr“ (VL 270) eine Ausstellung ohne Johannes planen, wird von ihm daher vor allem als eines verstanden: als Liebeserklärung (vgl. ebd.: „Ich schaute ihr zu, sie ahnte gar nicht, wie sehr mich ihre letzte Bemerkung berührte, *nie mehr?*, nie mehr wollte sie ohne mich planen?“).

[28] Klemenz 2009: 195

[29] so der Umschlagtext des Romans (vgl. Ortheil, *Das Verlangen nach Liebe* 2007)

[30] Klemenz 2009: 190

als ein „Gartendasein". Vor diesem Hintergrund scheint der Chinesische Garten, den Johannes in *Das Verlangen nach Liebe* betritt, trotz seiner Geschlossenheit keineswegs die Funktion eines Gegenraums innerhalb des Romans einzunehmen. Er erhält vielmehr eine poetologische Bedeutung: als ästhetischer Raum par excellence führt er im Kleinen vor, was sich als das eigentliche Thema des Romans herausstellt – der Eintritt in die Kunst. Nicht die Gartenmauern sind es also nunmehr, die die Grenze nach außen ziehen, an ihre Stelle rücken vielmehr die Begrenzungen des Buchs: Der Roman selbst wird zum Entfaltungsraum „einer durch und durch stilisierten Kunstform des Lebens"[31].

Eine Bestätigung findet diese Deutung in Ortheils erstem Liebesroman. Denn obwohl in diesem Text anders als in *Das Verlangen nach Liebe* kein Garten erwähnt wird, besuchen die Protagonisten hier doch einen Ort, der in einen Zusammenhang mit diesem gebracht werden kann. Es ist der „zum Himmel offene[ ] Raum" mit den „engbeschriebenen Wänden" (GL 257), von dem bereits in Kapitel 3.3 die Rede war (vgl. S. 148f). Ähnlich wie der Garten erweist sich dieser Raum als begrenzt und „von der übrigen Welt völlig entrückt" (ebd.), vor allem durch das fehlende Dach erinnert er an ein von Mauern umschlossenes Gelände. Die Schrift an den Wänden verwandelt ihn darüber hinaus ebenfalls in einen Raum der Kunst, der von den Protagonisten betreten werden kann. Dieser Eintritt erhält hier aber eine poetologische Zuspitzung, erscheint dieser Ort doch vor allem wie eine Dreidimensionalisierung der Schrift: An die Stelle des Papiers rücken die Mauern, beschrieben wie „rare[s] Pergament" (GL 256) und zum Text-Raum geformt. Damit lässt sich die geheimnisvolle Szenerie auf dem Hochplateau nicht zuletzt als ein Hinweis auf den Roman lesen: Die Schrift wird hier zum Ort der ästhetischen Existenz.

Text und Garten rücken also in eine unmittelbare Nähe zueinander – ein Zusammenhang, auf den auch *Die Erfindung des Lebens* anspielt: Nicht von ungefähr bewahrt der Protagonist seine Lebensbeschreibungen in dem „Schutzraum" (EL 298) der Familie auf – nicht nur das elterliche Grundstück, auch sein Aufschrieb wird für ihn zu einem Ort, an dem sich das Familientrauma zur „Familienphantasie" umformt (vgl. S. 214). Wie der Garten verbannt also auch die Schrift das Dunkle des Lebens aus den Seiten und wird so zum möglichen Ort eines neuen

[31] Görner 2009: 116

Daseins. Entsprechend übersetzt Johannes das Trauma seines Lebens schließlich in einen Roman über sein Leben und auch Giovanni macht aus seinen Erlebnissen in San Benedetto eine Geschichte, aus der „die Angst [...] sich fort[gestohlen hat]" (GL 303) und die sich allein der Feier der Liebe widmet (vgl. ebd.). Indem Ortheil Giovanni sogar zum Autor seiner eigenen Geschichte werden und den Roman somit in einem Erzählzirkel münden lässt (vgl. Kapitel 3.3), führt er diesen Übergang schließlich auch auf der erzähltechnischen Ebene vor: Wie der Gartenbesucher „überschreitet" Giovanni „eine Schwelle" und „tritt ein in einen Bezirk, der zugleich eingegrenzt *und* ausgegrenzt ist"[32] – er wird zum Teil des Romans.

Wie die Metalepse verweist der Garten also auf eine Vorstellung vom Schreiben als ein „Überleben im Text" (vgl. Einleitung dieser Arbeit) und damit auf die Möglichkeit einer rein „poetischen Existenz"[33]. Diese ist laut Derivière nichts anderes „als Ausdruck der totalen Wechselbeziehung zwischen der Kunst und dem Leben"[34]: Im Schreiben findet das Ich eine neue, eine literarische Identität, der Text wird ihm zu einer „Sprachinsel", einem „Lichtbündel inmitten der Undurchsichtbarkeit des Wirklichen"[35]. In dieser Vorstellung verbirgt sich ein geradezu regressiver Wunsch, die Sehnsucht nach einem Rückzug aus der Welt, einem „von den Gesetzen des Menschengeschlechtes befreiten Künstlerleben[ ]"[36].

Tatsächlich rückt Ortheil den Garten in *Das Element des Elephanten* in eine unmittelbare Nähe zum Reich der Mutter, das er als „eine Art Insel, ein kleines, gut überschaubares Terrain mit Grenzen und Zäunen" (EE 43) bezeichnet. Seine Begeisterung für „überschaubare und nach außen verschlossene Terrains, etwa für Gärten, die nach geheimen Regeln und Gesetzen angelegt sind" (EE 44) rühre daher aus der Zeit seiner frühesten Kindheit. Entsprechend erweist sich der Text auch hier als eine „Zone der Innenwendung" (EE 56), als Rückzugsort, in den der Schreibende aus der Welt verschwinden kann: In der Sprache öffnet sich ihm ein „Spalt, in den ich, schreibend und singend, hineinschlüpfen möchte" (EE 40, vgl. dazu auch Kapitel 3.3).

[32] Landwehr 2007: 33
[33] Derivière 2003: 83
[34] ebd.
[35] ebd.: 103
[36] ebd.: 85

Erneut spielt Ortheil also mit der Vorstellung einer poetischen Existenz und damit nicht zuletzt mit einem „Grundmotiv aller Produktion schriftlicher Werke“: dem „Wunsch des Schreibenden, zu überleben – der eigenen Hinfälligkeit zum Trotz und wenn möglich für ewig.“[37] Diesem „Überleben im Text“ liegt aber, so Schmitz-Emans in ihrem gleichnamigen Aufsatz, die Überzeugung zugrunde, dass „etwas vom Wesen des Schreibenden, ja das, was eigentlich seine Identität ausmache, in den zeitlosen Text eingegangen sei“[38] – eine mehr als fragliche Annahme, erweise sich die Textgestalt doch eher als „Idealkonstruktion, welche genau dem entspricht, was der Text von jenem historischen und so flüchtigen Ich aufnehmen und überliefern kann“[39] (vgl. Einleitung dieser Arbeit).

Auch die Unmöglichkeit einer Übersetzung in der Schrift wird laut Schmitz-Emans daher zu einem Grundmotiv der Literatur: Die „pathetische Affirmation des Ichs“ und der „Glaube an dessen Substantialität“ bleiben „in der Moderne auch und gerade dem Schreibenden versagt“.[40] Tatsächlich spricht nicht nur Derivière im Zusammenhang mit Nizons Schreibvorhaben von einer „Utopie“[41], die nur „im Bereich der Sprache“[42] Bestand habe, auch Farron bezeichnet ein solches Engführen von Leben und Werk letztlich als einen „Autorentraum“[43]. Und selbst Ortheils Protagonisten gelingt der Eintritt in den Garten keineswegs immer, wie das nächste Kapitel zeigen wird.

5.2 Das Gartendasein als Utopie?

Der Chinesische Garten ist nicht der einzige Garten, der in Ortheils Roman *Das Verlangen nach Liebe* eine Rolle spielt. Als Johannes gemeinsam mit Anna in einer kleinen Weinstube einkehrt, „in der Gottfried Keller dann und wann Wein getrunken hat“ (VL 278), entdeckt er bei seinem Blick aus dem Fenster „ein geschlossenes,

[37] Schmitz-Emans 1993: 136
[38] ebd.
[39] ebd.
[40] vgl. ebd.: 141
[41] Derivière 2003: 86
[42] ebd.
[43] Farron 2003: 77

kleines Garten-Terrain genau von der Art, wie Keller es im *Grünen Heinrich* beschrieben hatte“ (VL 285):

> Es handelte sich um einen weiten, ovalen Innenhof, der von vielen Häusern eingekreist war, es gab sogar einen kleinen Brunnen und eine Ansammlung immer wieder zurückgeschnittener, dicht beieinanderstehender Bäume. (ebd.)

Vor dem Hintergrund von Heinrichs Kindheitserinnerungen, in denen die „grünen Gärtchen“ der Hinterhöfe zu „kleine[n] Paradiese[n]“[44] werden, verwandelt sich für Johannes auch dieses Gelände in eine „stille und entrückte Parzelle“ (VL 287), von deren Anblick er sich „eine ganze Weile“ (VL 285) nicht zu lösen vermag. Zugleich erscheint es ihm von seiner Position am Fenster aber auch so „unzugänglich, als könne kein Fremder jemals dort hineinfinden“ (ebd.).

Und tatsächlich: Als er das Haus verlässt und versucht, „den ovalen Hof zu finden, den ich von einem der oberen Stockwerke der Weinstube aus gesehen hatte“ (VL 287), ist dies unmöglich: „Ich bog von der Gasse nach links ab, umrundete die gesamte Häuserreihe und bog dann wieder in die nächste parallele Gasse ein, es gelang mir aber trotzdem nicht, die stille und entrückte Parzelle zu finden.“ (ebd.) Für die Handlung scheint diese fehlgeschlagene Suche keinerlei Bedeutung zu haben, hat sie doch allein zur Folge, dass Johannes sich bei seinem anschließenden Treffen mit Judith „fast [...] etwas verspätet“ (VL 287) hätte. Der Frage, warum diese Episode dennoch ihren Platz in dem Roman findet, ja sogar mehrere Seiten in Anspruch nimmt, soll im Weiteren nachgegangen werden.

Nicht nur Johannes erlebt den kleinen Innenhof vor dem Fenster der Zürcher Weinstube als eine wahre Gartenidylle – auch für den Protagonisten aus *Die Erfindung des Lebens* formt sich das elterliche Garten-Terrain in der Rückschau zu einem verführerisch „schönen Bild[ ]“ (EL 499). Vor allem in den Briefen der Mutter verwandelt sich das ferne Zuhause in „eine geschlossene, harmonische Welt“ (EL 498):

> Aus dieser Welt sind [...] die alten Dunkelheiten verbannt, sie werden nicht einmal mit einer kleinen Bemerkung gestreift, die Welt rund um

[44] Keller, Gottfried: *Der grüne Heinrich*. Zweite Fassung (1879/90). In: Ders.: *Sämtliche Werke in sieben Bänden*. Band 3. Frankfurt am Main 1996: 32

> das *Haus auf der Höhe* ist jetzt vielmehr ein paradiesischer Garten mit einem Schutzwall aus Hecken und Wäldern, in dem man sich nur mit den schönen Dingen des Lebens beschäftigt. (ebd.)

Nicht nur aufgrund der im vorangegangenen Kapitel aufgedeckten Parallelen von Garten und Schrift lassen sich diese Worte als ein möglicher Kommentar zum Roman selbst lesen. Auch die Tatsache, dass es sich beim Brief der Mutter um eine verschriftlichte Form des Erlebten handelt, rekurriert auf diesen Zusammenhang: Ganz ähnlich wie Johannes scheint auch seine Mutter die Welt im Schreiben zu bannen und das Dasein in einen eleganten, fast französischen Erzählton (vgl. ebd.) zu übersetzen. Damit gerät aber nicht nur die „Familienphantasie", sondern auch die Schrift in Verdacht, „einfach zu schön und zu geschlossen" (EL 298) zu sein, um in der Wirklichkeit Bestand zu haben.

In der Tat scheinen zumindest in Ortheils Liebesromanen „die alten Dunkelheiten verbannt", womit sie ebenfalls eine Welt eröffnen, „in de[r] man sich nur mit den schönen Dingen des Lebens beschäftigt". Nur einmal dringt das Dunkel der Vergangenheit zwischen den Seiten von Ortheils zweitem Liebesroman hervor. „[U]nter diesem Dunkel" (VL 300) wäre Johannes nach seiner Trennung von Judith „beinahe [...] zugrunde gegangen" (ebd.): „[...] ich war krank, und zwar so krank, daß die Ärzte in der Klinik [...] sogar glaubten, ich werde mein Leben lang nicht mehr Klavier spielen können." (VL 304) Die Trennung und mit ihr die „untergründig lauernden, dunklen Phantasien" (VL 23) werden jedoch weder zum Thema der neuen Beziehung noch des Romans, die Zeit vor dem Wiedersehen in Zürich wird vielmehr so behandelt, als „wären die achtzehn Jahre wie nicht gewesen" (VL 59).

Auch das Gespräch am Ende des Romans, bei dem Johannes endlich Licht in das Dunkel bringen möchte, verschweigt daher die eigentlichen Hintergründe. Es wird vielmehr immer wieder von Zitaten aus Hemingways *Paris – Ein Fest fürs Leben* unterbrochen, die wie mächtige Beschwörungsformeln die Liebenden davor bewahren, im Dunkel der Vergangenheit zu versinken (vgl. VL 287ff). Hemingways Werk verwandelt sich so in ein Drehbuch, das den traumatischen Kapiteln der gemeinsamen Beziehung entgegengestellt wird und dafür sorgt, dass „wieder alles [stimmt]" (VL 302). Wie stark die Macht des Zitats ist, zeigt sich in Johannes' Worten auf der letzten Seite des Romans: Der Satz, den Hemingway in seiner Spätzeit über die Paris-Jahre geschrieben hat – „was haben wir für ein Glück" – wird ihm zum Ausdruck seiner eigenen Beziehung: „er meinte mit diesem *wir* nicht nur seine junge Frau und sich selbst, sondern uns" (VL 318) – womit Johannes sich und Judith letztlich zu Romanfiguren und das eigene Glück dauerhaft macht.

Ganz anders ist dies noch in Ortheils Erstlingswerk: Fermers Reise mit Lotta ist nicht zuletzt eine Flucht aus der Krise, aus der „Auflösung" (F 53), die er in der Stadt erlebt (vgl. Kapitel 2.3). Der Garten rund um Lottas Elternhaus wird ihm daher zu einem Gegenraum: Während sich die Stadt in seiner Erinnerung zu einem „einzigen häßlichen Ungeheuer" (F 125) formt, zu „etwas Ferne[m] und Erschreckende[m]" (ebd.), scheint im Garten die Sonne (vgl. F 124). Wie die „Familienphantasie" wird damit auch dieses Terrain zu einem dem wirklichen Leben mit all seinen Bedrohungen entgegenstehenden „Märchenraum" (EL 298). Dennoch bleibt Fermer misstrauisch „gegen das bescheidene Glück, die stille Zufriedenheit, die in der Wiege der Zeitlosigkeit gut gedeihen konnte" (F 147). Eine dauerhafte Gartenexistenz erscheint ihm unmöglich: Im Bewusstsein, „schon viel zu lange hier geblieben" (F 170) zu sein, verlässt er schließlich Lottas Elternhaus und macht sich auf in die „dunklen Wälder[ ]" (ebd.).

Die Gartenidylle wird hier also zu einem dem alltäglichen Leben entgegenstehenden Phänomen, das „nur eine begrenzte Zeit" (F 147) und innerhalb eines begrenzten Raums erlebbar ist. Dennoch weist das Ende des Romans auf einen Ort hin, an dem die ästhetische Existenz keineswegs nur ein Moment bleibt, sich vielmehr als dauerhaftes Lebensprojekt zu verwirklichen scheint: Bei Austern und Champagner – erste Vorzeichen des zukünftigen Glücks – plant Fermer gemeinsam mit seinen Freunden die Flucht nach Italien, einem Ort der schönen Geselligkeit, der Kunst und des ästhetischen Genusses. Aus dem Gartendasein wird damit ein Projekt, das „solange dauern [wird], wie wir Lust haben" (F 304) – der *Gegen*raum verwandelt sich in einen möglichen *Lebens*raum. Dieses Vorhaben bleibt im Roman jedoch ein Wunsch: Der Text bricht in dem Moment ab, in dem Fermer die Grenze Deutschlands überschreitet, hinein in eine noch ungewisse Zukunft – das Schöne als Dauer bleibt ein uneingelöstes Versprechen, rückt ins Utopische.

Eben darauf scheint auch die Garten-Szene aus *Das Verlangen nach Liebe* anzuspielen: Bei Johannes' Versuch, den „ovalen Hof zu finden, den ich von einem der oberen Stockwerke der Weinstube aus gesehen hatte" (VL 287), erweist sich dieser nicht nur als „unzugänglich" (VL

285) – er existiert ganz offensichtlich jenseits des Fensters überhaupt nicht: Obwohl Johannes „die gesamte Häuserreihe“ (ebd.) umrundet, bleibt er unauffindbar und wird so ebenfalls zur Utopie. Denn die Utopie bezeichnet nicht nur einen ausschließlich „in gedanklicher Konstruktion erreichbaren, praktisch nicht zu verwirklichenden Idealzustand“[45], sondern im wörtlichen Sinne auch den Nicht-Ort (von griechisch ou: nicht, topos: Ort[46]). Der U-Topos ist also letztlich der nicht vorhandene Raum, das „Nirgendsland“[47], ja das „Nirgendwo“[48].

Vor dem Hintergrund von Ortheils Frühwerk liest sich die Szene also tatsächlich als ein Hinweis auf den utopischen Gehalt des ästhetischen Daseins. Denn wie Schmitz in seiner Untersuchung des Nachkriegszyklus nachweist, wird dieses in den vier auf *Fermer* folgenden Romanen zumindest auf Handlungsebene immer mehr zur Unmöglichkeit. Einen Höhepunkt findet dieses Scheitern in *Schwerenöter*, wo der Versuch des Protagonisten, seine ästhetische Weltsicht mit der Wirklichkeit zu vereinen, schließlich im psychischen Zusammenbruch endet.[49] Gerade aber in *Das Verlangen nach Liebe* bleibt Fermers Vision einer Künstlerexistenz keineswegs nur Hoffnung und Wunsch: Die Liebesromane ersetzen ganz offensichtlich die „flüchtige Schönheit des Entzugs“[50] durch die Idee eines gelungenen Lebens in der Kunst, machen aus einem Moment ein ganzes Lebensprojekt. So bleibt nicht nur Francas und Giovannis Beziehung weitgehend frei von Hindernissen, auch das „zungenschnalzende Glück“ (VL 249), das Johannes als „blitzhafte[n] Moment der Intuition und einer Empfindung von Stimmigkeit, Richtigkeit ..., mitten im haarsträubendsten Chaos“

[45] *Wilpert* 2001 : 865 („Utopie“)

[46] vgl. *Kluge* 2002: 946 („Utopie“)

[47] *Philosophisches Wörterbuch* 1969: 635 („Utopie“)

[48] Weidhase, Helmut: *Utopie*. In. *Metzler Literaturlexikon*. Stuttgart 1990: 481+482, hier: 481

[49] vgl. Schmitz 1997: 111–155. Auch Ortheils Erzählungen *Stromabwärts* (1988) und *Badesaison* (1989) verweisen auf diesen Zusammenhang: Sie sprechen das aus den Liebesromanen verbannte „Dunkel“ nicht nur an, sondern machen es sogar zum eigentlichen Thema: Die Erzähler scheitern letztlich in und an der Welt, die Geschichten enden im Verschwinden und Verstummen (vgl. Kapitel 1.5 und 2.4).

[50] Jacob, Joachim: *Schönheit, Literatur und Lebenskunst*. In: Susanne und Christian Krepold (Hrsg.): *Schön und gut? Studien zu Ethik und Ästhetik in der Literatur*. Würzburg 2008: 185–199, hier: 188

(ebd.) beschreibt, erweist sich am Ende als dauerhaft und wird zur Zustandsbeschreibung des gemeinsamen Daseins: „was haben wir für ein Glück" (VL 318).

Die Beschreibung von Johannes' erfolgloser Garten-Suche scheint also nicht nur inhaltlich aus der Romanhandlung herauszufallen – schließlich bleibt sie ohne Bedeutung für den weiteren Verlauf der Geschichte – sondern auch der in ihr evozierten Möglichkeit eines ästhetischen Daseins zu widersprechen. So kann Johannes nur wenige Seiten später den Chinesischen Garten durchaus betreten, ja letztlich führt er gemeinsam mit Judith den ganzen Roman hindurch eine Gartenexistenz. Dies gilt auch für den Protagonisten aus dem Roman *Die Erfindung des Lebens*. Denn obwohl dieser dem Glück des elterlichen Zuhauses – ähnlich wie Fermer – in seiner Jugend misstrauisch gegenübersteht, führt er das „Leben im großen Garten" (EL 498) in Rom letztlich weiter, erschafft sich auch hier eine „geschlossene, harmonische Welt" (ebd.) in der Kunst. Immer wieder kehrt er daher nach Rom zurück, um schließlich, so suggeriert zumindest das Ende des Romans, ganz in der Stadt zu verschwinden: Mit seinen letzten Schritten betritt Johannes nicht etwa wie Fermer eine offene Zukunft, sondern „den Boden der Ewigen Stadt" (EL 589), und verortet sich damit endgültig im „Zaubergarten" Rom (vgl. S. 186).

Dennoch spielt auch *Die Erfindung des Lebens* auf das Imaginäre einer solchen ästhetischen Existenz an. So gibt Johannes dem elterlichen Garten auch deswegen den Namen „Familienphantasie", weil er ihn selbst nach seiner Fertigstellung an die ersten Pläne des Vaters erinnert: „Was Vater erzählt, *das ist eine Phantasie*, denke ich und meine damit, dass es nicht so richtig klar ist, ob er von etwas Wirklichem, Möglichem oder ganz und gar Ausgedachtem spricht." (EL 297) Das Gartendasein rückt hier also in die Nähe einer Erfindung, was durchaus als metafiktionaler Hinweis gelesen werden kann: Nicht der U-Topos, sondern die Fiktion wird zum Ort des ästhetischen Daseins erhoben und damit der Text selbst.

Tatsächlich nimmt Ortheil in einem Gespräch auf ein solches Schreiben Bezug und macht es zur Grundlage eines literaturwissenschaftlichen Liebesdiskurses, wobei er nicht zuletzt auf die Ästhetik der eigenen Texte hinweist: Nicht die Liebe als „psychische[ ] Katastrophe"[51] habe

[51] Catani/Marx/Schöll 2009b: 21

er in seinen Liebesromanen darstellen wollen, sondern als „Vertrauen ins unbefragte Dasein“[52] und als „von Glück getragene[s] Existieren“[53]. Er sei damit gerade nicht den gängigen Mustern der modernen Literatur gefolgt, die die Liebe als eine „einzige verquälte Psycho-Reise in jeden Winkel ihres Inneren“[54] verstehe. Ihm sei es vielmehr um „„den Hymnus auf die Liebe“[55] gegangen, um eine Feier des gemeinsamen Daseins:

> Ich habe versucht, eine solche Freude den ganzen Roman durchziehen zu lassen, die „Liebe“ erscheint daher gleichsam wie ein Fest, ja, sie wird zelebriert wie ein Fest, das sich von Moment zu Moment steigert und immer intensiver wird.[56]

In der Tat wird in seinen Liebesromanen letztlich das ganze Leben zur „schöne[n] Form“ (VL 231), weswegen sie sich für Kopp-Marx nicht nur als anti-modern, sondern auch als typisch postmodern erweisen. An die Stelle der „auf Sinn und Bedeutung zielende[n] [...] Sichtweise“[57] moderner Literatur trete eine postmoderne Hinwendung zu „Oberfläche und [...] Inszenierung“[58]:

> Demonstrativ entwirft Ortheil seinem Paar lauter kleine Szenen des sinnlichen Glücks [...] – alles getragen vom euphorischen Ton des Einklangs mit der Welt. Der Harmonie liegt eine Regelästhetik zugrunde, die das Chaos der Welt in eine bestimmte Ordnung zwingt. Sie verdankt sich dem Sehen reiner Strukturen, das die Objekte ihrer Bedeutung beraubt, um die Korrespondenzen von Formen und Farben hervortreten zu lassen.[59]

Auf eine solche Hinwendung zur Oberfläche deuten laut Kopp-Marx nicht zuletzt die zahlreichen „eckphrasisartigen, bildbeschreibenden Passagen“[60] hin, die die Romane durchziehen und alles Gesehene in die

[52] Catani/Marx/Schöll 2009b: 22
[53] ebd.
[54] ebd.
[55] ebd.: 23
[56] ebd.
[57] Kopp-Marx 2009: 257
[58] ebd.
[59] ebd.: 254
[60] ebd.: 255

„Bildschablonen der Fotografie, des Films, der Malerei“[61] versetzen: „Der ästhetische Blick macht aus jedem Lebewesen ein Kunstgebilde, [...] alles wird zum ästhetischen Reiz, dem die Welt zum Bild gerinnt.“[62] Tatsächlich erscheint selbst der kellersche Garten in Johannes Blick aus dem Fenster wie ein Gemälde – der Fensterrahmen wird zum Bilderrahmen, Johannes zum regungslosen Betrachter. Die Episode rekurriert also ganz offensichtlich weniger auf die Handlungsebene des Romans, sondern vielmehr auf das hinter ihm stehende Schreiben und erhält so eine poetologische Relevanz. Denn wenn Kopp-Marx schreibt, die Welt ästhetisch wahrzunehmen bedeute, „sie auf Distanz zu halten und [...] sich nicht ins Leben verwickeln zu lassen“[63], lässt sich dies sowohl auf den Akt der Betrachtung als auch den der Beschreibung beziehen.

Einen deutlichen Hinweis auf eine solche Poetik findet sich in *Die Erfindung des Lebens*: Der Erzähler wagt hier zwar den Blick zurück auf sein Leben und macht es zum Erzählstoff, erst in der literarisch gebannten Form – etwa als Stoff eines seiner Romane – gelingt es ihm jedoch, anderen von seinem Leben zu erzählen. Dieses Erzählen vom erzählten Leben erweist sich schließlich als Grundlage des ganzen Romans (vgl. Kapitel 4.2) und führt zu einer „Art von Entpersönlichung“[64], die Derivière zu einem wesentlichen Merkmal autofiktionalen Erzählens erklärt. Denn dieses bedingt laut ihm immer einer Metamorphose, womit es von jedem introspektiven oder psychologischen Erzählen abrückt: „Die Autofiktion ist [...] nicht Analyse, Selbstbetrachtung oder Wiedererinnern des Ichs wie in der Autobiographie, sondern dessen Verwandlung in ein dichterisches Ich [...].“[65] Autofiktionales Schreiben unterscheidet sich vom autobiographischem also vor allem auch dadurch, dass es nicht das Durchdringen, sondern das Ästhetisieren des Lebens zu seinem Impetus macht: „Die Erdichtung des Lebens ist also vielmehr Sache der Form als der Tiefe, der Oberfläche anstelle des Bohrens, des Stils anstelle von Seelenkunde“[66].

[61] Kopp-Marx 2009: 255
[62] ebd.: 254
[63] ebd.: 257
[64] Derivière 2003: 46
[65] ebd.: 48
[66] ebd.: 14

Die Autofiktion wird insofern stets von einer gewissen Distanz begleitet, die dem Projekt eines „Überlebens im Text" eigentlich entgegensteht. Dennoch verweist nicht nur die Ästhetik der ortheilschen Romane auf eine solche Hinwendung zur Oberfläche, der Autor erklärt sie in seinem Essay *Das Element des Elephanten* sogar ganz dezidiert zur geeigneten Form der Lebensannäherung. So stellt er seinen Aufzeichnungen hier unter anderem das Tagebuch gegenüber, das er „als Zeremonie des privaten Umgangs mit sich selbst [...] nie geschätzt" (EE 98) habe. Tagebücher seien „Klagelieder enttäuschter oder überanstrengter Seelen, Seelenbilanzen, ein entnervendes Stochern in den Innereien der Gemütslandschaften" (EE 98). Eine Zuspitzung findet diese Kritik an der Seelenschau in seiner Darstellung der Psychoanalyse. Denn auch diese wird von ihm als „Selbsterforschung von Dilettanten" bezeichnet, als das „ewige Unbefriedigtsein in der Welt, die jammernde Klage über unser dunkles Los" (EE 54).

Dass diese Kommentare weniger als wirkliche Kritik an der Psychoanalyse gelesen werden sollten,[67] sondern vielmehr als Hinweis auf das eigene Schreiben, wird im weiteren Verlauf deutlich: Hier stellt Ortheil dem Psychoanalytiker „die Gestalt des Erzählers" (EE 56) an die Seite, der er letztlich die „Erforschung [...] de[r] kaum ergründlichen psychischen Dateien der eigenen Herkunft" (EE 54) überträgt: „[...] im Erzählen gruppierte ich die Innenwelt um die Gegensätze und Widerstände meines psychischen Haushaltes, ohne doch diesen Haushalt mit Begriffen und Analysen zu belasten." (EE 52). Auch in dem Essay wird der Blick auf das Leben also zu einem literarischen Projekt, bei dem es gerade nicht darum geht, in die Tiefen des Selbst vorzudringen – diese werden vielmehr im Schreiben überwunden.

Eben darauf verweist Derivière, wenn er von einem „Identitätsverlust"[68] spricht, den der Erzähler beim autofiktionalen Schreiben erleiden müsse: Erst dann könne „das Ich der Autofiktion ent-

[67] Als solche fasst Ilse Bürmann die Worte Ortheils auf und bezeichnet seine Worte als „aggressive[ ] und höhnische[ ] Aussagen zur Psychoanalyse", die sie vor dem Hintergrund von Freuds Theorie als eine „Psychodynamik der Traumatisierung" deutet (vgl. Bürmann, Ilse: *Zwischen Narzissmus und Dezentrierung des Ich. Zwei Annäherungen an die Autobiographie von Hanns-Josef Ortheil.* In: Hans-Rüdiger Müller (Hrsg.): *Die Kunst der Benennung.* Göttingen 2005: 69–84, hier: 70 bzw. 72).

[68] Derivière 2003: 47

stehen und sich damit eine neue Freiheit, neue Existenzregeln und eine Sprache erfinden, die ihrer neuen Wesenheit entsprechen“[69]. Die Autofiktion gehe also „durch Tod und Wiedergeburt, durch diesen Kreis, wo das Ich sich verliert, um sich als neues Ich zu erschaffen“[70] An die Stelle eines „Überleben im Text“ rückt damit auch bei ihm die Vorstellung einer „Wiedergeburt“ im Text. Diese verweist aber auf eine deutliche Differenz zwischen schreibendem und geschriebenem Ich: Nicht das außersprachliche Subjekt lebt in der Schrift weiter, sondern seine Textgestalt, die „Idealkonstruktion“[71] des Selbst.

Vor diesem Hintergrund lässt sich nun auch Johannes' erfolglose Gartensuche lesen. Denn ebenso wie die „Familienphantasie“ in *Die Erfindung des Lebens* letztlich zu einem „utopische[n], konstruierte[n] Raum“ (EL 289) wird, deutet der kellersche Garten nicht nur auf die Möglichkeit, sondern auch auf den fiktiven Gehalt eines Lebens in der Kunst hin. Tatsächlich rückt er in eine unmittelbare Nähe zur Schrift, ja erweist sich letztlich als ein rein poetischer Raum. Denn obwohl Johannes sich am Fenster einem vermeintlich realen Garten zuwendet, nimmt er den Innenhof ganz nach Vorgabe des Romans *Der grüne Heinrich* wahr, aus dem ihm Anna kurz zuvor vorgelesen hat:

> Sie schlug den Roman auf und begann, leise und ruhig zu lesen [...]. Mehrmals war von den *kleinen Höfen* der Nachbarn im Innern des Häuserviertels, die das Kind stundenlang betrachtet habe, die Rede, dann auch von dem *eigenen Höfchen* mit seinem kleinen Stück Rasen, den zwei Vogelbeerbäumchen und einem Brünnchen [...]. (VL 282)

Bereits Johannes' Gang ans Fenster scheint also vom kellerschen Roman inspiriert und so formt sich schließlich auch der Hof zu einem geschlossenen, kleinen Garten-Terrain „genau von der Art, wie Keller es im *Grünen Heinrich* beschrieben hatte“ (VL 285) – aus dem realen Raum wird ein literarisches Zitat. Entsprechend verbinden sich in Johannes' Erleben letztlich Romanlektüre und Gartenbetrachtung miteinander, wird die „Entrücktheit“ (VL 283) des Textes zu einer Folie, vor deren Hintergrund sich Johannes auch dem Garten zuwendet. Denn schon als Anna ihm aus dem Roman vorliest, erscheint es ihm so, „als

[69] Derivière 2003: 47f
[70] ebd.
[71] Schmitz-Emans 1993: 136

sei plötzlich von einem fernen, niemals erreichbaren Glücksland die Rede, dessen Konturen und Ufer nur ganz schwach am Horizont sichtbar wurden und dann sofort wieder verblaßten“ (ebd.).

5.3 Eine „Art von Gartenheimweh“

Wie im vorangegangenen Kapitel gezeigt, macht Johannes den Roman *Der grüne Heinrich* zur Vorlage seines eigenen Gartenerlebnisses. Damit verwandelt er das vor ihm Liegende aber in eine Idylle, erweisen sich die Zürcher Hinterhöfe bei Keller doch als wahre „Paradiese“[72]:

> Unser eigenes Höfchen enthielt zwischen hohen Mauern ein ganz kleines Stückchen Rasen mit zwei Vogelbeerbäumchen; ein nimmermüdes Brünnchen ergoß sich in ein ganz grün gewordenes Sandsteinbecken, und der enge Winkel ist kühl und fast schauerlich, ausgenommen im Sommer, wo die Sonne täglich einige Stunden lang darin ruht.[73]

Keller erschafft mit seinen Landschaftsräumen also ebenfalls ein „Inseldasein“[74], in dem sich „Leben und Glück“[75] miteinander vereinen: „Selbst Hinterhöfe sind hier ein erfülltes Eden [...].“[76] Auch sein „Gartenglück“ verweist damit in seiner „Abgeschlossenheit“ und „Weltvergessenheit“ auf den „*hortus conclusus*“ – einen „Raum der künstlichen Verhältnisse, beinahe der Kunst, eingerahmt, gesondert zur Betrachtung hingestellt“[77].

Interessanterweise bleibt Keller bei seiner Beschreibung aber konsequent in der Außensicht: Die Perspektive ist die des kleinen Heinrich, der vom „Fenster unserer Wohnstube“[78] auf den Hof hinab-

[72] Keller 1996: 32
[73] ebd.: 32f
[74] Hillebrand, Bruno: *Der Garten des Grünen Heinrich* (1971). In: Ders.: *Was denn ist Kunst? Essays zur Dichtung im Zeitalter des Individualismus.* Göttingen 2001: 111–125, hier: 114
[75] Hillebrand 2001: 114
[76] ebd.: 117
[77] ebd.: 118
[78] Keller 1996: 32

schaut. Der Garten wird so zu einer fernen Welt, deren Bewohner Heinrich „wunderfremd“[79] vorkommen, begegnet er ihnen im Haus. Zwar ändert sich im Laufe der Beschreibung diese Blickrichtung, die Perspektive aber wird beibehalten: Es ist die des vorübergehenden Betrachters, den, sobald er „das verborgene Grün durch den dunklen Hausflur“ auf die Gasse schimmern sieht, eine „Art von Gartenheimweh“[80] befällt.

Heimweh aber setzt immer Distanz voraus, Sehnsucht nach einem Ort, der in unerreichbarer Ferne liegt. Nicht nur die Idylle, auch das Imaginäre des Gartens ist also im kellerschen Text angelegt. So verbirgt sich für Bruno Hillebrand in den Gärten des Grünen Heinrich ein „dialektische[s] Spiel ihres Erträumens, des realen Daseins und des Ausgestoßenseins aus ihnen zugleich“[81] – das Gartendasein wird zu einem Traum, an den Heinrich schließlich nur noch wehmütig zurückdenken kann. Entsprechend gestaltet sich Johannes’ Rezeption des Romans: Er erlebt ihn als eine „Art von Entrücktheit [...], als sei plötzlich von einem fernen, niemals erreichbaren Glücksland die Rede“ (VL 283) – eine Vorstellung, die ganz offensichtlich ebenso seine Wahrnehmung des Gartens prägt. Damit schleicht sich das kellersche Gartenheimweh auch in Ortheils Roman ein, verweist auf eine Dialektik, die zum festen Bestandteil seiner Poetik wird.

Tatsächlich spielt nicht nur *Das Verlangen nach Liebe* auf den Zusammenhang von Garten und Heimat an, auch die poetologischen Texte weisen das Terrain des Gartens immer wieder als einen Ort des Nachhausekommens aus. So beschreibt Ortheil etwa in *Lesehunger* (2009), einem Werk über „die Rituale[ ] und Geheimnisse[ ] des Lesens“[82], wie er selbst auf der Suche „nach dem Ort und dem Platz für ein dauerhaftes Schreiben und Lesen“ (L 11) auf ein Gartengelände bei Stuttgart gestoßen sei: ein „Fleckchen Erde“ (L 13), „auf dem ich mich niedergelassen habe und zu dem ich immer wieder zurückkehre“ (ebd.). Auch in seinem 1996 erschienenen Text *Blauer Weg* verweist er auf diesen „Garten des Glücks“ (BW 8) und beschreibt ihn als bedeutsamen Ort und Ziel einer langen Heimatsuche: „Hier, hier, hier! Hier bleibst

[79] Keller 1996: 32
[80] ebd.: 33
[81] Hillebrand 2001: 120
[82] so der Klappentext, vgl. Ortheil, *Lesehunger. Ein Bücher-Menu in 12 Gängen* 2009

Du, genau hier, genau jetzt [...].“ (ebd.) Das Gartenhaus wird damit zu einer „Mitte“ (BW 417), die immer wieder aufgesucht wird – entsprechend gruppieren sich auch die in dem Text geschilderten Erlebnisse um dieses Zentrum: Der Text beginnt und endet im Garten, kehrt jedoch auch im Verlauf ein ums andere Mal dorthin zurück und macht ihn damit zum „Ausgangs- und Zielort von Ortheils Welterkundungen“[83].

Dabei rückt der Garten auch hier in eine unmittelbare Nähe zur Schrift, wird in *Lesehunger* in erster Linie als *„Schreib- und Leseraum“* (L 14) bezeichnet: „Das Gartengelände ist gleichsam der weite Raum, in dem die Leseräume dann Stationen bilden“ (L 35), die Lektüren „richten sich dann nach den Gartenräumen aus, und die Gartenräume werden wiederum von den Lektüren atmosphärisch aufgeladen“ (L 40). Das Terrain wird so zu einem „Platz für ein dauerhaftes Schreiben und Lesen“ (L 11). Entsprechend erweist es sich schließlich sogar als Vorlage bzw. Abbild des Textes selbst:

> Hier, auf dem Stuttgarter Grundstück, sind [...] sehr unterschiedliche Räume für das Lesen und Schreiben entstanden, ich könnte sie Ihnen nacheinander zeigen, und wir könnten anhand dieser sehr unterschiedlichen Räume über die unterschiedlichen Formen des Lesens sprechen. (ebd.)

Der Gang durch den Garten wird zu einem Gang durch den Text, dessen Kapitel sich nicht nur unterschiedlichen Formen des Lesens, sondern vor allem unterschiedlichen Orten der Lektüre widmen. Garten und Schrift verweben sich damit zu einem hochgradig ästhetischen Konstrukt, das Ortheil sowohl in *Lesehunger* als auch in *Blauer Weg* zu seiner Heimat erklärt.

Erneut wird die Schrift also zum Ort einer lang ersehnten Beheimatung, wobei *Blauer Weg* mit dem Eintritt in den Garten auch ein Angekommensein postuliert[84] und damit auf den Endpunkt dieser Heimatsuche anspielt. Laut Schmitz verbirgt sich darin nicht zuletzt ein Hinweis auf das vorangegangene Schreiben: Die ersten fünf Romane formen sich für ihn im Rückblick zu einem „Weg auf diesen Garten zu“, werden zu einer Art Heimreise, die mit Beendigung des Nachkriegs-

[83] Schmitz 1997: 283
[84] vgl. BW 483: „Er ist jetzt zu Haus, er ist angekommen zu Haus.“

zyklus' endlich ihr Ziel erreicht hat.[85] Die reisenden Protagonisten des Frühwerks werden so zu „Signifikanten [ein]es Heimwehs"[86], richtet sich dieses doch immer auf etwas prinzipiell Unerreichbares. Als solches erweist sich nicht nur Fermers Italiensehnsucht, die erst nach Ende des Romans eine mögliche Erfüllung findet, sondern auch sein Wunsch, „im Text Gestalt anzunehmen", der schließlich zum Zielpunkt der vier auf *Fermer* folgenden Romane wird: Erst im Schreiben und damit quasi auf der extradiegetischen Ebene des Romans finden die Protagonisten eine Heimat, innerhalb der Texte bleibt nur das Heimweh nach einem solchen Ort.

Wie *Blauer Weg* verweisen aber auch die anderen auf den Nachkriegszyklus folgenden Werke auf ein Angekommensein, wird das Gartendasein doch spätestens in den Liebesromanen zum Programm (vgl. Kapitel 5.2). Dennoch durchdringt auch sie zumindest die Ahnung eines Heimwehs, das in Johannes' Wahrnehmung des kellerschen Gartens als ein „ferne[s], niemals erreichbare[s] Glücksland" (VL 283) seinen Ausdruck findet. Tatsächlich rückt Ortheil den Garten selbst in seinen vermeintlich autobiographischen Texten ins Imaginäre. So erzählt er in *Blauer Weg,* wie ihm das Stuttgarter Garten-Terrain zunächst „wie das Urbild eines Traums" vorgekommen sei, „des Traums der Verborgenheit in einem vorzeitlichen Jenseits, in dem Menschen noch glaubten an die Gärten des Glücks" (BW 8). Und auch in *Lesehunger* erhält der reale Garten einen fiktiven Beiklang: Nicht nur wird der Kauf des Grundstücks als „wunderbar und märchenhaft" (L 14) beschrieben und die Verortung des Autors als „geheimnisvoll" und Kräften folgend, „die bis zu den frühesten Anfängen der Magien des Dichtens zurückreichen" (L 13). Auch der autobiographische Anspruch des Textes erhält eine deutliche Einschränkung, konzipiert Ortheil seine Reflexionen doch als Gespräch zwischen einer „Besucherin" und „Ortheil". Das Ich der direkten Rede verweist also nicht auf Ortheil selbst, sondern auf seine Text-Gestalt, die hier an seiner Statt spricht und durch deren Augen das Gelände beschrieben wird.[87]

[85] vgl. Schmitz 1997: 281f

[86] ebd.: 262

[87] Ähnliches lässt sich auch in *Blauer Weg* feststellen. Denn während die Gartenbeschreibungen zu Beginn des Textes in der Ich-Form erfolgen, steht am Ende die dritte Person: „Dann schließt er die Tür auf und tritt ein. Er ist jetzt zu Haus, er ist angekommen zu Haus." (BW 483)

Diese metafiktionalen Anspielungen bleiben auf der Handlungsebene zwar ohne Folgen, sie eröffnen jedoch eine zweite Ebene in den Texten, die auf eine außersprachliche Realität verweist – hier wird das ästhetische Dasein tatsächlich zum erfundenen Dasein. An dieser Grenze der Wirklichkeit des Schreibens und der fiktiven Welt des Geschriebenen findet das Heimweh also auch den Weg in Ortheils jüngste Texte und offenbart seine poetologische Bedeutung. Es erweist sich hier nämlich keineswegs als ein Gefühl der Romanfiguren, sondern vielmehr als eine Grunddisposition des Schreibens. In der Tat kokettiert Ortheil bereits in seinem Essay mit der Unmöglichkeit eines vollständigen Eintritts in die Schrift, obwohl er den Rückzug an einen „Ort des puren Schreibens" (EE 139) zugleich zur Voraussetzung literarischen Arbeitens erklärt. Denn nur auf diese Weise könne der Autor „mit den Gestalten des Schreibens [...] in Kontakt komme[n]" (EE 135): „Als Schreiber nehme ich unter ihnen Platz, ich setze mich, ich muß dem [sic!] Gestalten behilflich sein, an Leben zu gewinnen." (EE 138)

Entsprechend ziehen sich auch die Erzähler seines Frühwerks zum Schreiben ins „Kimmerische Gelände" (EE 138) zurück – in *Hecke* wird in einem kleinen Haus inmitten des elterlichen Gartens geschrieben, der Erzähler aus *Schwerenöter* beginnt seine Aufzeichnungen dagegen in Venedig, während der Protagonist aus *Abschied von den Kriegsteilnehmern* tief im Bergland der Dominikanischen Republik zu schreiben anfängt. Erneut erweist sich der literarische Akt also als ein Verschwinden im Text, was vor allem im Zusammenhang mit dem Roman *Agenten* deutlich wird. Denn als eigentlichen Schreibraum bezeichnet der Essay hier den erschriebenen Raum, den Text selbst, der für den Journalisten Meynard an die Stelle von Redaktion und Zeitungsgebäude tritt: „Er schreibt, um sich einen Ort zu sichern, er schreibt sich in einen Ort hinein." (EE 140).

Zugleich vergleicht Ortheil diese „Abwesenheit" (EE 134) des Autors aber auch mit den autistischen Phasen seiner Kindheit und deutet damit nicht zuletzt auf ihre Gefahren hin: „Denn in diesen ‚Abwesenheiten' lebte ich ja in Innenwelten, die so geschlossen, kalt und erstarrt waren, daß alle darin auftretenden Figuren und Schauplätze etwas von Totensälen hatten." (EE 149) Als ewige Verlockung könne die Schrift also auch zu „einer Art Gift" (EE 151) werden – sie „drängt sich überall auf, sie will alles Gesehene und Erlebte in Besitz nehmen" (ebd.). Zum „Überlebenden“ (EE 150) dieses Gifts werde nur der, der ins Dasein zurückfindet und die „fernen Gestalten“ hinter sich „verschwinden und in sich zusammenbrechen“ (ebd.) sieht:

> Am Ende, nachdem die Zeremonie ins Rasen geraten ist – die Leiber springen, hüpfen, die Musik ist angeschwollen, die Worte quellen –, am Ende muß der Schreibende hinausfinden aus dem unterirdischen Bezirk. Er muß sich trennen, sich lossagen [...]. (EE 149)

Das Schreiben gelingt so ganz offensichtlich nur an der Schwelle von Wirklichkeit und Fiktion: Hier kann der Autor die Gestalten des Imaginären zum Leben erwecken, sie „fütter[n] und „materialisier[en]“ (EE 148), er selbst aber muss ein Grenzgänger bleiben. Tritt er nämlich ganz in das Reich der Fiktion ein, droht ihm dort das gleiche „Verschwinden und Kleinerwerden“ (EE 134), das Ortheil als kleiner Junge erlebte – ein Zustand, „als verkröche sich mein Körper in einem dunklen Schacht oder als überwölbte ihn plötzlich ein festes, straff gespanntes Zelt, aus dem es niemals mehr einen Weg nach draußen gäbe.“ (ebd.)

Nicht nur den Wunsch, das ganze Dasein in Schrift zu übersetzen, sondern auch die Unmöglichkeit eines solchen Projekts erklärt der Essay hier also zu Grundbedingungen des Schreibens: Der Weg „nach draußen“ wird zur existenziellen Notwendigkeit. Damit spielt Ortheil nicht zuletzt mit der seit der Antike bestehenden „These vom toten und tötenden Buchstaben“[88]. Diese beruht auf dem Zweifel am „schriftlichen Überleben des Schreibenden“[89], dessen lebendiger Geist im Text allenfalls ein „starres und unangemessenes Monument“[90] finden könne. Die Schrift wird so zur „regelrechte[n] Komplizin des Todes“[91]: „In dem Maße, als sie sich in den Vordergrund dräng[t], verdräng[t] sie den lebendigen Schreiber, zehr[t] von dessen Sterblichkeit, um sich zu behaupten.“[92] Tatsächlich bezeichnet der Essay den Schreibakt als eine „Verwandlung des Leibes des Schreibers in den Leib eines Toten“ (EE 144): Das private Ich des Autors verschwinde im Text, bis „alles

[88] Schmitz-Emans 1993: 139
[89] ebd.
[90] ebd.
[91] ebd.
[92] ebd.

Private, Intime ausgelöscht“ sei, „[...] es hat sich aufgelöst in der Herrschaft der Schrift, dort, wo es den Schreiber von Anfang an hindrängte, in den Raum der Spiegel und Labyrinthe, in den Raum der unendlichen Dialoge.“ (EE 127)

Immer wieder weist Ortheil auf diese Dialektik hin und macht sie schließlich auch zur Grundlage seines eigenen Schreibens. So führt er die Eröffnungsszene seines Erstlingswerks auf einen „uralten, immer wieder zurechtbeschworenen Traum“ (EE 50) zurück, der ihn als kleiner Junge mit „einer immer wiederkehrenden Grundstruktur“ (EE 46) verfolgt habe:

> Ein starker [...] Wind [...] schob mich voran, ließ mich Geschwindigkeit annehmen, hob mich wie eine schaukelnde Feder in die Höhe und pustete mich über die nahen Berge hinweg, so daß ich die hinter den Bergen auftauchende Stadt zunächst aus einigem Abstand, aus weiter Ferne zu sehen bekam, ich blickte hinunter [...].“ (ebd.)

Diese Position des Träumers erinnert an den aus den Romanen bekannten Panoramablick und tatsächlich bezeichnet Ortheil sein Traum-Ich als „de[n] unsichtbare[n] Zeuge[n], de[n] Beobachter“, dem sich „all die Menschen und Dinge [...] offenbarten“ (EE 47). Von seinem Standpunkt aus – „in einer schmalen, angenehmen Zone zwischen Himmel und Erde“ – hat er einen „wunderbaren Blick auf das Leben unter mir“ (ebd.). Selbst „die unbekannten Terrains der Stadt, die Hinterhöfe und Waldzonen“ erscheinen ihm „ganz nahe und begreiflich“: „[...] ich konnte der Illusion erliegen, daß mein Blick sie erst zum Leben erweckte und sie durch ihn ihr Leben erhielten.“ (ebd.)

Der Träumende ist damit keineswegs nur passiver Beobachter, die Welt nimmt vielmehr „jene Gestalt an, die ich von ihr verlangte“ (EE 48) – sie wird zum „Bild einer emblematisch versiegelten Idylle“ (ebd.), zur „mittelalterliche[n] Ikone des Paradiesgartens“ (ebd.). Auch der Essay spielt also mit der Gartenidylle, über die Paradies-Metapher rückt er den Traum aber auch in eine Nähe zum Schöpfungsakt und weist so auf seine poetologische Bedeutung hin. In der Tat erinnert die Annäherung des Träumenden an die Welt an die des Autors an seinen Stoff:

> [...] sie war mir nah, und ich hatte doch Abstand genug zu ihr, daß sie mich nicht erdrücken konnte, ich konnte sie überblicken, ich teilte den

> Ablauf ihrer Bewegungen, und ich war doch zugleich unsichtbar, eine Art fernes Auge, ein die Dinge belebender, inspirierender Blick, der diese Dinge in eine uralte Ordnung rückte, die Ordnung einer ewigen Heimat, eines in seiner Herkunft unergründlichen Zuhauses." (EE 48)

Erneut verwandelt sich die literarisch gebannte Welt also in eine „ewige[ ] Heimat", ein „unergründliche[s] Zuhause[ ]" (ebd.). Zugleich weist der Text dem Schöpfer dieser Ordnung aber eine eindeutige Position zu: „zwischen Himmel und Erde" (EE 47), in einer „Zwischenzone" (ebd.), von wo aus die Welt ihn „nicht erdrücken" (EE 48) kann. Ihm bleibt also letztlich doch nur der distanzierte Blick: Obwohl sich die rotbraunen Dächer „wie Schmetterlingsflügel [öffnen], um mir einen Platz anzubieten" (EE 46), darf er diesen Platz niemals einnehmen: „[...] denn die erste noch so leichte Berührung eines solchen Daches (oder gar eine Berührung des Bodens, der Erde) machte dem Traum ein Ende und ließ mich sofort erwachen." (EE 47)

Die „ewige[ ] Heimat" bleibt also das, was sie ist – ein Traum, der bei der kleinsten Berührung zerplatzt wie eine Seifenblase. Das „Gartenheimweh" wird damit auch zum Hintergrund des eigenen Schreibens, das von Ortheil als „späte Nachfolge" (EE 51) des Kindheitstraumes gedeutet wird, und verortet dieses in einer seltsame Zwischenstellung: Das Vorhaben, zum Teil des eigenen Textes zu werden, wird im gleichen Atemzug zur Grundlage des Schreibens wie auch zur Unmöglichkeit erklärt. Doch obwohl der Essay damit spielt, verbirgt sich in dieser Dialektik nicht etwa eine Sprachkritik oder der Zweifel an der Wahrheit und Lebendigkeit von Zeichen. Wie das nächste Kapitel zeigen wird, hat dieses Kokettieren mit dem Scheitern bei Ortheil vielmehr eine ganz eigene Bedeutung, wird zum wesentlichen Bestandteil und zur bewussten Strategie seiner autofiktionalen Poetik.

5.4 Der autobiographische Raum

Die „Familienphantasie" aus *Die Erfindung des Lebens* erhält nicht zuletzt deswegen eine poetologische Bedeutung, weil Johannes hier seine Schreibbücher und „all das Material über meine Familie und mich, das ich seit Jahrzehnten gesammelt habe" (EL 299) lagert:

> Mitten in dem weiten Terrain, das wir erst so ausführlich zu dritt geplant und dann gebaut haben, steht heute ein kreisrundes, doppelstöckiges [...] Holzhaus, das sein Licht nur vom Dach her bezieht, weil es keine Fenster besitzt. Statt der Fenster gibt es durchlaufende Wände, die vom Boden bis zur Höhe mit Archiv-Kästen gefüllt sind. (ebd.)

Dieses Archiv wächst jedes Jahr um mehrere Meter, wird mit neuem Material gefüllt, das ebenfalls zum Teil der Familienphantasie wird und diese gleichermaßen bestätigt wie erweitert.

Auf ein solches Schrift- und Lebensarchiv deutet aber nicht nur *Die Erfindung des Lebens* hin. Vor allem in dem 2011 erschienenen Roman *Liebesnähe* spielt es eine zentrale Rolle, arbeiten hier doch alle Protagonisten an einem entsprechenden Erinnerungs-Projekt. Ausgangspunkt ist dabei in allen drei Fällen ein Verlusterlebnis, eine Leerstelle im Leben der Romanfiguren: Während Johannes den Tod seiner Mutter zu verarbeiten versucht, ist mit Georg nicht nur der Lebensgefährte von Katharina gestorben, sondern auch der Vater von Jule.

Vor allem bei Johannes wird die Erinnerungsarbeit schließlich zu einer „Archivarbeit" (LN 325) und rückt in die Nähe der „Familienphantasie". Denn mit dem Tod seiner Mutter erlebt der Autor auch eine kaum zu überwindende Schreibblockade: Es gelingt ihm lediglich, „einige Erinnerungen an die letzten Jahre mit meiner Mutter" (LN 205) zu notieren, „sie betäubten die Trauer, und sie erleichterten mir das Weiterleben" (ebd.). Dennoch wehrt er sich dagegen, ein „Buch über meine Mutter und [...] über ihren Tod zu schreiben" (ebd.): „Nein, nein und noch mal nein, ein solches Buch will ich nicht schreiben, und doch habe ich das Gefühl, kein anderes Projekt anpacken zu können, bevor ich nicht genau ein solches Buch geschrieben habe [...]." (LN 208) Denn um einen neuen Stoff anzugehen, so wird ihm bald klar, „musste ich mich von meinen Erinnerungen befreien" (LN 205): „Es ist, als käme ich an diesen Erinnerungen und Bildern überhaupt nicht mehr vorbei, ja, es ist beinahe so, als wollten sie mich zwingen, in einem Buch festgehalten zu werden." (LN 208)

Das Ausräumen seines Elternhauses wird daher zu einem geradezu symbolischen Akt: Jeder Gegenstand scheint „Hunderte von Erinnerungen" (LN 206) zu speichern, die Johannes schließlich allesamt in eine Scheune verbannt, „in ein[ ] anhaltende[s] Dunkel, das kein Lichtstrahl erreicht" (LN 208). Eine wirkliche Befreiung erlebt er damit jedoch noch nicht: Ebenso wie die Möbel ungesehen im Dunkel der

Scheune lagern, bleiben die Erinnerungen unbearbeitet und lassen ihn daher nicht mehr los: „Ich bin nicht mehr frei, ich kann nicht mehr schreiben, was ich will, ich gerate mit jedem Satz, den ich schreiben, wieder zurück in die Vergangenheit." (LN 209)

Eine Lösung für dieses Problem findet schließlich Jule, die dabei auf eigene Erfahrungen zurückgreift. So hat ihr Vater für sie ein „Jule-Archiv" (LN 176) angelegt, eine Sammlung ihrer ersten Zeichnungen, Kinderbücher, Kleidung und Spielsachen. Dieses Archiv führt Jule nach seinem Tod weiter und macht es zum „Archiv meines Lebens" (LN 240):

> Ich sammle und sammle, und ich sage Dir, dieses Sammeln ist für mich sehr wichtig. Ich habe das Gefühl, dass keine Minute meines Lebens verschenkt ist und dass alle Minuten in einer geheimen Beziehung zueinander stehen. Sie umspielen meine Lebensthemen, und diese Lebensthemen werden durch die Sammlungen deutlicher und erkennbarer. (LN 241)

Dass auch diese Arbeit eine ästhetische Erinnerungsarbeit ist, zeigt der Ursprung des „Jule-Archivs": Georgs Idee einer „Sammlung von Erinnerungen an das mit seiner jüngsten Tochter geteilte, gemeinsam verbrachte Leben" (LN 318) gründet auf dem Konzept eines Künstlers, „der in seinen Ausstellungen ausschließlich Objekte der Erinnerung präsentierte" (LN 319): „Mit Gegenständen aus seiner Kinderzeit, die er in kleinen, flachen Glasvitrinen ausstellte, fing alles an." (ebd.)

Auch Jule geht es daher darum, die Erinnerungen nicht nur irgendwo „abzustellen", sondern sie bewusst zu bearbeiten – sie zu beschreiben und in einen Katalog einzuordnen, sie auszustellen und so zu Dingen zu machen, „die man in andere Zusammenhänge überführen und über die man fantasieren kann" (LN 246). Erst dann werden sie nicht „zu einer toten, bedrohlichen Materie", sondern „zu einem Teil meines Lebens" (LN 245). Johannes' Auseinandersetzung mit der Vergangenheit soll daher ebenfalls zu einem hochgradig ästhetischen Projekt werden, zu einer Art Ausstellung, wie Katharina schließlich ausführt:

> Du solltest eine Skizze oder einen Plan entwerfen, der den Aufbau und die Gruppierung der Dinge im Scheunenraum festhält, Du solltest Dir genaue Gedanken machen, wie Du die Dinge anordnest. Und dann

solltest Du darangehen, jedem Ding eine Nummer zu geben und es ganz genau zu beschreiben. (LN 253)

Auf diese Weise könne schließlich „eine große Fantasie- oder Traumlandschaft Deiner Vergangenheit“ (LN 253) entstehen. Tatsächlich beginnt Johannes die Gegenstände seiner Kindheit schon im Gespräch mit Katharina in Literatur zu überführen: Die in der Scheune lagernde Klarinette wird zur „Geschichte, wie Du als Kind die ernste Musik entdeckt hast“ (LN 255), die Seife aus dem Badezimmer der Eltern zu einer Anekdote über die Mutter (vgl. LN 256) und die bernsteinfarbene Zigarettenspitze zur Erzählung über den Vater und seiner Zeit im Krieg (vgl. LN 257).

Die Archivarbeit erhält hier also nicht zuletzt eine poetologische Zuspitzung, erweist sich vor allem als Lösung für Johannes' Schreibproblem. Darauf nimmt auch das dritte Erinnerungsprojekt des Romans Bezug, das „geheime[ ] Archiv“ (LN 22) von Katharina. Dieses besteht aus zahlreichen Notizen und Beobachtungen, die die Buchhändlerin „über meine eigenen Lektüren und über die Lektüren der Gäste“ (LN 241) gemacht hat. Letztlich ist es aber vor allem eine Sammlung von Erzählungen über die „gemeinsamen Lektüren mit Georg“ (LN 294). Als Johannes diese Texte liest, kommt es ihm daher so vor, als seien sie „nichts anderes als die Liebesgeschichte eines bereits älteren Paares, das sich seine Vorlieben und Passionen anhand von Lektüren erzählt“ (LN 295).

Aus den Notizen über das Lesen wird so eine „große[ ] [...] Liebesgeschichte“ (LN 308), die sich aus „vielen kleinen Erzählungen“ (ebd.) zusammensetzt, was sie ebenfalls zu einer „einzige[n] Trauer- und Erinnerungsarbeit“ (LN 311) macht. Denn, so stellt Johannes schließlich fest: „Das Schreiben über Eure Lektüren hat Dir anscheinend geholfen, von Deiner großen Liebe zu erzählen [...]. Auf direktem Weg hättest Du so etwas nicht gekonnt.“ (LN 310) Zum Archiv wird hier also der Text selbst, der über eine Vielzahl einzelner Erzählungen einen Erinnerungsraum aufspannt. Auch wenn diese Notizen nicht das gemeinsame Leben, sondern das gemeinsame Lesen thematisieren, entsteht auf diese Weise ein großer Liebesroman, das Erinnerungsbild einer vergangenen Beziehung.

Interessanterweise spricht auch Lejeune in seiner Untersuchung des autobiographischen Pakts von einem solchen „autobiographischen

Raum“[93]. Dieser verweist bei ihm auf eine ganz bestimmte Form der Erinnerungsarbeit, die er von der klassischen Autobiographie unterscheidet. Dies führt er am Beispiel des französischen Autors André Gide aus, dessen Werk er ebenfalls als eine Archivarbeit beschreibt, bei der jeder Text zum Baustein eines Selbstporträts wird. Tatsächlich scheint Gides Werk ganz auf die Konstruktion und Produktion eines Bilds von sich selbst ausgerichtet zu sein, wobei es sich laut Lejeune jedoch nicht etwa um eine „autobiographische Inspiration“[94] handelt, „bei der der Schriftsteller auf Materialien zurückgreift, die er seinem persönlichen Leben entnommen hat“[95]. Es sei vielmehr „eine Strategie, die darauf abzielt, die Persönlichkeit über das Zusammenspiel unterschiedlichster Texte zu konstituieren“[96]. Eben dieses Zusammenspiel bezeichnet Lejeune als „autobiographischen Raum“: Das Ich wird zur

> Resultante aller von ihm verfaßten Texte, die, einzeln genommen, keineswegs autobiographische Realitätstreue beanspruchen, aber in dem von ihnen gemeinsam konstruierten *Raum* sein Bild umreißen, ohne es zu verkürzen oder ein für allemal festzulegen [...].[97]

Jeder Text wird so zu einem „Flirt mit der Autobiographie“[98], er umkreist das Ich, ohne es dem Leser tatsächlich zu offenbaren. Dies gelte selbst für Gides „große autobiographische Erzählung“[99] *Stirb und Werde*. Diese beruhe zwar auf dem autobiographischen Pakt und werde so zum Bezugspunkt der anderen Texte, zugleich aber entziehe sich der Autor – ganz bewusst – auch hier jeglicher Festlegung. Damit unterscheide sich der Text von der Autobiographie, will diese doch das Ich entblößen und muss daher das „gesamte Leben umfassen und auf die ein oder andere Art schrittweise zu einer Form der Synthese gelangen“[100]. *Stirb und Werde* dagegen lasse den Leser ganz bewusst im Unklaren und reihe sich so in die fiktiven Texte Gides ein, die immer nur einen

[93] vgl. Lejeune 1994: 45–48 sowie 195–234
[94] ebd.: 195
[95] ebd.
[96] ebd.
[97] ebd.: 196
[98] ebd.: 199
[99] ebd.: 195
[100] ebd.: 204

weiteren Blickwinkel des Lebens ins Spiel bringen, ohne dieses wirklich auszuschreiben.

Dieses Ansichvorbeischreiben erweist sich für Lejeune jedoch keineswegs als Unvermögen, sondern als eine ganz bewusste Strategie:

> Gides *Ziel* ist es [...], das Selbstbild eines Menschen mitsamt seiner Kompliziertheit und seiner Geschichte zu produzieren (in der zweifachen Bedeutung von „erfinden" und „darstellen"); das zur Verfolgung dieses Ziel eingesetzte *Mittel* ist jedoch nicht die autobiographische Erzählung. Gide überträgt die Aufgabe, sein Bild zu zeichnen, einer Architektur aus zum Teil fiktiven und zum Teil kritischen oder auch intimen Texten.[101]

Gide führt den Leser also ganz bewusst in die Irre, gibt bestimmte Rezeptionsvorgaben und provoziert mögliche Missverständnisse – nur so bleibt das eigene Selbstbild letztlich offen, wird der „Verzicht auf ‚letzte Worte'"[102] möglich. Sein Vorgehen erinnert damit an den in Kapitel 4.4 beschriebenen Akt der Automythologisierung: Auch dieser beruht auf der Produktion einer umfangreichen Stofftradition, an der unablässig weitergeschrieben wird, ohne dass sich das Ich letztlich in einem finalen Text konkretisiert. Der Automythos definiert sich vielmehr gerade erst „durch die Gesamtheit seiner Fassungen"[103] und bleibt so ein „unendlich[ ] offene[r] Text"[104] (vgl. S. 210ff).

Obwohl diese Vokabel bei Lejeune nicht fällt, beschreibt er also letztlich nichts anderes als eine autofiktionale Schreibpraxis, die sich als Grundprinzip des gideschen Werkes erweist. Entsprechend konstatiert er auch in seinen Texten eine auffällige Tendenz zu Stil und Oberfläche, ein „allzu literarisches Schreiben"[105], das im Leser ein Misstrauen erwecke: „Wenn die Kunst allzusehr ins Auge springt, erscheint sie als Künstlichkeit, und die Künstlichkeit als eine Art der Verheimlichung, als gespielt."[106] Für Lejeune weist ein solches Schreiben jedoch vor allem auf die Überwindung eines psychologischen Widerstandes hin,

[101] Lejeune 1994: 202
[102] ebd.
[103] Catani 2009: 28
[104] ebd.
[105] Lejeune 1994: 220
[106] ebd.: 225

auf Gides „Suche nach einer Geborgenheit oder Lösung auf ästhetischer Ebene“[107]:

> Es hat den Anschein, als könne ihm auf sprachlicher Ebene *letztlich* nie etwas Katastrophales zustoßen. [...] Gide verströmt und vermittelt dem Leser ein unleugbares Glück in der Sprache [...], [...] Dieses Glück beruht gänzlich auf einem dem heutigen Leser ungewohnten Glauben an die Macht der Sprache, auf dem völligen Fehlen einer Beunruhigung oder eines Hinterfragens ihrer Grenzen [...].[108]

Gides Erinnerungsprojekt rückt also tatsächlich in eine unmittelbare Nähe zu Ortheils Schreiben. Nicht nur liest es sich wie eine Variante der Archivarbeit aus *Liebesnähe*, bei der die Vergangenheit ebenfalls erst in ausgewählten Erzählversionen und Erinnerungs-„Exponaten“ zum Ausdruck kommt. Auch beschreibt Lejeunes Theorie des autobiographischen Raums letztlich ein autofiktionales Schreibvorhaben, das der ortheilschen Poetik denkbar nahe kommt. Denn wie die vorangegangene Untersuchung zeigte, geht es ganz offensichtlich auch bei Ortheil nicht darum, das eigene Leben auszuschreiben, sondern vielmehr über eine Vielzahl von Texten zum Ausdruck zu bringen: Jeder einzelne dieser Texte – Roman, Poetik, Theorie, Essay oder Erzählung – erhält wie bei Gide die „Aufgabe, sein Bild zu zeichnen“[109].

Entsprechend erweist sich nicht nur die „große autobiographische Erzählung“ des ortheilschen Werks – *Das Element des Elephanten* – als Autofiktion (vgl. Kapitel 1), auch die Romane unterliegen allesamt einem solchen Schreibvorhaben. Sie spielen zwar nicht zuletzt über die Namen der Protagonisten immer wieder mit einer möglichen Identität von Erzähler und Autor, verwischen den autobiographischen Bezug aber zugleich und erzählen so letztlich am Ich vorbei. Dieses wird in den einzelnen Texten daher immer wieder und doch nie wirklich ausgedrückt, die eigene Biographie wird vielmehr zum Teil ihrer Topographie (vgl. Kapitel 2), ihrer Ausführungen über das Schreiben (vgl. Kapitel 3), ja selbst der ihnen zugrunde liegenden Poetik (vgl. Kapitel 4). Wie bei Gide erweist sich das Werk damit als ein „Flirt mit der Autobiographie“: An die Stelle eines Eindringens rückt das Umkreisen, die Lebens-

[107] Lejeune 1994: 227
[108] ebd.: 229
[109] ebd.: 202

erzählung bleibt ein offener Text, an dem der Autor mit jedem neuen Werk weiterschreibt.

Das „Gartenheimweh" wird also tatsächlich zur Voraussetzung des ortheilschen Schreibens: Der Wunsch nach einer endgültigen Übersetzung des Daseins in die Schrift bleibt unerfüllt, ja muss unerfüllt bleiben, denn ein „Ausschreiben" des Lebens und damit das Setzen eines Schlusspunktes würde auch das Abreißen des Erzählfadens bedeuten, der sich durch das ganze Werk zieht. Mit einem solchen Schlusspunkt kokettiert Ortheil bereits in *Das Element des Elephanten* (vgl. EE 108) und auch in einem Interview zu seinem Roman *Die Erfindung des Lebens* spielt er darauf an. Wie schon am Ende des Nachkriegszyklus' stellt er sich hier die Frage „[o]b noch etwas zu tun ist?" (ebd.) und deutet so auf die Möglichkeit hin, das Schriftstellerdasein endgültig an den Nagel zu hängen.[110] Denn ebenso wie er mit Beendigung seiner fünf ersten Romane seine Familiengeschichte „ausgeschrieben" zu haben glaubt (vgl. EE 108), präsentiert er seinen bisher autobiographischsten Roman als Vollendung eines lebenslangen Projekts, der Verschriftlichung des eigenen Lebens (vgl. S. 212). Damit weist er auf ein mögliches Ende seiner literarischen Heimatsuche hin, womit auch das poetologische Heimweh seine Grundlage verliert – folgerichtig behauptet der Autor, seit Abgabe seines Romanmanuskripts „nichts vernünftiges Literarisches mehr geschrieben" zu haben[111].

Dass es hier aber beim Kokettieren bleibt, wird schnell klar: Bereits in dem Essay schließen sich an diese Frage noch über hundert Seiten an und auch *Die Erfindung des Lebens* erweist sich keineswegs als das finale Werk Ortheils. Tatsächlich verbietet dessen Poetik letztlich ein solches Abreißen des Erzählfadens: Dies käme dem Abreißen des Lebensfadens gleich, wird das Schreiben doch immer wieder und mit aller Konsequenz zur Voraussetzung des Lebens erhoben (vgl. dazu Kapitel 3.4). Stellvertretend für diese Position sei an dieser Stelle ein letztes Mal auf die zentralen Sätze des Essays *Das Element des Elephanten* hingewiesen:

[110] vgl. Hanns-Josef Ortheil im Gespräch mit Felicitas von Lovenberg (SWR-Fernsehen Literatur im Foyer, Sendung vom 27.11.2009)

[111] vgl. ebd.

> Ich wurde ein zweites Mal geboren in der Sprache, die Sprache hat mich wiedergeboren, und als sie mich ausgespuckt hatte als Sprechenden, war das Schreiben da, das alles besiegelnde und dadurch triumphierende Schreiben, mit dem ich jede Silbe, jedes Wort, jeden Satz festhalten konnte für immer, auf daß ich die Sprache nie mehr verlöre. (EE 15)

Die Wahl der Autofiktion ermöglicht dem Autor also zweierlei: Zum einen garantiert das Ansichvorbeischreiben ein Weiterschreiben und damit nach Ortheils Poetik auch ein Weiterleben. Denn wie bei Nizon erweist sich der Schreibakt bei ihm als „ein Lebendigwerden“[112] – einmal geschrieben, ist das Buch gewissermaßen nur noch „Abfall“[113], Mittel zum Zweck: „Die Bücher sind nur die Hinterlassungen, ich krieche durch meine Bücher ans Licht oder an Land.“[114] Ein solcher Vorgang der Selbsthervorbringung muss jedoch, so Derivière, „unaufhörlich neu in Angriff genommen werden, weil das Ich vor der Bedrohung, die auf ihm lastet, nicht zur Gänze befreit werden kann:

> Wenn es auch nur einen Moment aufhört, sich in der Kunst (als potentieller Schöpfer) zu projizieren, läuft es Gefahr, erneut zu verschwinden, da das Schöpferische bzw. Geschaffene niemals eine wie auch immer geartete Gewißheit bietet, sondern nur das Versprechen eines Werdens [...].[115]

Entsprechend zielt auch Gides Schreiben auf eine „bewußt offengelassene[ ] Kompliziertheit“, einen „Verzicht auf das ‚letzte Wort‘“[116], unterliegt ihm doch ebenfalls ein autofiktionales Schreibprojekt, wie in Lejeunes Worten über den Autor deutlich wird: „Es hat den Anschein, als habe er nicht niederschreiben müssen, wer er ist, sondern es schreibend sein müssen.“[117]

Zugleich verhindert das autofiktionale Schreiben aber auch ein Vordringen zur eigentlichen Biographie. Diese bleibt eine Leerstelle, die mit jedem Text umkreist wird, ohne letztlich wirklich ausgeschrieben zu werden. Darin ähnelt es der Archivarbeit aus *Liebesnähe*: Nicht nur

[112] Derivière 2003: 68
[113] ebd.: 53
[114] ebd.: 70
[115] ebd.: 88f
[116] Lejeune 1994: 203
[117] ebd.: 202

Katharina gelingt es erst über dem Umweg ihrer literarischen Notizen, die Erinnerungen an Georg zu verarbeiten, auch Johannes rückt an die Stelle eines Buches über den Tod der Mutter einzelne Erzählversionen und Geschichten. Die eigentliche Lebensgeschichte wird damit zur Tabu-Zone, worauf Ortheil bereits 1989 in einem Aufsatz mit dem bezeichnenden Titel *Weiterschreiben* hinweist.

Wie bereits in Kapitel 4.3 ausgeführt, stellt Ortheil an den Anfang seines Lebens und Schreibens hier „die pure Absenz“[118] und damit das „Schweigen“[119], das sich ganz offensichtlich als entscheidendes Lebenstrauma hinter jedem seiner Texte verbirgt. Tatsächlich bezeichnet er dieses Schweigen als den „geheime[n], innere[n] Kern“[120] seiner Existenz, die vor diesem Hintergrund wie ein ständiger „Akt der Überwindung“[121] erscheint. Wird aber der Kampf gegen das Verstummen zur eigentlichen Lebensgrundlage, erhält das Schreiben eine existenzielle Bedeutung, erweist es sich doch als *das* Mittel zur „Aufhebung und Zersetzung des Schweigens“[122]. Während der literarische Akt also zum „Lebensakt“[123] erhoben wird, muss die Rückkehr in die Stille in jedem Fall vermieden werden, kommt sie doch dem „endgültigen Verlust des Selbst“[124] gefährlich nahe.

Das eigene Trauma wird so gleichermaßen zur Leerstelle wie zum Auslöser des Schreibens: Während die konsequente Hinwendung zu den Ursprüngen ganz offensichtlich einer Rückkehr ins frühere Verstummen gleichkommt, verlangt und garantiert die Autofiktion und damit die Unmöglichkeit einer finalen Lebensvertextung ein fortdauerndes Schreiben und wird zur entscheidenden Grundlage des literarischen Werks. So überrascht es nicht, dass sich nicht nur an Ortheils Nachkriegszyklus zahlreiche Texte angeschlossen haben, sondern auch auf den Roman *Die Erfindung des Lebens* bereits zwei weitere Veröffentlichungen gefolgt sind, die erneut das eigene Leben umkreisen. Vor allem das Werk *Die Moselreise* deutet dabei darauf hin, dass in

[118] Ortheil 1990c: 89
[119] ebd.
[120] ebd.: 96
[121] ebd.: 89
[122] ebd.
[123] ebd.: 99
[124] ebd.: 89

Anbetracht der ortheilschen Poetik die Antwort auf seine Frage „[o]b noch etwas zu tun ist" (EE 108) nur die eine sein kann: Weiterschrieben!

5.5 *Die Moselreise* – das Tagebuch eines Kindes?

Der Ausblick auf eines von Ortheils neuesten Werken, mit dem diese Arbeit ein Ende finden soll, erweist sich im eigentlichen Sinne weniger als ein Ausblick, sondern vielmehr als ein Rückblick. Denn *Die Moselreise* aus dem Jahr 2010 gibt sich nicht nur als einer von Ortheils jüngsten, sondern auch als sein ältester Text aus, führt sie den Leser doch an die Anfänge seines Schreibens zurück: Als elfjähriger Junge macht Ortheil mit seinem Vater eine fast zweiwöchige Reise an der Mosel entlang, von Koblenz bis nach Trier. Schon auf der Zugfahrt nach Koblenz beginnt er mit den ersten Notizen, die er im Anschluss an die Reise zu einer fortlaufenden Erzählung zusammenfügt.

Dieses „Reisetagebuch im Sommer 1963" (M 17) stellt Ortheil ins Zentrum der *Moselreise* und weist es als eben die Erzählung aus, die er als Elfjähriger niedergeschrieben hat (vgl. M 11). Doch die Reise wird nicht nur aus der Perspektive des Kindes präsentiert: Fast fünfzig Jahre später blickt Ortheil auf seine literarischen Anfänge zurück. Seine Kommentare zur „Entstehung" (Kapitel 1), zur „Wiederholung" (Kapitel 3) und zum „Weiterleben" (Kapitel 4) der Moselreise rahmen den Bericht des kleinen Jungen ein und weisen auf seine „besondere Bedeutung [...] für mein weiteres Leben und Schreiben" (M 203) hin.

Die *Moselreise* scheint also gleich in zweifacher Hinsicht einem autobiographischen Vorhaben zu folgen: Der Text des kleinen Jungen wird als eine Art Tagebuch eingeführt, als authentischer Bericht aus dem Jahr 1963, die einrahmenden Kommentare wiederum erweisen sich als Autopoetik, als ein Text über die Bedingungen und Entstehungszusammenhänge des früheren und heutigen Schreibens. Dabei erzählt der Autor auch hier ein weiteres Mal die Geschichte des „Junge[n], der ich war" (M 13) – der eigene Text wird zum Anlass und zur Möglichkeit, über das Schreiben und damit auch über das Leben zu sprechen, die erneut in eine unmittelbare Nähe zueinander rücken. Denn wie Ortheil am Beispiel seines „Alter Ego" (M 9) Johannes Catt aus dem Roman *Die Erfindung des Lebens* ausführt, schafft sich sein Kindheits-Ich im „unermüdliche[n] Aufschreiben und Notieren" (M 10) eine Art „Lebensbuch" (vgl. ebd.), das es vor einem erneuten Verstummen bewahren soll: Indem das Kind die Welt an der Hand des Vaters „abgrenzt, vermisst, beschriftet und für sich bewohnbar macht" (M 13), verliert diese schließlich ihre „bedrohliche Fremdheit und Ferne" (ebd.) – der Reisebericht wird zum „Archiv [d]es Lebens" (M 10).

Nur einmal gerät diese neu erschaffene Welt ins Wanken: Als der kleine Junge bei seiner Reise auf ein Klavier trifft, wird er „mit großer Wucht zurück in den Raum der Familienwohnung und vor allem zurück zur Mutter" (M 14) versetzt. Diese Begegnung bezeichnet Ortheil als einen „Moment der Krise" (M 15), der fast zum Abbruch der Reise und damit zu einer Rückkehr in die einsame und stille „Familienzelle" (ebd.) geführt hätte. Schließlich wird die Moselreise aber doch fortgesetzt und mündet in einer Schlusssequenz, die „von heute aus beinahe wie ein novellistisches und damit kunstvolles Ende erscheint" (ebd.).

Damit weisen Ortheils einleitende Worte zur Entstehung der „Moselreise" nicht nur auf die existenzielle Bedeutung des Schreibens hin, sondern rücken den Bericht auch in die Nähe eines literarischen Textes, worauf bereits der Untertitel des Werks – *Roman eines Kindes* – anspielt. Wie *Die Erfindung des Lebens* präsentiert der Bericht das Erlebte also bereits als Erzählstoff, womit er dem Autor die Gelegenheit bietet, nicht nur über sein Schreiben zu schreiben, sondern sich darüber hinaus dem eigenen Leben als erzähltem Leben anzunähern und über diesen Umweg von sich zu sprechen.

Tatsächlich rückt die Erzählung des elfjährigen Jungen in eine unmittelbare Nähe zu dem Romanwerk, tauchen in ihr doch Szenen und Motive auf, die auch in Ortheils späterem Schreiben immer wieder aufgegriffen und umspielt werden. Bereits die Schilderung des ersten Reisetags legt dies offen: Der Text setzt mit einer Ankunft ein, an die sich der Gang zum Wasser anschließt – das erste Ziel von Vater und Sohn ist der Rhein, an dessen Ufer der kleine Junge Steine über das Wasser hüpfen lässt, während sein Vater in der Zeitung liest (vgl. M 20ff). Im Anschluss machen sich die beiden auf in die Höhe, in ein Berghotel, von dem aus die ganze Umgebung zu sehen ist (vgl. M 23f). Dort oben wird nicht nur der Ausblick, sondern auch eine herzhafte Mahlzeit genossen, bevor es zurück in die Stadt und in das Hotel geht, wo die Reisenden ihre Nacht verbringen. Immer wieder unterbrechen Vater und Sohn ihre Unternehmungen aber auch, um die gewonnenen

Eindrücke zu notieren, vor allem das Postkartenschreiben an die Mutter wird zu einem festen Ritual auf ihrem Reiseweg.

Wie die weitere Lektüre zeigt, folgt die ganze Reise und damit auch der Reisebericht diesem Schema: Auf jede Ankunft in einer neuen Stadt schließen sich ein Durchlaufen und Erkunden der fremden Umgebung und ein Festhalten in kleinen Skizzen, Notizen und Postkarten an, die schließlich zur Grundlage der Erzählung werden. Das Schreiben wird also nicht nur zu einer wichtigen Beschäftigung während der Reise, sondern steht auch am Ende der „Moselreise“: Die Erzählung schließt mit dem Hinweis auf ihre Entstehung und damit auf den Schreibakt, der dem ganzen Text zugrunde liegt (vgl. M 195). Nicht nur das Motiv der Reise bzw. des Ankommens und die Handlungsorte – der Fluss, die Stadt und die Berge ebenso wie Hotelzimmer, Museen und Restaurants –, auch die finale Literarisierung des Erlebten lassen diesen frühen Reisebericht wie eine Vorlage der späteren Romane erscheinen.

Dass sich Ortheil dieses Zusammenhangs durchaus bewusst ist, er ihn in der *Moselreise* sogar ganz explizit zum Ausdruck bringen will, zeigt sich im Konstruktionsprinzip des Textes. Dieses gibt dem Bericht mit seinem ersten und den beiden letzten Kapiteln einen poetologischen Rahmen, der die Annäherung des Kindes an den zunächst fremden Raum nicht nur zum Thema, sondern auch zur Grundlage des Textes, ja des eigenen Schreibens überhaupt erhebt. Denn Ortheil reflektiert nicht nur über die Entstehung und den Inhalt der „Moselreise“, sondern führt im Anschluss an den Bericht auch aus, wie diese Reise mit dem Vater sein ganzes späteres Leben und Schreiben prägt. Damit erscheint das Reisetagebuch nicht nur wie eine Keimzelle seines Werks, das ständige Notieren des kleinen Jungen wird darüber hinaus zum Ausgangspunkt der zukünftigen literarischen Produktion.

Tatsächlich deutet Ortheil seine späteren Ausflüge als eine unmittelbare Fortführung der Moselreise: Immer noch verlaufe seine Annäherung an den fremden Raum „nach seltsamen Regeln und stützt sich auf Vorlieben, die ich in meinem weiteren Leben wohl kaum noch einmal werde verändern oder gar ablegen können“ (M 216). So erklärt er auch jetzt die Langsamkeit zur Grundlage der erfolgreichen Fortbewegung, nur zu Fuß oder allenfalls mit der Bahn geht es auf Reisen. Dabei sei nach und nach ein „Koordinaten-Netz jener Städte und Landschaften [entstanden], in denen ich mich zu Hause fühle“ (ebd.). Zur Voraussetzung einer solchen Beheimatung wird für Ortheil aber auch hier das „Entgegenkommen“ (M 218) einer Umgebung, das er daran misst, ob sich der unbekannte Raum auf dem Papier fixieren lässt:

> Komme ich also in eine fremde Stadt und beginne schon bald mit dem Notieren, Skizzieren oder auch Fotografieren, so ist das ein untrügliches Zeichen dafür, dass die jeweilige Stadt oder Landschaft mich an sich zu ziehen beginnt. (M 219)

Bleibt dieses Notieren jedoch für längere Zeit aus, verwandelt sich der Raum in einen fremden und abstoßenden Ort: „[...] ich muss weg, sofort, am besten gleich mit dem nächsten Zug.“ (ebd.)

Der Schreibakt wird also erneut zu „eine[r] Art mobile[m] Zuhause“ (M 201) in der Schrift, die daher niemals ein Ende finden darf. Entsprechend stellt Ortheil das Notieren in eine Reihe mit „Essen und Trinken, [...] Gehen und Sehen“ (M 8) und macht es so zur Grundlage seines Lebens: „Alle paar Stunden protokolliere ich, wo genau ich mich aufhalte, oder ich notiere Stichworte zu meinen Lektüren, oder ich halte einfach nur fest, was ich als Nächstes vorhabe oder woran ich denke.“ (M 7) Aus diesen Notizen, Skizzen und Fotografien sei schließlich „Tag für Tag ein bunter Teppich aus Schriften und Bildern“ (M 8) entstanden: „Ich resümiere nicht, ich verfolge nicht meine Emotionen und Stimmungen, stattdessen geht es um das Festhalten des Augenblicks, um die Moment-Skizze, um das flackernde Denken und Fühlen.“ (ebd.)

Diese Tagesmitschrift bezeichnet Ortheil am Ende der *Moselreise* schließlich als sein „eigentliches Schreibprojekt“, ja sogar als sein „Hauptwerk“, „aus dem immer wieder Teilprojekte in Form von Romanen, Erzählungen, Essays, Reportagen oder Artikeln hervorgehen“ (M 215). Auf diese Weise schlägt er den Bogen zwischen gegenwärtigem (Kapitel 1, 3 und 4) und vergangenem (das Reisetagebuch aus dem Jahr 1963) Schreiben und führt sie auf eine gemeinsame Grundlage zurück: „Insofern arbeite ich in meiner jetzigen Schriftsteller-Werkstatt genauso wie das kleine, frühere Kind an der Mosel: Unaufhörlich werden Notate gesammelt und später zu einem durchgearbeiteten ‚Werk‘ komponiert.“ (ebd.)

Indem die *Moselreise* gegenwärtiges und vergangenes Schreiben vereint und ihnen einen gemeinsamen Ursprung gibt, legt sie also letztlich das statische Moment der ortheilschen Poetik offen, auf dessen Spuren sich auch diese Arbeit begeben hat. Tatsächlich weist der Text nicht nur auf ein Fortbestehen von Motiven und Themen hin, sondern auch auf eine gleichbleibende Schreibweise, die in der „Moselreise“ des kleinen Jungen einen Ursprung findet: Wie schon in *Das Element des Elephanten* wird der Spaziergang mit dem Vater zum initialen Schreiberlebnis und zur Grundlage allen weiteren Schreibens. Die „Wiederholung der Moselreise“ – so der Titel des dritten Kapitels – deutet daher nicht nur auf die tatsächliche Fortsetzung der Reise hin[125], sondern vor allem auch auf eine literarische: Neben der realen Moselreise findet ganz offensichtlich auch der Text „Die Moselreise“ eine immerneue Wiederholung, wird in Ortheils Werk ein ums andere Mal aufgegriffen und variiert.

Tatsächlich bewegen sich auch die Protagonisten seiner Romane durch ein festes Koordinatennetz von Räumen und Raumformen[126], womit „‚das Reisen‘ und das Zuhause-Sein in der Fremde“ (M 219) für sie ebenfalls zu einem zentralen Thema wird (vgl. Kapitel 2 dieser Arbeit). Darüber hinaus beschreiben die Texte aber vor allem eine ganz bestimmte Bewegung: den Eintritt in die Sprache und die Initiation ins Schreiben, die in der *Moselreise* einen erneuten Ausdruck findet. Die Reise wird so zu einer Schreibbewegung (vgl. Kapitel 3 dieser Arbeit), was nicht zuletzt die poetologische Ausrichtung der an den Reisebericht anschließenden Kapitel zeigt. Denn die Wiederholung der Moselreise erweist sich in diesen vor allem als eines: als ein Weiterschreiben.

Damit rückt auch hier weniger das Vergangene in den Mittelpunkt des Schreibens, sondern vielmehr die Schreibgegenwart. Ähnlich wie

[125] vgl. M 201f: „Da die Moselreise als Projekt einer gemeinsamen Reise von Vater und Sohn ein solcher Erfolg geworden war, wiederholten wir Reisen dieser Art von nun an in jedem Jahr. So reiste ich mit meinem Vater an den Bodensee und nach Berlin, so fuhren wir zusammen nach Salzburg, Wien und Paris. Immer wieder wurde dabei für ein eher langsames Reisetempo gesorgt, und immer wieder schrieb ich nach unserer Rückkehr eine ausführliche Reise-Erzählung, die nach dem Vorbild der Moselreise als chronologische Erzählung mit eingeschobenen Reflexionen und Text-Stationen komponiert war.“

[126] Es ist eben das Koordinatennetz, das Ortheil hier zu seinem eigenen erklärt (vgl. M 218): So werden der Westerwald, aber auch die Städte Köln, Mainz und Wiesbaden zu den zentralen Handlungsorten der ersten fünf Romane, die Künstlertrilogie verortet Ortheil dagegen in den Metropolen Rom, Venedig und Prag. Die jüngsten Romane schließlich spielen sowohl in Italien (*Die große Liebe*), als auch Zürich (*Das Verlangen nach Liebe*) und Köln (*Die geheimen Stunden der Nacht*), der Protagonist aus *Die Erfindung des Lebens* schreitet sogar fast das gesamte Koordinatennetz ab, spielt der Roman doch nicht nur im Westerwald, sondern auch in Köln und Rom.

bei Nizon wird das Romanwerk zu einem Nebenprodukt des Schreibens erhoben, die einzelnen Texte zu „Teilprojekte[n]" eines umfassenden Hauptwerks: dem täglichen und nie endenden Notieren (vgl. M 215). Nicht das Schreiben über das Leben wird damit zum zentralen Moment, sondern ein Leben im Schreiben. So deuten nicht zuletzt die Kommentare über die „Wiederholung" und das „Weiterleben" der Moselreise auf die Unabgeschlossenheit und das Fortbestehen dieser ganz offensichtlich bis in die frühe Kindheit zurückgehenden Erinnerungsarbeit hin.

Der Hinweis auf den Wiederholungscharakter des eigenen Schreibens unterwirft in letzter Konsequenz aber auch den Text selbst unter die von ihm evozierte Struktur. Tatsächlich unterliegt ganz offensichtlich auch er einem autofiktionalen Schreibvorhaben: Während die poetologischen Rahmenkapitel zwar das Schreiben in den Mittelpunkt stellen, über diesen Umweg aber auch vom Leben erzählen, erscheint der Bericht als „Reisetagebuch" zunächst wie ein rein autobiographisches Dokument. Zugleich wird er aber schon im Untertitel als *Roman eines Kindes* bezeichnet und so in eine unmittelbare Nähe zum späteren Romanwerk gerückt. Die *Moselreise* vereint also Poetik, Autobiographie und Roman in sich, ohne sich letztlich für eine Seite zu entscheiden und führt damit geradezu beispielhaft vor, was in dieser Arbeit zum Merkmal aller Texte Ortheils erklärt wurde: das Umkreisen der eigenen Biographie, die jedoch nicht in einer finalen Lebensbeschreibung zum Ausdruck kommt, sondern vielmehr in einer Vielzahl einzelner Lebenserfindungen, in immerneuen Autofiktionen (vgl. Kapitel 4 und 5 dieser Arbeit).

Vor diesem Hintergrund lässt sich die *Moselreise* sogar in doppelter Hinsicht als eine „Erfindung des Lebens" lesen: Der Text in seiner Gesamtheit erweist sich als eine erneute, der in ihm enthaltene *Roman eines Kindes* dagegen als eine erste Variante der ortheilschen Autofiktion. Damit eröffnet bereits dieses einzelne Werk einen Raum, den Ortheil auch mit seinen anderen Texte immer wieder auslegt und vermisst: den autobiographischen Raum des eigenen Lebens.

Schluss: Zur Poetik der Umschreibung

In ihrem bereits in der Einleitung dieser Arbeit zitierten Aufsatz *Überleben im Text?* weist Schmitz-Emans auf eine „Poetik der Umschreibung“[1] hin, die für sie zum Ausdruck einer fortdauernden Ich-Behauptung auch in der Literatur der Gegenwart wird. Anders als noch bei Ovid, Rousseau oder Jean Paul entfalte sich eine solche Selbst-Mitteilung heute aber vor dem Hintergrund einer „Nicht-Darstellbarkeit des Ichs“[2]. Eben darauf spiele der Autor Max Frisch an, wenn er das Ich zu einer „literarische[n] Erfindung“[3] erklärt: „Man kann alles erzählen, nur nicht sein wirkliches Leben (...). – (...) jedes Ich, das erzählt, ist eine Rolle.“[4] Entsprechend rückt bei ihm „das Unsagbare, das Weiße zwischen den Worten“[5] ins Zentrum:

> Unser Anliegen, das Eigentliche, läßt sich bestenfalls umschreiben, und das heißt ganz wörtlich: man schreibt darum herum. Man umstellt es. Man gibt Aussagen, die nie unser eigentliches Erlebnis enthalten, das unsagbar bleibt (...), und das Eigentliche, das Unsagbare, erscheint bestenfalls als Spannung zwischen diesen Aussagen.[6]

Schmitz-Emans führt in ihrem Aufsatz mehrere Beispiele an für eine solche „Problematik [d]er Darstellung des Ichs“, die „auch und gerade angesichts tiefverwurzelter Wünsche nach einem Fortbestehen dieses Ichs im Werk“[7] bestehe. Dabei verweist sie auf eine Leerstelle, die letztlich zum zentralen Moment all dieser Texte werde – angefangen bei der visuellen Dichtkunst, die diese Leerstelle optisch abbildet und das Ich gerade durch seine Streichung oder Auslassung zum Blickfang

[1] Schmitz-Emans 1993: 155
[2] ebd.: 143
[3] ebd.: 142
[4] Max Frisch, zitiert nach Schmitz-Emans 1993: 143
[5] ebd.
[6] ebd.: 143f
[7] Schmitz-Emans 1993: 144

werden lässt[8] bis hin zu subtileren Strategien, um das „Ich herumzureden“[9].

Bei Ernst Jandl etwa komme dieses Ich nur noch indirekt zur Sprache, wenn in seiner Sprechoper *Aus der Fremde* der gesamte Text im Konjunktiv und in der dritten Person Singular verfasst ist.[10] Aber auch Peter Handke wird von Schmitz-Emans als Vertreter einer „elaborierten Poetik der Umschreibung“[11] angeführt und tatsächlich bezeichnet sich dieser „weniger als Dichter (Sager)“ sondern vielmehr als „Umschreiber (Erzähler)“[12]. Entsprechend wird die optische Leerstelle bei ihm in eine textuelle überführt, in die „Metapher der Zwischenräume“[13]: Leere Orte und offene Räume werden ebenso wie das blinde Fenster zu Bildern einer zentralen Abwesenheit, die so schließlich doch zum Ausdruck kommen kann:

> Auch das Ich als Subjekt des Textes kann durch solche Leerformen Gestalt annehmen, kann aufbegehren gegen seine Vernichtung, sein endgültiges Verschwinden. Literatur spricht zwar notgedrungen von der Abwesenheit des Subjekts, sichert aber zugleich dessen Spur als einen Negativabdruck im positiv Lesbaren und Gegenwärtigen.[14]

Zur Verdeutlichung einer solchen Anwesenheit des Abwesenden verweist Schmitz-Emans auf ein Porträt der Familie Brontë, das 1834 von Branwell Brontë, dem Bruder der berühmten Schwestern, gemalt wurde[15]. Auf diesem Bild sind die drei jungen Frauen um eine Leerstelle angeordnet, denn auch der Bruder war ursprünglich Teil des Familienporträts. Sein Abbild wurde jedoch nach Vollendung des Gemäldes von ihm selbst von der Leinwand entfernt, möglicherweise, so Schmitz-Emans, weil er sich eines solchen nicht für würdig empfand: „Die Auslöschung des Selbstporträts erscheint als Antizipation des

[8] Schmitz-Emans 1993: 145ff
[9] ebd.: 149
[10] vgl. ebd.: 150
[11] ebd.: 155
[12] Peter Handke, zitiert nach Schmitz-Emans 1993: 155
[13] Schmitz-Emans 1993: 156
[14] ebd.: 156f
[15] vgl. ebd.: 144 (das Porträt ist in der National Portrait Gallery in London, Trafalgar Square, ausgestellt)

Selbstmordes, den seine ganze Lebensführung letztlich darstellte."[16] Die braune Farbe, mit der Branwell seine eigenen Züge übermalte, verdeckt diese jedoch nicht vollständig, sodass ein Schatten des ehemals Vorhandenen erhalten bleibt und „nach wie vor [...] das Zentrum des Familienbildes"[17] darstellt: „Die abwesende Figur beherrscht die Anwesenden – und zwar eben, weil sie verschwunden ist."[18] Für Schmitz-Emans verweist das Bild daher auf die „Suggestivkraft des Nicht-Dargestellten"[19], die auch in den Texten der Umschreibung zum Ausdruck kommt, in denen gerade das Abwesende ins Zentrum rückt.

Wie die vorangegangene Untersuchung des ortheilschen Werks zeigte, spielt die Leerstelle auch in seinem Schreiben eine zentrale Rolle: Sie wird zum Auslöser des literarischen Akts erhoben, zu einem hinter allen Texten stehenden Trauma, das im Schreiben zwar ständig umkreist, jedoch nie ausgeschrieben wird (vgl. Kapitel 5.4). Anders als in den von Schmitz-Emans angeführten Texten wird die „pure Absenz"[20] damit aber gerade nicht zum Thema erhoben, die Leerstelle vielmehr mit jedem neuen Schreibakt überwunden und auf diese Weise „überschrieben".

Ortheil geht also nicht den „Weg der Negation"[21], der sich bei Schmitz-Emans als konstitutiver Bestandteil einer Poetik der Umschreibung erweist. Diese erscheint für sie als ein „Zeugnis der Behinderung"[22], wird das „ausgesparte oder gelöschte Zeichen" doch zum Ausdruck der eigenen Unsagbarkeit und damit zur „mögliche[n] Spur behinderter Individualität"[23]. Das entsprechende Schreiben wird von ihr daher in die Nähe einer sprachkritischen Grundhaltung gerückt: „In dem Maße, als die positive Mitteilung von (wie auch immer akzentuierter) Wahrheit zweifelhaft wird, beginnt man sich für die Leerstellen im Ausgesagten zu interessieren [...]."[24]

[16] Schmitz-Emans 1993: 145
[17] ebd.
[18] ebd.
[19] ebd.
[20] Ortheil 1990c: 89
[21] Schmitz-Emans 1993: 157
[22] ebd.
[23] ebd.
[24] ebd.

Bei Ortheil dagegen findet das Ich gerade im Text Heilung und Wiedergeburt. Die Hinwendung zur Leerstelle muss bei ihm daher notwendigerweise ausbleiben, bedeutet sie doch auch eine Rückkehr ins Verschwinden und Verstummen der frühen Kindheit (vgl. Kapitel 5.4). Das Defizitäre der eigenen Existenz wird so zwar zum Auslöser, nicht aber zum Inhalt der Texte, der eigene Sprachmangel übersetzt sich vielmehr in einen unaufhörlichen Sprachfluss. Darin ähnelt das Werk dem des Autors André Gide, das von Lejeune ebenfalls als Reaktion auf ein „Drama[ ] der Kindheit“[25] verstanden wird. Dabei äußere sich der „Widerstand beim Versuch, [diesem Drama] Ausdruck zu verleihen“ auch bei Gide „nicht als direkter Mangel (etwa als Aphasie oder Unbeholfenheit), sondern als Überschuß, als schützender sprachlicher Überfluß“[26].

Während die Texte der Umschreibung in Schmitz-Emans' Aufsatz in die Nähe einer Poetik des Schweigens rücken[27], verweisen Ortheils Werke daher auf eine Poetik der Überwindung und damit auf ein ständiges Weiterschreiben. Zur „poetischen Heimat“ wird also nicht etwa die Leerstelle, sondern tatsächlich die Schrift selbst: Nicht „zwischen den Zeilen, in den Lücken der Texte, in den unbeschrifteten Intervallen zwischen Aussage und Aussage“[28] verbirgt sich das Ich des Autors, sondern in jedem seiner Werke. Das „Überleben im Text“ wird damit aber zu einem „Leben im Text“[29], denn erst im Schreiben und in der Schrift erhält dieses Ich in Ortheils Poetik seine Gültigkeit: Wie Gide leidet er letztlich an einem „glücklichen Unbehagen“[30], das auf

[25] Lejeune 1994: 228

[26] ebd.

[27] vgl. Schmitz-Emans 1993: 158: „Wichtig sind auch die Affinitäten zu einer Poetik des Schweigens, seit Mallarmé reflektiert ja gerade die Poesie das Schweigen als den Grund des Sprechens, der in die Wörter nicht einzuholen ist.“

[28] ebd.: 143

[29] Hierin ähnelt das ortheilsche Werk den von Schmitz-Emans untersuchten Texten. So ist die Selbstfindung für Ernst Jandl laut Schmitz-Emans ebenfalls „unauflöslich an den Schreibakt gebunden“ (Schmitz-Emans 1993: 150): Ohne diesen könne das Ich keine Gestalt annehmen, der Text ist „demnach nicht bloß Möglichkeitsbedingung für dessen Über-Leben, sondern sogar für dessen Leben“ (ebd.: 150). Entsprechend schreibt Jandl ganz ähnlich wie Ortheil: „(...) ich existiere nur, wenn ich schreiben, ich bin nichts, wenn ich nicht schreibe [...].“ (zitiert nach Schmitz-Emans 1993: 51)

[30] Lejeune 1994: 229

einem „dem heutigen Leser ungewohnten Glauben an die Macht der Sprache, auf dem völligen Fehlen einer Beunruhigung oder eines Hinterfragens ihrer Grenzen“[31] beruht. Die Leerstelle bleibt hier also tatsächlich eine Stelle jenseits des Textes – sie bezeichnet das private Ich, das bei Ortheil erst und gerade in Erzählversionen aussprechbar und daher im literarischen Akt letztlich überwunden wird.

Wie Wolfgang Iser in seinen für die Rezeptionsästhetik maßgeblichen Überlegungen zum *Akt des Lesens* ausführt, eröffnen Leerstellen innerhalb eines Textes stets einen Dialog: Der Text tritt mit dem Leser in eine Interaktion, fordert ihn dazu auf, die vorhandenen Leerstellen zu füllen und mit seinen Vorstellungen zu besetzten.[32] Indem die Leerstelle in Ortheils Werk jedoch ausgespart bleibt, erhält es einen stark selbstreflexiven Charakter, rückt tatsächlich in eine unmittelbare Nähe zum Selbstgespräch[33]. Gerade seine Kreis- und Wiederholungsstruktur gibt ihm etwas Monologisch-Abgeschlossenes und deutet so auf ein ganz im Dienste der Selbsthervorbringung stehendes Schreiben hin. Zum Bild für dieses Umsichherumkreisen wird der unendliche Schreibdrang, der in dem Essay *Das Element des Elephanten* bereits das Leben des kleinen Jungen prägt. Denn schon ihm geht es beim Notieren vor allem darum, die weißen Seiten des Schreibhefts zu füllen und so ihre Leere zu überschreiben:

> Leere Seiten in meinen Heften deuteten auf Lücken in meinen Sammlungen hin, ich konnte sie schwer ertragen, und hatte ich auf einer Seite mit dem Aufmalen der Worte begonnen, so mußte ich meine Arbeit fortsetzen, bis die Seite vollgeschrieben war, ein dichter Teppich von Sätzen [...]. (EE 85)

[31] Lejeune 1994: 229

[32] vgl. Iser, Wolfgang: *Der Akt des Lesens: Theorie ästhetischer Wirkung.* München 1994: 348: „Leerstellen und Negationen markieren bestimmte Aussparungen bzw. virtuell gebliebene Themen auf der syntagmatischen und der paradigmatischen Achse des Textes. Sie erzeugen damit notwendige Möglichkeiten, um die fundamentale Asymmetrie zwischen Text und Leser auszubalancieren. Sie initiieren eine Interaktion, in deren Verlauf die Konturen des Leergelassenen von den Vorstellungen des Lesers besetzt werden, wodurch sich auch die Asymmetrie zwischen Text und Welt aufzuheben beginnt und der Leser eine ihm fremde Welt zu Bedingungen erfahren kann, die nicht durch seinen Habitus determiniert sind.“

[33] vgl. Brand et al. 1995: 60ff

Selbst das Lesebuch wird auf diese Weise bearbeitet, auch hier geht es darum, die „weißen Partien [...] [zu] füllen, damit die erschreckende Leere verschwände“ (EE 88). *Was* geschrieben wird, wird dabei letztlich zur Nebensache: „Wenn mir nichts einfiel, wiederholte ich den vorigen Satz oder stellte ihn zu einer Frage um. Die Monotonie der Sätze störte mich nicht [...].“ (EE 87f) Wichtiger erscheint vielmehr, *dass* geschrieben wird: „Ich wollte die wortarmen Lesebuchseiten anreichern, ich wollte sie auffüllen und zum Überquellen bringen, alles sollte besetzt und voll sein von Schrift [...].“ (EE 88)

Diese Vorstellung einer Überfülle von Worten, die an die Stelle einer „erschreckenden Leere“ (EE 88) rücken soll, kann als Bild für die hinter Ortheils Werk stehende Poetik verstanden werden. Tatsächlich knüpft der Autor in seinen poetologischen Überlegungen an diese Kindheitserlebnisse an und führt sie, ähnlich wie in *Die Moselreise*, mit seinem gegenwärtigen Schreiben eng. Denn den „Zwang, jeden Tag festzuhalten und zu dokumentieren“ (EE 96) sei er nicht mehr losgeworden, „Zehntausende von Seiten habe ich seit meiner Kindheit beschrieben“ (EE 97). Zum Niederschlag dieses Schreibdranges werden aber nicht nur Ortheils zahlreichen Notizbücher und Tagesmitschriften (vgl. EE 96f), sondern ganz offensichtlich auch seine Romane, die sich einem ganz ähnlichen „Vollschreiben und Anfüllen“ (EE 88) verschrieben haben: „Ich lasse keine Zeile leer, [...] als sei der Raum immer zu klein und die Schrift immer so übermächtig, daß sie aufquillt bis an den Rand jedes Blattes.“ (EE 97)

Blickt man vor dem Hintergrund einer solchen Poetik des Um-, Über- und Weiterschreibens erneut auf die einleitenden Worte der 2009 erschienenen Aufsatzsammlung, in denen die Herausgeber davon sprechen, Ortheil habe sich in seinen „Romane[n], Erzählungen und Essays [...] als Autor immer wieder neu erfunden“ (vgl. Einleitung dieser Arbeit), kann dem zumindest teilweise zugestimmt werden. Denn Ortheil hat sich ganz offensichtlich tatsächlich in jedem seiner Texte „neu erfunden“. Dass dies jedoch nicht als Hinweis auf einen fehlenden Zusammenhang innerhalb seines Schreibens verstanden werden kann, sondern dass sich vielmehr in diesem „Erfinden des Lebens“ gerade die Gemeinsamkeit all seiner Texte und damit eine ganz besondere autofiktionale Schreibpraxis ausdrückt, hat die vorliegende Arbeit gezeigt.

Literatur

Primärliteratur

(inklusive der in dieser Arbeit verwendeten Abkürzungen)

Romane:

F	Fermer. Roman. München 1991 (erstmals: 1979)
H	Hecke. Roman. München 1994 (erstmals: 1983)
S	Schwerenöter. Roman. München 1990 (erstmals: 1987)
A	Agenten. Roman. München 1992 (erstmals: 1989)
AK	Abschied von den Kriegsteilnehmern. Roman. München 2005 (erstmals: 1992)
FK	Faustinas Küsse. Roman. München 2003 (erstmals: 1998)
LL	Im Licht der Lagune. Roman. München 2000 (erstmals: 1999)
ND	Die Nacht des Don Juan. Roman. München 2000
LuL	Lo und Lu. Roman eines Vaters. München 2003 (erstmals: 2001)
GL	Die große Liebe. Roman. München 2003
GS	Die geheimen Stunden der Nacht. Roman. München 2005
VL	Das Verlangen nach Liebe. Roman. München 2007
EL	Die Erfindung des Lebens. Roman. München 2009
M	Die Moselreise. Roman eines Kindes. München 2010
LN	Liebesnähe. Roman. München 2011

Weitere Werke:

EE Das Element des Elephanten. Wie mein Schreiben begann. München 2001 (erstmals: 1994)

BW Blauer Weg. München 1998 (erstmals: 1996)

WI Die weißen Inseln der Zeit. Orte. Bilder. Lektüren. München 2004

V Venedig. Eine Verführung. München, Wien 2004

WR Wie Romane entstehen (mit Klaus Siblewski). München 2008

R Rom. Eine Ekstase. München 2009

L Lesehunger. Ein Bücher-Menu in 12 Gängen. München 2009

Aufsätze, Essays, Gespräche:

Stromabwärts. Erzählung. In: Manuskripte 100 (1988a): 130–133

Vom Glück des Wachstums. In: Rheinischer Merkur 34 (1988b): 17

Badesaison. Erzählung. In: Neue Rundschau 100 (1989), Heft 2: 49–59

Schwerenöter. Eine Nachbemerkung (1988). In: Hanns-Josef Ortheil: Schauprozesse. München 1990a: 37–46

Schaulust. Zur Ästhetik der Beschreibung (1990). In: Hanns-Josef Ortheil: Schauprozesse. München 1990b: 63–81

Weiterschreiben (1989). In: Hanns-Josef Ortheil: Schauprozesse. München 1990c: 89–103

Was ist postmoderne Literatur? (1987). In: Hanns-Josef Ortheil: Schauprozesse. München 1990d: 106–115

Der lange Abschied vom Flaneur (1986). In: Hanns-Josef Ortheil: Schauprozesse. München 1990e: 214–233

Die Geheimnisse des Herrn von Goethe in Rom. Zur Entstehung des Romans Faustinas Küsse. In: Gerd Herholz (Hrsg.): Experiment Wirklichkeit. Poetikvorlesungen und Vorträge zum Erzählen in den 90er Jahren. Essen 1998: 18–34

Selbstversuch am offenen Herzen. Nachforschungen zum Thema „Literarische Kreativität". In: Rainer M. Holm-Hadulla (Hrsg.): Kreativität. Berlin, Heidelberg 2000: 227–244

Nachwort. In: Hans-Rüdiger Müller (Hrsg.): Die Kunst der Benennung. Autobiographische Bildungsforschung am Beispiel von Hanns-Josef Ortheils Essay „Das Element des Elephanten". Mit einem Nachwort des Autors. Göttingen 2005: 197–204

Hanns-Josef Ortheil im Gespräch mit Uwe Kossack. SWR2 Literatur (Sendung vom 23.10.2007, 20:03 Uhr)

Hanns-Josef Ortheil im Gespräch mit Jörg Lengersdorf. WDR3 TonArt (Sendung vom 28.10.2009, 15:05 Uhr)

Hanns-Josef Ortheil im Gespräch mit Felicitas von Lovenberg. SWR-Fernsehen, Literatur im Foyer (Sendung vom 27.11.2009, 24:00 Uhr)

Sekundärliteratur

ALBES, Claudia: Der Spaziergang als Erzählmodell. Studien zu Jean-Jacques Rousseau, Adalbert Stifter, Robert Walser und Thomas Bernhard. Tübingen, Basel 1999

ALLKEMPER, Alo: „Was aber fehlte, das war der Text." Über Ordnung und Unordnung des Schreibens. In: Manfred Durzak und Hartmut Steinecke (Hrsg.): Hanns-Josef Ortheil – Im Innern seiner Texte. Studien zu seinem Werk. München 1995: 167–188

ASSMANN, Aleida und Jan: Mythos. In: Hubert Cancik et al. (Hrsg.): Handbuch religionswissenschaftlicher Grundbegriffe. Band 4. Stuttgart 1998: 179–200

AUGUSTINUS, Aurelius: Suche nach dem wahren Leben (Confessiones X/Bekenntnisse 10). Eingeleitet, übersetzt und mit Anmerkungen versehen von Norbert Fischer. Lateinisch-deutsch. Hamburg 2006

BACHELARD, Gaston: Poetik des Raumes. Aus dem Französischen von Kurt Leonhard. 8. Auflage. Frankfurt am Main 2007 (erstmals: 1957)

BACHMANN-MEDICK, Doris: Spatial Turn. In: Diess.: Cultural Turns. Neuorientierungen in den Kulturwissenschaften. Reinbek 2009: 284–328

BARNER, Wilfried, Anke Detken und Jörg Wesche (Hrsg.): Texte zur modernen Mythentheorie. Stuttgart 2003

BARTL, Andrea: Gehen, Sehen, Notieren. Der Künstler als Flaneur im Werk Hanns-Josef Ortheils. In: Stephanie Catani, Friedhelm Marx und Julia Schöll (Hrsg.): Kunst der Erinnerung, Poetik der Liebe. Das erzählerische Werk Hanns-Josef Ortheils. Göttingen 2009: 141–168

BAUDELAIRE, Charles: Le Peintre de la viel moderne. In: Ders.: Critique d'art, suivi de Critique musicale. Paris 1992: 343–384 (erstmals: 1863)

BLUMENBERG, Hans: Arbeit am Mythos (1979). In: Wilfried Barner, Anke Detken und Jörg Wesche (Hrsg.): Texte zur modernen Mythentheorie. Stuttgart 2003: 194–218

BÖHME, Hartmut: Kulturgeschichte des Wassers. Frankfurt am Main 1988

BOLLNOW, Otto Friedrich: Mensch und Raum. 7. Auflage. Stuttgart, Berlin, Köln 1994 (erstmals 1963)

BRANDT, Morten, Peter Alheit, Christine Hartig, Frank Schömer und Nicole Wille: „Meine ganze Existenz sollte sich in Schriftzügen auflösen". Zur Kritik einer modernen Selbstkonstruktion. In: Hans-Rüdiger Müller (Hrsg.): Die Kunst der Benennung. Autobiographische Bildungsforschung am Beispiel von Hanns-Josef Ortheils Essay „Das Element des Elephanten". Mit einem Nachwort des Autors. Göttingen 2005: 47–65

BRODOWSKY, Paul: Autofiktion. In: Manuel J. Hartung und Thomas Kersten (Hrsg.): Wissen to go. Ein Studium generale in 100 Begriffen. München, Zürich 2008: 16+17

BRONFEN, Elisabeth: Der literarische Raum. Eine Untersuchung am Beispiel von Dorothy M. Richardsons Romanzyklus „Pilgrimage". Tübingen 1986

BÜRMANN, Ilse: Zwischen Narzissmus und Dezentrierung des Ich. Zwei Annäherungen an die Autobiographie von Hanns-Josef Ortheil. In: Hans-Rüdiger Müller (Hrsg.): Die Kunst der Benennung. Autobiographische Bildungsforschung am Beispiel von Hanns-Josef Ortheils Essay „Das Element des Elephanten". Mit einem Nachwort des Autors. Göttingen 2005: 69–84

CATANI, Stephanie, Friedhelm Marx und Julia Schöll (Hrsg.): Kunst der Erinnerung, Poetik der Liebe. Das erzählerische Werk Hanns-Josef Ortheils. Göttingen 2009

CATANI, Stephanie, Friedhelm Marx und Julia Schöll: Gedächtnis – Kunst – Liebe. Hanns-Josef Ortheils Erzählwerk. In: Dies. (Hrsg.): Kunst der Erinnerung, Poetik der Liebe. Das erzählerische Werk Hanns-Josef Ortheils. Göttingen 2009a: 7–13

CATANI, Stephanie, Friedhelm Marx und Julia Schöll: Die Liebe an und für sich. Hanns-Josef Ortheil im Gespräch mit Heinz-Jürgen Dambmann über „Projekte des Liebesromans". In: Dies. (Hrsg.): Kunst der Erinnerung, Poetik der Liebe. Das erzählerische Werk Hanns-Josef Ortheils. Göttingen 2009b: 15–28

CATANI, Stephanie: „Vorbei war seine Zeit!". Zur Mythisierung der Casanovafigur bei Arthur Schnitzler und Hanns-Josef Ortheil. In: Stephanie Catani, Friedhelm Marx und Julia Schöll (Hrsg.): Kunst der Erinnerung, Poetik der Liebe. Das erzählerische Werk Hanns-Josef Ortheils. Göttingen 2009: 123–140

CATTUS, Johanna: Kokettieren mit Autobiographie. Hanns-Josef Ortheil und das Spiel mit dem Autobiographischen in seinen jüngeren Texten: *Das Element des Elephanten*, *Lo und Lu*, *Die weißen Inseln der Zeit*, *Im Licht der Lagune*, *Die Nacht des Don Juan*, *Die große Liebe* und *Das Verlangen nach Liebe*. In: Andrea Bartl (Hrsg.): Transitträume. Beiträge zur deutschsprachigen Gegenwartsliteratur. Augsburg 2009: 361–375

DERIVIÈRE, Philippe: Paul Nizon – das Leben am Werk. Frankfurt am Main 2003

DÖRING, Jörg und Tristan Thielmann (Hrsg.): Spatial Turn. Das Raumparadigma in den Kultur- und Sozialwissenschaften. Bielefeld 2008

DOUBROVSKY, Serge: Le livre brisé. Paris 1989

DOUBROVSKY, Serge: Sartre: autobiographie/autofiction. In: Revue des Sciences Humaines. Heft 224 (1991): 17–26

DURZAK, Manfred und Hartmut Steinecke (Hrsg.): Hanns-Josef Ortheil – Im Innern seiner Texte. Studien zu seinem Werk. München 1995

DURZAK, Manfred und Hartmut Steinecke: Vorwort. In: Dies. (Hrsg.): Hanns-Josef Ortheil – Im Innern seiner Texte. Studien zu seinem Werk. München 1995a: 7–11

ECKER, Hans-Peter: Einführung. In: Ders. (Hrsg.): Gärten als Spiegel der Seele. Würzburg 2007: 7–11

ECKERT, Julia: Hanns-Josef Ortheils *Die große Liebe* als Anti-Werther-Roman? Zur Problematik des Konzepts der erfüllten Liebe in der Literatur. In: Stephanie Catani, Friedhelm Marx und Julia Schöll (Hrsg.): Kunst der Erinnerung, Poetik der Liebe. Das erzählerische Werk Hanns-Josef Ortheils. Göttingen 2009: 219–238

EICHENDORFF, Joseph von: An Fouqué. Brief vom 2.12.1817. In: Kosch, Wilhelm (Hrsg.): HKA 12. Briefe von Freiherrn Joseph von Eichendorff. Regensburg o. J.: 21

ELIADE, Mircea: Das Heilige und das Profane. Vom Wesen des Religiösen (1957). In: Wilfried Barner, Anke Detken und Jörg Wesche (Hrsg.): Texte zur modernen Mythentheorie. Stuttgart 2003: 78–86

FARRON, Ivan: Die Fallen der Vorstellungskraft. Aus dem Französischen von Barbara Villiger Heilig. In: Neue Zürcher Zeitung 124 (2003): 77

FINSEN, Hans Carl: Das künstliche Paradies. Zu Hanns-Josef Ortheils *Die Nacht des Don Juan*. In: AUGIAS 60 (2001): 33–55

FLUDERNIK, Monika: Einführung in die Erzähltheorie. Darmstadt 2006

FRANK, Michael C.: Die Literaturwissenschaften und der *spatial turn*: Ansätze bei Jurij Lotman und Michail Bachtin. In: Wolfgang Hallet und Birgit Neumann (Hrsg.): Raum und Bewegung in der Literatur. Die Literaturwissenschaft und der Spatial Turn. Bielefeld 2009: 53–80

GALLANT, Christel: Der Raum in Novalis' dichterischem Werk. Bern, Frankfurt am Main, Las Vegas 1978

GENETTE, Gérard: Die Erzählung. 2. Auflage. München 1998 (erstmals 1972/1983)

GOETHE, Johann Wolfgang von: Italienische Reise (1829). Hamburger Ausgabe. Band 3. 1. Auflage. München 1988

GÖRNER, Rüdiger: In Flagranti – zur Erotik des Kunst-Körpers bei Hanns-Josef Ortheil. In: Stephanie Catani, Friedhelm Marx und Julia Schöll (Hrsg.): Kunst der Erinnerung, Poetik der Liebe. Das erzählerische Werk Hanns-Josef Ortheils. Göttingen 2009: 111–122

GRONEMANN, Claudia: „Autofiction" und das Ich in der Signifikantenkette. Zur literarischen Konstitution des autobiographischen Subjekts bei Serge Doubrovsky. In: Poetica. Zeitschrift für Sprach- und Literaturwissenschaft. Band 31 (1999), Heft 1: 236–262

GRONEMANN, Claudia: Postmoderne/Postkoloniale Konzepte der Autobiographie in der französischen und maghrebinischen Literatur. Autofiction – Nouvelle Autobiographie – Double Autobiographie – Aventure du texte. Hildesheim 2002

GRUENTER, Rainer: Landschaft. Bemerkungen zur Wort- und Bedeutungsgeschichte (1953). In: Alexander Ritter (Hrsg.): Landschaft und Raum in der Erzählkunst. Darmstadt 1975: 192–207

HALLET, Wolfgang und Birgit Neumann (Hrsg.): Raum und Bewegung in der Literatur. Die Literaturwissenschaft und der Spatial Turn. Bielefeld 2009

HALLET, Wolfgang und Birgit Neumann: Raum und Bewegung in der Literatur: Zur Einführung. In: Dies. (Hrsg.): Raum und Bewegung in der Literatur. Die Literaturwissenschaft und der Spatial Turn. Bielefeld 2009a: 11–32

HAUTHAL, Janina, Julijana Nadj, Ansgar Nünning und Henning Peters: Metaisierung in der Literatur und anderen Medien: Begriffserklärungen, Typologien, Funktionspotentiale und Forschungsdesiderate. In: Dies. (Hrsg.): Metaisierung in der Literatur und anderen Medien. Theoretische Grundlagen – Historische Perspektiven – Metagattungen – Funktionen. Berlin 2007: 1–21

HILLEBRAND, Bruno: Der Garten des Grünen Heinrich (1971). In: Ders.: Was denn ist Kunst? Essays zur Dichtung im Zeitalter des Individualismus. Göttingen 2001: 111–125

HOLZHEIMER, Sandro: Identität durch Genuss. Oppositionen und Koalitionen in *Faustinas Küsse*. In: Stephanie Catani, Friedhelm Marx und Julia Schöll (Hrsg.): Kunst der Erinnerung, Poetik der Liebe. Das erzählerische Werk Hanns-Josef Ortheils. Göttingen 2009: 169–184

ISER, Wolfgang: Der Akt des Lesens: Theorie ästhetischer Wirkung. München 1994 (erstmals 1976)

JACOB, Joachim: Schönheit, Literatur und Lebenskunst. Überlegungen zu Peter Handkes „Versuch über den geglückten Tag" und Wilhelm Genazinos „Eine Frau, eine Wohnung, ein Roman". In: Susanne und Christian Krepold (Hrsg.): Schön und gut? Studien zu Ethik und Ästhetik in der Literatur. Würzburg 2008: 185–199

JUNG, Carl Gustav: Bewußtes und Unbewußtes. Beiträge zur Psychologie. Frankfurt am Main, Hamburg 1957 (erstmals 1944)

JUNG, Carl Gustav: Gesammelte Werke Band 5: Symbole der Wandlung. Analyse des Vorspiels zu einer Schizophrenie. Düsseldorf 2001 (erstmals 1912)

KAYSER, Wolfgang: Das sprachliche Kunstwerk. Eine Einführung in die Literaturwissenschaft. 17. Auflage. Bern, München 1976 (erstmals 1948)

KELLER, Gottfried: Der grüne Heinrich. Zweite Fassung (1879/90). In: Ders.: Sämtliche Werke in sieben Bänden. Band 3. Frankfurt am Main 1996

KIENAST, Dieter: Die Poetik des Gartens. Über Chaos und Ordnung in der Landschaftsarchitektur. Basel, Boston, Berlin 2002

KLEMENZ, Carolin: Liebe als Kunst. Hanns-Josef Ortheils Roman *Das Verlangen nach Liebe*. In: Stephanie Catani, Friedhelm Marx und Julia Schöll (Hrsg.): Kunst der Erinnerung, Poetik der Liebe. Das erzählerische Werk Hanns-Josef Ortheils. Göttingen 2009: 187–203

KONERSMANN, Ralf: Übersicht. In: Ders. (Hrsg): Wörterbuch der philosophischen Metaphern. Darmstadt 2007: 485–498

KOPP-MARX, Michaela: Auf Goethes Spuren in Rom. Hanns-Josef Ortheils Roman „Faustinas Küsse". In: Christian von Zimmermann (Hrsg.): Fakten und Fiktionen: Strategien fiktionalbiographischer Dichterdarstellungen in Roman, Drama und Film seit 1970. Tübingen 2000: 167–191

KOPP-MARX, Michaela: Zwischen Petrarca und Madonna. Der Roman der Postmoderne. München 2005

KOPP-MARX, Michaela: Il rumore del mare. Mythos und Ästhetik in Hanns-Josef Ortheils *Die große Liebe*. In: Stephanie Catani, Friedhelm Marx und Julia Schöll (Hrsg.): Kunst der Erinnerung, Poetik der Liebe. Das erzählerische Werk Hanns-Josef Ortheils. Göttingen 2009: 239–261

LANDWEHR, Jürgen: Von verlorenen und nachgeschaffenen Paradiesen. Kulturwissenschaftliche Anmerkungen zu Gartenbildern und Gartensymbolik. In: Hans-Peter Ecker (Hrsg.): Gärten als Spiegel der Seele. Würzburg 2007: 13–38

LEJEUNE, Philippe: Der autobiographische Pakt. Frankfurt am Main 1994 (erstmals 1975)

LÉVY-BRUHL, Lucien: Les fonctions mentales dans les sociétés inférieures. 9. Auflage. Paris 1951 (erstmals 1910)

LOTMAN, Jurij M.: Die Struktur literarischer Texte. München 1989 (erstmals 1972)

LYOTARD, Jean-François: Das postmoderne Wissen. Ein Bericht. Wien 1993 (erstmals 1979)

MAHNE, Nicole: Transmediale Erzähltheorie: Eine Einführung. Göttingen 2007

MALINA, Debra: Breaking the Frame: Metalepsis and Construction of the Subject. Ohio 2002

MARQUARD, Odo: Lob des Polytheismus. Über Monomythie und Polymythie (1979). In: Wilfried Barner, Anke Detken und Jörg Wesche (Hrsg.): Texte zur modernen Mythentheorie. Stuttgart 2003: 222–238

MARTINEZ, Matias und Michael Scheffel: Einführung in die Erzähltheorie. 2. Auflage. München 2000

MOSER, Christian und Helmut J. Schneider: Einleitung. Zur Kulturgeschichte und Poetik des Spaziergangs. In: Axel Gelhaus, Christian Moser und Helmut J. Schneider (Hrsg.): Kopflandschaften – Landschaftsgänge. Kulturgeschichte und Poetik des Spaziergangs. Köln, Weimar, Wien 2007: 7–27

MORITZ, Rainer: Kutteln in Weißwein. Essen, trinken, lieben in Hanns-Josef Ortheils Romanen *Die große Liebe* und *Das Verlangen nach Liebe*. In: Stephanie Catani, Friedhelm Marx und Julia Schöll (Hrsg.): Kunst der Erinnerung, Poetik der Liebe. Das erzählerische Werk Hanns-Josef Ortheils. Göttingen 2009: 205–218

MÜLLER, Hans-Rüdiger (Hrsg.): Die Kunst der Benennung. Autobiographische Bildungsforschung am Beispiel von Hanns-Josef Ortheils Essay „Das Element des Elephanten“. Mit einem Nachwort des Autors. Göttingen 2005

MÜLLER, Hans-Rüdiger: Vorwort. In: Ders. (Hrsg.): Die Kunst der Benennung. Autobiographische Bildungsforschung am Beispiel von Hanns-Josef Ortheils Essay „Das Element des Elephanten“. Mit einem Nachwort des Autors. Göttingen 2005a: 7–12

MÜLLER, Hans-Rüdiger: Schreiben als biographische Praktik. Sprache, Subjekt und Historizität in Hanns-Josef Ortheils poetologisch-autobiographischem Essay *Das Element des Elephanten*. In: Hans-Christoph Koller und Markus Rieger-Ladich (Hrsg.): Grenzgänge. Pädagogische Studien zeitgenössischer Romane. Bielefeld 2005b: 61–78

NEIDHARDT, Joachim: Das Gipfelerlebnis in der Kunst um 1800. In: Peter Betthausen (Hrsg.): Studien zur deutschen Kunst und Architektur um 1800. Dresden 1981: 94–117

NEUMEYER, Harald: Der Flaneur. Konzeptionen der Moderne. Würzburg 1999

NICCOLINI, Elisabetta: Der Spaziergang des Schriftstellers: „Lenz“ von Georg Büchner, „Der Spaziergang“ von Robert Walser, „Gehen“ von Thomas Bernhard. Stuttgart 2000

NIZON, Paul: Am Schreiben gehen. Frankfurter Vorlesungen. Frankfurt am Main 1985

NÜNNING, Ansgar: Mimesis des Erzählens. Prolegomena zu einer Wirkungsästhetik, Typologie und Funktionsgeschichte des Akts des Erzählens und der Metanarration. In: Jörg Helbig (Hrsg.): Erzählen und Erzähltheorie im 20. Jahrhundert. Festschrift für Wilhelm Füger. Heidelberg 2001: 13–47

NÜNNING, Ansgar: Formen und Funktionen literarischer Raumdarstellung: Grundlagen, Ansätze, narratologische Kategorien und neue Perspektiven. In: Wolfgang Hallet und Birgit Neumann (Hrsg.): Raum und Bewegung in der Literatur. Die Literaturwissenschaften und der Spatial Turn. Bielefeld 2009: 33–52

PARMENTIER, Michael: Selbstrechtfertigung statt Selbsterforschung. Anmerkungen zu dem „autobiographischen Großessay" von Hanns-Josef Ortheil. In: Hans-Rüdiger Müller (Hrsg.): Die Kunst der Benennung. Autobiographische Bildungsforschung am Beispiel von Hanns-Josef Ortheils Essay „Das Element des Elephanten". Mit einem Nachwort des Autors. Göttingen 2005: 29–45

PETRARCA, Francesco: Die Besteigung des Mont Ventoux (1336). Übersetzt und herausgegeben von Kurt Steinmann. Stuttgart 1995

PLATON: Phaidros. In: Ernst Heitsch (Hrsg.): Platon, Phaidros: Übersetzung und Kommentar. Göttingen 1997

PREUßER, Heinz-Peter: Portrait des Schriftstellers als kindlicher Autist. Autobiographie und Schreibprozess bei Hanns-Josef Ortheil. In: Martin Bollacher und Bettina Gruber (Hrsg.): Das erinnerte Ich: Kindheit und Jugend in der deutschsprachigen Autobiographie der Gegenwart. Paderborn 2000: 141–163

REISER, Frank: Autobiografie an der Grenze postmoderner Praxis: Serge Doubrovsky. In: Susanne Kollmann und Kathrin Schödel (Hrsg.): PostModerne De/Konstruktionen. Ethik, Politik und Kultur am Ende einer Epoche. Münster 2004: 215–227

ROUSSEAU, Jean-Jacques: Les rêveries du promeneur solitaire. Paris 1999 (erstmals 1782)

SARTRE, Jean-Paul: Die Wörter. In: Gesammelte Werke in Einzelausgaben. Autobiographische Schriften. Band 1, Reinbeck 1968 (erstmals 1964)

SCHELLING, Friedrich Wilhelm Joseph von: Philosophie der Kunst. Darmstadt 1966 (erstmals 1802/1803)

SCHESTAG, Thomas: Promenaden. Rousseau – Schiller – Hölderlin. In: Axel Gelhaus, Christian Moser und Helmut J. Schneider (Hrsg.): Kopflandschaften – Landschaftsgänge. Kulturgeschichte und Poetik des Spaziergangs. Köln, Weimar, Wien 2007: 99–118

SCHMITZ, Helmut: Ichfiktionen und Landvermessungen. Der Schriftsteller Hanns-Josef Ortheil. In: Manfred Durzak und Hartmut Steinecke (Hrsg.): Hanns-Josef Ortheil – Im Innern seiner Texte. Studien zu seinem Werk. München 1995: 13–36

SCHMITZ, Helmut: Der Landvermesser auf der Suche nach der poetischen Heimat. Hanns-Josef Ortheils Romanzyklus. Stuttgart 1997

SCHMITZ, Helmut: Umkreisen, Wiederholen, Weitergeben. Zu Erzählerfiguren und Erzählkonstruktionen in Ortheils „Nachkriegs"-Zyklus. In: Hans-Rüdiger Müller (Hrsg.): Die Kunst der Benennung. Autobiographische Bildungsforschung am Beispiel von Hanns-Josef Ortheils Essay „Das Element des Elephanten". Mit einem Nachwort des Autors. Göttingen 2005: 107–124

SCHMITZ, Helmut: Traumatische Räume. Autobiographie, Familiengeschichte und Raumerfahrung in Hanns-Josef Ortheils „Nachkriegs"-Zyklus. In: Stephanie Catani, Friedhelm Marx und Julia Schöll (Hrsg.): Kunst der Erinnerung, Poetik der Liebe. Das erzählerische Werk Hanns-Josef Ortheils. Göttingen 2009: 31–49

SCHMITZ-EMANS, Monika: Überleben im Text? Zu einem Grundmotiv literarischen Schreibens und einigen Formen seiner Reflexion im poetischen Medium. In: Colloquia Germanica 26 (1993), Heft 2: 135–161

SCHULZE, Theodor: Der Lernweg eines Schriftstellers. Annäherungen an Hanns-Josef Ortheil: Das Element des Elephanten. In: Hans-Rüdiger Müller (Hrsg.): Die Kunst der Benennung. Autobiographische Bildungsforschung am Beispiel von Hanns-Josef Ortheils Essay „Das Element des Elephanten". Mit einem Nachwort des Autors. Göttingen 2005: 15–27

SCHWARZ, Sandra: Kunstheimat. Zur Begründung einer neuen Mythologie in der klassisch-romantischen Zeit. Paderborn 2007

SCHWEIKLE, Irmgard: Autobiographie. In: Metzler Literaturlexikon. 2. überarbeitete Auflage. Stuttgart 1990: 34

SEGAL, Robert A.: Einleitung: Mythentheorie. In: Ders.: Mythos. Eine kleine Einführung. Stuttgart 2007: 7–19

SELBMANN, Sibylle: Mythos Wasser. Symbolik und Kulturgeschichte. Karlsruhe 1995

SETZKORN, Sylvia: Vom Erzählen erzählen. Metafiktion im französischen und italienischen Roman der Gegenwart. Tübingen 2003

SIBLEWSKI, Klaus: „Vom Schwimmen und Baden" – bei Hanns-Josef Ortheil. In: Stephanie Catani, Friedhelm Marx und Julia Schöll (Hrsg.): Kunst der Erinnerung, Poetik der Liebe. Das erzählerische Werk Hanns-Josef Ortheils. Göttingen 2009: 263–274

SIMMEL, Georg: Philosophie der Landschaft (1913). In: Ders.: Brücke und Tür. Essays des Philosophen zur Geschichte, Religion, Kunst und Gesellschaft. Stuttgart 1957: 141–152

STADLER, Ulrich: Schaulust und Voyeurismus. Ein Abgrenzungsversuch. Mit einer Skizze zur Geschichte des verpönten Blicks in Literatur und Kunst. In: Ulrich Stadler und Karl Wagner (Hrsg.): Schaulust. Heimliche und verpönte Blicke in der Literatur und Kunst. München 2005: 9–38

STEINECKE, Hartmut: Die Suche nach dem „Blauen Weg". Ein Werkstattgespräch mit Hanns-Josef Ortheil. In: Manfred Durzak und Hartmut Steinecke (Hrsg.): Hanns-Josef Ortheil – im Innern seiner Texte. Studien zu seinem Werk. München 1995: 205–234

STIERLE, Karlheinz: Petrarcas Landschaften. Zur Geschichte ästhetischer Landschaftserfahrung. Krefeld 1979

STIERLE, Karlheinz: Francesco Petrarca. Ein Intellektueller im Europa des 14. Jahrhunderts. Darmstadt 2003

STRÖKER, Elisabeth: Philosophische Untersuchungen zum Raum. 2. verbesserte Auflage. Frankfurt am Main 1977 (erstmals 1965)

THABE, Sabine: Raum(de)konstruktionen. Reflexionen zu einer Philosophie des Raumes. Opladen 2002

TIECK, Ludwig: Fermer, der Geniale. Erzählung (1796). In: Schriften. Band 15. Erzählungen. Berlin 1829: 181–204

TORO, Alfonso de: Die postmoderne „*neue Autobiographie*“ oder die Unmöglichkeit einer Ich-Geschichte am Beispiel von Robbe-Grillets *Le miroir qui revient* und Doubrovskys *Livre brisé*. In: Sybille Groß und Axel Schönberger (Hrsg.): Dulce et decorum est philoligiam colere: Festschrift für Dieter Briesemeister zu seinem 65. Geburtstag. Berlin 1999: 1407–1443

VOLKMANN, Helga: Unterwegs nach Eden. Von Gärtnern und Gärten in der Literatur. Göttingen 2000

WAGNER-EGELHAAF, Martina: Autofiktion oder: Autobiographie nach der Autobiographie. Goethe – Barthes – Özdamar. In: Ulrich Breuer und Beatrice Sandberg (Hrsg.): Autobiographisches Schreiben in der deutschsprachigen Gegenwartsliteratur, Bd. 1: Grenzen der Identität und der Fiktionalität. München 2006: 353–368

WAIBLINGER, Elke: Augenlust und Erkundung der Seele – Francesco Petrarca auf dem Mont Ventoux. In: Laetitia Rimpau und Peter Ihring (Hrsg.): Raumerfahrung – Raumerfindung. Erzählte Welten des Mittelalters zwischen Orient und Okzident. Berlin 2005: 179–193

WAUGH, Patricia: Metafiction. The Theory and Practice of Self-Conscious Fiction. London 1984

WEIDHASE, Helmut: Utopie. In: Metzler Literatur Lexikon. 2. überarbeitete Auflage. Stuttgart 1990: 481+482

WELLMANN, Angelika: Der Spaziergang: Stationen eines poetischen Codes. Würzburg 1991

WOLF, Robert: Mysterium Wasser. Eine Religionsgeschichte zum Wasser in Antike und Christentum. Göttingen 2004

WOLF, Werner: Ästhetische Illusionen und Illusionsdurchbrechung in der Erzählkunst. Theorie und Geschichte mit Schwerpunkt auf englischem illusionsstörenden Erzählen. Tübingen 1993

WOLF, Werner: Metaisierung als transgenerisches und transmediales Phänomen: Ein Systematisierungsversuch metareferentieller Formen und Begriffe in Literatur und anderen Medien. In: Janina Hauthal,

Julijana Nadj, Ansgar Nünning und Henning Peters (Hrsg.): Metaisierung in der Literatur und anderen Medien. Theoretische Grundlagen – Historische Perspektiven – Metagattungen – Funktionen. Berlin 2007: 25–126

WÜRZBACH, Natascha: Erzählter Raum. Fiktionaler Baustein, kultureller Sinnträger, Ausdruck der Geschlechterordnung. In: Jörg Helbig (Hrsg.): Erzählen und Erzähltheorie im 20. Jahrhundert. Festschrift für Wilhelm Füger. Heidelberg 2001: 105–129

ZELLE, Carsten: Empirische Psychologie und ästhetischer Überschuss in Tiecks frühen *Straußfedern*-Erzählungen (*Der Psycholog* u. a.). In: Jahrbuch der Jean Paul Gesellschaft 44. Tübingen 2009: 161–176

ZIPFEL, Frank: Autofiktion. Zwischen den Grenzen von Faktualität, Fiktionalität und Literarität? In: Simone Winko, Fotis Jannidis und Gerhard Lauer (Hrsg.): Grenzen der Literatur. Zu Begriff und Phänomen des Literarischen. Berlin 2009: 285–314

Lexika und Nachschlagewerke

Brockhaus Wahrig: Deutsches Wörterbuch in sechs Bänden. Herausgegeben von Gerhard Wahrig. Bd. 5: P–St. 18. völlig neu bearbeitete Auflage, Wiesbaden 1983

Deutsches Wörterbuch von Jacob und Wilhelm Grimm. Band 1: A–Biermolke. München 1984 (Fotomechan. Nachdr. der Erstausg. Leipzig, Hirzel, 1854, Bd. 1)

Deutsches Wörterbuch von Jacob und Wilhelm Grimm. Band 14: R–Schiefe. München 1984 (Fotomechan. Nachdr. der Erstausg. Leipzig, Hirzel, 1893, Bd. 8)

Deutsches Wörterbuch von Jacob und Wilhelm Grimm. Band 23: U–Umzwingen. München 1984 (Fotomechan. Nachdr. der Erstausg. Leipzig, Hinzel, 1936, Bd. 11, Abt. 2)

Deutsches Wörterbuch von Jacob und Wilhelm Grimm. Band 25: V–Verzwunzen. München 1984 (Fotomechan. Nachdr. der Erstausg. Leipzig, Hirzel, 1956, Bd. 12, Abt. 1)

Duden: Das große Wörterbuch der deutschen Sprache in zehn Bänden. Bd. 7: Pekt–Schi. 3., völlig neu bearbeitete und erweiterte Auflage. Mannheim 1999

Kluge: Etymologisches Wörterbuch der deutschen Sprache. Bearbeitet von Elmar Seebold. 24., durchgesehene und erweiterte Auflage. Berlin, New York 2002

Philosophisches Wörterbuch. Begründet von Heinrich Schmidt. 18. Auflage. Stuttgart 1969

Stowasser. Lateinisch-deutsches Schul- und Handwörterbuch. 7. Auflage. Leipzig 1923

Wilpert, Gero von: Sachwörterbuch der Literatur. 8. verbesserte und erweiterte Auflage. Stuttgart 2001